北京高校高精尖学科"文化遗产与文化传播"建设项目资助

非物质文化遗产
学术精粹

传统手工艺卷

彭牧 ◎ 编

中国社会科学出版社

图书在版编目（CIP）数据

非物质文化遗产学术精粹.传统手工艺卷/彭牧编.—北京：
中国社会科学出版社，2021.9
ISBN 978-7-5203-8711-8

Ⅰ.①非… Ⅱ.①彭… Ⅲ.①非物质文化遗产—保护—研究—中国 Ⅳ.①G122

中国版本图书馆 CIP 数据核字（2021）第 136873 号

出 版 人	赵剑英	
责任编辑	张　林	
特约编辑	王　萌	
责任校对	李　剑	
责任印制	戴　宽	
出　　版	中国社会科学出版社	
社　　址	北京鼓楼西大街甲 158 号	
邮　　编	100720	
网　　址	http://www.csspw.cn	
发 行 部	010-84083685	
门 市 部	010-84029450	
经　　销	新华书店及其他书店	
印刷装订	北京君升印刷有限公司	
版　　次	2021 年 9 月第 1 版	
印　　次	2021 年 9 月第 1 次印刷	
开　　本	710×1000　1/16	
印　　张	22.25	
字　　数	355 千字	
定　　价	128.00 元	

凡购买中国社会科学出版社图书，如有质量问题请与本社营销中心联系调换
电话：010-84083683
版权所有　侵权必究

总　　序

20 世纪中期以来，面对迅猛发展的现代化和全球化浪潮的冲击，许多国家纷纷采取措施保护自己的传统文化，同时对出台国际化保护政策的呼声也越来越强烈。21 世纪初，为适应世界各国对其多元的文化遗产作为历史丰富性与人类文明多样性的见证而日益高涨的保护需求，联合国教科文组织于 2003 年正式颁布了《保护非物质文化遗产公约》。该《公约》在国际法中牢固确立了对于非物质文化遗产的保护理念，至今已得到超过 90% 的教科文组织成员国的批准，接近于全面批约。这项全球性的文化保护工程促使人们日益普遍地认识到：文化遗产不仅仅是物质的，还包括世代传承的丰富的非物质传统，它们是社区特性和社会凝聚力的重要载体，也应该得到保护和促进。

"非物质文化遗产"（以下简称"非遗"），根据《保护非物质文化遗产公约》（2003）的界定，是指被各社区、群体，有时是个人，视为其文化遗产组成部分的各种社会实践、观念表述、表现形式、知识、技能以及相关的工具、实物、手工艺品和文化场所。这种非物质文化遗产世代相传，在各社区和群体适应周围环境以及与自然和历史的互动中，被不断地再创造，为这些社区和群体提供认同感和持续感，从而增强对文化多样性和人类创造力的尊重。[①] 在《公约》的体系中，"非物质文化遗产"包括以下五类：1. 口头传统和表现形式，包括作为非物质文化遗产媒介的语言；2. 表演艺术；3. 社会实践、仪式、节庆活动；4. 有关自然

[①] 联合国教科文组织：《保护非物质文化遗产公约·基本文件》（2018 年版），法国巴黎，2018 年，中文版，第 5 页，https://ich.unesco.org，查阅日期：2021 年 4 月 6 日。

界和宇宙的知识和实践；5. 传统手工艺。①

中国于 2004 年成为联合国教科文组织《保护非物质文化遗产公约》的缔约国，目前已迅速成为世界上拥有非遗项目最多的国家——截至 2020 年 12 月，中国被列入联合国教科文组织非物质文化遗产名录（名册）的项目共计 42 项②，拥有国家级非物质文化遗产代表性项目 1372 大项、3145 子项③，另有数目繁多的省、市、县级非遗项目。中国非遗是中华民族世代相传的集体智慧和生活经验的结晶，是中华文明绵延赓续的重要载体和表现形式，是维护民族认同、维系国人文化认知、助力国家文化建设的根本力量。近年来，中国政府充分意识到非物质文化遗产的保护意义和教育功能，已多次强调非物质文化遗产的重要性，《关于实施中华优秀传统文化传承发展工程的意见》《关于加强和改进中外人文交流工作的若干意见》等文件中，均将非物质文化遗产的保护、发展纳入国家文化发展的战略中；刚刚通过的《中华人民共和国国民经济和社会发展第十四个五年规划和 2035 年远景目标纲要》也多处涉及非物质文化遗产的保护和发展，更明确提出要"深入实施中华优秀传统文化传承发展工程，强化重要文化和自然遗产、非物质文化遗产系统性保护，推动中华优秀传统文化创造性转化、创新性发展"，明确规定要"健全非物质文化遗产保护传承体系，加强各民族优秀传统手工艺保护和传承"（第三十四章第三节）。

中国的非物质文化遗产保护工作迄今已开展近二十年，相关研究成果十分丰硕。但是，尽管国内已有一些关注非遗研究和保护实践的论文

---

① 联合国教科文组织：《保护非物质文化遗产公约·基本文件》（2018 年版），法国巴黎，2018 年，中文版，第 5 页，https：//ich. unesco. org，查阅日期：2021 年 4 月 6 日。

② 《中国入选联合国教科文组织非物质文化遗产名录（名册）项目》，未注明发布日期，"中国非物质文化遗产网·中国非物质文化遗产数字博物馆"，http：//www. ihchina. cn/chinadirectory. html#target1，查阅日期：2021 年 3 月 23 日。

③ 《国家级非物质文化遗产代表性项目名录》，未注明发布日期，"中国非物质文化遗产网·中国非物质文化遗产数字博物馆"，http：//www. ihchina. cn/project. html#target1，查阅日期：2021 年 3 月 23 日。统计名录包括了四个批次。另，中国文化和旅游部近期对外公示了第五批国家级非物质文化遗产代表性项目名录推荐项目共 337 项。见中国文化和旅游部非物质文化遗产司：《文化和旅游部关于第五批非物质文化遗产代表性项目名录推荐项目名单的公示》，发布日期：2020 年 12 月 18 日，http：//zwgk. mct. gov. cn/zfxxgkml/wysy/202012/t20201221_920077. html，查阅日期：2021 年 3 月 23 日。

选集①，总体而言，对相关成果的系统梳理和总结尚十分缺乏，致使其分散在各类学术刊物中，未能得到集中的展示，不利于对中国在非遗领域探索20年所取得的学术成就的总体把握。

有鉴于此，北京师范大学非物质文化遗产研究与发展中心和文学院民间文学研究所编辑出版了这套"非物质文化遗产学术精粹"丛书。该丛书一共7册，以《公约》的分类为基础，首次全面梳理、总结并展示了中国学界在非遗理论与保护实践、口头传统、表演艺术、有关自然界和宇宙的知识和实践、传统手工艺以及社会仪式和节庆等方面的主要研究成果。所有论文均经过精心遴选，集中代表了20年来各领域的代表性成就。其中，"理论卷"着重探讨了非遗的概念与历史，以及社区、商业利用、性别平等等非遗发展中的重要横向问题，以及非遗语境下的学科思考、对中国实践的总结与反思等。其他卷，如"口头传统卷""表演艺术卷""社会实践、仪式与节庆活动卷""有关自然界和宇宙的知识与实践卷""传统手工艺卷"，则分别收录了该领域较高水平的研究文章。此外，丛书中也包括了2018年在北京师范大学召开的"'一带一路'国家的非物质文化遗产保护与乡村振兴"国际学术研讨会的论文集。该次会议上，来自日本、韩国、美国、比利时、希腊、塞尔维亚、波兰、保加利亚、伊朗、越南和印度等10多个国家的非遗专家们，与中国学者一道，共同探讨非遗保护与乡村振兴实践中的规律，分享各国的有益经验，同时反思其中存在的问题。此次纳入丛书结集出版，不仅展现了国际相关领域的前沿探索成果，也对当前国际国内广泛开展的乡村振兴建设具有积极的启示和借鉴作用。

非遗的内容十分广泛，研究非遗的学科也很多。因此，本套丛书所收论文不仅涉及民俗学、人类学、民族学、考古系、艺术学、体育学等人文社会学科，还包括了数学、天文历法学、医学等理工类学科的探索。各册中既有历时性的审视，又有共时性的对照；既有宏观的理论分析，也有具体的案例研究，以及在操作层面上的建言献策；既从多方面展现了中国自开展非遗保护工作以来所取得的成就，也揭示出其中交织的复杂张力以及学界对其的深刻反思。在很大程度上，该丛书是"中国非遗

---

① 例如陶立璠、樱井龙彦主编：《非物质文化遗产学论集》，学苑出版社2006年版。

研究 20 年"的一次成果检视。

本套丛书的出版得到北京高校高精尖学科"文化遗产与文化传播"建设项目的资助。该项目于 2019 年 5 月获批立项，由北师大文学院牵头，联合历史学院、艺术与传媒学院等联合建设，目的是依托北师大深厚的人文学科基础，统合校内外相关研究和教学力量，建设一个以中国优秀传统文化为基础、以非遗文化和区域文化为主体、以文旅融合和文化传播为特色的优势特色学科和新兴前沿交叉学科。同年 12 月，作为该项目的重要成果，北师大非物质文化遗产研究与发展中心成立，在继承和发挥北师大以往的民俗学学科优势的基础上，为强化非遗研究、人才培养和产教融合，搭建了一个新的国际化的交流合作平台。

2021 年对中国非遗工程而言具有特殊的意义：2021 年是中国昆曲入选联合国教科文组织《人类口传和非物质文化遗产代表作名录》20 周年，也是《中华人民共和国非物质文化遗产法》颁布 10 周年。值此之际，将中国学人的研究成果加以梳理、总结和集中展现，无疑有助于我们更好地认识非遗的本质与规律，增进本土非遗理论的建设，促进非遗保护与发展的实践，并为国际社会贡献中国经验和视角。

是为序。

作者基本信息

（以文集中出现先后为序）

吕品田，中国艺术研究院美术研究所研究员
孙发成，浙江师范大学文化创意与传播学院副教授
王怀春，石河子大学文学艺术学院副教授

方李莉，中国艺术研究院艺术人类学研究所所长
舒　瑜，中国社会科学院民族学与人类学研究所副研究员
朱　霞，北京师范大学社会学院教授
王　坤，天津大学冯骥才文学艺术研究院副教授

刘华年，泰州学院副教授
刘冬梅，中央民族大学藏学研究院副教授
李晓岑，南京信息工程大学语言文化学院科技史研究院教授
汤夺先，安徽大学社会与政治学院教授

肖坤冰，西南民族大学西南民族研究院副研究员
黄旭涛，南开大学周恩来政府管理学院社会学系副教授
牛　乐，西北民族大学美术学院教授

王宁宇，西安美术学院教授
杨　帆，鲁东大学文学院讲师
刘爱华，江西师范大学历史文化与旅游学院副教授
王　彦，文化和旅游部民族民间文艺发展中心二级调研员

马知遥，天津大学国际教育学院教授
杜洁莉，深圳职业技术学院副教授
徐赣丽，华东师范大学社会发展学院民俗学研究所教授
陈映婕，浙江师范大学文化创意与传播学院副教授
朱以青，山东大学民俗学研究所《民俗研究》编辑部编审

目　　录

第一编　心手之间的手艺：光韵与差异性

在生产中保护和发展
　　——谈传统手工技艺的"生产性方式保护" …………………………（3）
民间传统手工艺传承中的"隐性知识"及其当代转化 …………………（8）
从本雅明"光韵"理论看手工技艺类非遗的价值与传承………………（19）

第二编　变迁中的手工艺：机器、工业化与现代性

本土性的现代化如何实践
　　——以景德镇传统陶瓷手工技艺传承的研究为例…………………（31）
老字号的技艺传承
　　——以北京盛锡福皮帽制作为例………………………………………（51）
传统工艺遗产的保存与再利用
　　——以石羊镇盐文化博物馆的工艺展示为例………………………（72）
20世纪中国年画的时代变迁
　　——兼及民间文化的自身规律…………………………………………（89）

第三编　传统中的创造：个人与群体

生产性保护理念下传统手工艺传承的固守与通变 ……………………（103）
法度中的创造：西藏唐卡画师对造像量度的艺术实践 ………………（116）

西藏铜佛像制作"昌都工匠群"的考察 …………………………（135）
论多工序性民间制作技艺类非物质文化遗产的传承
　　——以非遗宣纸制作技艺为例 …………………………………（150）

第四编　技与艺:道体与器用

岩茶产制中的"技"与"术"
　　——兼论非物质文化遗产中的"传统手工艺" ………………（167）
从杨柳青年画看天津年俗
　　——兼论年画的文献价值 ………………………………………（182）
文化边界上的道器传承
　　——非遗视野下的拉卜楞唐卡艺术 ……………………………（196）

第五编　手艺传承与地方文化

让传统手工技艺进入当代知识系统 …………………………………（213）
民间工艺传承中的"家族"、市场与展演
　　——以山东菏泽穆李面塑工艺调查为例 ………………………（218）
手工艺类非物质文化遗产传承困境阐释及发展路径探究
　　——以江西文港毛笔为例 ………………………………………（241）
"非遗"后的传统手工技艺传承
　　——以水族马尾绣为例 …………………………………………（259）

第六编　生产性保护:政府与市场

非物质文化遗产保护的田野思考
　　——中国北方民间布老虎现状反思 ……………………………（273）
非物质文化遗产保护下的市场"巴泽尔困境"
　　——以香云纱染整技艺保护为例 ………………………………（290）
非遗生产性保护的短板和解决的可能:壮锦的实践 ………………（299）

走出瓶颈:浙江青田石雕的生产性保护经验 …………………… (312)
传统技艺的生产保护与生活传承 ……………………………… (327)

思考手工(代后记) ……………………………………………… (339)

第 一 编

心手之间的手艺:光韵与差异性

在生产中保护和发展

——谈传统手工技艺的"生产性方式保护"*

吕品田**

"差异性"作为一种经济学负担被推动现代化的工业力量所排斥，以致一切具有历史性、地域性和民族性特质的传统文化形态，包括传统手工技艺都在现代化过程中遭到无情的破坏。只要大工业生产方式成为唯一的生产方式，这种趋势就无法遏止。在当代历史条件下，非物质文化遗产保护的关键在于切实地维护文化差异性，也即维护一定文化形态所具有的历史性、地域性和民族性特质。要想切实地维护文化差异性，就不能不从生产方式上着手。历史表明，非物质文化遗产作为传统文化形态的产生与发展，根本地关系着手工劳动实践和相应的社会存在，其特质的存续也取决于手工生产方式造就差异性的技术本质。所以，今天强调保护传统手工技艺，其意义不只在于保护一种非物质文化遗产形态，还在于维护所有非物质文化遗产的生存基础和生态条件。

对手工生产而言，劳动的空间和时间就是劳动者人格展开的空间和时间。一身于人的活性的工具和工力，维护着自我在劳动中展开的统一性，并呈现出创造性的个性。支配手工具的工力有着与工业动力迥异的生命性质，其间未经抽象或转换，具有不可存储和传输的即时性与切身性。它通过手并集结于手，使手工具完全受控于主体。手工技艺因此必

---

* 原文刊于《美术观察》2009年第7期。
** 吕品田，中国艺术研究院美术研究所研究员。

以人的身体性活动为起迄之限，不像工业技术那样可以从劳动主体中分离出来，成为征服一切差异性的异己力量。手工技艺始终被生产者直接把握，并与他的一切包括需要、兴趣、素养、性情、习惯以及操作能力和水平紧密关联。与劳动主体交融为一的技术本质，使得手工技艺必然体现特定时空条件下的人的自然性、社会性和历史性，以至其技术内涵和文化属性必然依存于追求现实事功的践行过程，而其形态和功能也只有在实践活动中才能得到实际的呈现。在工作过程中，工匠切身的操作感直接关系到一种手工技艺的"本体"及其功能、形态的"显发"。这期间，主体方面的任何变化，哪怕极其细微的情绪变化，都可能使一种传统手工技艺出现变化或变形。这种不断造就差异性的"活态流变性"是手工生产方式与工业生产方式的本质区别，也是手工技艺保护势必涉及并直接关系技艺传承质量和技艺信息保持的"非物质性"因素。在生产实践中，劳动者总要直面各种新老问题，他必须调动和发挥自己的经验、才智和本领，因此，解决问题的过程同时也是提高技艺、造就人格的过程。今天，传统手工技艺要想得到保护，就必须参与当代生产实践建功立业，而不能只是在脱离现实的"表演台"上做不涉事功的"审美表演"。再说，手工技艺的传承需要生产热情、自信心和成就感。只有在创造社会财富的实践中，只有劳动成果被人赞扬、被人快乐地消费时，这些主体素质才能真正地被激发和唤起。

所谓"生产性方式保护"，便是力求在不违背手工生产规律和自身运作方式、不扭曲其自然衍变趋势的前提下，将传统手工技艺导入当代社会生活及产业体系，使之在创造社会财富的生产活动中得到积极保护。切合手工技艺存在形态和传承特点的生产性方式保护，是涉及非物质文化遗产的生产方式基础，以至可以不断"生产"文化差异性的一种生态保护方式或社会文化实践。

唯经济主义地对待"生产"概念，追求"标准化"的现代化发展模式，是大工业生产方式一统天下使然。因此，要防止"生产性方式"落入现代化发展模式的窠臼。我们应该清醒地认识到：在特定历史和地域条件下形成的传统手工技艺是千差万别的，不同技艺形态有不同的生态条件、价值取向和功利意义。在中国传统手工技艺体系中，既有原本属于手工业的经典手工技艺，又有和民俗生活休戚相关的民间手工艺。这两种基本的技艺类型及其丰富的技艺形态，在运作方式、机制结构、社会基础和影响范围等方面都有所不同。相应的生产性方式保护应该根据传统手工技艺自身的特点、规律和条件来展开，不能沿袭强调产速、量大、划一的大工业开发方式，盲目地追求产业化、市场化和商品化。对传统手工技艺的生产性方式保护，有的需要尽量还原到"御作"状态，譬如云锦、剔红、牙雕等所谓的"特种工艺"；有的则需要努力回归"乡土"情境，这包括原先在乡土生活基础上发展起来的诸多民间手工艺，如剪纸、绣活、彩扎、编结、面花、泥玩，等等。

一般来说，民间手工艺主要适应副业性质的乡村手工业或家庭小作坊，生产制作的目的主要是满足生产者自身的需要。这种需要与当地的风土人情关系密切，透着大量以传统习俗维系的精神性因素，具有极其鲜明的地域色彩。生产与消费的统一，使民间手工艺总是倾向于把审美因素融入以社会功利诉求为核心的技术结构之中，以致具有朴素、便宜、直率的技术品格。特别值得重视的是，除了生产工具、生活器具等一般物品的手工制作外，在中国广大的乡村地区还存在着大量与民俗活动关系密切的手工艺形态，其应时循节的制作活动及制品通常成为民俗活动的重要组成部分。对于大众能够普遍参与的这类手工生产，生产性方式保护的关键是在日常生活层面切实地维护那些业已成为百姓一般生活方式的传统习俗，更多地要靠民俗机制而非单纯的市场或行政手段来为之造就社会需要和生产动机，使之保持与社会生活鱼水相依般的生态关系。这类民间手工艺的生产性方式保护，主要目的不在于技艺本身，一般来说，它们没有太多的技术含量，真正需要发扬光大的是这种技艺实践作为民俗活动形式的社会功能。因此，不能提倡将这种技艺从民俗生活中剥离出来的所谓"脱俗化"的商品生产。要知道，没有文化生态基础维护的产业化道路，如同釜底抽薪、杀鸡取卵，不可能带给百姓以持久的经济利益和广泛的社会福祉。

在漫长的历史发展过程中，原本属于手工业的经典手工技艺已形成一系列规范化、定型化的工艺流程，操作技巧和形态样式具有精巧、考究、周密的技术品格和极高的技术含量，并在保持实用性的基础上不断强化欣赏价值。经典手工技艺的生产性方式保护具有可观的产业化前景，但依然需要遵循手工业生产的规律，以至应该把握三个原则：（1）立体化,即对手工技艺的立体运作体系加以全面的保护,包括提高工匠的经济地位和社会地位,延续技艺传承和生产组织、管理的传统方式,保持核心工艺技术和完整工艺流程,呵护原料、工具和场所等涉及核心技艺存续的生产资料,培育根本促进其生态发展的社会需要和消费市场,维护传统技艺的知识产权和从业者的权益等。(2)特别化,即把包括其产业形态在内的手工艺生产待之为非同于一般工业的文化经济或文化产业,以至在贷款、税收、出口、工商管理等方面给予产业政策上的特别扶持。基于生产实践的特点,政府和社会若能为之争取或提供订件订单,对推动传统手工技艺的生产性方式保护最为有效。(3)自律化,即通过组织作坊化、体制民营化、流程一体化、规模小型化、制作精致化等,遵循传统手工艺生产规律和运作方式。经典手工技艺的产业化发展应该稳步进行,不能追求数量之多、规模之大或速度之快,而要在保守核心技术的前提下强调形态、质量、品格、作风的优良与纯正,使之具有体现中华手工艺作风的表率性、典型性和高端性。

  传统手工技艺的生产性方式保护以及手工产业的振兴,不仅关系着保护非物质文化遗产,还有着政治、经济、社会、民生等方面的诸多现实利益和长远利益。应该看到,与工业生产方式相比,手工生产方式具有低投入、低能耗、低污染的优势,更有涉及国计民生、文化生态的其他优势,譬如可以利用再生资源,保护自然环境;可以发挥人力资源优势、扩大就业机会;可以安民于本土、维护社会稳定;可以造就人文景观,促进休闲旅游经济等。针对当前的国际形势和我国的国情国策,手工产业投资小、见效快、布局广,是城乡、区域协调互动发展,拉动内需,抵御国际金融危机影响,保障和改善民生,推动经济社会又好又快发展的有效途径。

  人们也逐渐意识到,缺失文化维度的现代化和忽视人的全面发展的经济建设,不足以真正强大我们的国力,也不足以真正促进世界文明的发展。在人文视野中,以人为本的手工劳动关系着个体的素质提高和才能发挥,关系着人格丰富性和多样性的维护,关系着自我支配和表达的自由,呈现出一种天性般的"生产完整的人"的可能性和倾向性。创造性的手工劳动有利于培育和发展身心和谐的健全人格,而劳动者人性与人格的充分投入,为手工制品烙上了肯定劳动者主体地位以及劳动者借以自我肯定的"印记"。人与自然、历史、社会的和谐生态关系，不仅通过手工生产方式得到体现，更通过手工生产方式得到维护和加强。超越狭隘的经济学认识，在手工生产方式的丰富社会意义上把握传统手工技艺的发展，这将是一种最积极的保护和一种最为切合保护的终极目标，也最能体现保护应有之义的保护。况且，当代社会生活对于传统手工技艺的活态存在，同样有着深切的期待。

民间传统手工艺传承中的"隐性知识"及其当代转化[*]

孙发成[**]

摘　要：隐性知识的存在是传统手工艺保持生命力、凸显创造性的源泉，同时它又阻碍了优秀技艺的传布，延缓了行业水准的整体提升。在传统手工艺的传承过程中，隐性知识一方面以人为载体、以工艺过程为核心动态表现；另一方面又以作品为依托、以材料和工具为延伸静态表现。在当代，推动传统手工艺的传承，保持传统工艺的生命力，需要探索传统手工艺人隐性知识的显性化路径，只有更多的不可言说的技艺、秘诀被揭示和表达，才更有利于技艺的传承和文化的积累。

关键词：隐性知识；手工艺人；传承

"隐性知识"（tacit knowledge）作为个体知识的重要组成部分，其概念由20世纪的英籍匈牙利哲学家、物理化学家迈克尔·波兰尼提出。波兰尼将知识的类型分为两类：一种是"显性知识"（explicit knowledge），主要以书面文字、图表和数学公式加以表达；另一种为"隐性知识"，是一种未被明确表达的知识。民间传统手工艺作为人类优秀传统文化的组成部分，表现为一种独特的知识体系，通过手工艺人口传身授的形式世代相承。在这一知识体系中，波兰尼所言的"隐性知识"占有相当大的

---

[*] 原文刊于《民族艺术》2017年第5期。
[**] 孙发成，浙江师范大学文化创意与传播学院副教授。

比重，甚至是决定某一独特技艺精湛程度和生命力的关键所在。徐艺乙先生亦指出，"中国的知识体系大致有两类，一类是以文字为媒介的知识体系……一类是通过行为方式或其他非文字记录方式传播和传授的知识，如民间社会生活中的各种常识和专门知识。传统手工艺之本体所体现和依托的知识体系属于第二类，具体涉及到手工艺产品制作过程中的材料、工艺和形态等方面的专门知识与器物的选择、使用、维护、保存等的社会生活常识，以及与之有关的品质、规格、配置和传说故事等方面的内容"。① 徐先生所言的第二类知识体系其实与隐性知识的内涵具有统一性，因为隐性知识也是一种主要通过行为方式或其他非文字记录方式传播和传授的知识。

一 "隐性知识"及其对民间传统手工艺传承的影响

隐性知识主要来源于个体对外部世界的判断和感知，源于经验。② 隐性知识的存在与每个人息息相关，它深植于人的知识体系中，不管我们是否意识到它的存在。和数学、物理以及法律等显性知识不同，隐性知识的存在更多地表现为一种能力、技能，它与人的个体阅历、经验、悟性紧密相关，带有极强的主观性、经验性、非系统性，内化在个体的知识体系深处。因此，隐性知识的获取和传播往往比显性知识更难，因为它不能脱离个体而存在，或者一旦脱离个体就失去了效力。

民间传统手工艺的创造和传承皆依赖于手工艺人而存在，在手工艺人的知识体系中大量存在着"隐性知识"，比如一些独特的技巧、配方、程式、经验、信俗等。这种隐性知识存储在手工艺人的头脑中，通过工艺过程加以表现，最终物化在工艺产品中。总体而言，隐性知识的存在一方面保障了部分手工艺人的知识权力，让其成为行业翘楚；另一方面也限制了先进技艺的传承和流布，延缓了整个行业的发展步伐。

---

① 徐艺乙：《手工艺的传统——对传统手工艺相关的知识体系的再认识》，《装饰》2011年第8期。
② 黄荣怀、郑兰琴：《隐性知识论》，湖南师范大学出版社2007年版，第34页。

（一）隐性知识的存在是传统手工艺保持生命力、凸显创造性的源泉

在传统社会中，手工艺人是满足社会衣食住行必需的生产群体。同一手工行业内总会有佼佼者，为同行和百姓认可，而其占据高点的基础则是掌握比同行更高超的技艺，能够生产更优质的产品，因此也就更具有竞争力和生命力。那么，高超的技艺来自哪里？自然是手工艺人掌握的独特技艺知识，这种知识即隐性知识，一种不被同行掌握，或者艺人不愿意和同行共享的知识，从而保证了自己的优势地位。比如旧时常州梳篦行业中，清光绪年间的汪义大梳篦店店主汪炳铨发明了生漆胶合篦箕的技术，用此配方和技术制作的篦箕下水不脱，使用持久，从而在业界长久保持领先地位。① 像朱仙镇木版年画的制作也有诸多技巧，艺人将植物油涂在版底，制成"熟版"，刻时才能得心应手；拓印线版时要双手均匀拓压，线条才清晰；"晾"要恰到好处，否则干纸起皱，太湿纸粘连，再印时容易"窜"，等等。② 这些艺人个体经验的总结和使用，对于朱仙镇年画工艺的传承和发展有极为重要的作用。

隐性知识因依附于个体而存在，导致每个人的知识和技能都具有独特性，所以也保证了工艺创作的多样性和创造性。同一行业内的不同手工艺人，在面对同一材料时，一定会在技法、立意等方面显现出明显的不同。即使同一个手工艺人，在面对不同形状、颜色、质地的材料时，其使用工具、创作手法、作品立意也肯定是不同的。从艺术创作的角度看，手工艺产品的生成需要手工艺人手、眼、脑等多器官的合作，他们在长久的实践过程中已经形成了自然的手艺习惯和不同的个人风格。每个人的工具、手法、审美都会体现出个性特征，并融进自己的知识体系。每一个行业里，每一位手工艺人都掌握本行业的一些工艺口诀，对这些口诀的理解和使用也是手工艺人创造性的体现。虽然这些口诀是行业内的通行规律，但每个艺人在使用工具、材料、手法上还是有极大不同之处，故而最终产品也呈现出异常丰富的景象。

---

① 孙发成：《常州梳篦》，东南大学出版社2011年版，第93页。
② 任聘：《民间工艺与民间文化》，《中国民族》2003年第5期。

（二）隐性知识的存在阻碍了优秀技艺的传承和扩布，延缓了行业进步的速度

客观上，由于隐性知识是一种不易被明确表达的知识，它内嵌在手工艺人的个体知识体系中，很难被剥离出来，即很难被手工艺人的徒弟或同行所掌握。从而导致许多老艺人掌握的独特绝技不能得到有效传承。这种技艺的失传有两个原因，一是师傅愿意教，却无法言传，徒弟因缺乏悟性而失传；二是受到旧时一些行业观念影响，师傅不愿意教或者无人可教而失传。比如"教会徒弟，饿死师傅""传男不传女"等观念或行规的存在，必然会延缓技艺传布的范围，不能提高整个行业的水准。而由于行业竞争导致的技艺封闭也是常态，如常州汪义大梳篦店的生漆胶合技术创始于清光绪年间，核心技艺一直掌握在家庭内部，直到民国时期才为同行所掌握。这种情况在中国传统手工艺发展史中普遍存在。方李莉研究员认为，"技术保密主观上出于艺人对技术权利的自我维护，客观上既增加了年轻艺徒习艺的成本，还阻碍了新技术的传播、交流乃至进一步革新"。① 传统手工艺的这一传承生态直到今天还有较深残余。如今天的陶瓷技艺领域，釉的配制和使用依然带有较强的个人特色和神秘性，不同作坊和艺人之间，甚至是师徒间都不会共享。

由上可见，"隐性知识"的存在对民间传统手工艺的传承产生了极大的影响，它虽有利于传统技艺生命力和创造力的保持，但同时又限制了优秀技艺的传承传播，不利于行业整体水平的提升。因此，厘清民间传统手工艺中隐性知识的存在形态，探讨其在当代社会的转化发展问题就极为必要。

二 "隐性知识"在民间传统手工艺传承中的存在形态

"隐性知识"是高度个人化的知识，它在一定程度上决定了传统手工艺人在技艺修为上的高度和水平。所谓的工艺大师之所以技高一筹，实

---

① 方李莉：《技艺传承与社会发展——艺术人类学视角》，《江南大学学报》2011年第3期。

质上是其掌握着同行所不能领悟的个性化经验知识。这种个性化的经验知识体系来源于日常实践，多片段式经验和体悟，少原理性理论总结，因此向来少有人去梳理。正如潘鲁生先生所言，"手艺"从本质上说是一种习得性知识，重实践、重形态、重经验，是"嵌入的、非编码"的隐性知识，是"隐含在各知识主体手中和头脑中的，体现为技能、技巧、诀窍、经验、洞察力、心智模式、群体成员的默契等"的知识文化形态，一直以来多经验总结和形态批评，少原理性研究，相对缺少"知其然且知其所以然"的哲学意义上的辨析和阐释。[①] 那么，在传统手工艺传承中隐性知识是如何产生，又以何种形态存在呢？

毫无疑问，对于传统手工艺人而言，隐性知识的创造不是且也很难通过正规教育途径获得，经年累月的工艺实践才是知识创造的源泉，长期性和累积性是其重要特点。在手工艺人知识创造的过程中，主动创造和被动创造同时存在。主动创造即艺人在长期有目的实践中"熟能生巧"，关于技艺的体悟渐渐清晰，技法趋于成熟稳定，可能生成新的口诀或对旧口诀有了新理解，以主动的经验总结和理性思考为标志；被动创造往往体现为主体在从艺实践中不经意的偶然所得，或者艺人已经创造但并未意识到其存在价值，这时的隐性知识"只可意会不可言传"。但隐性知识一旦产生，就成为手工艺人知识体系的一部分，终会从无意识的存在转化为有意识的经验，成为手工艺人个性化的知识资源和技艺表现。在传统手工艺的传承过程中，隐性知识可以以动态和静态两种方式存在。

（一）以人为载体、以工艺过程为核心的动态表现

隐性知识依托人而存在，通过手工艺人个性化的工艺过程表现出来。手工艺人的语言、行为和心理成为隐性知识的载体。

语言和行为是隐性知识表达的第一载体，也即俗语说的"言传身教"。但手工艺人的传艺语言并不依赖逻辑思维，而更注重形象塑造。手工艺传承的本质是某种核心技艺知识在不同主体间的转移和共享。在转移和共享的知识中，既有显性知识，也有隐性知识。而隐性知识与显性知识在表达方式上明显不同，它首先会以手工艺人个性化的语言方式表

---

① 潘鲁生：《关于构建中国"手艺学"的问题》，《山东社会科学》2011年第1期。

达出来，并常常伴随着一些俗语、寓言、故事、比喻等形象化的方式辅助理解。通过形象化的语言描述去阐释某种技艺，体现了传统艺人"取象比类"的思维方式，重经验轻逻辑。这与中医理论中的某些知识表述方式是一致的，如脉诊中"如盘走珠""如刀刮竹""如循琴弦""如循刀刃"等描述皆属此类。"取象比类"反映的是"人们对事物抽象本质的直观体验"①，通过"取象比类"的思维方式，手工艺人更容易理解技艺的玄妙，超越了逻辑分析的枯燥。而这种思维方式的弊端就是有可能使手工艺人对自己所掌握的技艺手法"知其然而不知其所以然"。

在传统工艺的传承过程中，亲身实践才是最重要的。在师傅"言传身教"的过程中，"身教"往往更加重要。再形象的语言和技巧也必须通过身体的动作在工艺过程中表现出来，尤其是手的动作。师傅在教的过程中，每一个动作都在无声的言说着某种技艺规范。比如工具的用法、手的角度和力度等，都需要学艺者仔细观察揣摩，并在实践中加以检验。某些技艺往往很难用语言表达清楚，材料的软硬、染料的配比、温度的控制、火候的掌握等都充满了意会性。像武义大漆髹饰技艺中使用的生桐油需要熬制后使用，而火候的控制极为重要。检验的方式就是一把铁锤和一柄木刀，以木刀蘸桐油，迅速放铁锤上降温，提起木刀看桐油拉丝的粗细和长度，以此检验是否适用。因此，作为徒弟，必须要善于观察师傅的肢体动作和工艺规范，提高自己的洞察力，然后多多实践，方可领悟技艺的精妙。

如果说语言和工艺过程是隐性知识的显性表达的话，那么手艺人的内在情感、价值观、心智、悟性等则是难以直观把握的内容。但这些内容对于传统手工艺的传承而言又是非常重要的。不同的价值观、心境和情感，不同的人际关系和审美趣味等，都会影响手工艺人的技艺创造和传承。有研究者提出了"心意载体"的概念，认为"心意载体是一种看不见的意识流，心意载体承载了民族群体认可的心愿感受，体现着民族民众共同的价值观和思维模式，处于前文字时代的民族的价值观、禁忌习俗、宗教信仰、占卜、对习惯法中的规范的认可等知识的传承大部分

---

① 王前：《中国传统科学中"取象比类"的实质和意义》，《自然科学史研究》1997年第4期。

是由心意载体来充任的"。① 以心意载体传承的隐性知识存在于手工艺人的内心深处，表现在日常生活中，反映手艺人的精神世界和对传统工艺的态度。比如木工对祖师爷及木工工具的敬畏，神像画师内心的虔诚，对于某些特殊材料取用的禁忌和信仰等都属于以心意载体存在的隐性知识，它对于某一工艺的传承发展其实有着潜移默化的影响。

（二）以作品为依托，以材料、工具为延伸的静态表现

不管是雕塑、刺绣、印染还是绘画、编织、锻制，手艺人的创作最终要以手工作品的形式结束，大部分以技艺为核心的隐性知识通过手工艺人的身体转移到作品之中。此处的隐性知识客观上说已不能称为纯粹的"隐性知识"，因为它已经和主体分离。但作品中显现出的技法和形态依然在表达创造它的手艺人的思想和造诣。如果说动态的隐性知识依靠手艺人的活态演示而存在的话，那么静态的隐性知识则以作品的形式成为永恒。传统手工艺总会在历史的发展过程中发生技术、材料等方面的变革，有些技艺可能会因为某种变故衰微失传。而留下的作品则是我们破解其技艺秘诀的依据，结合文献记载，或许可以恢复已经失传的技艺。比如浙江金华的婺州窑传统烧制技艺，创始于东汉，衰微于元代，其传统技艺在明清时期已然失传。在近代，经陈新华等老艺人的努力，根据对婺州窑历史作品和文献的研究探索，终于烧制出了传统婺州窑作品。这便实现了对工艺作品中隐性知识的反求和转移，使之由"剥离态"的隐性知识，又重新内化到以陈新华为代表的手工艺人身上。当然，这个过程要比正常的师徒相授要困难得多。

材料和工具是传统手工艺作品成型的物质载体，在手工艺人的知识体系中存在着大量关于材料和工具的特殊认知知识。而离开手工艺人主体，通过材料和工具客体反求手工艺人、材料和工具之间的互动关系，并最终为己所用，也可以实现隐性知识的转移。尤其是手工艺人的工具，很多专门工具都是由艺人手工制作，适应特定的材料，指向特定的技法。对于传统工艺工具的研究，探索其使用方法也有助于传统技艺的传承和

---

① 李晓菲：《少数民族社会"未编码知识"的管理与创新》，《中央民族大学学报》2008年第3期。

复兴。

三 "隐性知识"在民间传统
手工艺传承中的转化

虽然隐性知识难以言表和共享，但也并非无法获取。从知识传播的效能来说，显性知识因其可以被明确编码而具有更强的时空穿透力，也就更有利于提高整个工艺行业的发展水准。所以，隐性知识的显性化不仅具有学术研究的意义，对传统工艺来说更具有现实意义。

（一）传统师徒制中的隐性知识传承与转化

在传统手工艺的传承中，隐性知识扮演着非常重要的角色，其获取和存储主要依赖于师徒传承（家族传承），通过师傅的言传身教实现知识的转移和共享。这种转移体现出知识转化的多维度特征，一是从隐性知识向显性知识转化；二是从显性知识向隐性知识转化；三是从隐性知识向隐性知识转化。

对于师傅而言，师傅所掌握的隐性知识，会随着实践深度不断明晰化，以致最终可以编码为显性知识，成为行业内通行的规律（即嵌入的编码知识），从而可以明确地传达给徒弟，表现为从隐性知识到显性知识。而隐性知识显性化后就可以脱离主体通过文字、图表、影像等现代方式获取。对于徒弟而言，从师傅处获得的显性知识首先必须转化为自己的隐性知识，特别是那些语言不能够完全表达清楚的知识，需要通过观察、体悟、理解来总结经验，在不断的实践中转化为自己的技艺能力。同样的师傅教出来的徒弟之所以有技艺高下之分，正是由于接收隐性知识的差异造成的。资质优越的徒弟更容易掌握师傅传授的知识，并与自己的实践结合，形成适合自己的技能和诀窍。因此善于观察和体悟非常重要，正如打铁艺人的俗语所言"铁三锤，哑巴锤，不声不响自领会；打铁全凭心和眼，多嘴多舌学不会"。[1] 另一种情况是，师傅的隐性知识并没有被自己认识到，而徒弟通过细心观察和体悟获得，从而实现从隐

---

[1] 藏继骅：《中国淮河流域民间工匠习俗》，中国文史出版社2001年版，第102页。

性知识的转化。在无数工艺门类中，这三种隐性知识的传承和转化方式一直存在。这种传承和转化方式也在一定程度上确立起手工艺行业的传统格局，各行各业都形成了自己的独特知识体系和传承规矩，并世代相传，极为稳定。

（二）当代社会变革中隐性知识的传承与转化

传统手工艺在历史中产生、变迁，其功能和价值与特定的社会生活相适应。而社会的变迁必然会产生汰旧迎新的历史惯性，"保护得再好的老手艺，也无法改变无人使用或日渐稀少的需求这一事实"。[①] 传统手工艺曾是乡土社会不可或缺的生产力量，其存在的重要功能是服务于民众的日常生活。而现代科学的发展和工业革命的到来严重冲击了传统手工艺的生存空间，伴随着城市文明的崛起和乡村文化秩序的解构，传统手工艺的传承发展出现了极大危机。大量传统工艺因失去生活支撑而衰竭消亡，艺人改行、传承人断层、技艺流失乃至人亡艺息的困境层出不穷。

在这种社会变革中，我们发现了以现代科学为代表的显性知识的力量。这种显性知识也就是编码知识，编码知识又分为非嵌入编码知识（如物理学、化学等自然科学）和嵌入的编码知识（如社会制度、法律）。现代科学以非嵌入编码知识为基础，可以超越国别、族群差异而被全人类共享。而"嵌入的编码知识则依赖于其作用对象和特定语境，一旦对象不存在或不需要，不具备特定语境，其权力，以及嵌入编码知识本身将因失去价值而不复存在"。[②] 传统手工艺知识本身是由嵌入的编码知识和隐性知识构成，这两种知识往往粘连在一起。比如传统手工艺行业的行规、制度等属于嵌入的编码知识，这种编码知识又与从业者的隐性知识统一在一起。由此也可以从知识论的角度解释为什么传统手工艺在科学昌明的今天反而生命力衰微。一个重要的原因是隐性知识和嵌入的编码知识缺乏穿透力，不易被共享，且不能对大部分人产生价值。但是我们从文化多样性的角度看，传统手工艺作为地方文化的组成部分，是我

---

① 杭间：《口述的手艺史——关于盐野米松的〈留住手艺〉》，《手艺的思想》，山东画报出版社 2001 年版，第 319 页。
② 吕乃基：《论非嵌入编码知识的权力》，《科学文化评论》2007 年第 2 期。

们民族精神的载体,是国家形象的重要文化标识。因此,我们一定要保持传统手工艺的生命力,提高其辨识度。那么,在当下语境中,传统手工艺的传承应该如何推进?从知识论角度看,我们应该推动手工艺人隐性知识的显性化,打破技艺壁垒,实现优秀工艺的整体性提高。

  推动传统手工艺人所掌握的隐性知识向显性知识转化,需要从内部和外部两个方向展开。从内部即是以优秀手工艺人、代表性传承人和工艺美术大师为核心,强化带徒授艺的积极性和责任意识,能够主动地将自己的技艺精华无保留地传递给下一代传承人。泥人张第四代传人张铭认为:"泥人张艺术要走向社会,越是想要把它据为己有,就越会使它走向衰落。只有把这门艺术发展推广出去,从事它的人多了,才能使它有希望得到充实和提高。"① 因此,手艺人需及时总结实践经验,形成通行的技艺原理,把一些意会性知识和自己所掌握的核心技艺,以语言、文字、图表、影像等载体清晰地表达出来,转化为显性知识。对于那些当前很难用语言表达清楚的技能,在授艺过程中应重视对情境氛围的营造,以比喻、寓言、故事、象征等方式表达出来,引导徒弟进入状态。从外部即是发挥政府、学者、普通民众的作用,引导、支持手工艺人的传承活动。尤其是在当前的非遗保护运动中,政府和学者起着非常重要的作用。比如大量的学者深入接触技艺精湛的手工艺人,以自己的学术优势对手工艺人的核心技艺进行记录和研究,把过去口传身授的工艺以文字、录音、影像等方式呈现,一些难以言传或片段式的经验,通过研究者的整理成为系统的理论,其实是推动了隐性知识的显性化进程。如果有条件,学术研究者可以协同手工艺人把传统工艺中某些可以定量的内容以科学化的手段固定下来,方便从业者掌握,缩短从业者的学艺时间和难度。近年来,文化部、教育部联合开展的"非遗传承人群研修研习培训计划",将手工艺人集中到高校接受培训,为传统民间知识体系和高校精英知识体系之间的碰撞和交流提供了机会,提升了传承人的艺术文化素养和眼界,也有利于手工艺人隐性知识的显性化。

  通过努力,我们希望能够在不同行业内都形成一定的通用技术规范,可用于指导行业实践,提升行业的生命力和竞争力。邱春林先生提出的

---

① 黄殿祺:《天津民间绝活"泥人张"走访记》,《中华手工》2004年第3期。

"共享性技术"极具启发性,他认为"共享性技术"是一个全新的概念,特指某些原本属于个人的手工技艺经过社会化之后,成为容易获取的、人人共享的技术经验,它的载体可能是客观化的知识、实体性的工具或人造物品。共享性技术是技术的广泛传播,而非保密,它具有客观化、实体性、共享性特点。一个社会形态里共享性技术越多,手工技艺传习的成本就越小,功效也就越高;反之,可能会造成手工技艺传承和发展的危机。[①] 手工艺知识作为地方性知识,虽不可能与科学知识的非嵌入性相比,但完全可以被编码为嵌入的编码知识,在行业内发挥作用。

  需要我们明确的是,传统手工艺的传承是活态的过程,从内部推进隐性知识的显性化是最为根本和有效的。隐性知识的显性化和活态传承是保持传统工艺生命力的重要手段。对于任何一门手艺来说,只有更多的不可言说的技艺、秘诀被揭示和表达,才更有利于技艺的活态传承和文化的积累。

[①] 邱春林:《"共享性技术"与手艺人的成材之路》,《民族艺术》2010年第1期。

从本雅明"光韵"理论看手工技艺类非遗的价值与传承*

王怀春** 袁亚婷**

摘　要：本雅明"光韵"理论认为机械复制时代的到来使艺术品的"光韵"逐渐凋谢。手工技艺类非遗蕴含的技艺传承历史、传承人群的故事、作品的独特魅力承载了其迷人的"光韵"。然而，随着机械复制时代的到来，艺术品的膜拜价值向展示价值偏移，非遗"光韵"遭受廉价工业复制品的外来冲击，又因在保护过程中卷入混杂的市场而日趋凋谢。注重发掘、传播手工技艺类非遗的"光韵"价值，有利于实现其在工业复制品时代的传承与保护。

关键词：光韵；手工技艺；非遗

非物质文化遗产与物质文化遗产的重要区别之一在于其在历史流转变化中传承不息的生命力。"从历史的角度和非物质文化遗产存在的形态来看，非物质文化遗产是一种包含了更多随时代迁延而容易湮没的文化记忆。"[①] 这一点在手工技艺类非遗的传承过程中尤为明显。它既保有产生之初的古朴记忆，又糅合了时代变迁的痕迹；既承载着技艺的发展历史，又蕴含着每一个传承个体的故事；既具有人类的审美共性，又独具民族的审美个性。它是古老的，也是鲜活的；是厚重的，也是细微的；

---

* 原文刊于《石河子大学学报》（哲学社会科学版）2019年第2期。
** 王怀春，石河子大学文学艺术学院副教授。
① 王文章主编：《非物质文化遗产保护概论》，教育科学出版社2013年版，第2页。

是共通的，也是独特的。

一 手工技艺类非遗的"光韵"

（一）"光韵"的内涵

瓦尔特·本雅明（Walter Benjamin）最早在《摄影小史》中便提出艺术品的"光韵"（aura）概念，后又在《机械复制时代的艺术作品》中对其进行集中论述。"光韵"是"一种非同寻常的时空层，是遥远的东西绝无仅有地做出的无法再贴近的显现"。[1] 一件艺术品的诞生必然是时空的凝结，具有"即时即地性"和时空的唯一性，它使艺术品成为独一无二的存在，即原真性，本雅明认为，这就是艺术品的"光韵"。"光韵"的存在使得艺术品显得弥足珍贵，它昭示着艺术品的历史感、距离感和神秘感，观赏者在欣赏艺术品时往往带着一种具有宗教神学意味的仪式感，表达着对艺术品的崇敬与赞美。因而，"光韵"使得艺术品具有了"膜拜价值"。

随着工业时代的到来，为了满足大众对艺术品的消费需求，大量机械复制的艺术品进入市场。相较于具有"光韵"的艺术作品，无论多么精美的复制品都丧失了艺术品的原真性，也就是即时即地性的独一无二性。批量存在的复制艺术品随处可见且唾手可得，不再具有高高在上的"膜拜价值"，仅保留了一定的"展示价值"，其历史感、距离感和具有象征意义的神秘感也都消失殆尽。在机械复制艺术品泛滥的时代，大众离艺术品越来越近，却离艺术品的"光韵"越来越远。"在对艺术作品的机械复制时代凋谢的东西就是艺术品的'光韵'。"[2]

（二）手工技艺类非遗具有"光韵"

非物质文化遗产本身是具有"光韵"的。大多数非遗的传承都需要依靠一定的物质形式，然而，非遗传承的重点"并不是这些物质层面的

---

[1] ［德］瓦特尔·本雅明：《摄影小史》，王才勇译，江苏人民出版社2006年版，第29页。
[2] ［德］瓦特尔·本雅明：《机械复制时代的艺术作品》，王才勇译，江苏人民出版社2006年版，第115页。

载体和呈现形式，而是蕴藏在这些物化形式背后的精湛的技艺，独到的思维方式，丰富的精神蕴含等非物质形态的内容"。① 这技艺、思维、精神，都构成了非遗的"光韵"。手工技艺类非遗因其形式特点，更是独具"光韵"的魅力，符合"光韵"存在的基本条件。手工技艺类非遗是手工艺者在特定时间、特定场合制作完成的作品，其本身具有即时即地的独一无二性和不可通过复制得到的原真性，作品创作与受众欣赏之间的时空差异使作品与受众之间隔着不可明见又难以触及的心理距离。手工技艺传承历史悠久，有其自成体系的文化脉络渊源，可追溯至百余年甚至千余年前，在历史发展的不同时期又相应地附着上了不同时代的色彩，所以其本身蕴含的历史传统是深远且厚重的。手工技艺大多在其艺术表现中具有浓重的仪式色彩和象征意义，具有很强的膜拜价值。例如，白天鹅是我国哈萨克族的图腾，"天鹅绣"即哈萨克族刺绣之意，从名称上看，哈萨克族刺绣艺术就具有很强的仪式感和神秘庄重的色彩。此外，我国哈萨克族的毡绣、布绣图样多种多样，如动物图样、植物图样、日月星辰、几何图案等，集中展现了哈萨克族的性格特点、民族审美、民族信仰及哈萨克族人民对美好生活的希冀。

手工技艺类非遗符合"光韵"存在的基本特征。手艺传承的起源、流变、历史，以及手艺人的思维、情感、审美，作品的形式、技巧、意义等交相辉映，"光韵"闪耀在技艺的历史、传承人的故事和作品的魅力当中。

（三）手工技艺类非遗"光韵"的体现

1. 技艺的历史

非遗项目的认定标准之一便是该项目要有足够长的传承发展历史，手工技艺类非遗作为非遗项目的重要代表之一，其发展传承过程更是体现出活态特征。从手艺产生的开端起源到随着时代变迁而散发出新的生命力，其间千百年谱写出一部部勤劳善良的民族宏伟史诗。"唯有基于艺术品的独一无二性才构成了历史，艺术品的存在过程就受制于历史。"②

---

① 王文章主编：《非物质文化遗产保护概论》，教育科学出版社2013年版，第7页。
② ［德］瓦特尔·本雅明：《机械复制时代的艺术作品》，王才勇译，江苏人民出版社2006年版，第114页。

传统手工技艺类非遗是人类文明活的"记忆",它展现了不同民族、地域、社区人群的性格和审美特点,展现了历史发展过程中人类生产方式与生活方式的变迁。即使是相似的非遗项目,在不同时期、民族与地域间表现出的特点都是不尽相同的。深远的手艺传承历史与鲜明独特的手艺特色赋予了每一件手工技艺作品淳厚而独特的"光韵"。

2. 传承人的故事

如果说手工技艺类非遗传承历史是一部宏伟的史诗,那么镌刻在其中的每一位传承人的授业、守业过程便是历史长河中一个个细微而动人的故事。纵使非遗项目发展有其主要脉络方向,但是非遗传承的主体是人,每一代传承人对非遗发展产生的影响都是不容小觑的。"作为以人为载体的传统活态文化表现形式,非遗的生成、赋形与延续无不藉由传承人的参与而真实存在。"① 传承人手艺传承的家族传统、对手工技艺的热爱、对技艺审美的理解、传承过程中遭受的困难和遇到的问题、得到的新的启发和取得的进步收获,包括创作每一件作品时的氛围心境全部都是因人而异、因时而异、因地而异的。这些各型各色的差异丰富了手工技艺文化。也正是因为有了这些饱含人间烟火的人情味,手工技艺类非遗的活态传承才有了动力和意义,手工技艺作品才独具动人的"光韵"。

3. 作品的魅力

手工技艺作品是手工技艺类非遗的物质载体和最直观的展现,它既承袭了技艺传承历史的传统,又表现着创作于即时即地的原真性和独特性。作品创作时运用的艺术技巧和其内含的深层艺术表达的意味无不代表着手工技艺类非遗的共同魅力和传承人个人的艺术巧思。手工技艺作品凝结着时空的厚度,承载着情感的倾注,创作时的突发奇想甚至不经意的意外差错都有可能为作品增添别样的魅力和风采。每一件手工技艺作品都是独特的,都富有独一无二的积极的原创力,这种即时即地的原真性和独一无二的美感集中展现着手工技艺类非遗鲜活的"光韵"。

---

① 谢中元:《非遗传承人的"米提斯"及其传承难题》,《学术论坛》2014 年第 12 期。

二 手工技艺类非遗"光韵"的凋谢

本雅明认为,随着工业社会机械复制时代的到来,复制艺术向"光韵"艺术发起挑战。"光韵"使艺术品具有某种神圣光环,一方面限制了艺术品享受人群的范围;另一方面也提高了艺术品创作人群的门槛。纵使机械复制将居高临下的"光韵"艺术拉下"神坛",为艺术的创作注入新的活力,但是将"光韵"概念与手工技艺类非遗结合在一起时,我们便不难看到手工技艺类非遗相比较其他艺术形式的特别之处。真正的"光韵"是蕴含在手工技艺作品之内、不会因消费而消失的珍贵宝藏。没有"光韵"或缺少"光韵"的复制艺术品或许可以拓宽大众享用艺术的范围,然而,这种"批量的恩惠"使艺术品的享用质量大打折扣。

(一)大众接受:膜拜价值向展示价值的转移

当代生活中大众意义的增长对艺术的创作产生了巨大的影响,大众对接近艺术品等实物具有越来越强的渴望。技术复制时代为大众的接近渴望提供了条件,大众的需求又推动了机械复制时代的发展。艺术不再是少数的精英分子和贵族才可独自欣赏的孤本珍品,它被技术复制带入千家万户,带到不同社会背景与文化层次的大众面前。然而,由于大众的审美水平参差不齐,文化需求多种多样,机械复制迎合大众需求的后果是艺术品膜拜价值向展示价值的转移,艺术品的神秘韵味和礼仪功能消失了。

对艺术作品的接受有两种最为显现的侧面,即对艺术作品膜拜价值的侧重和对艺术作品展示价值的侧重。① 难以接近的距离感是膜拜价值存在的重要依据,这种遥远不是单纯的空间距离,而是"对一种无法克服之距离的体验"②,是手工技艺作品中凝结的时空、倾注的情感等"光韵"带给大众的距离感。随着大众意义的增长和大众渴望接近艺术作品

---

① [德]瓦特尔·本雅明:《机械复制时代的艺术作品》,王才勇译,江苏人民出版社2006年版,第121页。
② 方维规:《本雅明"光晕"概念考释》,《社会科学论坛》(学术评论卷)2008年第9期。

诉求的展现，膜拜价值向展示价值的偏移便是大众为摆脱这种天然距离而做出的选择。在手工技艺作品接受过程中，对膜拜价值的侧重集中体现了对"光韵"的关注，包括上文论述的手工技艺类非遗所蕴含的技艺传承历史、传承人的故事、作品的魅力等方面；对展示价值的侧重集中体现了对手工技艺作品实用性的关注，包括作为商品的手工技艺作品的实惠程度、便利程度和价格差异等方面。对于世代传承的传承人而言，对艺术作品"光韵"的关注无疑占据了主要地位。然而，随着"光韵"艺术的膜拜价值被展示价值抑制，大众对艺术作品的接受方式改变了艺术作品的生产方式。"艺术本应无功利，走向大众则带上了功利色彩，大众作为接受者注重艺术的功用性和实用性，纯粹的创造只针对于艺术家来讲。"①

（二）外来冲击：机械复制的工业制品

一切艺术作品从原则上来说都是可以复制的。19 世纪前后，技术复制获得了更大的力量，起到了更大的作用，它不仅使所有流传下来的艺术作品都成为可以复制的对象，而且在一定程度上改变了艺术的创作方式。② 大众接受由膜拜价值向展示价值转移的直接后果便是机械复制的工业制品迅速流入市场并占据大额比例，复制艺术对"光韵"艺术造成冲击。相比于制作周期长、成本高、原材料考究、工期繁杂、价格高的手工技艺作品，大众更加青睐于购入批量复制且价格低廉的工业制品来满足其生活中的实用性需求。"光韵"成为大众视野内无足轻重却价格昂贵的"鸡肋"，不仅不再是大众选择手工技艺作品的理由，反而因其对价格的影响而成为大众绕过手工技艺作品的原因。

不同于其他非物质文化遗产形式，手工技艺类非遗从产生之初便与商品交换和市场之间有着不可分割的联系，市场给予了手工技艺类非遗在历史淘沙中得以活态传承和保存的条件，失去市场的手工技艺类非遗

---

① 蔡曦：《本雅明〈机械复制时代的艺术作品〉研究》，硕士学位论文，湖北大学，2013 年。

② ［德］瓦特尔·本雅明：《机械复制时代的艺术作品》，王才勇译，江苏人民出版社 2006 年版，第 113 页。

便会失去传承的动力和保障。然而，机械复制工业制品的冲击使手工技艺类非遗的"光韵"被遮掩，大众看不到"光韵"背后醉人的艺术之美所蕴含的巨大价值。成本与价格，实用与利润成为衡量市场竞争力的重要因素，"光韵"艺术在喧闹鼎沸的市场竞争中失去了声音。

（三）　内在危机：被市场剥离的非遗符号

前文提到，早在手工技艺类非遗产生之初便与市场有着千丝万缕的联系。所以，当手工技艺类非遗保护走入大众视野并被提上日程后，它背后蕴藏的巨大经济价值迅速吸引了大众眼球。在手工技艺类非遗传承保护研究过程中，生产性保护是一个不可避免的课题，其原义和出发点在于"通过生产、流通、销售等方式将非遗及其资源转化为生产力和产品"①，为手工技艺类非遗在市场上争取更多的生存空间从而激发传承动力和活力。然而，由于市场的自发性等弱点和参与市场人群的混杂，具有艺术作品和市场商品两种属性的手工技艺类非遗很容易受经济利益裹挟，生产性保护被曲解为非遗产业化。产业化看重效率和速度，要求规模和标准，而文化传承却看重历史和传统，要求个性和差异。当打着非遗保护旗号单方面谋求经济利益或简单地以市场规则看待手工技艺类非遗时，精致繁杂的工序被程式化、规模化生产取代，考究的原材料配置要求很难达到，手工技艺类非遗传承又回到了机械复制的泥沼，"从表面上看似乎是被保护项目的繁荣，实际上是对非物质文化遗产的一种根本性伤害"。② 复制兜售的只是手工技艺作品的形式，是市场剥离出的非遗符号，非遗的"光韵"却遗失了。

外来冲击只是让手工技艺类非遗的"光韵"被遮掩，内在危机却使手工技艺类非遗的"光韵"被改变或者选择性遗弃。它改变了手工技艺类非遗的内涵，丢失了文化传承的灵魂部分，独一无二变成千篇一律，即时即地的原真性不受重视，历史传统被抛在脑后，礼仪功能和象征意义渐渐消失，手工技艺类非遗不会因消费而消失的"光韵"却在"保护"

---

①　刘德龙：《坚守与变通——关于非物质文化遗产生产性保护中的几个关系》，《民俗研究》2013 年第 1 期。

②　王文章主编：《非物质文化遗产保护概论》，教育科学出版社 2013 年版，第 13 页。

中凋谢。

三 重拾手工技艺的"光韵"

在非物质文化遗产保护思路开发过程中,抢救性保护、整体性保护、生产性保护等方法不断被提出并得到完善。为保护人类文明的"记忆",重拾手工技艺类非遗的"光韵",我们可以并且应该将非遗保护的思路和原则具体细化到重拾"光韵"的课题中,在"光韵"的发掘与传播、延续与传承、发展与长存的各个环节、各个层次做出努力和探索。

(一)影像记录与"光韵"的发掘与传播

"光韵"是一旦消逝便不可复现的珍品,手工技艺类非遗的"光韵"在机械复制时代逐渐凋谢,因此,依靠数字影像等传播手段引导大众对"光韵"价值树立正确认知是手工技艺类非遗传承保护工作最紧迫的任务之一。只有提高大众审美能力,改变大众消费观念,使大众意识到"光韵"的价值,"光韵"艺术在市场竞争中才能取得生存空间,非遗"光韵"在保护过程中不被遗弃才会成为可能。"就艺术功能来说具有更大意义的并不是摄影那或多或少地呈现出艺术性的构造,而是人的故事",[①]虽然摄影在技术复制时代最先向传统艺术发起挑战,但是在手工技艺类非遗保护传承过程中,影像对非遗"光韵"的守护作用不容忽视。在新媒体视觉传播兴盛的当代,影像所呈现出的内在意味,即对手工技艺类非遗"光韵"的发掘与传播——有利于增加大众对手工技艺类非遗"光韵"价值的重新认知,从而在一定程度上改变非遗市场的消费观念。

(二)"光韵"的传承与延续

传承和延续是手工技艺类非遗保护最为主要的目的之一。为使非遗"光韵"得到延续,需要从整体入手对其实施保护,从环境和主体等多个方面为手工技艺类非遗传承提供有利条件。传统的手工技艺在现代社会生长需要营养丰厚的沃土,保护手工技艺类非遗传承所需的自然环境、

[①] [德]瓦特尔·本雅明:《摄影小史》,王才勇译,江苏人民出版社2006年版,第33页。

人文环境、市场环境和保护手工技艺本身同样重要。传承链条的断裂是手工技艺类非遗发展在现阶段面临的重要问题，链条断裂的直接后果便是传承历史被遗忘、精湛技艺后继无人，非遗"光韵"无人守护。为保护非遗传承主体，需要采取多种措施加固传承链条，将非遗传承人的概念拓展至传承人群，使手工技艺类非遗传承不再只是一个人或者一个家族的使命，而是变成整个社区和整个社会的责任，这一点在文化部、教育部启动的非物质文化遗产传承人群研修研习培训计划中就体现得非常明确。

（三）"光韵"的长存与发展

手工技艺类非遗的传承保护必须与市场结合，在市场中激发动力和活力以寻求发展的长存之道，这是由它自身的特点所决定的。所以当我们讨论对生产性保护的误读问题时，并不是讨论手工技艺类非遗该不该加入市场，而是讨论如何在利用市场助力传承的过程中固本培元，守住"光韵"。变与不变和变的程度从来都是传统文化、传统艺术在接近市场时需要考量的尺度和面临的问题。一成不变是为死水，终将污臭而无用；曲意迎合则是忘本，又将与本心初衷渐行渐远。为得到更加鲜活的生命力，手工技艺类非遗必须与时代精神相结合，真正走入大众生活。然而，创新得变是手工技艺类非遗发展的动力，"光韵"的不变才是手工技艺类非遗发展的根基。机械复制时代对非遗传承造成冲击，我们要做的不是畏难回避或是简单接受，而是固本培元，重拾手工技艺类非遗的"光韵"，让其价值闪耀在这个充满更多可能和挑战的时代。

第二编

变迁中的手工艺:机器、工业化与现代性

本土性的现代化如何实践

——以景德镇传统陶瓷手工技艺传承的研究为例*

方李莉**

摘　要：在全球一体化的今天，整个人类社会的政治结构、经济结构和文化结构都在发生巨大的变化，如今在世界范围内的许多地方，民族的文化传统与文化遗产，正成为一种人文资源，被用来建构和产生在全球一体化语境中的民族政治和民族文化的主体意识，同时也被活用成当地的文化和经济的新的建构方式，不仅重新模塑了当地文化，同时也成为当地新的经济增长点。在这样的背景中，传统文化开始重新被人们认识，包括传统的手工技艺，它虽不能取代机器的生产地位，但也不再是落后的象征，且不说国家正在将其作为一种珍贵的非物质文化遗产加以保护，而其独特的工艺价值也正在成为一种地方文化的象征受人关注，甚至成为一种富有特色的艺术品，不仅如此，还带来了经济价值，成为当地重要的文化产业。这是一种文化的转型，是一种后工业文明的特征，也是本土性现代化的一种实践。本文试图以一个多世纪以来围绕着景德镇陶瓷手工艺发展的种种状况来说明这个问题。

关键词：手工技艺；资源；传统文化；本土性的现代化

---

* 原文选自中国艺术人类学学会会议论文集，会议时间 2008 年 11 月 10 日。
** 方李莉，中国艺术研究院艺术人类学研究所所长。

一 概述

手工技艺是农业文明时期最重要的动力模式及生产方式，围绕着手工艺而产生的文化运行机制也都是地方性和乡土性的，是传统文化最核心的内容之一。研究其在现代化中的再生及与现代社会的互动模式，可以帮助我们理解什么是本土性的现代化，以及我们应该如何实践本土性的现代化。

早期的人类学家普遍认为，在外来的更先进文化的冲击下，新的文化取代旧的文化是一种必然的规律。泰勒在其1870年所写的《原始文化》一书中表明，欣赏文化差异性的方法在于建构文化的进化阶段性。也就是说，他认为人类的文化都是朝着一个既定的目标前进，原始人的生活就是人类生活的过去，而欧洲人则代表着人类整体文化所发展的方向。马克思也同样假定"工业高度发达的国家，为工业较不发达国家，展示了他们的未来形象"[①]。沃特·罗斯托在其《经济增长的阶段》一书中，列举出了一个从"传统社会"到"高度大众消费的时代"五个发展阶段的单线序列。[②] 在罗斯托的图示中，"传统社会"的解体是"经济起飞"的前提条件。而外来支配也有必要，因为它能够实现这种有益的解体，否则传统生产的习俗关系会阻碍经济增长。在早期人类学家的眼里，只有传统的地方文化彻底解体，才会得到经济的发展，从而赶上发达地区的前进步伐。在他们眼里，传统与变迁是对立的，习俗与理性也是对立的。

但时至今日，社会的文化背景发生了变化，人类学家的看法也发生了变化，如人类学家萨林斯在书中写道："非西方民族为了创造自己的现代性文化而展开的斗争，摧毁了在西方人当中业已被广泛接受的传统与变迁的对立、习俗与理性对立的观念，尤其明显的是，摧毁了20世纪著名的传统与发展的对立观念。"[③] 他以因纽特人为例，认为他们从20世纪

[①] [美] 马歇尔·萨林斯：《甜蜜的悲哀》，王铭铭、胡宗泽译，生活·读书·新知三联出版社2000年版，第113页。

[②] [美] 马歇尔·萨林斯：《甜蜜的悲哀》，王铭铭、胡宗泽译，生活·读书·新知三联出版社2000年版，第113页。

[③] [美] 马歇尔·萨林斯：《甜蜜的悲哀》，王铭铭、胡宗泽译，生活·读书·新知三联出版社2000年版，第125页。

80年代开始，一方面大规模的引进现代的技术与便利的生活设施；另一方面又在恢复他们的传统文化与仪式庆典。同时岛上移民的出走并没有使他们的文化丧失掉，他们反之将传统文化扩展到像奥里根和加利弗里亚这样遥远的同宗的居住地。①

萨林斯的观点似乎给了我们希望——那就是在本土性现代化的发展过程中，传统与现代未必会对立，保护与发展也可以达到一致。也就是说，我们不需要摧毁我们的传统文化以换取现代化的实现，相反，传统可能会转化成一种构成新的文化或新的经济的资源。

而这种转换的背景是什么？笔者认为，在全球一体化的今天，整个人类社会的政治结构、经济结构和文化结构都在发生巨大的变化，如今在世界范围内的许多地方，民族的文化传统与文化遗产正成为一种人文资源，被用来建构和产生在全球一体化语境中的民族政治和民族文化的主体意识，同时也被活用成当地的文化和经济的新的建构方式，不仅重新模塑了当地文化，同时也成了当地新的经济增长点。在这样的背景中，传统文化开始被人们认识，包括传统的手工艺生产手段，它虽不能取代机器的生产地位，但其也不再是落后的象征，且不说国家正在将其作为一种珍贵的非物质文化遗产加以保护，其独特的工艺价值也正在成为一种地方文化的象征受人关注，甚至成为一种艺术品，不仅如此，它还带来了经济价值，成为当地重要的文化产业。这是一种文化的转型，也是一种后工业文明的特征。

弗雷德·詹明信认为，"后工业化社会"的根本标志就是"自然"已一去不复返的消失，整个世界已不同以往，成为一个完全人文化了的世界，"文化"成了实实在在的第二自然。一切都被纳入了人的视野、人的认识，换句话说，就是这个世界整个地被知识化、话语化了②。在这个人文化了的世界里，人们每天要面对的、要较量的不再是自然，而是文化。以往人们是通过自然来创造文化，而现在的人们则是通过"文化"来"重构文化"。在这样的过程中，本土性的传统文化就不再是

---

① [美]马歇尔·萨林斯：《甜蜜的悲哀》，王铭铭、胡宗泽译，生活·读书·新知三联出版社2000年版，第121页。

② 盛宁：《人文困惑与反思——西方后现代主义思潮批判》，生活·读书·新知三联书店1999年版，第38页。

与当今无关的遗留物，而是一种再造当今文化的资源。这就是为什么在现今的文化背景中传统与现代不再对立，本土性的现代化也正在成为一种趋势。

为了说明问题，本文将以景德镇传统技艺从20世纪初至今这一个多世纪的遭遇为例，让读者们看到，在中国早期的现代化中，景德镇传统的制瓷手工技艺，以及围绕着这一生产方式而产生的文化模式是如何被现代工业化的文化模式所取代和批判的。尽管如此，这些传统的手工技艺还是一直顽强存在，当其不能为人们的物质生活服务时，就转化成一种为人们精神服务的艺术品而存活于民间，也存活于高雅文化之中。20世纪90年代以后，在新的文化背景中，景德镇传统技艺又得以复活，并成为景德镇现代陶瓷产业与文化的重要组成部分。这一切是如何展开，对景德镇陶瓷产业未来的文化与经济的发展有何重要的意义，通过这样的案例研究，我们将如何理解本土性的现代化实践，还有本土性的传统及手工技艺在当今社会发展中将有什么样的新的意义与价值，与我们未来文化的发展有着什么样的联系？这是本文希望解答的。

二 20世纪初景德镇传统陶瓷手工艺遭遇工业文明

在一般人的概念中，中国是一个传统的农业国家。但事实上，中国曾经是一个制造大国，且是手工艺产品的出口大国。在历史上，中国的丝绸、瓷器、家具曾风靡整个世界，这些精湛的手工艺产品曾大量地进入欧洲市场，成为当时欧洲上流社会的时尚品。但自19世纪末起，中国竟然变成了进口国，不仅进口钢、机器、铁路器材、武器等，甚至进口日用品[①]，包括中国人引以为傲的瓷器与纺织品。这一切是如何造成的？法国学者谢和耐说，缺乏工业的殖民地国家要进口工业成品，这一点标志着历史上一个转折：构成今天第三世界的地区受制于各富国。但这转折点只是到19世纪末，随着机械化生产发展

---

① [法] 谢和耐：《中国社会文化史》，黄建华、黄迅余译，湖南教育出版社版1994年版，第553页。

才得以实现①。

而在文章中我们要聚焦研究的景德镇陶瓷手工艺，曾经是世界上最精湛的手工技艺，而景德镇也曾是世界的制瓷中心，世界最著名的瓷都。其生产的瓷器曾被欧洲人称为白色的金子。但19世纪末以后，景德镇的陶瓷手工业发展面临了巨大的挑战。

在19世纪末到20世纪中叶以前，围绕着景德镇陶瓷手工业生产而存在的各种类型的会馆、行帮、公所、行规等社会现象，表明景德镇陶瓷业和工商业还没有从农业文明的躯壳中蜕化出来，因而带有鲜明的乡土文化特色。而与此同时的西方各国正处于自由资本主义发展的巅峰时期，致使"事情已经发展到这样的地步：今天英国发明的新机器，一年以后就会夺去中国成百万工人的饭碗"②。而当时与西方近代资本主义大规模化工厂生产相对的，是中国相沿已久的小规模的手工作坊生产；与西方以强大的热能、电能作为动力的机器生产相对的，是中国以人力或自然力为动力的手工操作；与铁路网相对的是中国的骡马；与汽船相对的是中国陈旧的帆船……③在这样的历史背景和社会背景下，景德镇陶瓷手工业在西方机制陶瓷生产业的冲击下迅速地从明末清初的高峰滑了下来也就是理所当然的。

笔者认为，景德镇手工的陶瓷业敌不过西方，并不仅仅在于手工敌不过机器，更重要的是体现在其社会组织形式和经济制度上的截然不同，知识的来源及宇宙观也完全不同。其具体体现就是景德镇陶瓷行业文化的哲学基础是建立在传统的宗教理念及信仰基础之上的，所有的手工技艺的实践都与宗教仪式和神话传说有关。而西方的工业文明是建立在科学的认识论基础上的，数学、物理学与化学成为认识物理世界的重要方式。在这样的背景下，景德镇的陶工们虽然祖祖辈辈制瓷，其制瓷技艺在历史上曾影响过世界，但他们无法说出陶瓷原料的化学分子式，包括陶瓷的烧成温度，这导致他们的传统知识在现代化的社会中处于无效或

---

① [法]谢和耐：《中国社会文化史》，黄建华、黄迅余译，湖南教育出版社版1994年版，第481页。

② 《马克思恩格斯全集》第4卷，人民出版社1998年版，第361页。

③ 郝侠君等主编：《中西500年比较》，中国工人出版社1996年版，第357页。

必须经历一个彻底转型的境地。

另外，其行业的组织则是建立在各种宗族关系，即血缘与地缘的基础之上的。尽管景德镇的陶瓷生产从明清时期开始就具有了资本主义萌芽的倾向，但其围绕着这种生产而形成的各种行业的生产方式和经营方式还基本属于旧式的，是农业宗法社会中原有经济形式的延续，这一切都与西方的现代化和工业化文明格格不入。

例如，W. 穆尔把工业化得以产生的条件归纳为四个方面，其中最重要的一个方面就是：在价值观念上，由亲属优先（任人唯亲）的思想方法过渡到业绩优先（任人唯贤）的思想方法①。但在景德镇所有的陶瓷行业的各类作坊和各类店铺中，雇主与雇员之间的关系都是以血缘和地缘为基础的亲友关系。而这种亲友关系就导致了在景德镇民窑业中所有的社会关系不是像现代社会那样，是合理主义、普遍主义、功能有限和感情中立的，而是传统的、个别的、功能无限和具有感情色彩的②。正因为其是具有感情色彩的，所以才在行规中出现了大家互相关照的宾主制，这种宾主制就是在景德镇陶瓷业中，除烧（窑户）、做（坯户）两大主行业之外，尚有彩绘、瓷行、坯刀（修坯的工具）及所谓的五行头（选瓷、包装、运输）为陶瓷生产服务的各类行业，这些行业构成了瓷业产销的主要组成部分。它们历来有一种"宾主"制度，如进行了一次交易，以后即为"宾主"关系，长远相传，不得更替。甚至有父传子，子传孙的世袭惯例，如果有一方（主要是宾方，即客方）违反了这一惯例，便要受到挟制，往往受到同行们乃至行会的干涉；严重的甚至涉讼，经年不得解决。这实际上是一种控制同业竞争，以便保持本行业共存共荣的垄断地位的一种手段与制度，而这种制度导致了生产力得不到大幅度的发展，也正是这一点使得它和现代思想中的那种"适者生存""优胜劣汰"的残酷互相竞争的观念是相违抗的。

另外，为了避免在行业中出现"僧多粥少"的现象，在景德镇传统

---

① ［日］富永健一：《"现代化理论"今日之课题》，［美］塞缪尔·亨廷顿《现代化理论与历史经历的再探讨》，上海译文出版社1993年版，第112页。

② ［日］富永健一：《"现代化理论"今日之课题》，［美］塞缪尔·亨廷顿《现代化理论与历史经历的再探讨》，上海译文出版社1993年版，第113页。

行业中对招徒弟通常采取"禁"的方式,也就是说平时没到规定的时间是不能随便招徒弟的,到了时间便叫"开禁",一般根据不同的行业,开禁的时间也有所不同,如装小器业和烧窑业是二十一年开一次禁,即二十一年才招一次徒弟,而雕刻是五年开一次禁,做坯是三年开一次禁。如果人手实在不够,想在没开禁时招徒弟就叫"开黑禁",所谓的"开黑禁"就是不仅要征得"街师傅"(行帮中专门执行行规的人)的同意,还要征得所有同行业工人的同意。这种行规不仅在景德镇的民窑业中存在,在其他地方的手工行业中也有类似的行规,如乾隆三十一年(1755年)湖南长沙京刀业行规规定的"带学徒弟者,三年为满,出一进一,公议出备上行线,五串文为公,如违不遵,罚戏一台敬神"①。光绪二十五年(1899年),广东佛山石湾《陶艺花盘行规》规定:"每店六年教一徒,此人未满六年,该店不准另入新人。"② 足见行会对徒弟招收之严格控制。这种严格的控制使手工业作坊难以扩大人数形成规模化的生产,而规模化生产正是现代化工业文明的一大特征,达不到这一点就不能实现从传统工业向现代工业转变。

还有,标准化和专业化是现代工业文明的另一大特征,费德里克·温斯罗·泰勒认为,只有每个工人在劳动中的每一个动作实现了标准化,劳动才是科学的。泰勒在 20 世纪初就认为,每项工作只有一个最好的(标准的)方法,一种最好的(标准的)工具,和在一个明确的(标准的)时间里去完成③,而作为手工生产的景德镇陶瓷业,其各行业的技艺都是各自垄断和互不交流的,而不同的师傅有不同的手法,其手法是不可能达到统一化和标准化的。另外从专业化来讲,尽管景德镇陶瓷业很早就进行了专业化的流水作业线的生产方式,将陶瓷生产的各类技术进行了非常细致的分工,但分工需要协作,在现代化的工厂里各个不同的生产程序是集中在一个庞大的厂房里,由管理人员和工程师们统一安排和指挥。而在景德镇传统陶瓷业中,这些不同的生产程序是分散在各个不同的小作坊

---

① 彭泽益编:《中国近代手工业史资料》第 1 卷,中华书局 1962 年版,第 190 页。
② 广东省社会科学院历史研究所中国古代史研究室等编:《明清佛山碑刻文献经济资料》,广东人民出版社 1987 年版,第 254 页。
③ [美]阿尔温·托夫勒:《第三次浪潮》,朱志焱等译,生活·读书·新知三联书店 1984 年版,第 101 页。

之中的。每一种独立存在的作坊在现代化的工厂中都应该是每个不同功能的车间,如坯房是成型车间、窑房是烧炼车间、红店是彩绘车间、茭草是包装车间、汇色是选瓷车间、瓷行是销售科,等等。当年曾准备在景德镇建立现代化瓷业公司的实业家杜重远就曾说:"景德镇的瓷业,完全属分工制……分工本不算一件坏事,但是贵乎于合作,而景德镇工人基于中国人自私的观念,徒知有己,而不知有人,加以知识简单,囿于成例言行规,一切行动,皆惟师父之命是听,罢工斗殴之事时有所闻。"① 正因为景德镇传统陶瓷手工业的这种分工又不合作的相互矛盾的制度造成了向现代化转型的困难。也是由于传统行规制度的僵化限制了各行业间的紧密合作。

现代化生产讲究的是与市场的密切配合,但景德镇传统的陶瓷生产往往按行规办事并不重视和理睬市场,在传统的民窑业中,坯房的工人每天产坯的数量不是按市场的需要来定,而是一切按旧章。例如,在圆器坯房中三人为一组,每组每人出坯四十二板(每板十七个碗或盘),此系历代相传的数字,如果坯户按其营业情形变更了板数,便会被认为是违反了行规,工人们便会群起而反对。另外,生产行业和服务业由于信息的不流通,常常造成互相之间配合无度。就以原料为例,景德镇的坯户皆小本经济,不能直接到产地购买原料,皆由白土行和牙户介绍,往往误买牌号,而制作原料的碓工与碓户远在产地,并不到景德镇来,与坯房几乎没有联系,只是通过中间商(即白土行)转售,因此,他们并不了解坯户的生产情况,只顾获利,不知研究原料的精细与好坏。而且原料多为当地村民把持、限制产额,抬高市价,制品因而质量差而价格高。同时,作为中间商的白土行为了抬高价格,也常常将瓷土囤搁居奇,因而严重碍及瓷器成本。这种不配合市场和不重视信息沟通的传统生产方式使景德镇的陶瓷业发展难以与西方的工业化生产相比。杜重远曾在其调查报告中描绘当时景德镇的制瓷状况:"社会所需要瓷器不会制,而出品皆是陈旧式样,不知改良,以致不受社会欢迎。因此,国瓷渐被洋瓷打倒,尤以东洋瓷畅销各省,而且渐渐销到江西,销到国瓷出产地景德镇,这岂非江西人的大耻辱。"②

---

① 《杜重远与景德镇》,《景德镇文史资料》第五辑(内部资料),第 134 页。
② 《杜重远与景德镇》,《景德镇文史资料》第五辑(内部资料),第 141 页。

因此，当时的新闻记者多次惊呼景德镇"一落千丈"。其实，何止是景德镇，在西方工业化的冲击下，在洋货充斥国内市场的影响下，中国整个民族工业都面临着和景德镇同样的困境。例如，和瓷器一起被誉为中国传统最出名出口产品的纺织业，1930年，上海有九十七家丝厂，停工的达六十五家，到1934年，尚能开工的只剩下十三家了①，可见当时中国的传统民族工业是何等的衰落，几乎到了崩溃的边缘。

在这里我们所看到的与传统人类学家所看到的状况一样：传统与变迁是对立的，习俗与理性也是对立的。只有传统的地方文化彻底解体，才会得到经济的发展，从而赶上发达地区的前进步伐。虽然景德镇与人类学家所考察的原始土著民族不一样，他们有着悠久的文明历史，有着精湛的传统手工艺，甚至有着农业时代最强大的制造业。但当他们与西方的工业文明碰撞时，也难免会土崩瓦解，迅速地解体，因为那是一个摧枯拉朽的时代，在这样的时代中，历史的巨轮正从景德镇传统陶瓷手工业逐步僵化的身躯上迅速碾过。

面对中国当时的遭遇，谢和耐在他的书中写道："西方在中国的活动常常被人用光明的笔触加以描绘，以满足欧美国家的自尊心，据说，西方国家使中国脱离千年孤独，令其认识科学与工业文明，不得不向世界开放。进取精神、进步观念、科学技术、自由、西方普济主义、基督教精神等，对抗着陈腐意识、官吏的贪污腐化、君主的暴虐、中国人的天真（以为自己处于宇宙中心）、贫苦民众的迷信②。"于是一场不得不西化，不得不工业化的文明转型在中国的大地展开。

三 民国年间来自政府的种种改革

在这样的历史背景中，当时的国民党政府对传统的手工业生产模式进行了系列的改革，以便实施现代化的管理，将整个国家纳入世界工业化的体系中去。而要达到此目的的第一个条件，"就是通过与本国文明完

---

① 《杜重远与景德镇》，《景德镇文史资料》第五辑，第141页。
② ［法］谢和耐：《中国社会文化史》，黄建华、黄迅余译，湖南教育出版社1994年版，第553页。

全异质的，作为外来文明的西方文明的输入，使其脱离本国传统主义的精神为广大群众所接受和支持。这一动机来自对本国传统社会的极其强烈的危机意识"①。"然而这一输入过程就是对本国传统社会的破坏过程②。"也就是说，为了在景德镇的陶瓷业中实施现代化的管理，就必须首先破坏其传统生产方式和文化习俗，然而这是一个极其痛苦的过程。正如马克思所说的："就纯粹的人的感情来说，亲眼看到这无数勤劳的宗法制的和平的社会组织崩溃、瓦解，被投入苦海，亲眼看到它们的成员既丧失自己古老形式的文明又丧失祖传的谋生手段，是会感到悲伤的……"③

而且对于祖祖辈辈生于斯，长于斯，工于斯的景德镇陶工们，长期的生活经验积累和流传下来的行业文化是他们生活的指南，是与他们同生共死的传统习俗，他们依赖它而行动，依赖它而进行生产，它早已成为他们生命的一部分，他们从来没想到有一天要彻底地改变它、抛弃它。因此，对于现代化的引进必然遭到他们在文化上的反弹和抵抗。当时国民党的省主席熊式辉从沈阳请来曾在日本东京工业学校专攻过窑业的，受过现代化教育的著名实业家杜重远来江西改革瓷业。而杜重远对景德镇的第一印象就是：陶工们劳力而不知劳心，分工而不知合作；视惯例如成法，嫉革新如寇仇；营业尽管萧条，而组织一仍其旧，样子尽管陈腐，而制法毫不更新；若晓以世界情形，国家利害，更如对牛弹琴，痴人说梦。④而且，"听见工人们某月吃韭菜，都视为大经大典的成文法，其纠纷顽固的情形，可想而知了"⑤。

针对这种情况，20世纪二三十年代的一些文化精英认为，景德镇瓷业几乎无行不兴，无帮不有。而这些重重叠叠行业中的陈规陋习像一层层堤坝，把景德镇围成了一潭潭死水。因此，景德镇这种带有浓厚封建色彩的行帮、行规不革除，那么景德镇的瓷业就难以得到发展。当时以

---

① ［日］富永健一：《"现代化理论"今日之课题》，［美］塞缪尔·亨廷顿《现代化理论与历史经历的再探讨》，上海译文出版社1993年版，第120页。
② ［日］富永健一：《"现代化理论"今日之课题》，［美］塞缪尔·亨廷顿《现代化理论与历史经历的再探讨》，上海译文出版社1993年版，第120页。
③ 《马克思恩格斯选集》第2卷，人民出版社1998版，第67页。
④ 《杜重达与景德镇》，《景德镇文史资料》第五辑，第18页。
⑤ 《杜重达与景德镇》，《景德镇文史资料》第五辑，第134页。

江西省主席熊式辉和江西陶业试验所所长邰德辉为代表的一些官员，认为"景德镇交通不便，瓷工恶习又深"，并且"老守旧法，不知改良"。因此，"欲图瓷业发展，又非另择良地不可"。在他们看来，景德镇已经衰老，病入膏肓，无药可救。甚至打算放弃景德镇另到九江新办一个大规模的机制瓷业工厂。并请来杜重远，想借重他国民党军界、政界和商界的关系与号召力，以便"在浔（九江）开一大规模之陶业工厂"。①

杜重远来到江西后，他虽然同意在九江新办瓷厂，却不同意轻易抛弃景德镇。他认为"景德镇乃中国第一产瓷名区，亦全世界瓷业之发源地，其景况之隆替，非特繁乎民生之荣枯，抑且关于文化之兴衰，国人对此当甚关心"。② 因此，他来到景德镇后，除在九江建了一座现代化的光大瓷厂外，还在景德镇建立了陶业管理局，对景德镇的旧式手工业加以管理和指导，呈请省政府同意创办了一个陶业人员养成所，名额八十人，规定一年毕业，前后在赣沪两处招考学生，于1939年春季开始授课。同时还开办了一个旧式模范厂。所谓旧式，即制作坯件，仍旧以手工办法分工制造。其模范之处是改善了工厂的组织与管理。这里没有限制板头等行规，工人的劳动报酬不是按"天"算，而是按月计，即每月按出品之等级分别核计，发给工资，以资他厂摹仿。

除杜重远在景德镇开办陶业管理局和陶业人员养成所，以图对景德镇传统的民窑业实行改革之外，早在1910年（宣统二年）景德镇就建立了江西瓷业公司。公司原定官商合办，为张謇、瑞征等人发起，资本40万元，从冀、鄂、苏、皖、赣五省筹集到20万元，仅达原计划的一半。因资金不足，没有力量购置近代的新式机械设备，只得因陋就简，利用旧式手工制瓷业的生产工具进行操作，生产规模难以扩大，资本增值也蹒跚不前③。当时的经办人康特璋，很有才干，了解不少资本主义的经营管理方法。他主持瓷业公司时，曾着手设置本厂、分厂两处，本厂设在景德镇，分厂设在鄱阳城内高门。他设置分厂的用意是为了便于对瓷器的实验进行改良。他认为"景德镇之制瓷者，已则守成法不可改，而复

---

① 《杜重达与景德镇》，《景德镇文史资料》第五辑，第9页。
② 《杜重达与景德镇》，《景德镇文史资料》第五辑，第10页。
③ 周銮书：《景德镇史话》，上海人民出版社1989年版，第154页。

怵于一经改良，将立被淘汰，而无所叫饭，势且出于合群抵制之一途，故迁地而避之"。① 可见当时景德镇传统的民窑业对实行现代的生产方式所持的抵抗态度是非常顽强的。这种千百年来的积习和因循守旧的局面是一时难以改变的。故康特璋只有像杜重远在九江建一光大瓷厂一样，在鄱阳建一分厂。其目的都是"迁地以避之"，其用心也可谓良苦。

而要对景德镇陶瓷手工业实行现代化管理的第二个条件就是发展现代教育。因为现代化经济的发展，不仅需要有以经济法规为保障的现代经济社会秩序这一外部条件，而且需要有大量掌握现代经济知识和科学技术的实业人才这一内部条件。因此，要发展经济，就必须开辟多种实业教育途径，培养大量实业人才。近代中国的实业教育起始于洋务运动时期，但是到 20 世纪以后才有较快的发展，并逐渐形成了政府、社团、私人共同兴办实业教育的格局。当时的知识分子们认为，中国从事工业生产者对"工业之学素不考究，故精细灵巧之物甚少，日常用者类皆粗疏陋俗之品"②。商、农、工各业的落后和失败，无一不是因为从业者没有掌握新式的农、工、商知识和科学技术。基于这样的认识，清末民初便成了新式教育开始发展的时期，于是，各种教育思潮相继出现，其中实利教育思潮就是重要的一种。这种教育思潮，主张教育为社会实践活动服务，尤其注重为社会实业服务。它是随着清末民初振兴实业活动的兴起而产生的。

在这样的社会背景下，当时的景德镇也兴起了培养陶瓷实业人才的热潮，其中最突出的表现就是兴办现代陶瓷学校和举办短期训练班。当时，除杜重远开办的陶业管理局下面设了陶业人员养成所之外，在江西瓷业公司经办的鄱阳分厂中，也附设了一所陶业学堂，目的在于培训能从事机械制瓷和煤窑烧瓷的技术工人，以便利用机械制造逐步取代手工操作，建造煤窑取代柴窑，从而节约成本，提高劳动生产效率。1912 年，陶业学堂被江西省接办，从此与瓷业公司分离。校长由曾在日本东京高等工业学校窑业系学习窑业归来的学者张浩担任。他注重数、理、化等基础课程和陶瓷技艺专门的教学，多方聘请学识丰富，技艺精良及资历

---

① 周銮书：《景德镇史话》，上海人民出版社 1989 年版，第 155 页。
② 醒：《论中国今日之内情外势》，《申报》，1909 年 11 月 6、13 日。

较深的教员、技师、工程师前来任教。如加聘1913年在东工大毕业的同学邹如圭分担教授专门课程，并聘请有名画家潘陶宇教授画瓷与写意画。1918年舒信伟毕业于东工大窑业系，立即被邀聘来校担任玻璃、水泥等专门课程的教学，并兼管教务。1922年本校毕业生章继南东渡日本并于东工大窑业系毕业归来，亦留校任教。1924年又聘请日本毕业回来的原本校学生江笑波为专任教员兼教务主任。还有工笔画家范炯教授工笔画。①

本校的学生不仅来自鄱阳县邻近各县市，如景德镇、余干、万年、乐平、贵溪等，亦有来自全省四方，如南昌，九江、萍乡、赣州等县市者。而且逐渐有省外学生由两湖、两广、河北、山东以至西北之青海、新疆等边远省份而来。皆因当时该校为我国唯一新科技的陶业学校，有如日本东工大的窑业系，所以青年学生不论远近皆闻道而来。②

抗战时期，学校撤到景德镇和浮梁县立陶瓷科职业学校合并。1946年抗战胜利后，学校升为"江西省窑业专科学校"，分陶瓷工程系与陶瓷艺术系，招收高中毕业生。③

尽管在民国期间一些知识精英抱着实业救国的热情，对景德镇陶瓷业采取了一系列的改良措施，并培养了一些技术人才，但总归成效不大。如1912年，由日本留学归来的张浩，首先提出了以煤代柴烧瓷器的建议。1913年邹如圭从日本学成回国，便与张浩一起进行研究，经过多次失败，终于在饶州（今鄱阳）陶业学堂第一次建成了一座八个火门的倒焰式煤窑。试烧的瓷器完全符合要求。然而，这项科学成果对于景德镇那些传统的窑户老板们来说并没有吸引力，他们不敢担这个风险。所以这项革新一直未被采纳，一直到1955年前，景德镇烧制瓷器仍然还停滞在用松柴的古老方法。这只是其中的一个例子，总之，景德镇民窑业中的陶工们和艺人们对那些洋先生们从国外引进的先进技术和管理方法，一直抱怀疑和观望的态度，甚至还有某种潜在的对抗情绪，加上连年战乱及政府管理不得力，所以在国民党统治的二十几年里，景德镇传统的陶瓷业

---

① 《景德镇文史资料》第四辑，第91页。
② 《景德镇文史资料》第四辑，第90页。
③ 《景德镇文史资料》第一辑，第35页。

并没有也不可能有多大的改变。

四 民国年间来自本土艺人自身的变革

尽管在民国期间，政府组织的景德镇陶瓷的现代化变革并没有得到完全的实现，却开启了景德镇手工陶瓷技艺的变革，这一变革不是来自官方，而是来自民间本土艺人自发的应对策略。

自古以来景德镇的工匠创造了驰名中外的陶瓷文化，翻开景德镇的制瓷历史，我们就会看到，景德镇的瓷器不仅是提供给人们生活日用的一种手工业产品，而且也是一种具有中国文化内涵及审美形式的艺术品，这种艺术品是寓意在生活文化之中的。在景德镇的每一个时期都有工匠们新的创造，如宋代的影青瓷，元代的青花瓷，明代的青花斗彩瓷与大明五彩瓷，清代的粉彩与珐琅彩，等等。这些陶瓷产品不仅表现技法和使用的彩绘材料各异，而且题材与装饰方法也充分体现了不同时期中国人的哲学观与审美观。有的具有吉祥如意的寓意，有的具有道德教化的功能，有的体现了下层百姓对美好生活的向往，有的体现了皇家贵族的奢华与威严，它们不仅仅是日用品，也是文化品与艺术品。而这一切的表现技法和精神内涵都是机械生产不可能取代的，现代化的机械产品固然可以做到高效、标准、规整、理性，但机械化过程的技术是与人自身的情感体验及审美无关的，而且大量的重复制作与重复性的标准操作方式，抹平了陶瓷器皿中的个性化劳动，蕴含在其中的精神内涵也被简易化、单一化、冷漠化。这是景德镇的工匠们难以接受的，也是长期热爱景德镇陶瓷艺术的人难以接受的。

在这样的背景下，景德镇一方面在开展机械化的工业生产；另一方面却在手工技艺方面做进一步深化的探索与改革，具有改革精神的工匠们试图让其向艺术靠拢，而景德镇陶瓷特殊的地理位置与发展的历史背景也为这样的探索提供了条件。

景德镇地处江西省的东北部，临近南京、上海和扬州，这些地方在明清时期是中国的富户和文人墨客聚集的地方，许多文人画家的绘画曾被流传到景德镇，成为景德镇陶瓷艺人摹仿绘制的重要样本。还有临近景德镇的徽州木刻版画，对景德镇的陶瓷绘画也有过极大的影响，景德镇的康熙五彩瓷的绘制风格基本就是在徽州版画的基础上形成的，从画法到题材内容，都受其影响很深。而景德镇的青花瓷则受文人的写意画影响很深，从元代一直到明清都有不少优秀的青花瓷充满着文人画的意趣。还有清中期以后出现的粉彩瓷，则是受中国工笔重彩的影响，典雅而华丽。

有这样的历史与背景，我们就不难理解，当政府在景德镇兴办陶瓷企业和现代陶瓷教育之时，却出现了一批民间的文人工匠。在景德镇的陶瓷历史上虽然出现过不少的能工巧匠，绘制过许多精美的陶瓷艺术，但在历史上很少留下他们的名字，他们也很少有这样的自我意识。但民国期间的文人工匠却不一样，面对强大外来文化的冲击，他们产生了强烈的自我意识。他们和以往的工匠最大的区别就是向文人画家靠拢，试图在瓷器上表达艺术，也试图追求和文人画家平等的地位。他们不再只甘愿描摹，也不再只甘愿从属于瓷器的实用性，他们在陶瓷上绘画、写诗、表现书法，在瓷器的地款上留下自己的姓名和图章，等等。

开始只是零星工匠的个别追求，后来逐步地会集到了一起。在这些人当中，有的是从红店学徒出来的，如当时的王大凡、徐仲南、何许人等，还有的是从窑业学堂中出来，受过比较正规的教育，如汪野亭、程意亭、刘雨岑等，还有的是秀才或文人出身，能诗、能文、能书，如田鹤仙、邓碧珊、毕伯涛等。还有的是外来的画家，如汪晓棠，他是婺源人，在杭州以绘画团扇为业，后来便到景德镇来画瓷器。还有以捏面人著称的江西新建人王琦，到景德镇后开始学扬州八怪的写意人物画，后又学画瓷像。这些人会集在一起成立了"景德镇瓷器研究社"，有200多名会员。王琦是社长，王大凡等担任副社长。这是景德镇文人工匠第一个自发成立的学术团体。

后来军阀混战，把景德镇瓷器研究社冲垮了，但这些艺人们仍然聚集在一起，每月月圆时聚一次，有人将他们称为珠山八友，但事实上也许不止八个人，只是一种称呼。他们是当时景德镇民间艺人们中的改革先锋，他们不仅能画瓷器，还能画纸画，会写诗，会书法，他们是景德镇最早把自己的名字写在陶瓷上，最早把陶瓷作为一种艺术来创作的群体。

翻开这段历史，我们看到的是：在民国时期，一方面是景德镇陶瓷业的不景气；另一方面却是景德镇陶瓷美术创作最辉煌的时期。王琦、王大凡和汪野亭当时还获得了巴拿马金奖，为中国的陶瓷艺术在世界上争了光。他们的出现虽然没能把景德镇的陶瓷业从萧条中拯救出来，但却传承和发展了景德镇陶瓷的手工技艺。

五　工业化生产方式的实现

1949年以后，在中国共产党的领导下，景德镇两千余户手工作坊逐步地走向了互相合作的道路，1951年成立了合作总社筹备委员会，并组成了3个规模较大的瓷业生产合作社。到1952年年底，成立了3个加工合作社和5个生产合作社。私营小厂也逐步组成联营工厂。到1955年年底，全市陶瓷组成38个手工业合作社和19个私营的瓷厂。1956年2月，全市各行业完全实现了私营工商业的公私合营和手工业的合作化。其中陶瓷业实行公私营的工厂10个，合作社营的工厂20个。[①]

1958年至1961年，国家对景德镇陶瓷工业的基本建设投资额计划共达145686元，与此同时，全市90%以上的陶瓷工业企业进行了扩建增添设备，普遍进行了技术改造[②]。技术改造有两大内容：（1）在全市展开了大规模的新建煤窑。至1958年12月底，景德镇有煤窑176座，其中正规倒焰式煤32座，简易煤窑138座，柴窑仅存50座。初步实现了"以煤代柴"的技术转变。（2）在以煤代窑、改造窑炉的同时，景德镇陶瓷工业还在原料、成型、彩绘等方面进行从手工化到机械化的技术改造。在原料生产方面，瓷土开采除改用排水沟、滤水等7种操作外，还采用了风钻开采来代替工人锤凿开采，矿石粉碎采用了雷蒙粉碎机、颚形破碎机、双轮粉碎机等机械设备，代替了过去极易受季节限制的水碓和人力碓舂。1958年7月试制成功真空练泥机，改变了千年来原料生产工人"三道脚板，二道铲"的落后生产操作状况。过去全靠手工生产的原料陶泥精制

---

① ［美］阿尔温·托夫勒：《第三次浪潮》，朱志焱等译，生活·读书·新知三联书店1984年版，第117页。

② 汪宗达、尹承园主编：《现代景德镇陶瓷经济史》，中国书籍出版社1994年版，第195页。

过程逐步改为水造分离器、球磨机、真空练泥机和木质练泥机等机器操作。成型方面，圆器成型广泛推广使用电动辘轳车，至1959年年底，景德镇陶瓷工业已拥有单刀和双刀压坯车333台，生产效率大为提高，每部单刀压坯车比两个利坯的手工脱胎效率提高1.3倍，双刀压坯车每部比两个利坯的手工脱胎效率提高1.8倍。琢器成型普遍改用排列压力注浆和多层压力注浆，修坯、利坯、施釉、压坯等也大部分改为机械操作和半机械操作。坯胎干燥由自然干燥改为人工的烘房干燥。彩绘方面，以印代画，自动印花和贴花、晒花、洗花等新技术的操作代替了手工描绘①。也就是说，经过了许多年的努力，景德镇陶瓷业的生产终于走出了传统的手工，迈向了机械化。

从此，采取手工作坊形式生产景德镇传统陶瓷业便彻底地退出了历史舞台，取而代之的是一个个拥有千余人的大型国营企业，这不仅是一种传统的生产技术和生产体制及生产方式的消失和改变，也是一种传统文化及习俗的消失和改变。

然而，在民国时期兴起的美术陶瓷及其传统的手工技艺，在工业化的发展中并没有完全消失，它作为一种艺术，一种能为国家换取外汇的工艺美术品而继续存在着。那些文人陶瓷艺人们被集中在各级陶瓷研究所及各个瓷厂的美术研究所中，他们所制作的陶瓷艺术品，在计划经济时代的国内市场没有销路，但在国际上仍然有一定的市场，景德镇的瓷器艺术始终有它爱好的群体。

六　传统手工技艺的发展与本土性的现代化实践

有意思的是，在20世纪90年代，随着中国市场经济的深入发展，景德镇的国营瓷厂纷纷解体，景德镇的陶瓷业又恢复了民国时期的私营化，但这些私营化的陶瓷生产方式并没有发展成像民国时期的知识分子们所希望的那样，是在工业化基础上的规模性的大型陶瓷企业，而是又恢复

---

①　汪宗达、尹承园主编：《现代景德镇陶瓷经济史》，中国书籍出版社1994年版，第196页。

了手工制作的作坊式生产方式。

这样一来，民国时期的场景又似乎在重现，景德镇城区和郊区新兴了数千家的小手工业作坊。那些从各级陶瓷研究所及各瓷厂美术研究所出来的陶瓷艺术研究者们形成了类似民国时期的文人陶瓷艺术家的群体，在不断的创新中取得了和当代其他一些艺术家同等的地位。而且也的确有这样的市场来让他们的事业得到发展。国家颁发给他们崇高的荣誉，他们被评为国家级大师、省级大师、高级工艺美术师、工艺美术师等。民间也在形成自己的团体，如高岭陶瓷学会、江南道友等。此外，富起来的中国人也在开始收藏艺术品，景德镇的陶瓷在历史上就有人收藏，不仅有国外的藏家还有众多国内的藏家。在计划经济时期没有国内的藏家所以只能出口到国外市场，如今国内市场的恢复使景德镇的艺术陶瓷获得了新的生机。而这些新的陶瓷艺术家，和民国时期的文人陶瓷艺术家最大的不同就是他们更加国际化了，其艺术不仅是受同时期的绘画艺术的影响，也受到同时期国外现代陶瓷艺术的影响。而且许多人不再是传统的陶瓷艺人，他们受过系统的高等教育，有的本身就是陶瓷学院的老师。于是传统与现代，本土化与国际化相互交融到了一起。

对于整个景德镇的人文景观与文化发展来说，更是有了一个新的转折，以前被认为是古老落后的窑房坯房得到了保护，一些古老的街道也在恢复。还有民国时期被认为是阻碍了景德镇陶瓷业走向现代化的一些行业文化，民间习俗开始被作为非物质文化遗产得到政府和学者的关注。

有意思的是，一方面传统在恢复；另一方面景德镇有比以往任何时期都具有国际性的气息。在雕塑瓷厂的乐天陶社，在三宝的陶艺村中，我们常常可以看到不同国家的陶艺家在那里建工作室和做陶艺。在景德镇陶瓷学院的校园中，我们能常常看到各种国际陶艺活动和展览会的召开，许多学生和老师都能熟练地用英语与这些外国陶艺家交谈，景德镇已成了一个现代的国际化都市。

这是一种什么样的现象，是本土性的现代化在景德镇这座古老城市中的实践吗？笔者觉得这是一个值得探讨的问题，虽然在这里出现了许多民国时期的现象，但它们之间的最大区别就是：在民国时期传统与现代是对立的，本土性与国际性是对立的，手工技艺与机器生产是对立的。当时人们的看法是，要想让景德镇陶瓷业走向机械化，要想让景德镇陶瓷业加入国际的现代化体系，就必须让传统的文化和传统的手工艺体系完全解体，如果做不到这一点，宁肯放弃景德镇到其他地方去发展新的陶瓷业。

此一时，彼一时，这是为什么？笔者认为，正如在本文开始时论述的那样，人类的社会正在发生转型，在这新的转型中，许多传统的文化不仅不再是社会发展的束缚与绊脚石，而且成了新的文化发展的基础与资源。也就是说，现当今的文化是在原有文化上的重构与再生产，只有在这样的文化背景中，只有在传统不再被否认的情况下，本土性的现代化才有被实践，被发展的可能性，才有可能是全球一体化与文化多样性发展的并存。

站在这样的角度，我们再来审视景德镇的现代与展望景德镇发展的未来，就会看到，景德镇不再会如历史上一样，只以一种手工业陶瓷生产来支撑整个城市的发展，其必然会有多种经营与多种产业的发展。在这样的发展中，我们看到积累了一千多年的景德镇陶瓷文化已经成为祖先们留给景德镇的一笔丰厚财富，这是一个可以转化成文化建设和经济建设的资源，它不仅塑造了景德镇的文化形象，还为景德镇的文化产业发展提供了强大的支持力量。

在这里我们要惋惜的，和今后也许还有一个大的发展空间的是景德镇的日用陶瓷业。20世纪90年代以后，随着景德镇国营工厂的解体，景德镇的传统手工艺不仅得到了恢复，而且得到了超越历史的发展。景德镇在历史上从来没有这么多从事艺术陶瓷创作或生产的群体，也从未在一个时期出现过这么多风格各异表现手法各异的艺术陶瓷，也从来没有出现过这么庞大的在国际国内都享有很高声誉的陶瓷艺术家。

这一方面是好事，它提高了景德镇的知名度，也促使景德镇的陶瓷艺术发展达到了一个历史上前所未有的高度。但这里存在一个我们在民国时期一直想解决而没有解决的问题：景德镇的日用瓷落后了，景德镇的建筑陶瓷业落后了。这些与民生日用有关系的产业化陶瓷曾经是景德镇陶瓷业发展的生命线，当年景德镇运往海内外并获得崇高声誉的就是这些陶瓷产品。在今天我们还有能力再恢复这些生产，并使得它和景德镇的美术陶瓷一样，得到大力的发展吗？而且这样的发展如何和景德镇的历史与文化结合在一起，如何能在传统的基础上进行创新，走出一条新的现代陶瓷艺术设计的道路？这种设计甚至可以接续和利用传统的手工技艺，让这种艺术化的方式进入我们生活的实用空间。

在历史上，中国就是一个讲究生活艺术化的国家，所有的生活用品都不仅仅是实用品，而是充满着诗情画意。我们今天看到的景德镇古代的陶瓷器皿，它们都是实用品，但我们能不惊叹它们那美丽的装饰，简洁而巧妙的造型，还有匠心独运的画面与色彩吗？

为什么我们只会将实用与艺术分离，为什么不可以将艺术贯穿到我们的生活中？在生态环境越来越恶化，资源越来越匮缺的今天，社会为我们提出了这样的要求，就是要将人类从纯粹的物质追求中解放出来，让我们的生活进入一个追求精神化的新领域。在这样的领域中，我们不再以量和廉价而取胜，而是以我们的文化，我们的创意，我们的品牌和我们的设计取胜。我们不需要仅仅做廉价工业产品的制造者，而是要去设计和去制作有知识含量、有文化特色和高附加值的，但又能实用的陶瓷产品，用这样的产品去为人类新的生活服务。我们完全能够做到这一点，也需要争取去做到这一点。

新的时代为我们提出了新的要求，人类新的城市建设、新的建筑环境空间、新的生活方式都需要我们有新的创造，而这种新的创造不是空穴来风，而是建立在与传统和历史，与我们以往文化的连接上。也许这就是本土性的现代化可以得以实现的前提，也是传统与现代，本土化与国际化能达到融合的前提。

最后笔者还要表达的就是：我们现在提出的对非物质文化遗产的保护，其中包括了手工技艺的部分，尤其提倡的是活态传承，而任何的保护和任何的活态传承的意义都不如让传统融合在我们的生活中，融合在我们现代的创造与设计中，成为我们现实生活的一部分，成为我们现代社会肌体的一部分。唯有如此，非物质文化遗产的保护，传统手工艺的传承与发展才有价值，才有真正的意义。

老字号的技艺传承

——以北京盛锡福皮帽制作为例*

舒 瑜**

摘 要：本文以北京盛锡福皮帽制作为个案讨论老字号的技艺传承问题。今天老字号的手工技艺被认为代表着传统，正是因为新的技术形态（机器工业）的出现。从老字号企业的发展史看，手工技艺与机器技术经历了长期碰撞、互动、融和的过程，但有的工序始终是机械技术无法进入的最后防线，这就成为老字号存在的意义。本文从老字号自身历史说起，再谈到当下的技艺传承，最后论及技术宇宙观的问题。

关键词：技艺；传承；老字号；技术宇宙观

中国现存的"老字号"最早诞生于明代，以清中后期居多。这一时期的世界局势是西方机械制造工业的迅猛发展及逐渐蔓延的全球化浪潮。"老字号"从诞生之日起，就不得不面临机器制造业的强劲挑战，那些在与机械工业的激烈碰撞、互动中最终延续下来的作坊，就成为今天"老字号"企业的前身。今天，老字号的手工技艺被认为代表着传统，而机械技术则不能。在非物质文化遗产保护的大潮下，老字号的技艺传承问题备受关注。为什么在面对机械技术的全球扩张下，某些"老字号"的手工技艺仍然能够抵制住机械技术的强势挑战？机械技术为何不能完全

---

* 原文刊于《西北民族研究》2013年第2期。
** 舒瑜，中国社会科学院民族学与人类学研究所副研究员。

替代手工技术？本文试图说明手工技艺在技术宇宙观中有一套固有的表达，这些表达在今天仍然影响着技艺的传承。

一 文献回顾：社会学/人类学视野下的"技艺"研究

"技艺（technique）/技术（technology）"① 是社会学/人类学研究的一个重要领域。早在1901年，涂尔干（Emile Durkheim）就在《社会学年鉴》上专门发表过介绍"技术"的文章，他曾明确表示：技术是社会学的一个分支，并指出："人类使用的各种器具（工具、武器、衣服、器皿等等）都是集体活动的产物。各种工具通常表明了文明的既定状态，在文明与工具之间，社会本质与工具之间存在着非常确定的关系。这些决定关系从而构成了一种社会学的问题。"② 亨利·于贝尔（Henri Hubert）则认为对技术的关注不应该局限在机械的方面，还要看到隐性的、无意识的层面，"它们（技术）源于特定群体的特征，并且依存于个体存在。它们在群体的整个集体表征系统中都会有所体现"。③

在法国社会学年鉴学派的学术共同体中，马塞尔·莫斯（Marcel Mauss）对技术有着持续的关注，他在20世纪20年代就开始教授技术学课程，其对"身体技术"的研究最为著名，莫斯指出最早的技术是身体

---

① 首先要界定技艺（technique）与技术（technology）两个术语在本文使用中的一些区别。在盎格鲁-撒克逊的普遍用法中，"技艺"通常用于原始的、传统的、小范围的，或者有点司空见惯的现象；而"技术"则指向那些被认为是现代的、复杂的、精巧的、基于知识的客观现象。但在法国，两者的区分有所不同，技艺是客体，而技术是它的理念、话语和规律的研究。法国社会学年鉴学派就一贯支持这一区分，莫斯曾专门写过《技艺与技术》一文，明确表示："要使对技艺的探讨有意义，首先有必要明确其涵义。事实上，现在有一门研究技艺的科学，即技术学。"参见［法］马赛尔·莫斯、爱弥尔·涂尔干、亨利·于贝尔原著，［法］纳丹·施朗格编选，罗杨审校：《论技术、技艺与文明》，蒙养山人译，世界图书出版公司2010年版，第161页。在本文中，笔者更多使用的是符合汉语习惯的用法，用"技艺"表示传统的手工工艺，而"技术"更多指涉现代机器工业。

② ［法］马赛尔·莫斯、爱弥尔·涂尔干、亨利·于贝尔原著，［法］纳丹·施朗格编选，罗杨审校：《论技术、技艺与文明》，蒙养山人译，世界图书出版公司2010年版，第33页。

③ ［法］马赛尔·莫斯、爱弥尔·涂尔干、亨利·于贝尔原著，［法］纳丹·施朗格编选，罗杨审校：《论技术、技艺与文明》，蒙养山人译，世界图书出版公司2010年版，第35页。

技术，即存在一个不使用工具的技术领域，并通过对身体技术的论述进一步谈论他关于"总体的人"（homme total）的概念。莫斯给予了技术明确的定义："我把一种传统的、有效的行为称为技术（你们可以看到在这方面它与巫术的、宗教的或者象征的行为没什么不同）。它应当是传统的和有效的。如果没有传统就没有技术和技术的传承。人与动物的区别就在于：技术的传承，并且极有可能是口头传承这些方面"。① 莫斯认为：技艺、工业和工艺，共同构成一个社会的技术系统，是该社会的本质，想要正确考察这个技术系统，必须要重视各个构成部分所具有的不同地位，互相关联的各种工艺的状态最终决定了社会的状态。②

就具体的民族志研究而言，Frederick H. Damon（戴木德）对东库拉圈舷外支架船的制作技艺进行了深入研究。③ 在当地人看来，决定船的结构设计的两个要素就是风和水，在太平洋上的每一次航行，都面临着风与水构成的混乱力量。船的结构设计就是要在风与水之间达成平衡。在这些地区，人们关于风和水的观念主要就是围绕着船的秩序来表达的。对于当地人来说，不管是出于技术或是审美的原因，船都是一切适宜的形式和关系的典范。每一艘船都是独一无二，不可复制的。树木的微小差别都能带来船只形态上的巨大变化，不同的树木可能导致完全不同的船型设计。Damon 认为，树木自然生长的形状决定了船的造型，船的造型设计就是要构造一种秩序来应对风与水构成的混乱。造船技术就是要构造一种宇宙秩序，使得各种力量找寻到一个平衡点。

潘光旦在《工与中国文化》一文中极有见地地指出"工"与"巫"

---

① ［法］马赛尔·莫斯、爱弥尔·涂尔干、亨利·于贝尔原著，［法］纳丹·施朗格编选，罗杨审校：《论技术、技艺与文明》，蒙养山人译，世界图书出版公司2010年版，第84页。为了在研究中把技艺和宗教、美学领域的技艺区分开来，莫斯把技艺进一步定义为："我们称'技艺'为行动和活动的整体，一般来说其大部分都是手工的。这个整体是被组织起来的，传统的，通过协作达成共识的物理的、化学的或者有机的目标。"这个定义旨在排除宗教和美学上的技艺，尽管它们也是传统的甚至也是技术性的，但其目的通常不是纯粹物质性的。参见《论技术、技艺与文明》，第163页。

② ［法］马赛尔·莫斯、爱弥尔·涂尔干、亨利·于贝尔原著，［法］纳丹·施朗格编选，罗杨审校：《论技术、技艺与文明》，蒙养山人译，世界图书出版公司2010年版，第101页。

③ Frederick H. Damon 著：《控制论结构的意义——东库拉圈舷外支架船中风与水的观念》，刘雪婷译，载王铭铭主编《中国人类学评论》（第七辑），世界图书出版公司2008年版，第200—217页。

的相似之处,"他(工)也许是一个和巫字属于一类的字,即上下两画所指的是天地,而中间一竖有通天地之意,取法乎天,取材于地、以成物的人和事叫做工;巫字我以为也应当属于此类"。① 潘光旦认为,以往中国的文化是极不利于工的发展的,儒家思想重人不重物,道家思想重自然反对一切人为的机巧,对"奇技淫巧"的轻视在典籍中随处可见,比如:"君子不器"、"大德不官、大道不器"。但潘光旦也指出,工在中国文化中是有过地位的,鄙视技巧之成见乃是后世的事,工曾经和巫一样具有重要意义。此外,潘光旦还谈到另一个重要内容,即技术的传承问题,他指出技术失传最重要的原因是缺乏文字。他认为,文字是最重要的传习工具,但是在中国,文字几乎是士的行业所独占的东西,士与工两个行业之间鸿沟很深,工的行业不和文字的教育发生关系。因此,一切技能只能口授,文人也很少去记载技术的变迁,关于工的文献无征是技术失传最重要的原因。②

经过以上回顾,可以看出对"技术"的研究大致有两种不同的路径:其一,强调技术的社会性和集体性,以及技术作为文明程度的标尺,社会本质的体现,这一脉络更为关注技术的物质形态,如工具的制作与改良。其二,则是认为技术承载了宇宙观,技术不简单是某种人为的技巧,而是要沟通天地、构造秩序,在这个意义上,"工"和"巫"是不分的。

二 盛锡福小史:从"振兴国货"到"非物质文化遗产"

(一)兴起:以机械生产"振兴国货"

中国现存的"老字号"大多诞生于清代中后期,是在世界经济体系形成之后才出现的。今天所谓的老字号在创立之初并不"老",它们之所以能迅速崛起,恰恰是因为他们在当时代表了最新的先进技术,对传统技艺构成巨大挑战,并迅速占领市场。

"盛锡福"的创立正是对这一过程最好的写照。盛锡福的前身"盛聚

---

① 潘光旦:《工与中国文化》,《潘光旦教育文存》,人民教育出版社2002年版,第266页。
② 潘光旦:《工与中国文化》,《潘光旦教育文存》,人民教育出版社2002年版,第266页。

福"帽店于民国元年（1911）创办于天津，创办人刘锡三，山东人，家中世代为农。刘锡三青年时代，家乡连年遭灾，被迫去青岛一外国人开办的饭店做杂役谋生，后又到洋行做业务员，负责下乡收购草帽辫。草帽辫是用来制作草帽的原材料，洋行把它收来运到国外制成草帽再返销国内，以获高利。刘锡三在洋行里做了几年，对草帽辫的质量好坏、品种和产地以及草帽的制作工艺等情况了解得一清二楚，于是决心自己创业。1911 年，刘锡三与人合股在天津估依街开了家"盛聚福"小帽店，苦心经营了六年，后又在天津法租界独自开设"盛锡福"帽店，"盛"取买卖兴盛之意，"锡"和"福"均取自刘锡三的大号和乳名。

刘锡三敏锐地意识到要想使盛锡福的帽子高人一等，必须要有先进的技术设备，所以不惜花费巨资引进西方制帽设备。1919 年，盛锡福以 20 万银圆买下西方人运来的一部全套电力制造草帽的机器，设立草帽工厂自产自销，并很快在天津打开了销路。几年之后，相继设立了皮帽工厂、便帽工厂、缎帽工厂、化学漂白厂、通帽工厂、印刷工厂、毡帽工厂和毡帽胎工厂（呢帽胚厂）等，他还派大徒弟三赴日本考察学习，掌握最新技术，保证四季帽子生产都有严格的工艺流程和检测手段。盛锡福一跃成为国内制帽业中拥有第一流的先进技术设备的大型帽庄。刘锡三办帽厂正值民国初年，人们剪掉清朝遗留的长辫，摘掉瓜皮小帽，需要有新式衣帽替换。刘锡三适时引进轻巧美观的巴拿马草帽和英、法、美式呢帽，在时帽市场一炮打响。

到了 20 世纪二三十年代，盛锡福发展进入鼎盛时期，分别在北京、上海、南京、武汉、青岛、沈阳等城市设立分销处 20 多个，并先后在美、澳、英、法、德、意、西班牙、葡萄牙、荷兰、捷克、瑞士、瑞典、挪威以及非洲、南美洲等 10 多个国家和地区设有代销处，其经营的规模使今天的盛锡福也只能望其项背。在 1929 年菲律宾举办的国际博览会上，盛锡福的草辫和草帽获得头等奖，摘得东亚草帽之冠的美誉。

在创立之初，盛锡福就以"提倡国货为宗旨"，力创民族品牌，并申请注册了"三帽商标"。"三帽"商标中绘制了草帽、皮帽和毡帽各一顶，是"盛锡福"的三件主打产品。三帽牌子在当时的商战中，特别是在对日货的竞争中取得了优势。《盛锡福帽庄二十五年小史》中这样写道：

敝号自民元开设，原以"提倡国货冠帽"为宗旨。初由各地乡村收来草辫用机器缝成宽边圆顶草帽出品以来，颇蒙各界赞许，如是数载。敝东自幼专营草帽辫出口事业，因见外侨采办我国廉价草帽辫制成轻巧草帽，仍舶来昂价售与华人，年额颇巨。由是决志改良制法，值有西人运到全套电力制造草帽机器。敝号不惜巨资，全部收买。此民国八年事也。于是添聘技师悉心研究、精工制造年余，而所制硬平顶草帽盛行全国，式样新颖，可与洋货相似矣。不数载，又添设皮帽工厂、便帽工厂、缎帽工厂。又于十三年添设化学漂白工厂，所漂之草帽辫洁白光亮，制成草帽可与西洋比美矣。信誉远扬，已居东洋草帽之冠。①

盛锡福在20世纪20年代成为中国帽业的新生力量，凭借西方机械制帽技术的引入，在"振兴国货"的时代风潮下，赢得有利的生存和发展空间，当时的"国货"就是依赖民族资本进行产销的产品，与外国资本主义向中国市场倾销的商品形成对抗。当时的一些政界要人、社会名流相继为盛锡福题词，宋哲元将军题写了"祖国之光""国货先声""名驰中外"；北平商会会长邹泉荪题写"冠冕吾华"；盛锡福的牌匾则出自吴佩孚之手，足见当年影响之大。

鸦片战争之后，"师夷长技"已被视为改变旧中国落后局面的主要途径之一，传统的手工制造技艺被认为是桎梏中国发展的重要原因，西方机械技术对落后的手工技艺的取代，就是这个"破旧立新"的过程。盛锡福不惜重金购入西方全套制帽机械，就是看准了这一时代变革的趋势。另外，盛锡福也迎合了社会变革之下服饰变革的新风尚，引进搭配西装革履的时帽款式，成为当时最新式、最时尚的服饰元素而受到追捧。

（二）从天津到北京：吸纳家庭作坊的手工技艺

1936年，盛锡福先后在北京前门、王府井、西单、沙滩设立了四个分销处。但盛锡福并未在北京大规模地兴办工厂，这四个分销处只是销售门面，从事门市零售及批发盛锡福帽庄在天津各厂生产的四季冠帽，并没有

---

① 《盛锡福帽庄25周年册》，第1页。1936年宣传手册，盛锡福帽文化博物馆藏。

生产车间。从目前掌握的口述资料看，这一时期北京盛锡福的皮帽生产、加工主要是依靠家庭作坊，老北京城在中华人民共和国成立以前有着很多家庭作坊，经营规模较小，接受定做和来料加工的活计。李馨轩（盛锡福的第二代传承人，见下表2）的"恒隆皮行"就是其中一家，他经常为盛锡福接活，手工制作各种高档皮帽。今天李馨轩的手艺已经被追溯为盛锡福皮帽制作技艺的源头，当时这样的家庭作坊一定不少，但如今，能够说得出名字的家庭作坊就是"恒隆皮行"，在今北京珠市口大街。皮行并不专门制作皮帽，而是制作皮衣、皮袖、皮褂等皮货。据李骏岩（李馨轩的孙子）介绍：从他的曾祖父（李馨轩的父亲）就从山东老家闯荡到北京进入皮行学手艺，并把手艺传给了儿子李馨轩。李馨轩创办了家庭作坊"恒隆皮行"，这门手艺一直父子相传直到中华人民共和国成立。

中华人民共和国成立以后，盛锡福经历了公私合营的过程，在北京王府井韶九胡同19号建立起盛锡福帽厂，真正实现了"前店后厂"的经营模式。最初的工人中，就有不少是从家庭作坊中吸收进来的。北京和天津的盛锡福都在沿用"三帽"商标。但天津盛锡福先在国家工商局登记注册了"三帽"商标，北京盛锡福则沿袭中华人民共和国成立之前的惯例，也在使用"三帽"商标。于是从1983年开始，天津盛锡福和北京盛锡福就围绕着商标的使用进入长达十多年的纷争。最后在1992年，北京盛锡福正式注册了"盛锡福"商标，这场"商标之争"才算宣告终结。天津盛锡福以礼帽制作为主，而北京盛锡福则偏重以皮帽为主打产品。北京盛锡福在20世纪90年代初经历了最困难的时期，王府井大街改造、拆迁，工人纷纷离开工厂另谋出路，帽业也进入最低潮的时期，人们的装着时尚发生巨大变革，帽子不再被视为必需的穿戴。在企业最艰难的时期，只剩下18名工人维持生产。直到1998年，盛锡福在王府井的门店重新整装开业，2000年改制成"北京盛锡福帽业有限责任公司"，企业的发展进入一个新时期。

（三）今日的老字号：以文兴商

今天，盛锡福已成为拥有百年历史的"中华老字号"。在全球化背景下，老字号面临新的发展机遇和挑战。在风云变幻的市场竞争中，老字号已经逐渐摸索出一条独特的发展道路——以文兴商。

"以文兴商"已成为老字号企业独特的经营之道，老字号商品的价值是要通过赋予文化价值来实现的。今天，盛锡福的产品涉及时装帽、针织帽、皮帽、皮革帽、便帽、孩童帽、草帽这7大类3000多个品种。皮帽是北京盛锡福的主打产品，也是目前最高档的产品。盛锡福生产的海龙皮帽曾被誉为王府井的镇街之宝。实际上，在老字号的产品中，文化价值和商业价值是由不同的产品来承载的。在盛锡福，皮帽和其余6大类帽（统称为非皮帽）构成了一组互补的结构关系。皮帽是盛锡福产品中机械化程度最低的一个种类，至今还是以手工制作为主，每年的产量仅为3000—4000顶，其产量仅占总产值的1/3；大宗商品如时装帽、针织帽、便帽等中低档产品占据总产量的2/3以上，基本依赖机械化生产，工厂设在北京郊区的大兴，有的大宗商品（如针织帽）甚至是依靠别的工厂代生产，由盛锡福监制，挂牌销售。皮帽与非皮帽的关系结构可见表1。

表1　　　　　　　　盛锡福皮帽与非皮帽销售情况对比

种类	产量	销售额	生产方式	价值
皮帽	1/3	1/3	手工为主	文化价值
非皮帽	2/3	2/3	机械生产	商业价值

尽管皮帽的产量和销售额都仅占到总量的1/3，但是盛锡福的品牌价值是由皮帽来彰显的。皮帽的文化价值体现在其价格并不根据市场价格的波动来随时调价。其价格由成本、市场的平均价格以及品牌价值三方面来决定，并不完全是由市场决定的。皮帽的价格一旦制定，就会维持在相对稳定的状态，销售过程中，也从不打折销售。皮帽与其他商品相比有"去商品化"的趋势，但要在市场中生存，利润主要还得依靠大宗商品。因而，对于老字号来说，其产品分为两类，一类是体现其文化价值的产品；另一类是实现商业利润的产品。两类产品之间是相互依赖的关系，这两类产品就像是老字号企业的两条腿，缺了哪一方，"老字号"企业都将无法运营。

老字号通过建立博物馆来彰显自身的文化价值已经成为一种趋势。

如，内联陞的中国鞋文化博物馆，瑞蚨祥的中国纺织文化展示。2010年，盛锡福帽文化博物馆正式建成，这是全国第一家帽业的专题博物馆。展馆分为三个专题：第一，盛锡福的百年历程及技术传承；第二，"冠之源流"，追溯中国冠帽的演变历史，展示历朝历代冠帽的变化；第三，"民族冠帽"，展示中国五十六个少数民族多姿多彩的帽文化。展出形式不仅有文字和图片资料，还有生动的文物和影像资料。博物馆的定位，不光是盛锡福企业自身的发展创业史，而且是定位在更为广阔的时空维度，通过展示中国历代冠帽文化的传承演变来体现历史纵深感，通过56个少数民族风格迥异的帽饰来展示文化空间的多样性；在这样一个宏大的时空框架下，盛锡福制作的帽子被认为秉承了中国源远流长的帽文化，是中国制帽技术的集大成者。

建立博物馆就是一种"以文兴商"的方式。从更深层次看，博物馆的建立是要实现"去商品化"的目的，博物馆里展示的帽子不再是商品，它们已经退出商业领域，进入文化表征的领域，成为被"去商品化"的文物。其中，最重要的展品是盛锡福几代制帽技师为国家领导人及国际友人制作帽子的复制品。国家领导人佩戴过的帽子被赋予了特殊的符号意义。今天，盛锡福制作的帽子已经被赋予了政治意义，它出现在元首出访、国家庆典等重要的礼仪场合。在盛锡福的销售门店里，设有专门的橱窗以实物和图片的方式展示盛锡福为国家领导人制作的帽子，这已经不单是一种促销手段，而是要通过这些帽子所承载的政治象征符号来彰显"盛锡福"帽子的文化品位和社会声誉。可以说，这些用来展示的、"去商品化"的帽子赋予柜台上作为商品出售的帽子以文化价值，老字号的理想就是把自己最高端的产品尽可能地"去商品化"，使之成为不受市场主导的文化品。

（四）非物质文化遗产的申报

在非物质文化遗产的申报过程中，对于传统手工技艺而言，最关键的就是要确立技术传承的谱系。表2是盛锡福"非物质文化遗产"申报书中制作的谱系表。

表 2　　　　　　　盛锡福皮中昌制作技艺传承谱系

代数	姓名	性别	出生年代	传承方式
第一代	李荣春	男	不详	不详
第二代	李馨轩	男	清末	父子相传
第三代	李文耕	男	1911 年	父子相传
第三代	贾宝珍	男	1923 年	不详
第四代	李金善	男	1958 年	师徒相传
第四代	马启斌	男	1962 年	师徒相传
第五代	陈军	男	1968 年	师徒相传
第五代	马万兰	女	1967 年	师徒相传

从这个表格看，其实是有两条谱系：

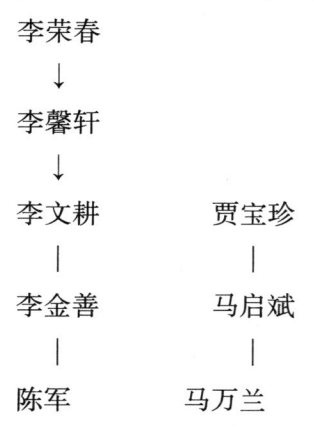

李荣春
↓
李馨轩
↓
李文耕　　　贾宝珍
｜　　　　　｜
李金善　　　马启斌
｜　　　　　｜
陈军　　　　马万兰

（↓ 表示父子相传，｜表示师徒相传）

从李荣春到陈军这一脉，经历了从家传到师传的转变，但是传承的谱系是比较清楚的。而贾宝珍这一脉只传承了三代，其技术的来源不详。按照公司总经理李家琪的说法，贾宝珍在中华人民共和国成立之前就为盛锡福做帽子，他家是否拥有家庭作坊已经无法考证；即使有，可能经营规模也不如李氏的"恒隆皮行"。贾宝珍这一脉找不到更早的源头，是马启斌申报国家级非物质文化遗产传承人没能获得批准的一个重要原因，他只是获得北京市非物质文化遗产传承人的称号。而李金善在 2009 年被评为国家级非物质文化遗产传承人。

从盛锡福追溯的传承谱系看，它要追求的是连续的、清晰的、代代相传的谱系线，就如同亲属制度中的血缘关系。民国时期，从李荣春到李文耕是家庭作坊内部的父子相传。而盛锡福之所以把自己的技术传承谱系追溯到李荣春，是从李文耕往上追溯的结果，因为他是能够追溯到的最早的技术源头，只有追溯到他，盛锡福的技术才有源可依。李文耕作为衔接两种传承方式的中介，处在两段传承历史的节骨眼上。他的青年时代是在家庭作坊中度过的，从父学艺，而中年以后就进入盛锡福工厂当工人，又把自己的家传技术教给了徒弟李金善。他的作用对于这条谱系线的延续非常重要，否则，这条传承的谱系线就要断裂。传承谱系的追溯与真正的传承历史是有差异的，传承谱系要追求的是连续的、无间断的线性史，然而，实际上的传承历史并不会如此清晰，而是错综复杂的。事实上，盛锡福最早是在天津成立的，早在20世纪20年代，天津盛锡福帽庄已经设有皮帽工厂，但天津皮帽工厂的制帽工艺并没有被视为今天盛锡福皮帽制作技术的来源。另外，也许还有别的家庭作坊的技术也融汇到盛锡福的技术传承中，但因为这些家庭作坊缺乏传承人进入盛锡福继续工作而没有在传承谱系中得到表达。这条谱系线其实是舍弃了盛锡福在天津的历史，这段皮帽工厂的历史无法放置在这条谱系线之中。可以说，谱系线是对传承历史的裁剪，要达到连续性、清晰化的目的。

　　制作传承谱系和追溯盛锡福的历史，两者之间出现了张力，有着不同的话语取向。技术传承谱系是要寻找技术的源头，要强调这项工艺是来自民间的传统工艺，是机器生产无法替代的。而追溯盛锡福的历史，却不可能忽视兴起之初机械生产的历史，这是盛锡福能够在当时的传统工艺中脱颖而出、并迅速崛起的关键。因此，这两种历史叙述代表了完全不同的话语取向，而且两种话语在今天的盛锡福是同时并存的。

　　回顾盛锡福的发展历程，在兴起之初，机械技术已经对传统手工技艺构成巨大挑战，并强占了一大部分产品的生产，例如，草帽、便帽等率先采用机械化生产，直到今天仍然维持着高度的机械化。但是，机械技术并不能完全取代传统的手工技艺，这套技艺被"小心翼翼"地保留在某些款式和工序之中，正如皮帽制作至今仍维持着以手工制作为主的状态，机器并不能完全代替手工。在机械工业对传统技艺不断侵蚀、取代的过程中，为什么还是有某些工艺是机械技术无法渗入和取代的呢？

这是否完全出于技术上的原因？在今天的制帽技术中，机械和手工占据什么样的地位，构成怎样的关系？老字号的技术传承是如何进行的？本文将尝试做出解释。

三　皮帽制作的基本工序

皮帽制作根据不同的款式，工序从十多道到五十多道不等，但最基本的工序是：配活—挑皮—吹风皮张—缝缝—闷皮—平皮—拉皮—缝合—平扇—纳里子—上盔子—进烤箱—上帽子—纤口。目前，盛锡福的皮帽制作由三个车间完成，分别负责皮毛裁制、轧制帽胎、定型等工作。皮毛车间由国家级传承人李金善及其徒弟等3人构成，负责从配活到平扇的所有工序，缝制的过程会使用到缝皮机，但仍是手针和机缝并存的；轧制帽胎（纳里子）基本依赖缝纫机轧制，是机械化程度最高的车间，也是目前唯一由女性构成的车间，现有2人；定型车间，目前只有1名师傅，负责上盔子、上帽子、翻帽子等工序，除了定型过程需要使用烤箱之外，其余全部是手工活。在生产的流程中，三个车间的工作同时进行，由第三车间将皮面和帽胎套合在一起，最后纤口、量号、包装等程序是由第二车间的一名女师傅来完成的。

配活是第一道工序，也被认为是最关键的步骤，它直接决定了一顶帽子的外观。这一工序现在只有李金善师傅一人能够完成。配活就是要从所有筒皮（动物的整皮）中根据毛（针）的大小、绒的疏密、颜色这三个因素是否一致来挑选、搭配出制作一顶帽子所需的所有皮毛，如土耳其式需要两张皮拼合而成，八瓣女帽则需要四张皮。因每张皮都是独一无二的，要使不同的皮拼合在一起而看不出来差异就有很大的难度，它要求毛的倒向一致，针的长短粗密一致，毛的颜色软硬一致，因而如果需要的皮张越多，难度就越大。比如，要挑选出四张毛、绒、色都一致的皮毛就比挑选两张的难度大得多。配活对光线的要求特别严，阳光太强太弱都不行，直射光容易影响对色泽的判断，比如光黑色就因深浅不一有很多种，因而在阴天室内向光的位置进行配活最佳。"配活"两个字的寓意似乎最贴切地表达了这道工序的意义，通过"搭配"而使之"活"起来，不是生硬地把不同的皮毛组合在一起，而是通过搭配达到浑然一体的效果。配活完全依靠经验积累，在搭配的过程中，不仅需要用心观察、反复比对，还要不时通过手与皮毛的接触去感知每张皮之间微妙的差别。① 对细微差别的感知只有建立在观察过大量皮毛的经验积累之上才能获得。

完成配活的工作之后，就要进行挑皮。先把筒皮的前腿和两耳固定住，然后用裁刀从尾部向头部挑开成一张平展的皮，强调一定要挑直了。然后有两道辅助性的工作，吹风皮张和缝缝，通过用嘴对着皮毛吹风的方式让毛立起来，以便观察、寻找皮毛是否存在瑕疵，比如，是否有脱毛光板、短毛、白毛等情况，若是有，就要把瑕疵的部分剪成细长条的缝，然后再缝起来，就叫"缝缝"。之后就进行闷皮、平皮的工序，主要是为了让皮子变得平整、便于裁剪。闷皮就是把挑开的皮张用水浸湿以后装在塑料袋里，密封大约一宿的时间，第二天皮张变得柔软后才能进行平皮。平皮是要把皮张用劲拉伸平展，这个过程会用到专门的平皮工具——奔刀和针篦子，奔刀用来把皮推拉平整，针篦子用来"绣毛"，即把毛绒中的毛疙瘩梳理整齐。不同款式对平皮的要求不一样，皮拉长的幅度也不一样。依照不同帽款的样板对皮张进行裁制的过程，行话叫做"拉皮"。这一步对技术的要求比较高，对工具使用、刀法、力度都有严格要求。不同的皮韧性不一，因而拉皮的力度也不一样，否则就会撑丝，皮毛就报废了。拉皮要使用特殊的裁刀，而不能使用剪子，剪子会把毛绞坏。现在使用的裁刀已经进行过改良，以前使用的裁刀不够锋利，如今使用峰钢刀具，提高了效率。

拉皮完成后，制作一顶帽子所需的皮件就准备好了，接下来就要进行缝合的工作。缝合就是根据帽款将若干块皮缝制在一起，这里面的关键在于不同的部位要有不同的缝制手法。例如，制作土耳其式男帽，是将两块半圆形的皮缝合在一起，根据毛的朝向，接合部位就形成分毛和碰毛两种情况②，分毛的部分就要使用"缉缝"的手法缝制，这是机器缝

---

① 如今大多数皮毛都是通过规模养殖获取的，野生动物已经很少，受到养殖周期的限制，周期通常也就一年，因此动物的个头儿、皮毛大小的差异性越来越小。

② 顺毛方向的接头处就是叫分毛，两块皮件的毛都是从这个接口处往后顺的；毛倒向一方的接头处就叫碰毛，两块皮件的毛在此抵在一块，形成一个尖角，因而叫碰毛。

制无法取代的部分，否则就会出现露板（露出皮板）的情况。之后有道工序叫"平扇"，其实就是检收缝制好的皮面的过程，检查是否存在光板，以及把线缝弄平整。缝制工作完成后，一顶帽子的外观就已经隐现出来了。但决定帽子形状的是帽胎。

过去，帽胎都是用棉花来填充的，这样的帽胎牢实，但戴起来比较沉重，也影响美观，而且经过两次定型之后，帽胎会变得很硬邦，不易变形。这样制作出来的帽子牢实，可以传代。现在帽胎的制作进行了较大改良，这也是盛锡福皮帽相对以前最大的改良。现在的帽胎是用复合美丽绸轧制的，外面再套一层无纺布的帽壳，不同的帽款对应着不同形状的帽胎。轧制帽胎的过程现在全部使用缝纫机完成。帽胎制好后就上盔子，将之固定在对应型号的帽盔上，这时的帽胎被称为"生胎"，在其表面刷上一层浆糊后放进烤箱烘烤使之成为"熟胎"，过去还要用烙铁把熟胎烙成金黄色。现在就进一次烤箱，不再使用烙铁熨烫。据介绍，如果不经过这道由生变熟的工序，今后帽子会生虫，不易保存，因此这道工序至今仍被保留。

熟胎制作完工后，就要把缝制好的皮面套在帽胎上，皮面和帽胎的大小要吻合，这个步骤的关键就是需要用劲把皮面蒙平了，中线要对正，防止出现褶皱、不平整的情况，行话叫做"里子和面子说话要说在一起"。套合之后，再进一次烤箱，大约两个小时完成定型的过程。定型完成后，帽子就成形了。皮面和帽胎已经结合在一起，这时就可以把它从盔子上取下，进行最后的纤口工序。即把皮面和帽胎的边缘缝制在一起，这个过程是依靠手工缝制完成的。要求针脚要均匀，不能有脱针、掉针的情况出现。大致经过这些工序，一顶帽子就完成了。

制作皮帽时，尽管师傅们都很强调"寸皮寸金"，用料要相当节约，不能浪费。但是实际上，选用皮张的哪个部位来制作帽子非常有讲究。皮毛最好的部分就是脊柱，这是毛色最深的地方，行话把这个部分叫做"颈儿"，相对应的，腹部的皮毛颜色最浅，叫做"前儿"。"颈儿"被用于帽子最好的位置和最显眼的部位。另外，从毛的大小来看，从头部到腹部的毛小，而从腹部到尾部的毛大。一般毛小的部分用来制作女帽，毛大的部分用来制作男帽。头部和四肢一般只能用来拼花做成装饰，不用在帽子的主要部件上。例如，制作土耳其男帽需要两张整皮，但实际上只是裁取了毛最大的后半部，剩下的皮料就只能用作配料了。从裁下来的近似半圆形的帽扇看，颈儿位于半圆形的水平中线处，戴在头上这就是帽子最显眼的地方。当两块皮缝合好以后，按照毛的朝向，分毛的部分要戴在前方，而碰毛的部分要戴在脑后。其实，对帽子前后位置的规定正好是与动物的首尾是一致的。如果把碰毛戴在前面，而分毛戴在后面，就会闹笑话。

四　技艺的传承

皮帽制作的基本功在于手工缝制，行话叫"手针"，手针是技术传承最基本的部分。师傅都是从手针开始教授的，师傅先把手法、要求、注意事项告诉徒弟，示范、讲解后，接下来的过程就需要徒弟自己摸索掌握了。手针要求针脚深浅一样，线与线之间的距离一样，线的松紧也要一致，针脚要整齐、均匀，还不能出现锁毛的情况。这个学习过程至少要持续三个月到半年。对于学徒来说，这个过程是最艰苦的，可以说是一个磨炼的过程，也是判断其能否进入这一行的门槛。每天就是找破皮头，缝了拆，拆了缝，直到师傅满意为止。最后，会有一个手针考试，师傅把皮子用各种刀法（梯字刀、人字刀、月牙刀等）拉出来以后，由徒弟缝制，一旦过了这一关，就算是掌握基本技巧，可以干活了。

现在，学完手针之后，就开始学习使用缝皮机缝制，行话叫"机缝"。相对手针来说，这一学习过程要短得多，一般两周左右就能掌握，主要是学会控制好机器的速度，注意线的松紧即可。相对手针来说，机缝要容易得多。从传承的历史来看，在李文耕手上并未使用机器缝制，完全依赖手针。李文耕退休之后，盛锡福才开始使用缝皮机。据李金善介绍，在此之前也曾有过一台德国生产的缝皮机，但由于这台机器不好使，因而一直被搁置一旁不曾投入生产。从李金善开始，盛锡福的皮帽生产才开始使用机器。目前，皮帽车间有两台缝皮机和两台缝纫机。机器的使用主要是为了提高生产效率。但即使如此，机器并不能完全取代手工，分毛处仍然必须用手针缝制，若是制作最高档的海龙皮帽，所有的缝制依然全部使用手工。

皮帽制作中最精湛的技术就是刀法了，相对手针的单一来说，刀法可谓变化万千。最常用的有月牙刀、人字刀、鱼鳞刀、梯字刀，走刀并不难，难就难在什么时候使用什么刀法，这就完全依赖经验积累了。走刀通常应用在来料加工的情况下，比如说用袖头或领子改帽子。20世纪七八十年代，盛锡福接受加工定做的活儿特别多，多是顾客带料上门，要求用皮领子、皮袖头改成帽子。这些皮料与样板的形状大相径庭，又没有多余的皮料可以用，于是就得依靠走刀的方式来把这些仅有的皮料凑成样板的形状。这其中的要求就高了，由于不同部位的皮毛大小、倒向都有差异，要使得从皮毛的正面看不出任何拼凑过的痕迹，就得完全依靠走刀的技艺。现在由于来料加工减少，都是用筒皮进行制作，因而走刀的应用也少了。

缝制和走刀是皮帽制作最重要的技术，缝制方式也比较少变化的，除了普通手针外，还有另一种称为"缉缝"的方法，是专门用于分毛处的缝制。可以说，手针缝制就两种针法，而且应用的场合是确定的，缝制的手法也是固定的，这是可以习得的。而走刀却是灵活多变的，只能根据具体情况来决定应用哪种刀法，这就要看制作者的悟性了。然而，缝制和走刀却有着共同的追求，就是使得皮面看不出裁剪、缝制的痕迹。分毛处之所以强调要用缉缝，就是因为如果使用普通的手针，分毛处就能看出缝制过的线缝，这样的帽子会被认为是外行所为。

技术传承还表现在工具的不断改良上。制帽所用到的很多工具是自己设计、制作的，如奔刀、针篦子、裁刀、尺子。李金善对奔刀和裁刀进行了较大改良。以前的裁刀用的是贴钢的铁片，再安上一个木柄。现在使用的是峰钢刀片，相比以前锋利很多。再如，过去使用的奔刀，刀刃部分是平直的，现在改良之后刀刃处有一定的弧度，操作起来更加灵活。在每个环节中，除了可见工具的使用外，身体技术也是不可忽视的。在师傅给徒弟传授技术的过程中，师傅不仅要教会徒弟如何使用各种工具，身体技术也是徒弟需要用心去琢磨、模仿的。比如以手针缝制为例，手指的姿势、戴顶针的位置、把线折断的技巧，都有一套传承下来的规矩。从整套工序来看，眼和手的配合是最为重要的，制作过程对眼力、手的灵活性、力度都有着很高的要求。具体如下表3所示。

表3　　　　　　　　　盛锡福皮帽的制作工序

工序	材料	工具（设备）	身体技艺
配活	筒皮		眼、手配合
挑皮	筒皮	裁刀	眼力、手
吃皮风张	皮张		眼力、吹气、手
缝缝	皮张、棉线	缝皮机	眼、手缝
闷皮	皮张、水	密封袋	
平皮	皮张	奔刀、针篦子	眼、手力
拉皮	皮张	裁刀、尺子、笔	眼、手
缝合	皮张、棉线	针、剪子、缝皮机、缝皮机、拨针	眼、手
平扇	皮面	奔刀	眼、手
纳里子	美丽绸、无纺布	缝纫机	眼、手、脚
上盔子	帽盔、面糊	锤子、钉子、棕刷	眼、手
定型	帽盔、皮面、帽胎	烤箱	
上帽子	帽盔、皮面、帽胎	拍板	眼、手
纤口	皮面、帽胎、棉线	针	眼、手

工具，是技术的物质载体，是技术变迁的记录。2008年，盛锡福的皮帽制作技艺被评为国家级非物质文化遗产，技术传承人李金善师傅就开始琢磨制作一个信物来师徒相传。后来他仿造绣毛工具——针篦子制作出盛锡福的"传承符"。针篦子上共有十八棵针，象征着在企业最艰难的时期留下来的18个人。传承符正面写着"万古独家永存，帽技传琪辉煌"，以及盛锡福的名称和图标，背后写着历代传承人的名字。李金善希望通过这个传承符把盛锡福的皮帽技艺代代相传。

五　对技艺起源的文化解释

目前，盛锡福公布的皮帽制作传承人最早可追溯到李文耕的父亲李馨轩，而按照李文耕次子的说法，从曾祖父开始就进入皮行，之后这门手艺就一直是父子相传，最后传到李文耕手上。按照这段口述史材料，其曾祖父的手艺才是盛锡福皮帽技术的最初源头。因这段历史缺乏文字记载，因而被赋予了浓厚的传奇色彩，故事这样讲述道：

> 我老爷爷（曾祖父）和他一个表兄，从山东老家一起闯北京，当时都是徒步走，没有车，走到大兴，他表弟就走不动了，说我就留在这儿了，地也不错，就待这了。我老爷爷说，我还得走，我要走到北京去，这样就一个留在大兴，一个到了北京，后来就找进了皮行当学徒。刚开始只能烧火做饭，两三年后才能学手艺。后来，他的手艺不错，在北京有点名气。当时皇宫里的太监要找人给皇帝修龙袍，据说，皇帝的龙袍被海水给浸坏了、腐蚀了。到处打听，最后就找到我老爷爷，就把他请到宫里去了，在紫禁城里住了七天七夜，就帮皇帝修龙袍。据说，待遇不错，好吃好喝的，整整修了一个礼拜。修好了之后给皇帝看，皇帝一看，高兴了，从正面看，一点修过的痕迹都看不出来，非常平整，翻过来一看，背后的线缝正好是四个字——"万寿无疆"。皇帝一下就高兴了，就要把他留下，意思是让他就在皇宫里干这行。老爷爷说不行，还有一大家子人呢，当时肯定是说"平生不敢当啊"之类的。后来皇帝就问家眷在哪里，说是在山东。就赏给他一件黄马褂、一条马鞭，在山东给修了一个宅子，屋顶四个角都是张口兽，这是待遇最高的了，一般要有功之臣才能享受，还给题了一个匾——"世德峥荣"。曾祖父死后葬在山东，那时山东闹土匪闹得厉害，搞绑票，把老爷爷的棺材起开，把人头给割去了，后来就通知我们家让我们拿钱去赎，后来官府知道了，把这帮土匪给捉住了，就问我们家如何处置，要么是把所有土匪斩首，要么就是把人头还回来重新出殡。最后，我爷爷他们商量以后决定放他们一马，要是把他们杀了，以后辈辈都是仇人，于是要求重新出殡。后来搞了一个非常隆重的出殡仪式，重新买棺材，重新下葬，整个的重新弄了一次。场面特别大，才把这件事平息下去，最后，就把黄马褂和马鞭一起给他陪葬了。宅子后来成为学堂了，年久失修，就坍塌了。我回去过一趟，现在成一块平地了。东西都没有了，太可惜了。最可惜的是那块匾，留下来就好

了。我们家就因为这个手工艺，辉煌过一段。①

盛锡福的老员工几乎都听说过这个传说。这个传说的意义并不在于它所讲述的事件是否真实发生过，而是传说背后关于盛锡福制帽技术起源的文化表达。首先，老爷爷的手艺之所以得到皇帝的认可，是因为他修补过的皮面看不出任何修理过的痕迹，浑然天成；而皮子背面手工缝制的线缝却构成"万寿无疆"四个字。皮面和皮里的关系恰是皮帽制作技术的呈现，通过背面的手工缝制技术达到正面无缝的境界，而且更为精湛的是，这些线缝居然构成"万寿无疆"四个字，这不是一般工匠能够达到的境界。"万寿无疆"表面上看是祈望皇帝个人的生命永续，但在这里皇帝并不是作为个人存在的，而是作为宇宙秩序的承载者和维护者，"万寿无疆"在此的寓意是宇宙秩序的亘古绵延，技术也因此获得意义，即通过修补（龙袍被海水浸坏，可以理解为海洋作为一种外部力量破坏了宇宙秩序）来重建宇宙秩序的过程。这个传说之所以今天仍被人们诉说，正是因为它赋予了技术存在的文化意义。

其次，老爷爷不愿留在皇宫，宁愿回到民间，是这个故事的一个重要转折。如果老爷爷留在宫里，那就不会有盛锡福的皮帽技艺留传至今了。这是要强调盛锡福皮帽技艺民间性的特征。民间技艺有着两面性，一方面，它以得到皇帝的认可为荣；另一方面，它又要主动与皇宫保持距离。皇宫内务府下一直设有官办的织造处，这些工匠就是专门为皇宫服务的。传说以太监在皇宫外寻找匠人修补龙袍，而不是由宫内的匠人处理，是有意强调民间手艺的地位。

故事到此并没有结束，而是峰回路转出现了另一个情节，即老爷爷的头被割下，尸首分离，最终是通过重新出殡来解决的，这次重新出殡的关键环节是将皇帝御赐的黄马褂、马鞭与老爷爷完整的身体重新合葬在一起，值得注意的是，首次下葬的时候，黄马褂和马鞭并没有陪葬，而是到了重新出殡的时候才进行陪葬，因此也可以看出，第一次下葬之所以被破坏，正是因为老爷爷的身体没有和皇帝御赐的黄马褂和马鞭结合在一起，它表明技术与皇权的分离，老爷爷的身体就代表技术，黄马褂和马鞭就是皇权

---

① 笔者于 2011 年 11 月 9 日对李文耕次子的录音采访。

的象征，而重新出殡的盛大仪式把两者重新结合在一起，也因此成为这个故事完满的结局。这个重新出殡的仪式象征性地表明了技术与皇帝最终统合在一起。至此，故事的完整图式最终显现出来：技术作为重建宇宙秩序的一种方式，需要由宇宙秩序的承载者和维护者来占有。

结语 "天工开物"——技术承载的宇宙观

在古代中国，技术被理解为"天工开物"的过程，最精湛的技术被称为"巧夺天工"，最完美的制品被叫作"天衣无缝"。今天的技术是否已经背离了技术本身所承载的文化意义？从盛锡福的皮帽制作技艺中我们或许可以略说一二。

上述的传说故事当然已经涉及技术与政治的关系，但在本研究中它最有价值的地方在于，它揭示出皮帽制作技术的本质问题，就是要处理皮面和皮里的关系。技术传承中最重要的缝制针法和刀法都是在处理皮面和皮里的关系。通过走刀的形式，皮里可以被缝得密密麻麻，但都是为了追求皮面平整无缝、浑然一体。具体而言，两者的关系是：皮面是外显的，是由穿戴者体现的，它必须是平整的，看不出线缝的；而皮里则是隐藏的，是由工匠制作的，缝制的线缝可以是乱的、无序的，但最高超的技艺就是无序的线缝也能够构成更高的秩序，如故事中所说的能成为文字。这也是为何老爷爷的手艺会得到皇帝如此之高的褒奖，并赐给他"世德峥荣"匾额的原因。在皇帝看来，这门手艺已经达到技术的最高境界。"德艺双馨"是对艺人最高的评价。如果说技术是实现从自然到文化的转化，即把自然的动物皮毛转化成文化的皮帽的过程，最精湛的技术还要达到更高层次的"德"的境界。对技术水平高低的评判，就在于缝制的手艺。如表 4 所示。

表4

	最初的筒皮	一般工匠的制品	最精湛的制品
皮面	无序（自然状态）	有序（平整、无缝）	有序（平整、无缝）
皮里	无序（自然状态）	无序（线缝杂乱）	有序（线缝有序）

这个传说不过是要表明盛锡福的技术源头已经触及技术的最高境界，即通常所说的"巧夺天工"，这种技术（巧）所达到的"工"，已经不再是自然之天的境界，而是道德之天的境界，这种境界就是一般工匠所无法企及的，无序的线缝也能变成有序的，构成"万寿无疆"四个字。

把这个故事放回到今天盛锡福的皮帽制作中来看，就能够看到技术传承最核心的内容。在盛锡福的皮帽制作中，至今仍保留着机器不能取代手工的部分，例如，分毛处的缝制必须依赖手工，并非机器不能缝制，而是因为机缝能从皮面看出线缝来，这是专业的皮帽制作技术所不能容忍的，也是机器最终不能代替手工的根本原因。技术最高的追求是看不出技术的痕迹，达到浑然天成的效果，这才能被称作"天工开物"。也正因如此，我们可以理解在盛锡福皮帽技艺的传承中，手针是最重要的教授内容，也是学徒需要不断去磨炼的，在长达半年的手针训练中，学徒要不断追求精益求精，针脚尽可能深浅一致、大小一致、松紧一致，只有这样，缝出来的线缝才能达到"无缝"的效果，不管机器的使用能够带来多大的效率和便捷，至少在今天，分毛处的缝制仍是机器无法进入的最后防线。

传承至今日，盛锡福的皮帽制作仍在追求传说中的理想，一顶绝好的皮帽是看不出手工缝制的痕迹的。制帽技术就是在处理皮面和皮里的关系，通过皮里的线缝来实现皮面的浑然天成，借助人为之技巧达到"天工开物"的境界。

传统工艺遗产的保存与再利用
——以石羊镇盐文化博物馆的工艺展示为例*

朱 霞**

摘 要：以云南省石羊镇盐文化博物馆的展示为例，探讨传统工艺遗产的保存与再利用问题。通过文献考证和田野调查，说明石羊镇盐文化博物馆的作坊对盐业工艺遗产的保存是碎片式的，从千年历史长河的不同时代分别提取、选择了井盐生产设备并重新配置和组合，形成了盐业技术史展示中的"奇美拉"重构，这种"博物馆式"的生产与真实生产存在明显差异，它表达了当地人自我文化的想象力，是一种与地方经济与文化重建密切相关的实践活动，其主要不是为了真实地记录和保存传统工艺遗产，而是偏向于对传统工艺遗产的再利用，充满了让传统工艺遗产换一种方式重新回归当代的日常生活的诉求。

关键词：传统工艺遗产；保存与再利用；盐业展示

一 问题的提出

近两年，随着传统工艺振兴上升为一种国家文化战略①，国家文化部门和非遗机构都对传统工艺项目给予了特别重视。传统工艺成了非物质

---

* 文章来源：《云南社会科学》2018年第1期。
** 朱霞，北京师范大学社会学院教授、博士生导师。
① 《中华人民共和国国民经济和社会发展第十三个五年规划纲要》提出："加强非物质文化遗产保护与传承，振兴传统工艺。"

文化遗产保护的焦点话题。争议问题包括传统工艺的传承与变异性问题、传统工艺的活化问题、传统工艺的产业化等问题，其核心都是指向如何振兴传统工艺。但少有学者去研究许多传统工艺将历史性地、不可避免地走向永久断裂并终止传承的另外一个极端，即转化为传统工艺遗产的相关问题。传统工艺遗产与传统工艺的非物质文化遗产的最大区别是，前者已经丧失活力，不再具有活态传承的模式，在社会生活中失去了实用功能和价值，已被现代社会所淘汰，本文研究的盐业传统工艺遗产就是典型的例子。

从20世纪以来，传统工艺在现代技术的打压下，传承维系变得越来越艰难，一些传统工艺已经或即将发生永久性断裂，即传承终止或失传。为了防止失传，非遗项目中有一部分是对濒危传统工艺的扶持。但是，众多没有进入非遗扶持的传统工艺中，一部分永久性断裂的工艺不可避免地成为传统工艺遗产。由于传统工艺的断裂在现代社会是一个普遍又亟待解决的问题，因此研究传统工艺遗产的保存和再利用问题具有重要的现实意义。一方面要研究传统工艺遗产科学的记录和保存，包括博物馆保存与展示；另一方面要对濒临的传统工艺进行衍生技术和产品的研发，这两个方面是传统工艺保存与再利用的不同形式。本文主要针对第一个问题进行论述。

学者对传统工艺遗产利用现有的相关研究不多，民间社会和基层社区对传统工艺遗产利用的实践活动却很普遍。例如，民俗博物馆中对传统农业的农具展示，尽管有的农具今天完全不适用，丧失了原来的实用功能，但是它的文化功能还在展示中发挥着作用。各种行业博物馆（如盐业博物馆、茶文化博物馆都、松香博物馆）都会重构和展示已经被淘汰的传统技艺。总的来说，其展示目的主要不在于科学与完整地记录传统工艺遗产的全貌，而是出于旅游、产品宣传等不同的经济与政治目的而对传统工艺遗产进行再利用。总的来说，学界对传统工艺遗产的展示和再利用的研究滞后于各地博物馆的实践活动。

近年来，民俗博物馆研究开始注重保护前提下的资源利用问题，对民俗资源利用持有更为谨慎的态度，关注对传统民俗的保护与抢救，常常与非物质文化遗产的保护问题联系在一起讨论。武芙蓉在《民俗博物馆发展刍议》一文中认为，民俗博物馆作为社会小传统的载体，展示的是民间征集来的日用品，作为独特的旅游资源的民俗博物馆有物质文化景观和体验文化两种功能，同时还承担着非物质文化的传承任务①。单霁翔在《民俗文化遗产保护、传承与民俗博物馆建设》一文中提出，博物馆的建设与发展要以保护民俗文化遗产为目的，认为只有植根在民众土壤，民俗文化遗产才能呈现出旺盛的生命力，这是保护的最高境界。②

本文以云南省大姚县石羊镇盐文化博物馆为研究对象，该馆的建立是地方社会把传统工艺遗产资源转化为旅游资源的一次实践活动。石羊镇以"文化兴县"为理念，在孔庙建筑群、香水河改造、古镇建筑的依托下建成了盐文化博物馆，作为"文化名邦、祭孔圣地"旅游特色的一个组成部分，突出了古镇文化的盐业技术特点。本文试图通过对个案的文献研究和田野考察，研究当地的盐业工艺遗产的资源是如何被利用的？历史悠久的井盐技术与文化是如何被表达在一个有限的空间？人们是如何从传统工艺的遗产库中提取、选择、改造和展示这些技术与文化细节？如何使盐文化博物馆的展示符合当地人的自我文化想象和现实利益，达成与外来游客的交流以及融入现代社会？

二 井盐工艺遗产展示的历史背景及文献梳理

云南省楚雄彝族自治州大姚县石羊镇是名声显赫的白井所在地，从晋代就有历史记载，明、清历史文献记录更加丰富。白井在清末产量曾经达到近900万斤，当时是云南最重要的盐井之一。这是石羊镇盐文化博物馆建立的基础，有着充分的历史依据和理由，其展示建立在丰富的历史与民俗资源之上。

有关大姚盐井的确切历史记载最早可追溯到晋代。晋《华阳国志·南中志》记载："青蛉县（今大姚一带），有盐官。"③ 这说明对白井的开

---

① 武芙蓉：《民俗博物馆发展刍议》，《东南文化》2013年第3期。
② 单霁翔：《民俗文化遗产保护、传承与民俗博物馆建设》，《民俗研究》2013年第4期。
③ （晋）常璩撰，刘琳校注：《华阳国志·南中志》，巴蜀书社1984年版，第399、422、447页。

发应在汉、晋之间。唐代樊绰的《云南志》卷七记载："泸南有美井盐，河赕、白崖、云南已来供食。"向达认为，泸南井即今之白盐井①。

元代文献《混一方舆胜览》记载："云南盐井四十余所，推姚州白井、威楚黑井最佳。"② 这是史料中第一次出现"白井"二字。说明元代白井已经成为云南最著名的盐井之一，可与黑井相媲美。据《元史·本纪》记载："设大理路白盐城榷税官，秩正七品③。"说明元朝在云南设置榷盐官，管理盐井的事务，包括煎煮、运销和征购，实行官营，改变了自东汉以来云南盐井任民自煎自卖的情况。

明代，谢肇淛的《滇略·产略》对云南的盐井进行了详细记录，其中包括白井。④ 陈文的《景泰云南图经志书》记载："白盐井盐课提举司，在州北一百二十里，内有吏目厅，领白盐井盐课司。"⑤《明会典》也记载了白井的盐课："白盐井盐课提举司，白盐井盐课司。又，洪武间，白盐井盐课提举司岁办盐二十一万七百二十斤零。弘治间，岁办盐三十三万四千三百一十四斤。"⑥

清代对白井的记载更多。顾祖禹的《读史方舆纪要》和《滇南盐法图·白井图说》对白井的井口进行了详细的记载，后论及石羊镇盐文化博物馆展示的庆丰井时，将会出示具体的史料。《大清会典事例》中记载白井的产量："又康熙元年题准：白盐井课银二万八千五百六十两，遇闰加课，扣除小建。"⑦ 乾隆年间有《白盐井志》问世，记录了白井的自然、地理、物产、风俗及其白井井盐生产工艺等多方面情况。道光年间，

---

① 向达：《蛮书校注》，中华书局1962年版，第188页。
② （元）《混一方舆胜览》，出自《云南史料丛刊》第8辑，云南大学历史系民族历史研究室油印本，1979年，第115页。
③ （明）宋濂等撰：《元史》第三册，卷二八，中华书局1976年版，第630页。
④ （明）谢肇淛：《滇略·产略》卷三，原本藏南京图书馆，国家图书馆古籍部缩微胶卷影印本。其曰："盐皆自井中出也，楚雄有黑井、白石泉井、严泉井、东井、琅井、阿陋井、猴井、姚安有白羊井……"
⑤ （明）陈文：《景泰云南图经志书校注》，李春龙、刘景毛校注，云南民族出版社2002年版，第229页。
⑥ 《云南史料丛刊》第十二卷，《道光云南通志·食货志》，云南大学出版社2001年版，第571页。
⑦ 《云南史料丛刊》第十二卷，《道光云南通志·食货志》，云南大学出版社2001年版，第571页。

年煎额盐八百七十三万九千三百斤，征正课银六万一千六百多两①，白井的产量达到了最高点，之后开始逐渐衰落。民国初期，民国政府在白井设立了督煎督销总局，控制白井的生产和运销。民国后期，白井的卤水浓度逐年下降，耗费柴薪及成本较多，加上在云南新盐矿的开采和发展，白井进一步衰落。

  1949 年后，白井盐业的最大变化是中央政府废除了灶户的"丁份制"，没收灶户的盐业产权，成立了由国家拥有全部产权的盐厂。用当地人话说，中华人民共和国成立前的私有制没有了。但是，产权收归国有后，生产技术和销地并没有大的变化，还是沿袭民国时期的煎煮方法，销地也仍然有专属销区。由于制盐技术落后，产量较低，白井加速衰落。据原盐厂厂长赵仲武介绍，从 20 世纪 70 年起，盐厂派专人去黑井、一平浪学习生产技术，进行过持续了 20 多年的一系列技术改进。但是，这些技术改进主要是盐厂的自救行为，并没有获得国家的技术投资和扶持。2004 年，上级以白盐质量不达标、消耗高、产量低、质量差为理由，关闭并拆掉了盐厂。白井持续了近两千年的井盐生产自此画上了休止符。

  2004 年盐厂的关闭停产没有使这个"因盐而兴"的古镇感到茫然。

图1 云南省石羊镇盐文化博物馆大门（朱霞摄）

---

① 《云南史料丛刊》第十二卷，《道光云南通志·食货志》，云南大学出版社 2001 年版，第 571—574 页。

时逢白羊古镇旅游开发方兴未艾，地方政府主导了建立盐文化博物馆，展示白井的传统盐业技术使之成为民俗文化旅游的一个组成部分，与孔庙、古城门、"接官亭"等建筑联系在一起，打造了一个有盐文化特色的古镇，在一定程度上促进了文化旅游业的发展。

三 井盐工艺遗产的重构与展示：技术中的文化想象力

本文的目的是通过对云南省大姚县石羊镇盐文化博物馆如何利用当地盐业传统工艺遗产资源的研究，主要关注博物馆从传统工艺遗产库提取和选择了哪些要素来代表"所谓的"白井盐业传统工艺技术与文化。2016年8月笔者考察了石羊镇盐文化博物馆，盐业生产分为两个部分，一部分是盐井与汲卤生产设备，反映的是卤水的生产工序；另一部分是灶与锅，反映的是井盐的煎煮工序。如果一个普通旅游者看到云南石羊镇盐文化博物馆的展示，会认为这个庆丰井和盐作坊展示了过去白井的生产技术的全过程。然而，通过调查和研究可知，石羊镇盐文化博物馆生产作坊的设置，以及现在"博物馆式"的生产，在真实的白井生产史中一次也没有存在过。目前作坊的生产设备配置与生产工艺流程是从不同时代的、庞大的白井传统工艺遗产中抽出来重新组合而成的。也就是说，这样博物馆式的生产与真实的白井生产存在着明显的差异。可以理解为，展示的目的并不是为了科学与完整地记录与保存传统工艺遗产，把传统工艺遗产原原本本的保存在博物馆中，其目的主要是为了对盐业工艺技术遗产进行再利用。在文化博物馆的建设中，如何从上千年的历史长河中提取、选择、改造和展示这些技术与文化细节，不仅有现实局限性，而且存在着当地人对自我文化的想象与重构，反映的是现实需要和文化逻辑。作为民俗学者，我们要从中去发现这种展示和表达所反映的内涵和意义。

（一）庆丰井的展示：历史难题与现实选择

一般来说，博物馆对传统工艺遗产的展示首要目的应该是保存和记录，即科学、完整地反映该工艺的原貌，传统工艺遗产在不同时代的不同的情况要给予重视。云南石羊镇盐文化博物馆展示的盐井是庆丰井，一个典型的大口浅井，深33米，可以代表西汉以来白井卤水生产的主要形式。2016年的展示解说词中说："此井从西汉至今一直使用。从保存年代之久到使用时间之长，可以说是国内绝无仅有。"① 通过对云南史料的梳理，解说词的结论不能通过历史文献记载直接证明。当然，一个真正了解云南盐井的人也不会仅凭着文献记载中没有提及此井就简单的予以否认。这里有必要对云南盐井包括庆丰井的历史文献记录的特点进行说明。

图2　云南省石羊镇盐文化博物馆展示的庆丰井（朱霞摄）

在云南盐业史上，对具体盐井井口的记载都比较晚。最早提到白井、黑井的是元代文献《混一方舆胜览》，所说的"井"并不是指具体的井口，而是指白井区整个生产区。井区是一种官方和民间都认可的对盐井所属地区的划分。一个井区可能有几口，甚至是几十口盐井。明代的《景泰云南图经志书》开始有了对白盐井井口的记载："大小一十六眼"②，但只有数字，没有盐井的名称。

对井口名称的记载开始于清初，这些官方记载的井都是所谓的"官

---

① 引自云南石羊镇盐文化博物馆庆丰井旁的解说词。
② （明）陈文：《景泰云南图经志书校注》，李春龙、刘景毛校注，云南民族出版社2002年版，第230页。

井"或"正井",庆丰井没有出现在最早记载的"官井"名录中。从文献来看,顾祖禹的《读史方舆纪要》中记载:"白盐井在(姚安军民)府北百二十里,本大姚县地,有盐课提举司,旁有九井,曰观音,曰旧,曰界,曰中,曰灰,曰尾,曰白石谷,曰阿拜,曰小,皆产盐,为公私之利。"①《滇南盐法图·白井图说》也对白井的井口进行了记载:"共计七井,如观音、小石、旧井、乔井、界井、灰井、尾井,状若七星,形如棋布。"② 可以看出,直到清代中期,庆丰井都没有作为"正井",即向官方盐务机构纳税的官井被记录下来。这种情况至少说明,即便庆丰井当时已经有了,也并不是产量高的"正井",很可能只是小井。在乾隆《白盐井志》中,对井口的记载更加细致,如对"五井"之首——观音井的记录:"观音井在绿萝山下,以其井近观音寺同名,其正井有四大井硐,井旁小石井、沙井、六区缸井、古井、上东井、下东井、上西井、下西井、又白石谷井。设有专员。"③ 观音井也不仅仅是一口井,正井就有四大井硐,功能是向国家纳"盐课",其他的井口还有9个,卤水产量都不会太高,其功能比较多,主要用于补"正课"之不足,或是各种杂费的缴纳等。在1993年出版的《云南省志·盐业志》关于"云南省主要盐泉一览表"里,大姚石羊的主要盐泉中也没有提到庆丰井。它列举的是其他5个井:五福井、观音井、白石谷井、安丰井和石羊东南井④。说明庆丰井在白盐井区并不是最古老和重要的盐井,它很可能和许多小井一样被划在"五井"中的某个井区,现在许多老人都能说出"五井"是指观音井、旧井、乔井、界井和尾井。庆丰井大概隶属于"五井"中的一个井口,因此很难断定它具体被开凿的时间。

　　对庆丰井进行历史考证,仅仅看文献记载是不够的。庆丰井虽然没有被历史文献记录下来,但并不说明它不存在。根据田野调查资料,民国时期庆丰井肯定是在使用和生产的。根据对原石羊盐厂厂长赵仲武的访谈得知,白井历史上大小共有72个井口,庆丰井民国时期就在生产

---

① (清)顾祖禹:《读史方舆纪要》卷一一六,国家图书馆藏清嘉庆刻本。
② 《滇南盐法图》,《白井图说》,国家历史博物馆一级收藏品。
③ (清)赵淳:《乾隆白盐井志》卷一,乾隆年间刻本,国家图书馆古籍部藏。
④ 云南省地方志编撰委员会:《云南省志·盐业志》,云南人民出版社1993年版,第82页。

中。20世纪70年代有20多个井口,每天生产20吨盐。优质井口有10口,其中也包括庆丰井。优质井口指卤度高、出水大、提出方便的盐井。有的井口被弃置,而庆丰井是一直使用并生产到最后阶段的盐井。

石羊镇盐文化博物馆的建立是一个文化工程,其目的是把白井的盐业工艺遗产资源转化为旅游资源,从而促进当地旅游的发展。主要是传统工艺遗产的再利用问题,而不以传统工艺遗产的保存为主要目的。因此,在盐井的选择和展示中,文化工程展出者有两个诉求特别重要。

第一,提供给旅游者的盐井是最古老和具有代表性的盐井,它代表盐业文化在现代社会的重构以及文化想象力,是盐文化博物馆建立的重要依据,能够说明展示的历史意义与文化内涵。白井盐业生产始于汉代,有历史记载且是确切的。但是,庆丰井却不能被证明有如此长的历史,这是博物馆在展示中碰到的难题。那么,要像考古学家一样去找那个最古老的盐井?这是被认为应该展示给观众的历史长度。然而,这种历史长度的展示受到现实的局限。历史文献记载的井口最早只能追溯到清代早期。白井的72个井,两千年来,旧井的不断废弃,新井的发现,哪一个井有两千年历史,这是很难有确凿的历史或考古依据的。

第二,提供给旅游者的盐井能最方便、高效地与文化旅游结合起来。庆丰井是使用到最后的盐井,一切生产设施尚能使用,这是博物馆活态展示的基础。其他的古井要花大力气去淘出来,进行生产设备的重建后才能使用。而且,古井的地点可能没有庆丰井的位置理想。庆丰井处于古镇的中心区域,可以和孔庙、龙女祠、土主庙、香水河等古镇建筑形成一个完整的盐文化区域。因此,选择庆丰井作为白井区的代表进行展示具有现实选择的可行性和合理性。

但是,在石羊镇盐文化博物馆的建立和展示中,碰到的历史难题与现实选择是有矛盾的。博物馆传统工艺遗产展示的要求有历史依据,要真实地表达过去的历史。那么,庆丰井的历史解说至少应该注意表达的准确性。"庆丰井是西汉就被开采,并一直使用到今天"这一断言是需要慎重的。在缺乏历史文献和考古研究的情况下,应该如何表达庆丰井的历史?怎样说明白盐井两千多年井盐生产与庆丰井的联系?应该请盐业专家对盐文化博物馆的布展进行指导并写解说词,梳理清楚云南白盐井两千年的历史,并对庆丰井给予更加详细的、准确的说明。

（二）井盐工艺遗产的"奇美拉"重构：技术的文化想象力

石羊镇盐文化博物馆的展示包括两部分，一部分是以庆丰井为中心的井房，是开采卤水的工作场所，展示了盐井、汲卤水的辘轳、盐井通道等，但井下设施不向观众开放；另一部分是以锅灶为中心的灶房，是把卤水煎制作成为盐产品的作坊，展示了锅、灶、盐盆、卤水缸、晒盐蓬等生产设备。从表面上看，盐文化博物馆的盐作坊以"活态"的方式展示了白盐井过去的井盐生产的全过程，其中对井盐生产的工艺还进行了文字和图表的说明和示意。但是，这只能称为"博物馆式"的井盐生产，确切地说，是为了展示和旅游的目的而进行的，并非完全对历史上真实的生产进行再现。这种"博物馆式"的生产与过去真实的生产情况有相当大的差异。由此可以看出该博物馆对传统工艺遗产的保存和记录是碎片式的。

通过研究，我们发现石羊镇盐文化博物馆的作坊呈现了所谓"奇美拉"的重构。"奇美拉"是希腊神话中狮首、羊身、蛇尾的神兽，常常被用于形容某种"嵌合体"。在民俗学领域中用于比喻不同文化元素被组合起来的文化现象。2016年8月时，石羊镇盐文化博物馆的展示并不是一成不变地完全照搬2004年以前的石羊盐厂的真实生产模式，而是对盐作坊的配置进行了重构，形成了一种盐业技术与工艺展示中的"奇美拉"重构。也就是说，作坊的生产设备配置与生产工艺流程是从不同时代白井井盐生产中抽出来并重新组合的。这样"博物馆式"的生产与真实的白井井盐生产存在着明显的差异，表现出了当代技术与文化价值评估系统对古代盐业技术的展示有直接的影响，反映了人们在技术重构中的文化想象力和表现力，同时也表达了人们对传统工艺遗产再利用的价值观。

灶房中最吸引游客的生产设施是灶锅和晒盐蓬。目前"博物馆式"的生产就是用这些设备完成的。但是，这样的生产在白井的生产史上一天也不曾存在过。因为灶、锅和晒盐蓬等生产设备分别是从不同时代抽出来并组合在一起的。

盐文化博物馆展示的锅灶是古老的白盐井的典型样式——"梅花灶"。在白井生产历史上，灶的变化是明显的，总体上说是从小生产规模向大生产规模的方向发展。不同时期的变化过程为：梅花灶（清初以前，数量 10 口左右）—鸡窝灶（清末，梅花灶的变形，尾巴稍长，锅的数量增多）—马槽灶（1956 年开始使用，一条灶 70—80 口锅）—平底锅制盐（改革开放后，四条灶分别在四个方向，共用一个烟囱）—真空制盐（拆除之前，煎煮工艺废除）。可以看出，在现代化的背景下，白盐井的煎煮技术是朝着技术进步的方向前进的。但是，为什么石羊镇盐文化博物馆选择的灶是古代白盐井的样式，而不是技术进步的制作方式呢？有两方面原因：一方面，这种古代样式的灶在白盐井使用时间最久，在人们的文化评价中最能说明盐文化的古老历史；另一方面，"梅花灶"是嵌合体中古老的部分，恰好适应目前"博物馆式"生产的要求，它的规模不大，投入的人力少，主要目的是生产旅游产品，例如用盐制成的盐佛等，很适合"博物馆式"的生产目的。当盐厂被拆除后，根本不需要也不能够每天生产大量的食盐。

图 3　云南省石羊镇井盐生产作坊煮盐的梅花灶（朱霞摄）

　　盐文化博物馆盐作坊展示的晒盐蓬是先进的浓缩过滤设备。它使用于 20 世纪 70 年代，方法是用草、条枝搭成棚子，把卤水从棚子上端往下浇，流到特定的水道中。功能是浓缩卤水、提高浓度。原理是扩大卤水与空气的接触面，促进卤水的蒸发。浓缩不是一次而是多次。过滤次数主要看灶房的用水情况，浓缩到灶房需要煎煮时，就把浓缩过的卤水打到灶房中煎煮。这个工艺不仅可以浓缩卤水，减少煎煮时间和燃料使用，还能除去石膏、芒硝等杂质。所以当地人说，中华人民共和国成立前的盐不如中华人民共和国成立后的盐质量好。晒盐蓬是20世纪70年代从黑井学来的，分别用过马拉抽水机和电动抽水机的提升方法。白井两千年的生产从清末开始衰落，但是当地灶户和盐工一直试图追求技术进步，努力去适应社会的现代化进程。技术改革不仅表现在以灶的扩大来追求单位产量的增加，还表现在对盐产品质量的提高。可以说，石羊镇盐文化博物馆之所以选择晒盐蓬作为盐作坊展示的一个部分，是因为它是盐业技术进步的一种标识。尤其是在目前社会时尚讲究食品纯净天然的背景下，选取这种过滤设备作为展示的内容成为古老盐文化融入当代社会，能够与旅游者沟通的一个方式。

图4　云南省石羊镇井盐生产作坊的卤水浓缩过滤设备（朱霞摄）

晒盐蓬在20世纪70年代才作为新的生产设备引入石羊盐厂，同时配置使用的灶并不是清代的梅花灶或鸡窝灶，而是马槽灶。这种灶一个盐厂只有一条，一共有 70 多个锅，每天的产量只有 20 多吨。原盐厂赵厂长说："白盐生产量不及解放前，更不及明清时期。在乾隆年间，全部井口的卤水都是煮完的"①。赵厂长还提到，马槽灶使用时间也并不长，从工艺来看，它和梅花灶的煎煮方式并没有本质的不同。梅花灶和鸡窝灶结构上都是以大锅为中心，周围是桶锅，形成团状。而马槽灶由大锅在中心，变为大锅在一头，桶锅多达 70 多个，排列成如马槽的长型。在煎煮工艺上，原理是一样的。都是大锅成盐，桶锅煮卤，即桶锅煮盐结晶成沙时，用大瓢把盐沙舀入大锅，当地叫"嘎锅"，最终在大锅中成盐。不同的只是，马槽灶由于桶锅数量多，"嘎锅"的方法不是从四周向中心舀入，而是先一端按一个方向往大锅里舀，直到另一端然后转头舀回来。它的生产规模比梅花灶大得多。两千年石羊盐厂被拆除，全部生产设施和人员都是现成的。为什么石羊镇盐文化博物馆不照搬当时的生产模式和生产设备进行展示？用 20 世纪 70 年代的马槽灶作为盐作坊的主要设备？一个原因就是马槽灶不能代表白盐井两千多年井盐生产的历史，不符合盐文化博物馆重构白盐井古老生产的自我文化的构想；另一个原因是博物馆式的生产不需要生产大量的盐产品。

　　石羊镇盐文化博物馆所展示的盐作坊在真实生产中从来不存在这样的配置、组合和生产。这是一个典型的"奇拉美"的技术嵌合体，资源和技术设备从不同时代选取。庆丰井不能断定其起始时代，但能代表两千年历史的白井典型样式的大口浅井，一直使用到 2004 年的盐井。清代以前使用了千年的梅花灶，以及 20 世纪 70 年代使用了不足 30 年的晒盐蓬。这个"奇拉美"的技术嵌合体是具有重要文化意义与内涵的，它反映了当地人井盐生产技术的文化想象力，说明了博物馆展示对当前主流意识形态的接受和响应，也表达了作坊设备与生产中、展示中现实的考虑与局限性，反映了人们对传统工艺遗产再利用的诉求与现实目的。当然，我们认为石羊镇盐文化博物馆解说词应该对展示内容进行更加详细的说明，以便真实地表达在不同历史时期井盐生产的情况。目前的展示说明是不完整的，容易产生误解的。即便其展出的主要目的不是为了对

---

① 被访谈人：原石羊盐厂厂长赵仲武；访谈时间：2016 年 8 月 11 日；访谈地点：赵厂长家中。访谈人：朱霞。

传统工艺遗产进行保存和记录，也应该注意正确地反映其历史原貌。

石羊镇盐文化博物馆是在国家非物质文化遗产保护政策在全国实施的背景下建立的，非物质文化遗产保护是一个世界范围的文化活动。在中国，它的特点是政府直接参与，并成为国家文化机构的一项重要工作。非物质文化遗产强调甄选对象的历史价值和文化独特性，提倡要保护在人类历史上曾经发挥过重要作用的文化景观。在这种情况下，石羊镇盐文化博物馆所展示的一部分是特别选择了能够代表悠久历史与文化积淀的事象。这个技术嵌合体在盐作坊中体现为有白井最古老的技术设备和技术工艺——以梅花灶为代表的传承了上千年的井盐生产工艺，它的历史长度和传承正好与"非遗"提倡的精神相契合，同时也是盐博物馆建立的重要依据和展示理由。同时，白井的梅花灶及其煎煮方法不同于黑井，也和其他井有区别，代表云南井盐生产的一个类型，工艺流程为：煎煮—并锅—沥水—捏盐—烤盐。因此也是具有技术的独特性，也符合"非遗"文化独特性的倡导。所以，石羊镇盐文化博物馆展示的"奇拉美"技术嵌合体正好说明了当地在展示自我文化时的想象力和表达力。

（三）继承与活化：传统工艺遗产的"另类"回归

石羊古镇盐文化博物馆的建立主要不是为了展示白井的盐业工艺遗产，而是为了把盐业工艺遗产与当地的文化资源整合在一起，形成一个完整的文化空间，并转化为旅游资源。从空间上看，盐文化博物馆和孔庙、土主庙、观音寺等寺庙建筑群以及古镇建筑给游客提供了一个完整的文化景观。盐文化博物馆建立的目的就在于通过对当地盐业文化的展示来吸引游客，以复兴当地的文化与经济，把已经逝去的盐业工艺遗产重新构建在当下人们的日常生活中，从而在人们日常生活中发挥积极作用。这种对传统工艺遗产资源的利用普遍出现在全国各地，但旧的民俗理论已经很难解释这些新问题，民俗学学科发展也滞后于当前的文化实践活动。

近来民俗学理论的转向是对当下民俗实践的反思。高丙中认为，民俗学不应该是一门仅仅研究过去残留文化而与时代发展格格不入的学问，主张引入日常生活的概念，把民俗学的研究方向推向当下和未来。他在《中国民俗学的新时代：开创公民日常生活的文化科学》中说："中国民俗学在当代的价值转换从日常生活概念的运用所表现的变化来看是再清楚不过的了。从中国民俗学转向现实的调查研究以来，为普通中国人的日常生活辩护是民俗学最有贡献的地方。"① 这种思想是通过对民俗实践的调查研究得出的。

本文的调查研究也表明，地方民俗博物馆的展示不仅是为了所谓的"传统工艺遗产"，而是通过对遗产的再利用重新建构今天人们的日常生活，以达成人们对现世生活的某种需求。石羊镇盐文化博物馆的建立就是通过展示来"活化"已经永久断裂的传统工艺，让已经逝去的盐业传统工艺遗产换一种方式重新回到人们的日常生活中来。

明清之际，白井的生产量和利润持续发展，到清朝末年产量达到近900万斤，缴纳银课6万多两。那时的盐业工艺技术是与当地人的日常生活水乳交融的，盐区的经济富足与中央盐业机构的管理使石羊镇的文化得以繁荣，并与周边农业区域相当的不同。首先，儒家文化在云南白井地区受到了广泛的推崇和接受，建立了孔庙，供奉孔子铜像，设立义学、塾馆，以学而优则仕为正途。其次，民间文化也得到了充分发展，有观音寺、文殊阁、锁水阁、玉皇阁、大王寺、土主庙等寺庙。各种节庆活动也十分活跃，有龙王会、太平会、土主会、祭孔会等等。经济富足与文化繁荣一直持续到民国时期，这些在当地老人的脑海中有着清晰的记忆和怀想，并向下一代进行讲述。

1949年后，随着石羊镇盐业经济的衰落，古镇的变化很大。1953年，灶户卤权被中央政府收归国有，剥夺了灶户的资源使用权和盐业利益，从此盐区只有国有机构的盐工，没有盐业资产者——灶户，盐业经济从盐区大多数人们的生活中被分离出来，被现代盐厂和更加彻底的中央盐业垄断所取代。千年来一直实施的政府与盐区分享经济利益的状况不复存在。由于盐业利润全部被抽走，盐业生产工艺、经济、文化与生活一体化的传统盐区发生了很大的变化。石羊镇的经济和文化持续衰落是云南所有盐区普遍经历的，主要表现为盐区变得与周围的农业区没有太大的区别，灶户或从事盐业工作人员大量迁出了盐区，由盐业经济支

---

① 高丙中:《中国民俗学的新时代:开创公民日常生活的文化科学》，《民俗研究》2015年第1期。

撑的文化活动全面停止，曾经繁荣的盐区变得萧条。这种明显衰落从20世纪50年代中期开始，直至2004年盐厂被拆除。20世纪80年初，当地人一度希望振兴盐业的梦想也彻底破灭。与此同时，盐文化博物馆开始筹备建立，预示着悠久盐业工艺技术、历史与文化传统还活在当地人的心中，对白盐井曾经盛极一时的辉煌仍然充满自豪感，成为自我文化形象对外展示的重要内容。

早在盐文化博物馆建立之前，石羊镇就已经开始利用当地建制完备的孔庙和著名的孔子铜像来打造文化旅游产品，不仅修缮寺庙，新建古镇，还改造了香水河。盐文化博物馆的建立不仅为了展示古代白井盐业生产技术，更主要的目的是通过继承、重构和展示，构建一个盐业技术遗产的文化空间，链接当地现存的旅游产品，把盐文化博物馆与其他文化资源整合在一起，对逝去盐业工艺遗产及其文化进行再利用，以此强调盐区的经济文化特点，完善当地的文化景观，彰显石羊镇悠久的盐业文化空间。

在当地政府推动下，石羊镇的文化旅游已经对当地人们的日常生活产生了影响，出现了当地人所谓的"周末经济"，即周六、周日旅游者络绎不绝从省城、州城等外地来到石羊镇，挤满了古镇平时空空荡荡的大街小巷。当地人也忙碌起来抓住这个时间赚钱，周末成了工作日。可以看出，盐文化博物馆对盐业工艺遗产展示的主要功能是把逝去的盐业文化重新构建在当下人们的日常生活中，让盐业传统工艺遗产换一种方式回归日常生活，这种"另类"的方式却发挥着影响人们日常生活的积极作用，它对复兴当地的文化与经济起到了一定的作用。

四　结论

本文以云南省石羊镇盐文化博物馆的传统工艺遗产展示为例，探讨传统工艺遗产的保存与再利用的问题。从对盐业传统工艺遗产的展示中去分析当地人如何看待自己的传统工艺并介绍给旅游者。通过文献考证和田野调查，说明石羊镇盐文化博物馆并不是简单地把终结的盐业生产工艺遗产重新恢复起来，而是对井盐生产进行了重构，从千年的历史长河中提取、选择和重新配置了所谓的"白井的传统工艺遗产"，形成了一种盐业技术与工艺展示中的"奇美拉"重构。缺乏文献记载的大口浅井——庆丰井,清代典型的灶——梅花灶,20世纪70年代的浓缩过滤设备——"晒盐蓬"被重新配置在一起。这种时代杂糅的"博物馆式"的生产设备及其生产,与真实白井的生产存在着相当明显的差异。它正好反映了当地人利用传统工艺遗产作为资源,通过有选择的再利用来适应当代社会的需求。当代技术与文化价值评估系统对传统盐业工艺遗产的重构和展示产生了重要的影响,表达了当地人对自我文化的想象力与逻辑。在现实语境下,传统工艺遗产的重构既要符合当地人对自我文化的想象,又要满足现实的需求和条件。可以看出,石羊镇盐文化博物馆建立的目的不是为了科学和完整地记录和保存传统工艺遗产,展示所谓"纯粹"不变的盐业技术文明,而是通过有选择地继承和利用传统工艺遗产的资源,"活化"逝去的盐业文明,让古老的盐业传统工艺遗产根据当地人的构想,换一种方式重新回归人们的日常生活。

20世纪中国年画的时代变迁

——兼及民间文化的自身规律[*]

王　坤[**]

摘　要：年画是国家级非物质文化遗产项目。目前，中国木版年画正在申请列入人类非物质文化遗产名录，显然年画在民间文化中的重要价值已为人们所关注。传统年画在形成发展至今的大部分时间里，一直是作为民间重要的精神投射和出口，它寄寓了国民对幸福生活的种种期盼，可以说，年画的历史在一定程度上就是民间向往幸福生活的历史，年画呈现出的是中华民族本质性的幸福图像。对这个幸福图像的嬗变过程进行探究，发掘其所承载的民族精神和文化基因，从而洞悉民间文化、民间艺术的自身规律是极具现实意义的。

关键词：年画；民间文化；20世纪；变迁；规律

具有深刻文化内涵的年画，真实地记录了社会的变革和历史的发展，包括重大历史事件以及细小的民风民俗变迁，同时也真实地反映了社会现实和民众的生活。年画不只是画，"年"决定了它是百姓俗信的外化与精神的投射。正是民众对年画经年累月的精神依赖，使得它在近代的政治、社会活动中才能扮演如此重要的角色。有着重要人文价值与艺术价值的年画，我们当然要保护、传承它，让它依循文化规律活态生存下去。

---

[*] 原文刊于《民间文化论坛》2014年第3期。
[**] 王坤，天津大学冯骥才文学艺术研究院副教授，中国木版年画研究中心副主任兼秘书长。

一 文化全球化语境中民间文化的生存之道

文化全球化的传播是伴随经济全球化的扩张同时进行的。自工业革命以来，西方国家强势的经济、意识形态、文化扩张一直在进行。其中，文化霸权的目的，究其本质"不是征服国土，也不是控制经济生活，而是征服和控制人心"。① 在这一大背景下，文化多样性原则成为世界各国对文化霸权主义的共同回应。

在世界各国的共同努力下，联合国教科文组织于2001年通过了《世界文化多样性宣言》，宣言认为："文化多样性是交流、革新和创作的源泉，对人类来讲就像生物多样性对维持生物平衡那样必不可少。从这个意义上讲，文化多样性是人类的共同遗产，应当从当代人和子孙后代的利益考虑予以承认和肯定。"② 2005年，第33届联合国教科文组织大会通过了《保护和促进文化表现形式多样性公约》。进一步明确了文化多样性、文化内容、文化表现形式、文化政策和措施、保护以及文化间性等定义。中国在2006年第十届全国人民代表大会常务委员会第二十五次会议上通过此公约。文化全球化背景下对各国文化形态、价值观念和文明发展成果等多样性文化的尊重观念在世界范围内被确立，这成为应对文化霸权扩张的有利堡垒。

近年来，学界常将文化形态分为三个层次：精英文化、大众文化与民间文化。在传统农耕社会中，它们各安其职，分别对应士大夫阶层、市民阶层与乡民阶层。随着工业文明降临以及文化全球化，大众文化已取代精英文化占据了当代文化形态的最大空间。大众文化在精英文化与民间文化之间左右逢源，同时凭借其最有利的武器——大众媒体——来"攻城拔寨"，不断蚕食精英文化与民间文化的边界。文化全球化与文化霸权所输出的主要内容恰恰是大众文化。反观中国的民间文化，由于中国社会文明形态转变所经历的特殊境况，民间文化与其文化传统也发生

---

① ［美］汉斯·摩根索：《国际纵横策论——争强权，求和平》，卢明华、时殷弘、林勇军译，上海译文出版社1995年版，第90页。

② 见联合国教科文组织网站：http：//www.unesco.org。

了断裂。这种断裂导致了当下民间文化的复杂存在样态，一方面，近一百年来，精英文化、政治意识形态、大众文化对传统民间文化的改良、改造与异化已经使大众远离了历史原貌，留给今人的多是零散和模糊的记忆碎片；另一方面，民间文化由于其内在的稳固性，即便是以零散的、碎片式的形态留存，却依然保持着顽强的韧性，是民族精神的一个载体，并且无可替代。以春运为例，每年一次的超过2亿人的迁徙，在世界上是绝无仅有的。

毋庸置疑，本土民间文化在文化全球化的语境中将对文化自主性与人类文化多样性起到至关重要的作用。然而，中国的民间文化生存状况不容乐观。首先，经济发展不可避免地会以牺牲民间文化传统为代价，城镇化的发展不断挤压乡土农村的文化空间，传统文化空间的消逝使许多民间文化传衍的希望彻底破灭。以杨柳青历史上著名的画乡"南乡三十六村"为例。昔时"家家会点染，户户善丹青"的这片神奇土地，突然间成了城镇化的目标，将永远不复存在。传统民间文化（年画）赖以生存的文化空间消失了，它该如何生存与传续呢？其次，在历史中得以幸存的民间文化经受着被现代大众文化吞噬、异化的考验。确切地说，不仅是一种考验，更是切实的危机。大众文化、流行文化裹挟着媒体与资本，轻易地将传统民间文化挤压成平面化、庸俗化甚至粗鄙化的文化样态，有机的民间文化几乎变成了无机的快速消费品。在此背景下，学界专家与知识分子纷纷为民间文化的健康生存献计献策，政府也相应地出台了一系列举措。以年画为例，2002年10月，中国民间文艺家协会启动了"中国木版年画抢救与保护工程"，旨在对全国的年画产地展开全面、系统、科学的普查、记录、整理、出版和保护。2003年，文化部与财政部联合发起了"中国民族民间文化保护工程"，将河北武强年画作为首批专业性试点。同时进行的年画保护工作还有建立各级"非物质文化遗产名录"等。种种举国行动标志着年画保护措施的逐步完善，民间文化生存的社会关注度不断增强，民众的文化意识被不断唤起，这些都是民间文化（年画）得以生存和健康发展的基础。

与此同时，也应看到民间文化自身的艰难生存现状是不可回避的问题。如同冯骥才先生所言，"只有老百姓都保护了，我们的文化才有希望。如果只是政府、专家在那里折腾，老百姓对文化没有兴趣，文化还是传承不下去，我们再忧患也没有用，最关键是老百姓热爱，要唤起全民的文化自觉，从而达到全民保护"。① 可以说，如果民间文化不是百姓自娱自乐的，不是自由表达人们真实生活情感的，那么这样的民间文化即使繁荣，也是虚假的繁荣。在大众文化全球化占主导地位的当代，只有民众主动地接受和热爱民间文化，只有从民间文化创造的源头解决问题，才能让民间文化活态地、有机地传承。流水不腐，户枢不蠹，在动态中充分调动政策层与广大民众两方面的力量，始终在发展的视野中形成合力，民间文化由此才能够在文化全球化语境中保持一种健康的生存状态，并持续焕发活力。

二 由20世纪年画史看年画未来的发展

20世纪中国年画的变革大致可分为四个时期，即20世纪初的改良年画时期；20世纪30年代到40年代的新年画时期；50年代到70年代的新年画运动时期；80年代至今的年画新时期。

清末民初（20世纪初）的改良年画（见图1）是一种极具新意的主动创造。此前，前殖民时代所输入的只是商品和有限的商业文化。而殖民时代给中国带来的是政治制度、文化、知识、科学、生活习俗等全方位的改变。一直以来，以描写社会现实生活以及神话传说和历史故事为主的民间年画，怎能在国门洞开、大量新鲜事物涌入之后无动于衷呢？面对新文化的涌入，一方面，民间文化对旧有习俗惯常性的保有，保持着经年累月几乎不变的文化习惯；另一方面，借由对新鲜事物的兴趣积极主动地开拓自身的审美范围，由一种能动性主导对社会时风与市场形成自适应。这种适应市场与审美变化的改良年画在很长时间内得到了民众的认可。因为民间画师创作的改良年画虽然新颖却并非颠覆，它延续着传统年画的体裁，画面中的人物形象也没有突兀的变化，这对于民众而言较易接受。又因为改良年画描写的是当时社会方方面面的"新"，本能地追逐新鲜的人们自然而然会主动购买，这就使得年画艺人的创作更

---

① 冯骥才：《年画行动：2001—2011木版年画抢救实录》，中华书局2011年版，第112页。

加游刃有余。

图1 《四川真景全图》，民国，引自《中国木版年画集成·武强卷》

然而，到了20世纪30年代到40年代，随着社会形势的变革，民众对新世界的渴望与对殖民文化的抵抗日益强烈，伴随着战争的打响，木版年画逐渐成为一种革命伴生性的媒介（见图2）。民众过往对幸福生活的渴望被投射到这种最重要的传统民间艺术品中，它的功能被激发、被放大。一方面，木版年画连接着一个意想中的幸福新世界与真切的现实，在年画中一个个幸福的图像或革命的图像被真实而具体地呈现着；另一方面，民众通过年画这一媒介认识到通向新生活所必须经历革命的重要性，它激发了人们的革命热情与对新生活的盼望。昔日作为迎福纳祥、趋利避害、敬神祭祖、装饰欣赏之用的年画，此刻演化为重要的革命宣传媒介。本质上，这时的民间能动性诱因是一种对环境与命运的焦虑与担忧，一种迫切需求的具体化。只有通过这种具体化，人的恐惧与焦虑才能被释放与转化。在此背景下，年画作为一种宣传工具对抗战与革命都发挥了重要意义。不容忽视的是，民众在工农兵的身份转换中，对民间艺术的认识也发生了变化。当时的民间艺术被普遍赋予了一种斗争性，这种能动性与斗争的自觉成为了一个时代的审美特征。从民间艺术自身的历史看，斗争性的审美特征使年画本身自动地逐渐抽离传统吉庆、禳灾等固有的审美内涵。今天木版年画所反映的民间审美与传统的真正断裂，实际上与其革命媒介的功能密切相关。如果从文化自身规律的角度讲，民间文化被诱发、转换和异化了，我们在肯定其为中国革命事业做出贡献的同时也应清楚地认识到文化自身所发生的这种变化。

图2　新年画《兄妹开荒》（吴劳作），1943年，
引自《中国木版年画集成·武强卷》

中华人民共和国成立后（50年代到70年代），木版年画（或已转型为胶印宣传画）政治宣传功能的单一性更加加深了它与传统文化之间的沟壑，对传统文化"落后"观念的定性，和与之相承的全民对"四旧"的摒弃、对传统文化遗存的仇恨等一系列事实，都让民间文化在强大的意识形态中消失（见图3）。丰富多样的传统民间艺术被千篇一律的符号所取代，并且不断地重复再重复，与一个时期的无差别个体一样，画面呈现同样的主人公、同样的鲜花、同样具体化的幸福。这时期的民间文化依然是"对应群体人们的需要而产生的"，依然是"从基本物质生活的

需要到各种精神生活的需要"的作用物,依然行使着"顺利生活和规范生活"① 的功能,但它更是一种意识形态作用下的自觉文化。因而说,此时的民间在一定程度上听从意识形态的调遣,这违背了文化发展的规律,因此成为文化传承的阻碍。

图3 《上山下乡光荣》(邵文锦作),1973年

与改革开放一同,20世纪80年代至今的民间文化也翻开了历史新篇章。总的来说,在过去的一个世纪中,民间文化既在不断地反抗殖民主义,同时也在积极消解传统文化中落后的部分。然而,在民间对传统进行追溯且尚未完成的时候,西方霸权文化、大众文化之风却猛烈地吹进本土,民间文化对殖民主义(或至少是一个不可调和的"他者")的抗争仍在继续。当下的文化表象是,民间文化一方面传承那些得以留存的文化传统;另一方面主动地接受着各种外来的新鲜文化。民间文化凭借其稳定的部分,放任人们的各种需求以一种无序的方式来延续民间传统。

---

① 钟敬文:《中国民间文化探索丛书总序》,转引自赵世瑜《眼光向下的革命:中国现代民俗学思想史论:1918—1937》,北京师范大学出版社1999年版。

相应地，对民族文化传统断裂的接续却越发困难，照此发展，最终它们极有可能相当程度地淹没在强势的流行文化、大众文化中。幸而文化拥有自身的选择功能，即"通过异端、多样性和异见来实现自我更新的能力"。① 这就使得传统文化中始终有一些稳固的部分在文化开放中对外部影响免疫或转化。

从历史角度来看，中国近一百年以来，经历了社会的大变革。"在这一变革中，旧的受到冲击，新的得以成长，但是在新旧之间，如何正确地处理对于历史遗产的继承，即在旧的事物中'剥取有价值的成果'，去滋养新的事物的发展，还没有解决得好。"② 如果从年画史预言年画未来的发展样貌，这无疑是困难的，因为如同 20 世纪所发生的，年画自身历史几近断裂。倘若没有历时九年的"中国木版年画普查保护工程"为代表的各项国家政策的保护，它势必异化或淹没在大众文化的洪流中。

由此，在新的时代，在霸权文化、大众文化全球化与民间文化保护的角力中，年画必须以一种全新的姿态去寻求变化。首先，文化是动态的，年画作为文化事项也一样，在保证它一直存在的基础上，民间文化的能动性会促使年画随时代而演变。在此过程中，与年画关系最大的非大众文化莫属，大众文化、西方流行文化既然已经在过去的一百年中对年画的内容与艺术特征产生影响，那么如果年画要继续生存，民间就会不自觉地向大众文化、流行文化靠拢。其次，年画演变中主动的因素通常来自官方与民间两方面，一方面是官方对民间文化环境的主动保护和对民间文化创作的主动引导；另一方面是民间的觉醒，民众日益建立的文化自觉促使他们能够在认识自己传统文化价值的基础上，进行有限度的实验与创新。最后，年画演变中外力作用下的被动因素，社会经济环境始终是包括年画在内的传统文化的最大威胁。民间的拜金风气、地方政府用 GDP 指标衡量一切的习惯等，这些都是国家内部的发展现实，同时伴随着西方流行文化，从物质到精神全方位吞噬传统民间文化，促使其被动回应。

---

① 陈光兴、张颂仁、高士明主编：《后殖民知识状况：亚洲当代思想读本》，上海人民出版社 2012 年版，第 175 页。

② 张道一：《造物的艺术论》，福建美术出版社 1989 年版，第 377 页。

随着国家民间文化保护工作的深入开展，越来越多的民众通过各种途径认识到民间文化的重要性，包括年画在内的传统民间艺术的生存境况已大为好转。但现阶段全民精神层面还没有真正建立起年画必要性的深度自觉，人们年节意识的淡薄以及年画使用功能的弱化，极大地阻碍着年画恢复昔时普遍使用的可能性。随着时代的发展，年画以传统张贴方式存在的数量只会越来越少。由此推断，年画进入博物馆似乎将成为其最终归宿。依照西方特别是法国的文化遗产保护观与既有经验，进入博物馆往往意味着这一物质遗存以及与其相应的非物质性行将消亡。那些古代的陶器、瓷器等日用品，古人用来生活，今人却视作文物，这是由内在的文化价值决定的，即民间艺术处在应用时期，是消费性的，因而不被重视；但是一旦成为过去，变为文化，便可以是稀罕的文物。这便不难解释为何越来越多的人将"过时"的年画看作宝贵的文化财富。不过，博物馆保护只有与活态的传承并行，才是真正意义上的成功保护。近些年，关于年画保护的提议不少，但是这些提议都应该建立在符合民众意愿的大前提下，民间大众才是民间文化的主角，正如刘铁梁先生所言，"民俗文化的某些形式由于受到科技进步与社会关系结构变化的影响，也会消失和发生新变，而不切实际地保留或恢复这些民俗形式并不是解决文化危机的根本办法。在当代社会的发展进程中，对于原有的文化必然要有所取舍、有所创新，但必须尊重人民的意愿"。[1]

三　民间文化的自身规律探析

无论是木版年画还是其他形式的民间艺术，它的嬗变始终是与它所处时代的政治、经济、社会各个方面不可分割的。虽然任何文化艺术创造是两方面原因共同作用的，即"一是艺术结构来自现实因素，二是它本身独特的、纯粹的美学结构"。[2] 但在文化学的大背景下，以年画为代表的民间艺术始终连动整个社会，并对全球化的外部力量有所响应。

在中国社会结构尚未发生变化之时，农耕文明背景下的民间艺术创

---

[1] 刘铁梁：《社会发展与春节文化》，《山东社会科学》2012 年第 1 期。
[2] ［匈］阿诺德·豪泽尔：《艺术社会学》，居延安译编，学林出版社 1987 年版，第 13 页。

造、使用与流通是一套完整的"一任自然"的建构。此时的民间文化可以从以下三个层面去理解。

第一是从生理与精神需要的角度。在农耕社会，一个人或一家人的主要精力是从事与农业相关的各种劳作，但即便如此，他们通常也有副业（比如制作年画）的收入来源。因为年画可以换成粮食果腹或者换成相当价值的钱币贴补生活，广大民众创造、享用和传承的民间文化，也首先是出于满足人的需要，特别是满足如克服饥饿以及安全需要等的生理需要。"既然一种原始或发达文化的集体整合功能能提供满足生物需求的手段，则集体生产的每一方面就其最广的含义而言，就像全面充分执行所有的关键序列一样，是生物学上的必要。"① 在此基础上，生活需要、生活情感的表达也同样构成主动创造的发生原因。与此同时，年画也反过来成为这个时期人们精神生活的必需品，人们在创造的同时享有这一成果，并且形成良性循环。

第二是从社会文化环境出发去考虑。文化传统与社会环境决定了民间年画长期以来的稳态传承。民众在这个静态的文化环境中安然创造与享有。在此阶段，"人利用自然资源，创造、维持和发展了自己的人文世界"。② 民间以一种无觉的状态安然创造与享有"人为的，也是为人的"文化，这一时期的文化相对来说是静态的，虽然它也不可避免地被周边文化所影响，但中国民间文化犹如大海一般，凭借强大的能动性不断地将这些周边文化、外来文化吸纳，并转化为自身文化的一部分。我们可以从农耕时代在今天的文化遗存来证实这种包容性，无论是物质的还是非物质的，无论是精美器物还是宗教，在外域溯源的文化源源不绝地成为本土文化的一部分。北魏的佛造像、唐宋的青花瓷，无不是本土对外域文化转化的作用物。正是由于民间文化的这种能动性，华夏文化才能在几千年中不断传承，即使在不同民族文化统治的历史中，也没有停止本土化优秀文化成果的创造。

---

① ［英］马林诺夫斯基：《科学的文化理论》，黄剑波等译，中央民族大学出版社1999年版，第113页。
② 费孝通：《反思·对话·文化自觉》，《北京大学学报》（哲学社会科学版）1997年第3期。

第三是从文化自信与主动所产生文化的相辅相成。古人常言"天下",所谓"普天之下,莫非王土",一语已能窥见。在封建社会的绝大部分时间里,国人并不认为有任何外来的文化可以和自己的文化相提并论,在这种潜意识甚至无意识的"文化自信"作用下,民间主动地改造外来文化,使之成为自己文化的一部分。即使到了民国时期,这种民间文化中固有的惯习(一种存在的方式)还可以在当时创制的木版年画中找到影子,年画中大量出现的新鲜事物,如电灯、电话、自行车、火车、轮船等,它们围绕着画面中本土的主人公,成为叙事性的衬托或纯粹的装饰。这种自由的创造为这个时期的精神原貌留下了弥足珍贵的明证。

回到我国当下的现实,由于知识分子的"文化先觉",多个民间文化保护工程相继开展并逐步深化。过去的十年间,中国紧随世界非物质文化遗产保护步伐,成为载入世界非遗名录项目最多的国家。这无疑体现出中华民族所深具的厚重文化基础和内在活力。如果说第一阶段的文化保护来自"得君",那么第二阶段的保护还须"觉民"。包括中国木版年画保护在内的民间文化保护,其最终目标应当是全民的文化自觉。建立文化自觉(费孝通先生原文"自知之明")是为了"加强对文化转型的自主能力,取得决定适应新环境、新时代时文化选择的自主地位"。[①] 可见,文化自觉不仅是国家发展强大所伴随的必然要求,也是中华民族抵御文化帝国主义、文化霸权全球化的必要条件。需要再次明确的是,"抵御"并非主动为之,而是全民文化自觉背后的文化基因所自生的免疫系统,也只有以全民的文化自觉为前提,"各美其美,美人之美,美美与共,天下大同"的人类前途才有可能实现。

---

① 费孝通:《反思·对话·文化自觉》,《北京大学学报》(哲学社会科学版)1997年第3期。

第三编

传统中的创造:个人与群体

生产性保护理念下传统手工艺传承的固守与通变[*]

刘华年[**]

摘　要：作为非物质文化遗产的传统手工艺，生产性保护即通过物质生产的手段来传承核心技艺，以达到非遗保护的目的。就手工艺的本质来说，手工艺的生产是艺术的生产过程，其产品的形式是随着社会的变迁而流变的。如何实现传承中从"技"到"艺"的突破，以及如何解决传承过程中"生产"与"保护"的矛盾，都是生产性保护理念实施中所需解决的问题。面对现今时代，在固守核心技艺和传统意蕴的基础上，变通产品的旧有形式，使其符合人们的精神诉求，已显得十分必要。

关键词：传统手工艺；生产性保护；技艺传承；固守与通变

传统手工艺是我国物质和非物质文化遗产的重要组成部分。作为非物质文化遗产，传统手工艺是古代造物技术、手工技艺、社会文化的集中载体，要对其进行保护和传承，这是毋庸置疑的，而采取什么样的方式进行有效的保护和传承则是值得商榷的。传统手工艺的传承方式相对于其他类别的文化遗产有其特殊性：其一，传统手工艺非物质性的核心技艺传承必须通过物质性的生产过程方可实现；其二，作为形式的手工艺品则是随着社会的变迁而流变的，故手工艺的传承又是在发展中的传

---

[*] 原文刊于《民族艺术》2014年第5期。
[**] 刘华年，泰州学院副教授。

承。鉴于手工艺传承的自身特点，有学者提出传统手工艺生产性保护的理念。"生产性保护"一词最早出现于2006年王文章《非物质文化遗产概论》一书的导论部分①，之后学术界对"生产性保护"的讨论越来越多。2011年文化部公布了第一批国家级非物质文化遗产生产性保护示范基地名单，包括北京景泰蓝制作技艺、河北衡水内画技艺、山西老陈醋酿制技艺等，涉及41个项目、企业或单位，39项国家级名录项目入选，足见文化部对"生产性保护"的重视程度，其中大部分为传统手工艺。文化部又于2012年印发《关于加强非物质文化遗产生产性保护的指导意见》（文非遗发〔2012〕4号），对"生产性保护"正式提出官方的书面解释："非物质文化遗产生产性保护是指在具有生产性质的实践过程中，以保持非物质文化遗产的真实性、整体性和传承性为核心，以有效传承非物质文化遗产技艺为前提，借助生产、流通、销售等手段，将非物质文化遗产及其资源转化为文化产品的保护方式。目前，这一保护方式主要是在传统技艺、传统美术和传统医药药物炮制类非物质文化遗产领域实施。"

　　对于传统手工艺而言，"生产性保护"的理念即通过传承手工技艺以实现非遗保护的目的，手段就是通过生产手工艺产品，将其卖出获得经济回报，从而促进生产循环，使其不致中断，最终达到手艺延续和传承的目的。但就手工艺的本质来说，手工艺的生产是艺术的生产过程，尽管其产品的形式是随着社会的变迁而流变的。作为产品存在的手工艺品，既具有商品的属性，又具有艺术品的属性，作为商品必然以市场供需为第一导向，作为艺术品则需以艺术性为终极追求。在当今的工业社会体系之下，如何实现手工艺传承中从"技"到"艺"的突破，以及如何解决"生产"与"保护"之间的矛盾，都是生产性保护理念实施中所需解决的问题。面对现今时代，在固守核心技艺和传统意蕴的基础上，变通产品的旧有形式，使其符合人们的精神诉求，已显得十分必要。

---

① 参见王文章《非物质文化遗产概论》，文化艺术出版社2006年版，第31页。

一 对"手"和"艺"的认识

传统手工艺就是对材料进行艺术性的处理,以达到创作者理想结果的经验性技艺。对传统手工艺的认识,关键在于一个"手"和"艺"字。"手本质上不同于所有那些能够抓取的器官——爪、钳、犬牙……在每一件手的作品中所包含的每一个手的动作都贯穿着思的因素,手的每一举措皆于此因素中承载自己。一切手的作品都根植于思。"① 从这一点上来说,之所以强调手,是因为手的动作和人的思维是不可分割的,这也是手工的生产和机器的生产最本质的区别,正如日本民艺家柳宗悦所言:"手与机器根本的区别在于,手总是与心相连,而机器则是无心的。"② 既然手的生产是与心联系在一起的,那么作者的心路历程就必然通过手在作品上留下痕迹,反映心路的手工痕迹就构成了手工艺品"艺"的外在显现,从这一点上来说,德国哲学家海德格尔将手工艺品理解为艺术品,"无论是艺术作品还是手工艺品、器具,它们都是生产出来的。……我们把创作视为生产。但器具的制造也是一种生产。……在陶匠和雕塑家的活动中,在木工和画家的活动中发现了相同的行为。……无论是作品的制造,还是器具的制造,都是在生产中发生的。这种生产自始就使得存在者以其外观而出现于其在场中"③。对海德格尔将手工艺品视为艺术品的理解,关键是对"存在者以其外观而出现在场中"的理解。所谓手工艺品的"外观"无非是其物质的造型和材质。那么什么是"存在者",也即什么是手工艺品作为其本质的存在呢?自然不是其物质的造型和材质,而是承载于造型和材质背后的作者建构的审美意境,这审美意境就是手工艺品的本质存在,这本质存在使手工艺品成为了艺术品。

就传统手工艺而言,其技艺的核心部分往往是使器物体现艺术美感的装饰加工技艺,如传统木工艺中的雕花、刻花、组合、拼接,金属工

---

① [德] 海德格尔:《人,诗意的安居》,郜元宝译,上海远东出版社2011年版,第29页。
② [日] 柳宗悦:《日本手工艺》,张鲁译,广西师范大学出版社2006年版,第4页。
③ [德] 海德格尔:《艺术作品的本源》,《林中路》,孙周兴译,上海译文出版社2004年版,第5页。

艺中的錾花、镶嵌、金银错、鎏金银，陶瓷工艺中的堆花、剔花、印花、贴花、划花、刻花、画花、镂空，漆工艺中的彩绘、锥画、金银平脱、堆漆、剔红、剔犀、百宝嵌、夹纻，染织工艺的刺绣、挑花、补花、抽纱、缂丝、印花、扎染等多种加工工艺①。对于艺术作品而言，人们总是为营造特定的艺术美感而寻求特定的艺术表现手法，所以对于创作一件手工艺品而言，技艺不应是先于审美考虑的，而是先考虑将要达到的审美意蕴，继而选择相应的加工技艺。所以手工艺品要让人们在欣赏的时候，更多地感受到审美的意境，而不是关注于欣赏高难度的技艺，技艺不是凸显，而应是隐蔽于审美意境之下。宋代瓷器和明代家具被后人认为艺术性高于清代中期以后的手工艺品，其关键就是前者更多的是营造了审美的意境，而后者则是更多的关注于烦琐技艺的炫耀（图1）。

宋瓷　　　　　明代座椅　　　　　清代座椅

图1　宋瓷与明、清座椅

二　"技"的传承与"艺"的突破

过去传统手工艺的技艺传承往往是从学习熟练使用工具开始的，然后步步深入。传统手工艺每个行当有每个行当的工具，每种效果有每种效果的工具，如木工有刨子、凿子、斧子、锯子、弹线盒等，刨平用的刨子和扣槽用的刨子、锯弯线和直线的锯子各不相同（图2）。初学者往往先要从这些最基本的工具使用开始学起，在实践中师傅告诉他每种工具有什么用途、怎么握、怎么用力、要在材料上达到什么效果为好等等。

---

① 李砚祖：《物质与非物质：传统工艺美术的保护与发展》，《文艺研究》2006 年第 12 期。

在熟练掌握了工具之后，才开始学习作器，师傅会以口诀的形式告诉他们一些技术的规范，比如《考工记》中有关于车顶伞盖的形制、构件、尺寸以及安装要求的记述，"轮人为盖，达常围三寸，桯围倍之，六寸。信其桯围以为部广，部广六寸，部长二尺。桯长倍之，四尺者二。十分寸之一谓之枚，部尊一枚。弓凿广四枚，凿上二枚，凿下四枚，凿深二寸有半，下直二枚，凿端一枚。弓长六尺谓之庇轵，五尺谓之庇轮，四尺谓之庇轸。参分弓长而揉其一，参分其股围，去一以为蚤围。参分弓长，以其一为之尊。上欲尊而宇欲卑，上尊而宇卑，则吐水疾而霤远。盖已崇则难为门也，盖已卑是蔽目也，是故盖崇十尺"①。徒弟在掌握了上述的规范之后，就可以跟着师傅作成器了。在作器的过程中师傅会将他自己总结的经验授予徒弟，如20世纪50年代，张道一先生就曾请教苏州红木家具著名艺人陆涵生，陆将自己的经验编出了一些口诀："四喜：方直圆润（家具最讲究方直而又圆润）、平整相称（平整是家具最主要的原则）、简繁连气（一件家具，哪里该简，哪里该繁，要呼应通气）、内外一体（家具的内外结构要连成一体）；四法：方中见圆（如方形枨子有圆角）、圆中见棱（木器的棱角最显精神）、能伸能缩（能长能方，伸缩

图2　木工传统工具

---

① 闻人军：《考工记导读》，巴蜀书社1988年版，第220页。

自如)、能大能小（指小样放大：小者显出大气魄，大者看似颇玲珑）；四忌：方圆不齐（方圆参错不齐）、互不通气（指家具的面板、花板、底脚的关系）、相配不称（成套家具的配套不协调）、歪裂不济（横竖不合规矩，木料纹理不顺）。"[①] 徒弟在学完这些后往往就可以出师自己单干了。

但我们需要注意的是，传统的技艺传承方式最大的问题就是徒弟往往"知其然不知其所以然"，徒弟往往不能理解为什么这么做是对的，为什么不可以那么做。这样的传承很难在其艺术性上有所突破和创新，往往使手工艺品在原有的艺术水准上徘徊，这样的传承往往只是技术的传承，达不到艺的高度。而传统手工工艺之所以称作"艺"，其核心部分应该是对材料、工具、技艺三者互动的灵活理解，这样才能够根据每个时代的审美趣味进行随心的创作。

关于传统工艺核心技艺的继承与发展，《关于加强非物质文化遗产生产性保护的指导意见》强调："坚持传统工艺流程的整体性和核心技艺的真实性，……反对擅自改变非物质文化遗产的传统生产方式、传统工艺流程和核心技艺。……鼓励和支持传承人在传承传统技艺、坚守传统工艺流程和核心技艺的基础上对技艺有所创新和发展；鼓励和支持传承人在制作传统题材作品的同时创作适应当代社会需求的作品，推动传统产品功能转型和审美价值提升"。一方面反对擅自改变核心技艺；另一方面鼓励对技艺有所创新和发展，这对当代传统手工艺的传承提出了很高的要求。

传统手工艺之"艺"是创作者个人能力的集中体现，当代要在继承"技"的基础上达到"艺"突破，首先要对工具和手的运动在材料表面产生痕迹的美学效果有较好的理解与把控能力，如对"巧"与"拙"、"毛"与"光"、"刚"与"柔"的准确理解与把握；其次要对整体艺术风格具有把握能力，如对材料与工艺的选择、构图、造型、色彩的把握能力。以上两点是突破的基础，然后则进入高的层次要求，要求创作者对中国传统艺术如书法、国画、诗词等营造意境的手法有较深入的了解，最后要求创作者融入本体生命对生活与艺术的感悟，这样在"艺"的突破方有可能。当代著名画家齐白石曾有名言，"学我者生，似我者死"。

---

① 张道一：《手与艺》，《南京艺术学院学报》2009年第1期。

所谓"似我者死"则指纯模仿的技艺形式,"学我者生"则是领会其建构意境的方法,在画面中体现其精神。同样,对于手工艺品的创作而言,学习前人,不是照抄照搬前人的技巧和形式,而是要领会中国传统手工艺从历史延续至今的精神意蕴,这种精神意蕴就是中国传统的艺术美学思想,如当代陶艺家白明、李砚祖的作品就既具有现代性,又具备传统的美学韵味(图3)。

李砚祖作品　　　　　　白明作品

图3　李砚祖与白明陶艺作品

在核心技艺基础上,"技"本身的创新也是依赖于"艺"的突破的,没有"艺"的突破要求,"技"是不可能主动创新的,"技"的创新对于"艺"的突破而言,从来都是被动的。当然创作主体也只有在忘记或意识不到技的情况下才可能实现技法的创新,即基于传统的同时又要忘记传统。

三　传承中生产与保护的矛盾

生产性保护理念中"生产"的提出是出于经济层面的考虑,"保护"则是出于文化上的考虑。对于从事传统手工艺生产的产业界及其产业管理部门而言,更多的是希望通过生产与销售以获取经济效益,往往倾向于将传统手工艺的存在价值等同于经济价值;而对于文化管理部门而言,往往更重视传统手工艺在非物质文化遗产方面的价值,及其对于民族文化独特性维持方面的重要意义,所以提出要保护传统手工艺。

传统手工艺在手工业时代是社会的主要经济产业，无论其日用品还是欣赏品都是通过手工生产出来，在现今工业社会体系之下，传统手工艺在生活中作为日常使用的价值已经削弱或消失，剩下的是文化记忆的留存或审美欣赏的价值，其经济产业价值的实现主要依附于人们文化或审美的需要，传统手工艺品在今天逐渐变成了旅游副产品、工艺礼品，或家装陈设品。传统手工艺作为产业，目前主要生产这三类产品。因市场的分化，目前在传统手工艺产业的生产也出现了两极分化，其一是生产的旅游副产品、一般工艺礼品和装饰品的工艺美术厂，其销售的对象主要是国内外普通的社会阶层，为降低成本便于低价售出，往往会采用机械化或半机械化批量生产，同时对原材料进行更替、对工序进行精简；其二是生产高端工艺礼品和装饰陈设品的工艺美术大师以及个人工坊，主要面向富裕奢侈的社会阶层，其定价较高，为体现高端往往会使用昂贵的原材料，同时刻意展现高难度的个人手工技巧，不计时间和工本。对于两者来说都面临着生产与保护之间的矛盾，既然生产就必须以市场的需要为第一导向，就前者而言，其面向的主要是普通百姓，百姓的购买能力决定了产品的销售结果，工艺美术企业主要生产的是历史上王公贵胄所把玩的特种手工艺品类，如雕漆、景泰蓝、玉雕、漆器等，这些特种手工艺在历史上往往是不计成本和时间生产出来的，但如果让面向普通民众的企业按原来的工艺和材料生产的话，必然大大提高成本，其销售必然面临问题，但如果不保持原材料的真实和手工艺的生产，则又失去了文化遗产保护的意义，如果任其使用机器代替手工艺的生产，那么传统手工艺品必然完全沦落为街头小贩贩卖的物什，最终会逐渐走向消亡；就后者而言，往往会选择售价高、有销售市场的工艺品类进行生产，如紫砂壶、玉雕、仿古陶瓷品类，而那些无法卖出高价的品类，如剪纸、皮影、泥塑等则很少有艺术家愿意从事生产，长此以往，这一类的手工艺品类则会面临人亡技绝的危险，这样的最终结果就是只能留下了有市场的工艺品类，没有市场的终究衰亡。

四 技艺的固守与形式的通变

传统手工艺作为文化遗产保护应该是整体性的，既包括传统的手工技艺，又包括传统的形式内涵，但形式内涵不等于就一定是保持旧有的形式不变，这种形式既应具有传统韵味，又应具有时代特征。生产性保护理念运用到传统手工艺上的最大目的就是让其自身具有造血功能，实现自我保护，而不是依赖于第三方的经济援助。具体手段就是通过生产工艺产品在市场中获取经济回报，以维持生产者的生活开支和工艺产品的持续生产，这样生产才不会中断，才能达到技艺传承的最终目的。就2006年的首批国家级非遗目录下的传统手工艺部类来看，有桃花坞木版年画、藏族唐卡、衡水内画、剪纸、顾绣、扬州玉雕、嵊州竹编、宜兴紫砂陶制作技艺、石湾陶塑技艺、南通蓝印花布印染技艺、苏州御窑金砖制作技艺、龙泉宝剑锻制技艺、张小泉剪刀锻制技艺、芜湖铁画锻制技艺、聚元号弓箭制作技艺、雕漆技艺等等。这些手工艺部类按其在当代的境遇可以分为三类：尚有生活日用价值的工艺部类、陈设欣赏型工艺部类、丧失生活土壤的工艺部类。既然是保护，则其必是濒临灭绝的品类，生机勃勃自然就谈不上要保护，保护的目的主要是保持传统非物质文化的整体性与完整性，同时，对这三类的手工艺需要根据其当下的存在状况加以区别对待，有的需要维持传统，有的则需要在保持核心技艺的基础上改变其原有的形式，以获得人们的认可。

  尚有生活日用价值的工艺部类的手工艺和现代生活尚有比较密切的联系，国内市场较好，几乎不存在要保护的问题。如宜兴紫砂陶制作技艺、张小泉剪刀锻制技艺，因为中国人传统的饮茶习惯，而紫砂于茶具有不可替代性的优点，所以这类传统技艺目前应该不存在要保护的问题，反倒是因为紫砂泥的日益匮乏，要限制其生产规模的无序生产，重点放在其艺术性的提高上面，反对任何非手工性的生产。张小泉剪刀锻制技艺因其质量过硬，其在中国人心中的品牌认可度较高，所以其核心生命是过硬的质量，对于这类工艺可以吸收现代工业设计的理念、利用现代工艺，以期能开拓国际市场，和欧美同类产品竞争，事实上张小泉剪刀生产企业也是这么做的。

  陈设欣赏型工艺部类凝聚着传统装饰工艺的最高水平，是我国传统工艺美术企业生产的主要产品，如玉雕、雕漆、木雕、牙雕等，这类产品对原材或手工技艺都有很高的要求。对于此类工艺的生产与保护，就目前来看，靠企业化的运营模式似乎不是最好的选择，第一，目前我国工艺企业大多没有固定职工，很多人干几年就走，很难培养技艺精湛的技术工人；第二，企业往往追求大批量、流水线式的生产，而传统技艺和批量生产是不相兼容的；第三，这类工艺的原材往往资源匮乏，大规模生产必然导致资源的过早枯竭；第四，这类产品如按传统方式生产成本过高，在大众市场销售困难，一般百姓消费不起，企业必然就会用机器生产、以人工合成材料代替天然材料的做法，以便以低廉的售价卖出。但此类产品的价值恰恰就是真实的材料和高超的手工技艺，如果任由这种趋势发展下去，会导致这些传统核心技艺的消失，这就是专家学者对"伪"工艺产品深恶痛绝的根本原因。所以对于这类的传统手工艺，需要鼓励工艺大师和技艺传承人采取工作室或作坊的模式进行生产，在不改变原材和核心技艺的前提下，创作符合时代精神的作品，保持其产量的少量性和水准的高度，定期举办工艺美术大赛，将获奖列为加入中国美术家协会或工艺美术大师评审的资格，作品的销售可以采取拍卖或展销的模式，这样或许是对此类工艺最好的生产保护措施。对于原先生产这些品类的企业，鼓励其走机械生产和使用合成材料的路子，加入现代设计元素，生产和现代家居和谐的现代工艺品类，其产品可以和现代家居一起陈设销售，以区别于艺术家和传承人创作的高端工艺。

　　丧失生活土壤的工艺部类在历史上曾经和人们的生活密切相关，现今已丧失赖以存在的社会基础，如衡水内画，桃花坞木版年画，南通蓝印花布印染技艺、剪纸，苏州御窑金砖制作技艺、龙泉宝剑锻制技艺、聚元号弓箭制作技艺等。这部分技艺，从其原先的使用功用上来讲，几乎丧失了社会基础，所以规模化的企业生产是不可行的，只能走作坊式的生产方式。在保留其核心技艺的基础上，在保留与变革之间，可以采取以下两种创作方式。其一，对于原先具有实用性的品类而言，可以改变其原有功能，在核心技艺的基础上加入现代审美成分，制造新的市场需要。如衡水内画的传承人王习三依照"艺术品实用化，实用品艺术化"的原则，吸取当代中国画、西画的技法，不断创新内画技法，提高艺术水平，从单一的鼻烟壶拓展到内画水晶球、屏风、文具台等30多个品种（图4）。2000年，公司充分利用王习三本人所拥有的巨大的无形资产，注册了"习三"牌商标。如今，该商标已经成为内画界最响亮的品牌。

品牌的塑造提升了产品的档次，获得了明显的经济效益。① 其二，对于一些原先和民俗结合在一起的工艺品类，如剪纸、桃花坞木版年画，这类工艺在保持剪刻、木板印刷等原有核心技艺的基础上，可以学习西方的当代剪纸艺术、版画艺术的形式美感（图5），在保留传统意蕴的基础上，

图4　王习三内画鼻烟壶作品

西方当代剪纸　　　　　　　　西方当代木版画

图5　当代西方剪纸与木版画作品

---

① 参见温永林《王习三和他的"冀派"内画艺术》，《中国改革报》2006年6月17日第002版。

将现代生活题材融入其中,采用具有现代感的装裱形式,实现从民俗用物到现代家庭装饰品的转变。

五　结语

西方国家,尤其是英、美两国,自威廉·莫里斯倡导的"艺术与手工艺运动"以来,一直探索手工艺、纯艺术、现代设计之间的关系,追问手工艺在当代存在的本质问题,经过一百多年的发展,其传统手工艺的精神已经完全融入了当代手工艺之中。相比之下,中国传统手工艺的形式尚停留在清末,鲜有出现和时代精神吻合的传统手工艺作品。早在1950年年初,原轻工业部部长黄炎培就发现了我国传统手工艺存在的问题,他在《光明日报》上发表了《给北京市特种手工艺界的一封信》,其中谈道:"只是世界局势在变,人心趋向也在变,有许多很好的东西需要从它很好的基础上,找出一种现代化的新方向,这样不但可以维持,还可以发展。"① 其后吴良镛先生1951年在"中国工艺美术座谈会"上发言对黄炎培进行声援,并指出手工艺存在"艺术的造诣已不及最盛时期的水准""和今日社会的需要脱节""大众的工艺美术之被忽视"三大问题。② 但他们的呼吁并没有引起业界的重视,其原因既有国家政策的导向问题,也有从业者自身的原因。就国家导向上来说,中华人民共和国成立后国家急需实现工业化的资金和设备,将手工艺作为出口创汇的主要手段,为了迎合外国一般民众对中国庸俗的好奇心理,生产的主要是过去宫廷贵族、达官贵人所把玩的特种手工艺品,如景泰蓝、漆器、玉雕、鼻烟壶等,器形、装饰上往往是对古代工艺品的模仿,这一政策一直延续到20世纪90年代,以至于业界的从业人员熟悉的都是过去的形式和样式,缺乏创造能力;从从业者本身来讲,目前在产业界从事传统手工艺生产的人员普遍具备过硬的手工技艺,但普遍缺乏对艺术史、美学的深刻了解,缺乏对艺术本质的思考,更缺乏对手工艺与当下社会关系的思考,所以其产品往往缺乏打动人心的精神内涵。

---

① 黄炎培:《给北京市特种手工艺界的一封信》,《光明日报》1950年1月20日第002版。
② 吴良镛:《谈我国工艺美术的发展》,《装饰》1997年第1期。

粗劣的旅游产品、高价的仿古式产品在短时间可能都会具有一定的市场、但随着消费者消费能力的提高和艺术修养的提高，这两类产品就很难再在市场立足了。如何在保持核心技艺不变的基础之上，实现传统手工艺的当代突破，还依赖于从业人员对中国传统审美意蕴的深刻了解，可以从儒、道、禅中体会传统文化的精神，也可以从中国诗词、中国古典音乐舞蹈、中国书法绘画等中国传统艺术门类中吸取创作灵感，创作出堪与宋、明手工艺相媲美的时代作品。

法度中的创造：西藏唐卡画师对造像量度的艺术实践[*]

刘冬梅[**]

摘　要：造像量度是藏传佛教造像严格依据的身量比例与审美标准。从西藏画师的主位视角来看，虽然佛经中以数据和象征语言对唐卡的造像量度进行了详细的规范，但是在绘画实践中，画师需要有选择地使用忒康、勉昂与昂忒等各种量度线提高造型的生动性，决定是否增减造像的身量比例以解决因特殊尺寸而产生的视觉差，思考如何调整动态线以优化造像的体态与身姿，以及通过面部细节的微妙关系处理表达出各自对佛之相貌与神态的不同理解。在唐卡的起稿过程中，西藏画师不仅要根据图像和文献资料进行体悟，还需要通过程式化训练实现个性刻画，在法度中进行艺术创造。

关键词：造像量度；藏传佛教造像；唐卡；西藏画师；艺术创造性

在藏族传统的学术分类体系中，佛教造像类唐卡是工巧明中"身之工巧"的具体呈现。唐卡画师在起稿的过程中，需要严格遵循佛经中有关造像量度的规定。然而，在西方现代艺术观念和商业化的影响下，一些将造像量度与艺术创造性相对立的观点，以及采用机械复制画稿、随意更改佛像造型等不如法行为均对唐卡的艺术价值和文化传承提出了挑战。因此，笔者希望从西藏画师的主位视角对造像量度的艺术实践进行

---

[*] 文章来源：《艺术探索》2017年第2期。
[**] 刘冬梅，中央民族大学藏学研究院副教授。

考察。藏文文献中关于量度学最著名的经典有四部，俗称为"三经一疏"①。此外，历辈高僧大德、唐卡大师都非常关心造像量度，留下了大量理论文献。总体而言，目前的研究侧重从文本层面对藏传佛教造像的内在法度进行讨论②，而对其实践的层面关注还不够。在少数有关唐卡艺术实践的研究中，学者们倾向于将造像量度视为是绘制唐卡必须遵循的法则与工序③，并未充分地讨论过造像量度存在的差异性④，也未能将其与唐卡画派、艺术审美、场景因素与个体能动性等联系起来考察。

笔者于 2008 年 9—10 月、2010 年 1—9 月在西藏昌都嘎玛乡拜嘎玛德勒、平措伦珠两位画师学习嘎玛嘎赤画派造像量度线描基础，2015 年 6—12 月在拉萨的西藏丹巴绕旦唐卡艺术学校拜丹巴绕旦教授学习勉唐派造像量度线描基础，其间对罗布斯达、夏鲁旺堆等勉萨派画师进行了采访，2016 年 8—9 月又补充采访了拉巴次仁等勉唐派画师，积累了嘎玛嘎赤、勉唐、勉萨等当代西藏主要绘画流派的造像量度材料。在此，笔者尝试以西藏画师运用造像量度起稿的细节与唐卡创作个案为例，探讨造像量度与艺术创造性之间的辩证关系。

一 比例准确与造型生动：忒康、勉昂与昂忒的运用

在当代，印刷技术在藏区已经十分普及，使用复印机拷贝画稿已成为一部分画师惯常的起稿手段。从工艺与效率的角度而言，拷贝画稿的

---

① "三经一疏"即：《佛像如尼枸卢树纵广相称十拓度量》（ གང་ལ་བུད་ཀྱི་གུགས་གྲངས་བྱའི་ཚད་ཀྱི་མཚོན་བྱེད་བཞི་བཅུ་ཞེ་བདུན་ཟླ་བོའི་གཞུང་གསལ་བར་བྱེད་པའི་བསྟན་བཅོས།），《圆满佛所说造像量度注疏》（ རྫོགས་པའི་སངས་རྒྱས་ཀྱིས་གསུངས་པའི་སྐུ་གཟུགས་ཀྱི་ཚད་ཀྱི་མདོའི་འགྲེལ་པ།），《画论》（རི་མོའི་མཚན་ཉིད།）、《造像量度经》（སྐུ་གཟུགས་ཀྱི་ཚད་ཀྱི་མདོ་ཞེས་བྱ་བ།）。参见中国民族图书馆整理《大藏经［丹珠尔］金写印影本》，天津古籍出版社 1988 年版，第 71—72 函。

② 相关的研究参见康·格桑益希《藏传佛教造像量度经》，《宗教学研究》2007 年 2 期；魏查理《〈造像量度经〉研究综述》，罗文华译，《故宫博物院刊》2004 年第 2 期。

③ 于小冬：《藏传佛教绘画史》，凤凰出版传媒集团、江苏美术出版社 2006 年版，第 88—90 页；Jackson, David P. & Jackson, Janice A. 1984. *Tibetan Thangka Painting: Methods and Materials*. London: Serindia Pubications。

④ 熊文彬、一西平措：《〈白琉璃〉造像量度画本》，《中国藏学》2010 年第 1 期（增刊）。

确可以大大缩短起稿时间。然而，根据西藏唐卡画师的解释，起稿过程是否严格遵循造像量度仪轨反映出画师的虔诚度，从而影响到唐卡的神圣性。此外，从量度学的视角来看，拷贝画稿容易导致变形，使画师们对以这一方式起稿的造像量度准确性产生担忧。① 为了确保造像的比例准确，昌都嘎玛嘎赤派画师们主张在画布上画出忒康起稿。忒康，即藏语"ཐིག་ཁང་།"的音译，直译为线房，是在唐卡起稿时根据造像量度绘制的线格，包括比例线和动态线等。这一过程在汉语口头中又俗称为打格子、画线房等。基本计量单位是以造像自身手指的宽度为计，称为"索莫"（སོར་མོ།）；另一个重要的计量单位是"协才"（བག་ཚད།），1 协才 = 12 索莫，是造像自身手的长度、面部的高度。画忒康时需要使用比例尺测量，亦称为"协才"，由画师用竹片自制。制作方法是先在竹片之上根据所要绘制的佛像的大小确定 4 索莫的宽度，重复取 3 次，加起来等于 12 索莫，再将中间的 4 索莫细分为 1、1、2 索莫，作为测量工具的比例尺"协才"就制作好了。以释迦牟尼佛坐像为例，其忒康画法如图 1 所示。

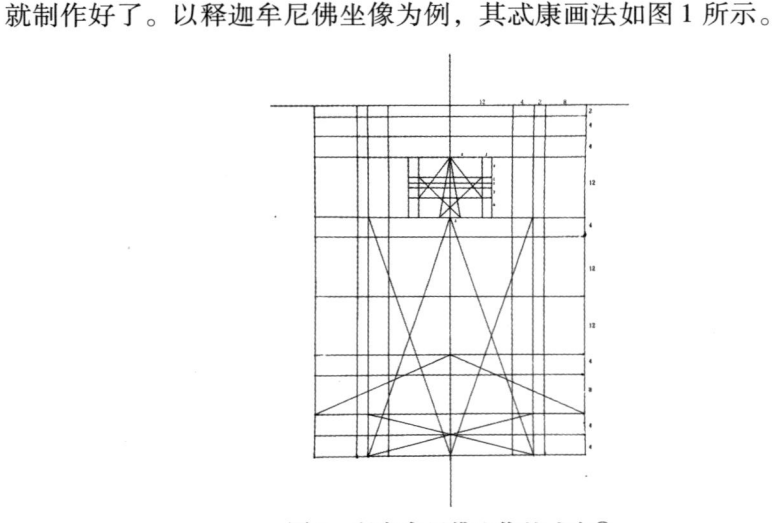

图 1 释迦牟尼佛坐像的忒康②

---

① 根据笔者于 2016 年 9 月 13 日在拉萨夏扎大院参加由第三届中国唐卡艺术节组委会召集的"日喀则画师群体交流会"的笔记。
② 笔者 2015 年 8 月 10 日在西藏丹巴绕旦唐卡艺术学校学习时根据丹巴绕旦教授的指导绘制，摄于 2016 年 10 月 1 日。

图 2　按勉昂方式起稿的绿度母①（丹巴绕旦教学范图）

"首先画中线和顶线，从中线向左右两边分别以 12 索莫的距离画出腋位线，再分别向外以 4 索莫的距离画出肩内线，然后分别向外以 2 索莫的距离画出肩外线，再分别向外以 8 索莫宽的距离画出膝外线，左右各 4 条垂直线；从顶线向下宝顶为 2 索莫、发髻 4 索莫、发厚 4 索莫、面部 12 索莫，颈长 4 索莫，颈线至心窝 12 索莫，心窝至脐孔 12 索莫，脐孔至小腹 4 索莫，小腹至私处 8 索莫，再往下至双腿交叉点为 4 索莫，再至膝底线为 4 索莫，从上至下共计有 12 条横线。连接下颌线、肩内线左右两边交叉的两个点与中线、膝底线交叉的两个点，构成一个倒三角形，由此得到胸部的宽度；再将肩内线、膝底线左右两边交叉的两个点与下颌线、中线交叉的两点相连，得到腰部的宽度，将脐孔与私处线、膝外线交叉的左右两个点相连，所得的三角形两边为佛像盘座时大腿的位置。将私处线、肩内线交叉的两个点与膝底线、肩内线交叉的两个点相连，得到小腿与双脚盘压的位置。"②

画忒康可以帮助画师在起稿时更加精准地把握各类造像的比例。并且，造像的面部五官、胸、腰、手、足、肢体等各个部位均以具体的数据规定了比例。对于一些基本功特别扎实的唐卡画师而言，忒康已经熟练掌握在

---

①　原图由丹巴绕旦教授绘，复印后提供给学徒临摹学习，笔者 2015 年 10 月 20 日摄于西藏丹巴绕旦唐卡艺术学校。

②　根据笔者在 2015 年 8 月 15 日在西藏丹巴绕旦唐卡艺术学校学习的田野笔记，并参考丹巴绕旦《西藏绘画》，阿旺晋美译，中国藏学出版社 2006 年版，第 118—119 页。

心中，就可以运用勉昂更加得心应手地起稿。勉昂（མན་ངག）的藏文字面意思有口诀、诀窍、秘法等意，① 在实际运用时只需画出简约的辅助线：中线、顶线、底线、动态线，其余的比例线均不用画出（图2）。勉唐派创始人勉拉顿珠曾说"画大佛按比例，画小佛按勉昂，分段比例依心计"。② 当代勉唐派与勉萨派画师通常是把1拓（约20厘米）以上的佛像严格画忒康绘制，而1拓以下的小佛像则用勉昂的方式绘制。通常来说，有能力使用勉昂的画师不仅已将详细的身量比例牢记在心中，而且很好地掌握了佛像的整体比例关系。西藏丹巴绕旦唐卡艺术学校负责人旦增平措先生认为，画师应将各种佛像比例了然于心，一肘（约30厘米）之内的佛像都可以用勉昂的方式起稿，这样描绘出的形象会更加生动。③

除了忒康与勉昂之外，还有一种"昂忒"（ལྔ་ཐིག），可直译为"五线量度"，是以造像自身面部的高度"协才"作为基本单位，先画中线，自上而下从发际线到膝底线分别取5个协才画横线，从中向左右各取2个协才画纵线，共计5条纵线、6条横线，形成20个方格。曾经供职于西藏索琼宫廷画院④的绘画大师贡桑朗杰生前最喜欢用这种昂忒绘制坐姿造像（图3）。据贡桑朗杰的弟子边巴回忆：

> 恩师在画壁画时，不画我们通常见到的忒康，而是用昂忒起稿。只见他画一根中线，然后左右再各画2根线，又在上面打点，然后便飞快地画出佛像，一面墙的壁画只需1个小时便能起稿完成。我们师兄弟们看了都十分好奇，还偷偷地去测量过，发现竟然和画了

---

① 孙怡荪编：《藏汉大辞典》，民族出版社1985年版，第2056页。
② 丹巴绕旦：《西藏绘画》，阿旺晋美译，中国藏学出版社2006年版，第132页。
③ 根据2015年1月16日笔者对旦增平措先生的访谈，地点为拉萨仙足岛西藏丹巴绕旦唐卡艺术学校。
④ 第五世达赖喇嘛时期（17世纪）重修与扩建布达拉宫，勉唐画派得到了格鲁派的大力扶持。红宫落成后，第司·桑杰嘉措将25位优秀画师留居拉萨，组成"拉日巴吉度"（画师行会），承担西藏地方政府委派的壁画、唐卡的绘制任务。这一行会组织后来逐渐演变为西藏地方政府的最高绘画机构——索琼宫廷画院。据丹巴绕旦老师解释，"索琼"有两种写法："ཟུར་མཆོད"和"ཟུར་ཁང"，前者译为"角楼"，后者译为"画院"，20世纪50年代院址设在大昭寺南侧一座名叫"西热"的院子里。根据2015年7月2日对丹巴绕旦教授的访谈，访谈人员有丹巴绕旦之子旦增平措老师、旦增色珍、刘冬梅、袁媛、朋毛才让、多吉旺堆等。

忒康的比例一模一样！那是因为恩师对各种佛像的比例与形象都已十分熟悉在内心了！①

图3　按昂忒方式起稿的绿度母②（贡桑朗杰绘）

尽管不同画派画师对忒康、勉昂、昂忒的选择运用存在区别，也因画师个体对比例与造型的掌握程度而有所不同，然而总体来说，往往是那些接受过更加严格的造像量度训练的画师在艺术实践中更能够准确地掌握比例和造型，从而不需要借助实际的比例线，只依据内化在心中的量度便能绘制出兼具比例准确与造型生动的佛像。

二　细微的比例增减：视觉差异中的泽拉运用

在绘制常规尺寸的唐卡时，造像量度是相对容易掌握的。而在绘制巨幅与袖珍唐卡时，或是要在前方视域很窄的高大墙面上绘制壁画时，对画师的造像量度功底便是极大的考验。总体而言，当代勉唐派与勉萨派画师在画常规尺寸的唐卡时都使用120索莫的佛身量度（图4）。藏族唐卡勉唐

---

① 根据2016年8月17日在八廓街对边巴、普布扎西、拉巴次仁的访谈，在场者除笔者外，还有巴桑卓嘎、冯莉、丁红美。
② 此图为贡桑朗杰生前手稿，由贡桑朗杰之子拉巴次仁提供，笔者2016年9月2日拍摄于拉萨尼威小区拉巴次仁家中。

派西藏自治区级传承人拉巴次仁老师指出,即使在绘制超常规尺寸唐卡时也不能增减佛身的比例,要依靠画师对造像量度的熟练运用调整视觉差:

> 勉唐派画佛类造像都遵循120索莫的量度。画大佛像时度量是非常难以把握的,要钦莫啦(大师)来起稿。我记得父亲贡桑朗杰生前在给哲蚌寺绘制展佛用的锦缎唐卡底稿时,唐卡有3米多宽,主尊是1米多高。我看到他是将炭条绑在棍子上站在地上画,这样更便于调整视觉差。还有,父亲在画很高的壁画时,也不像一般人那样搭着架子站到架子上画,而是站在地上将炭条绑在棍子上举着画,这样也需要调整视觉差,但是他并不加减佛像的比例数据,这是很多画师都难以掌握的。此外,还有就是极小的佛像的度量也是难以把握的,掌握不好容易画得头大身子小。我的爷爷班觉杰布曾经画过一幅《格鲁派上师供养资福田皈依境》唐卡,现藏罗布林卡,尺寸只有25cm×15cm大小,里面却有400多尊佛像,但比例准确、造型生动、刻画细腻。画这样微型的佛像时,爷爷已经是把度量掌握得非常娴熟了,不打详细的比例线,只是打一根中线,点几个点,便能把握整体关系。①

但是有一部分勉唐派画师会在绘制大型壁画和唐卡时,考虑到仰视造成的视觉差,会根据实际情况在佛的腰间加2—4索莫的"泽拉",使之看起来更庄严。泽拉,藏文为"ཚད་ལྷག",泽(ཚད)指量度,拉(ལྷག)为多余、剩余,因此这一词指多余的量度。例如,勉唐派画师赤增绕旦主张在佛的肚脐至小腹之间增加2索莫解决透视问题:

> 在画佛的坐像时,小腹的比例在度量经里是4索莫,但是如果我们在画一层楼以上的佛像时就要加2索莫。意思就是我们直线地看一尊佛时,是可以看得很准的,但是在仰视一层楼高的大佛时,必须要在这里加2索莫,原本4索莫的位置要加2索莫,变成6索

---

① 根据2016年8月20日对拉巴次仁的访谈。地点:拉萨市尼威小区拉巴次仁家中,访谈人:刘冬梅、冯莉,在场的还有拉巴次仁的妹妹达瓦德吉。

莫，因为人们从下面站着仰视这尊大佛时，差不多就是刚好在这个位置会产生视觉透视。在这里加 2 索莫解决视觉透视的问题，是从审美的角度来考虑的，这在理论里是没有写的。①

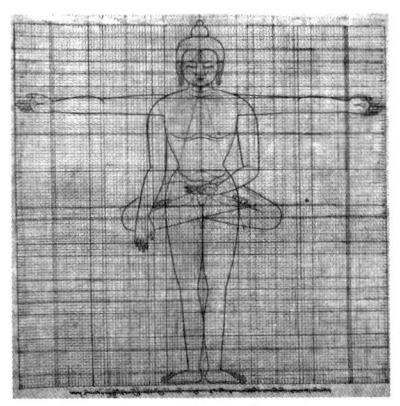

图 4　勉唐派 120 索莫的释迦牟尼佛像②

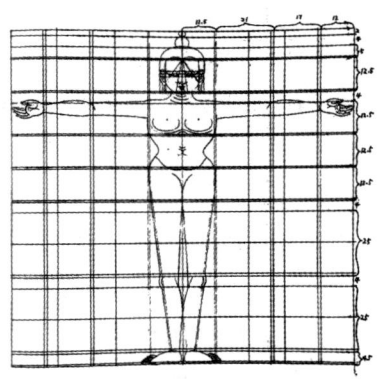

图 5　勉唐派有泽拉的释迦牟尼佛像③（丹巴绕旦绘）

西藏拉萨古艺建筑美术有限公司的达瓦扎西（已故勉唐派大师赤列群培的弟子）亦认为可以根据具体情况在胸窝至小腹的位置增加 3 索莫的比例：

---

① 根据 2015 年 8 月 23 日对赤增绕旦的访谈。地点：西藏宾馆，访谈人：刘冬梅、冯莉。
② Christoph Cüppers, Leonard van der Kuijp, Ulrich Pagel, ed., 2012. *Handbook of Tibetan Iconometry: A Guide to the Arts of the 17th Century*, Boston: Brill Academic Pub, p. 31.
③ 丹巴绕旦:《西藏绘画》，阿旺晋美译，中国藏学出版社 2006 年版，图 23。

我们平时画唐卡时参考的是仁增班觉啦编的造像量度范图，佛遵照的是 120 索莫的比例。但在画大的佛像时，会在胸窝至肚脐、肚脐至小腹的部位共加 3 索莫的比例，这个在范图上是没有的，只是由画师在具体实践中根据实际情况进行把握。①

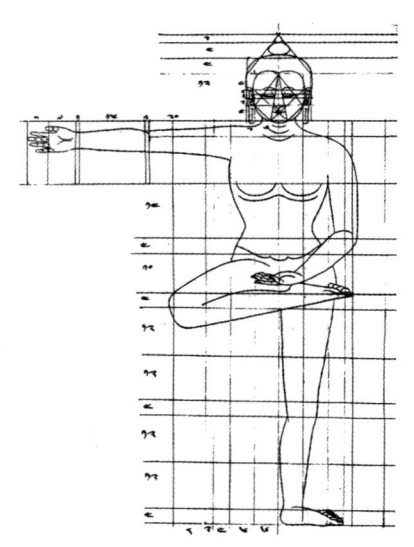

图 6　嘎玛嘎赤派有泽拉的释迦牟尼佛像②（嘎玛德勒绘）

勉唐派画师们将在佛的腰间加 2—4 索莫的"泽拉"视为是一种约定俗成的经验之谈，其实这是有理论依据的。早在 15 世纪，勉唐派的开创者勉拉顿珠大师就已经对佛像的 120 索莫与 125 索莫这两种不同身量进行了论述。他认为这是时轮派（དུས་འཁོར་ལུགས།）与律仪派（འདུལ་བ་ལུགས།）的差异：时轮派认为佛的身量为 125 索莫，律仪派认为佛的身量为 120 索莫。③ 勉拉顿珠指出时轮派的泽拉是在佛的额头、肩部、下颌处、脚等处

---

① 根据 2016 年 8 月 25 日对达瓦扎西的访谈。地点：西藏拉萨古艺建筑美术有限公司 3 楼唐卡画室，访谈人：刘冬梅、巴桑卓嘎，在场的还有冯莉、丁红美、李航、张玉等。
② 嘎玛德勒、西藏昌都县文化广播电视局：《嘎玛嘎赤唐卡画册》（藏文），中国藏学出版社 2010 年版，第 261 页。
③ 参见门拉顿珠《如来佛身量明析宝论》，载门拉顿珠、杜玛格西·丹增彭措《西藏佛教彩绘彩塑艺术》，中国藏学出版社 2005 年版，第 169—170、173 页。

增加半索莫，即每协才分别增加半索莫，共计5索莫。① 而当代勉唐派国家级非遗传承人丹巴绕旦教授则认为可以在佛的上身的发厚处、下颌处、胸口、脐孔、私部等位置各增加半索莫，以及在佛的下身的大小腿分别加1索莫、脚加半索莫，共计5索莫（图5）。② 只不过这一主张只存在于理论，极少运用于实践中。相比之下，昌都嘎玛嘎赤派画师不仅在绘制大型佛像时使用泽拉，在绘制常规尺寸的佛类造像也用泽拉，有时候甚至在绘制菩萨类、度母类造像时也增加比例。以嘎玛嘎赤派国家级非遗传承人嘎玛德勒为代表的该派画师认为，使用泽拉能使佛像看起来更加庄严、挺拔，并且将此视为是该画派区别于其他唐卡画派的特征之一。

嘎玛嘎赤派画师所遵循的有泽拉的身量比例所依据的是嘎玛堪布·仁钦达杰有关造像量度的著作。这位20世纪初的嘎玛嘎赤派绘画大师认为，如果要绘制出更加庄严的佛像，那些杰出的画师都会遵照125索莫的身量（图6），并具体主张在佛身的胸至脐孔处，以及脐孔到私处分别增加2索莫，实际上总共增加了4索莫。嘎玛堪布·仁钦达杰还指出，嘎玛嘎赤派画师所绘的有泽拉的造像双膝之间的宽度等于造像鼻尖至私处的高度，而勉唐派画师所绘的没有泽拉的造像双膝之间的宽度等于造像眉心至私处的高度。③

从上述材料中我们可以看到，尽管造像量度文献对佛的身量比例有明确而详细的规定，但是在艺术实践中，画师们仍会根据实际的情况对佛身比例进行增减，解决因特殊尺寸产生的视觉差，或是表现更理想的佛像形体。从理论上讲，可以调整的空间被控制在5索莫的微小范围内。不同画派的画师对"泽拉"的运用在细节上存在差异，并且都从各自画派的造像量度文献中寻找依据用以支撑自己的主张。

三 体态与身姿：造型差异与动态线调整

在实践中，比例线能帮助画师更好地处理上下、左右、大小等对称与协

---

① 门拉顿珠：《如来佛身量明析宝论》，罗秉芬译注，门拉顿珠、杜玛格西·丹增彭措《西藏佛教彩绘彩塑艺术》，中国藏学出版社2005年版，第164页。
② 丹巴绕旦：《西藏绘画》，阿旺晋美译，中国藏学出版社2006年版，第118页。
③ 嘎玛堪布·仁钦达杰：《平面与立体佛像之量度》，内部资料，嘎玛德勒手抄本，2006年，第23页。

调关系。但是，如何传达出佛像体态与身姿的美感则还需要画师在细节之处反复斟酌。即使在比例相同的情况下，不同画派在佛身造型上亦呈现出各自的特征。笔者以丹巴绕旦、嘎玛德勒、噶庆·洛桑平措所绘的释迦牟尼佛坐像为例（图7—图9），请各画派的画师们对比了造型上的细微差别。

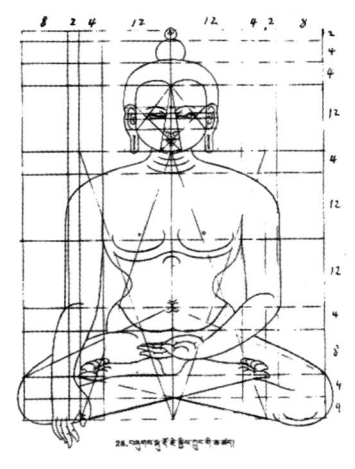

图7 勉唐派释迦牟尼佛坐像①（丹巴绕旦绘）

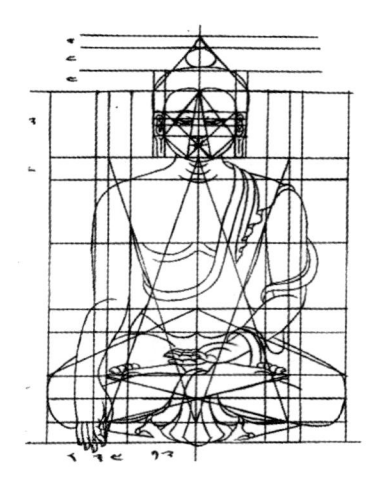

图8 嘎玛嘎赤派释迦牟尼佛坐像②（嘎玛德勒绘）

---

① 丹巴绕旦：《西藏绘画》，阿旺晋美译，中国藏学出版社2006年版，插图28。
② 嘎玛德勒、西藏昌都县文化广播电视局：《嘎玛嘎赤唐卡画册》（藏文），中国藏学出版社2010年版，第260页。

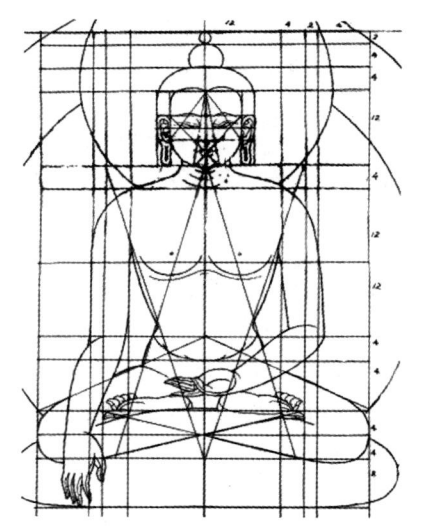

法度中的创造：西藏唐卡画师对造像量度的艺术实践 ◆ 127

图9 勉萨派释迦牟尼佛坐像①（噶庆·洛桑平措绘）

勉唐派的佛像造型胸宽腰细髋宽；左手掌厚柔软，能见到掌心；左臂稍往身体内收；右手虎口张开；右臂稍往身体外移；肩部线条柔和；双足底画出足弓部位的弧度，膝盖超出膝外线一指。整个身体呈现出圆润、放松的禅定状态。嘎玛嘎赤派的佛像造型胸较窄、腰较粗（刚好在腰线位置）、髋窄；左手掌较薄，掌心呈侧面；左臂稍往身体外置；右手大拇指离其余四指较近，虎口闭合；右臂稍往身体内收；肩部平直高耸；双足底平直，膝盖超出膝外线一指。整个身体呈现出精神矍铄的状态。勉萨派的佛像造型介于勉唐派与嘎玛嘎赤之间，胸、腰、髋的线条与嘎玛嘎赤相似；左手结定印，掌厚柔软，食指抵左足跟，其余三指略向上翘；左臂稍往身体外置；右手虎口微张；右臂稍往身体外移；肩部线条柔和；双腿结金刚跏趺坐，双足突出足跟与足掌的弧度，膝盖刚好在膝外线内。整个身体呈现出灵动、精神的状态。②

---

① 噶庆·洛桑彭措：《藏传佛教唐卡绘画明鉴》（藏文），民族出版社1993年版，第50页。
② 三位大师的范画在艺术实践中亦被各自画派的画师们广泛参考。受访画师包括勉唐派的丹巴绕旦、旦增平措、顿珠尼玛、格桑平措，采访时间为2015年8月13日；嘎玛嘎赤派的丁嘎、其美次仁、桑珠罗布、斯朗觉丁、益西郎加、贡秋，采访时间为2015年8月25日；勉萨派的罗布斯达、夏鲁旺堆等，采访时间为2015年8月29日。参与田野调查的有旦增平措、刘冬梅、朋毛才让、南周才让等。笔记由刘冬梅整理。

在对比时，画师们都指出画派之间佛像造型的差异主要是因为不同的传承和审美习惯产生的理解与表达之别。从宗教上讲，用于修行的佛像身姿动态和手印都遵循相对固定的程式，传达着密意。但是画师在比例线的二维坐标中，亦可调整动态线对佛像身姿和动态进行优化处理。动态线，藏语称为"靳"（འགྱིང），指为表现造像动态、神态以及支撑平衡而使用的辅助线。以《绿度母》为例，绿度母结菩萨座位于莲花月轮上，左腿单坐，右腿向下舒展踏于莲花之上，右手持乌巴拉花，向外置于膝前，掌心向外，施与愿印；左手拈一支盛开着的乌巴拉花，置于胸前施三宝印。画师在绘制绿度母时，要画颈部、腰部、左腿、右腿等几条动态线。曾创作过《绿度母》的画师嘎玛从自身经验的角度谈到动态线的运用：

> 在画绿度母的时候，需要动作夸张一些，这样造型会更美。经文里面规定度母的手长是12索莫，但是实际画时要把手画得小一些、身材纤细一点，才更具有女性的美感。动态线是非常重要的，例如根秋登子老师编的《藏族工艺学经典汇编》的书后插图有两幅绿度母量度图，我有好几位学生正在依此创作唐卡。不仔细看的话，以为左图的肉身像与右图的着衣佛的忒康是一样。仔细看的话就会发现存在细微的差别，右图着衣像比左图肉身像更加生动，而其中颈部动态线与腰部动态线便是其间的关键。左图这两条动态线的交叉点位于颈至胸窝高度中点向左3索莫处，而右边着衣像的这两条动态线的交叉点位于颈至胸窝高度中点向左6索莫处。因此，右图着衣像颈部与腰部扭动幅度也更大，看起来更优美。①

总之，动态线用于确定因颈、腰和肘、膝关节的运动而形成的头与胸、胸与腹、手臂、腿部动态的位置关系，动态点的确定通常是在距离中垂线4、6、8索莫之间调整，在比例线的二维坐标中呈现更优美或更夸张的动态造型。

---

① 根据笔者2016年6月4日在西藏拉萨色拉寺对嘎玛画师的访谈。

四　相貌与神态：面部细节之间的微妙关系

西藏唐卡画师将描绘佛像的面部称为"坚则"（ང་ནངས），意为"开眼"，实为对眼、鼻、口等五官细节的刻画，是描绘佛像最为关键的工序。西藏各画派的唐卡画师们都认为，最美的造像既要符合造像量度的数据比例，更要体现出造型之美。并且，佛教造像之美与世间凡人之美是不相同的，需要体现出佛教的内在精神——慈悲。下面笔者仍以西藏当代三大画派的唐卡大师所绘的佛祖头像为例对比其面部细节之间的微妙关系（图10—图12）。从量度比例来看，这三幅佛陀头像都符合比例规范。然而在仔细对比之后，就会发现不同画派的画师通过对面部细节的微妙关系处理表达出各自对佛之相貌与神态的不同理解：

　　嘎玛嘎赤派佛像眼睛最细小、单眼皮且眼角上扬；勉唐派的特征是大眼睛、双眼皮且眼角低垂；勉萨派佛像是大眼睛、双眼皮且眼角上扬；嘎玛嘎赤派眉毛较高（画在横线上方半指距离的位置，与耳朵高度齐平）；勉唐派眉毛较低（刚好画在横线的位置，比耳朵矮半指）；勉萨派眉毛较高（画在横线上方半指距离的位置，比耳朵高半指）；嘎玛嘎赤画派鼻梁较平、鼻尖与鼻翼几乎相齐平（鼻尖画在横线下方1指位置）、鼻孔隐略可见；勉唐派高鼻梁、鼻翼结构清晰、鼻孔细小可见、鼻尖突出（鼻尖画在横线下方1.5指位置）；勉萨派宽鼻翼、塌鼻梁、不见鼻孔（鼻翼刚好画在横线的位置，鼻尖画在横线下方半指位置）；嘎玛嘎赤画派嘴唇最小、尤如樱桃小口、人中比较小；勉唐派嘴唇最丰满、下唇比上唇厚、人中比较大；勉萨派嘴角上翘、上下嘴唇都较薄、人中最小；嘎玛嘎赤画派耳轮上方高出横线半指（与眉毛齐平），耳垂较宽、较长（画在横线之下1指处），耳内纹路较写实；勉唐画派耳轮上方高出横线半指（比眉毛高半指），耳垂较窄、较短（画在横线之下四分之一指处），耳内纹路相对简单；勉萨画派耳轮上方紧贴横线（比眉毛低半指），耳垂较宽并稍向外倾斜，耳垂最短（紧贴横线），耳内纹路较写实；嘎玛嘎赤画派顶髻呈椭圆形，发际线最中央呈 W 形的；勉唐派和勉萨派的顶髻呈圆形，发际线最中央呈心形。①

从整体印象（面部神态和表情）来看，嘎玛嘎赤画派最大的特征是眼睛和嘴巴都很细小，该派画师认为要表现出佛陀以慈悲之心在俯视众生，还有画师认为是受了汉地工笔仕女画的影响；勉唐画派最突出的特点是大眼高鼻丰唇，该派画师们认为这比较忠实于佛陀出生于古印度的历史事实；勉萨画派最突出的特点是鼻子造型，该派画师认为静善相类佛的鼻子不能露出鼻孔，并要表现出高挺的特征。而且，即便是在各画派内部，不同画师绘制的佛像仍在面部细节上体现出个人风格。只不过，

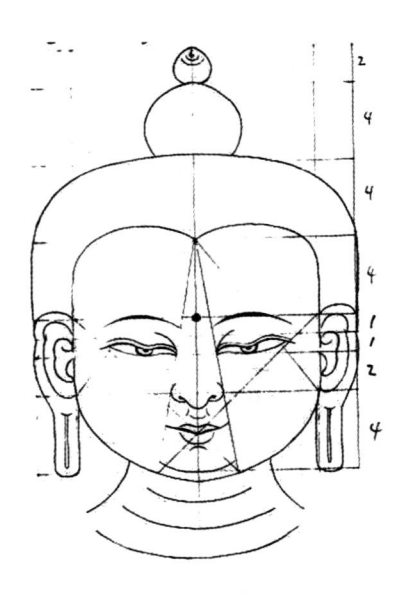

图 10　勉唐派释迦牟尼佛头像②（丹巴绕旦绘）

---

① 受访画师包括勉唐派的丹巴绕旦、旦增平措、顿珠尼玛、格桑平措，采访时间为 2015 年 8 月 13 日；嘎玛嘎赤派的丁嘎、其美次仁、桑珠罗布、斯朗觉丁、益西郎加、贡秋，采访时间为 2015 年 8 月 25 日；勉萨派的罗布斯达、夏鲁旺堆等，采访时间为 2015 年 8 月 29 日。参与田野调查的有旦增平措、刘冬梅、朋毛才让、南周才让等。笔记由刘冬梅整理。

② 丹巴绕旦：《西藏绘画》，阿旺晋美译，中国藏学出版社 2006 年版，插图 11。

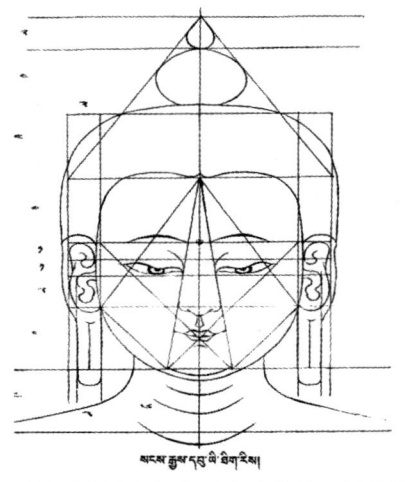

法度中的创造：西藏唐卡画师对造像量度的艺术实践 ◆ 131

图11 嘎玛嘎赤派释迦牟尼佛头像① （嘎玛德勒绘）

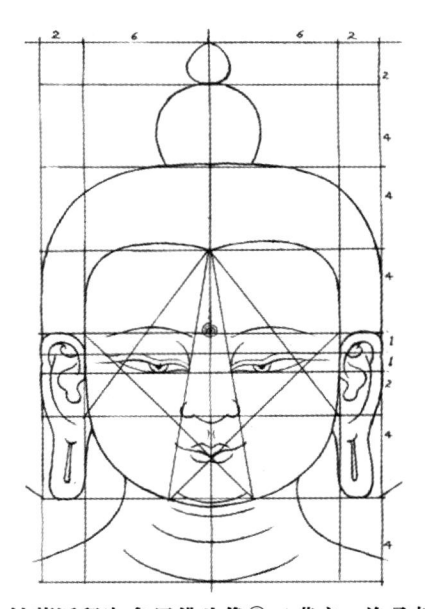

图12 勉萨派释迦牟尼佛头像② （噶庆·洛桑彭措绘）

---

① 嘎玛德勒、西藏昌都县文化广播电视局：《嘎玛嘎赤唐卡画册》（藏文），中国藏学出版社2010年版，第259页。
② 噶庆·洛桑彭措：《藏传佛教唐卡绘画明鉴》（藏文），民族出版社1993年版，第49页。

这些微妙的不同之处只有在极为熟悉画师个人风格的情况下才能被分辨出来。尽管各种相关文献以定量的数据和质性的象征语言对造像量度进行了十分详尽的规范，然而，能否绘制出生动传神的佛像还需要画师以眼、手、心契合达到的精湛技艺才能实现。在唐卡的艺术实践中，画师个体的艺术创造性逐渐汇聚成流派与风格，使藏传佛教造像美学在时间的线索与空间的维度中呈现出多元化与丰富性。

五 创作个案：程式化训练与个性刻画

传统上唐卡的题材相对固定，形式也严格遵循造像量度。然而，在每一个时代却都不乏具有创造性的唐卡作品产生，这也说明了造像量度与艺术创造性之间并非是二元对立的关系。正如勉萨派画师夏鲁旺堆谈道："学徒阶段的造像量度训练，就像是在操场上练兵而已，而到创作唐卡时，才是真正上战场上，情况是千变万化的，画师需要根据实际情况进行构思与调整。"① 为此，笔者对一位唐卡画师的毕业唐卡②创作构思进行了访谈，从具体的个案看画师是如何通过造像量度发挥其艺术创造性的。作者旦增平措为西藏丹巴绕旦唐卡艺术学校负责人、拉萨市高等师范专科学校唐卡教师，系勉唐派国家级非遗传承人丹巴绕旦教授之子。他创作的唐卡名叫《虔·承》，隐喻佛教信仰与唐卡传承之间的密切关系。因为旦增平措作为一位唐卡传承人，一直就想创作一幅反映工巧明题材的唐卡，而这一题材也是传统唐卡中没有的。他介绍道：

> 这幅唐卡正式动笔是在 2013 年，特意请高僧算了吉祥日子，早上到大昭寺朝拜释迦牟尼佛 12 岁等身像，并念诵《文殊菩萨祈请文》，祈愿三宝加持顺利完成毕业作品。唐卡的主尊文殊菩萨位居中间偏右的位置，左上方顶严是大威德金刚，左下方是西藏四大画派

---

① 根据 2015 年 8 月 29 日对夏鲁旺堆的访谈。地点在八廓街夏鲁旺堆唐卡店，访谈人有刘冬梅、旦增平措、南周才让。

② "毕业唐卡"是西藏丹巴绕旦唐卡艺术学校的每位学生在学业期满前都要精心创作绘制一幅唐卡作品，代表这位学生数年求学的最终成果。丹巴绕旦老师会在毕业作品上题注、签字、盖章，对这位学生所掌握的传统勉唐派唐卡技法程度进行评价。

的创始人齐乌岗巴、勉拉顿珠、钦则钦莫、南卡扎西，四位大师身后是众弟子，画面右下方是护法神阎魔敌。之前曾思考过是否将西藏绘画史上所有的唐卡大师都表现在同一幅唐卡上。但想来想去觉得那太难了，便简化为四大画派的创始人。从造像量度方面来讲，传统勉唐派唐卡中的文殊菩萨通常是正面像，结金刚跏趺坐，左手持莲花经书，右手持宝剑，遵循菩萨类120索莫的身量。而我在创作这幅唐卡的主尊时，参考了大昭寺壁画八大菩萨中的文殊菩萨，在身量比例不变的情况下对身姿动态作了调整，主尊向右四分之三侧身，双手结说法印于胸前，左腿向后跪，右腿单盘到左腿上，处于略微放松的状态。几位画派创始人既是历史人物，同时又是艺术大师、神变画师，因在工巧明方面获得的巨大成就而被尊称为"活佛"，因此是遵循上师类120索莫的身量。然而，这四位大师不仅图像资料难找，有关他们形象的描述在美术史上也并无文献记载。我只能根据大师留下的艺术作品和相关的故事去理解、想象他们的形象与性格：齐乌岗巴和勉拉顿珠两位都爱四处流浪①，感觉是自由、浪漫的艺术家，所以将他们描绘成长发披肩、坐姿随意的潇洒形象；钦则钦莫大师没有什么文献记载，但从他擅绘怒相神灵，喜欢运用浓烈的对比色彩来看，感觉他是一位严肃的大师，所以将其描绘成短头发、端直正坐的形象；嘎玛嘎赤派的创始人南卡扎西是第八世噶玛巴的弟子，是一位噶举派高僧，但从他吸收融汇汉地工笔画开创新画风来看，是一位极具艺术创新精神的人，因此描绘成身着僧装但又放松的姿势。大师们身后正在听闻佛法的众弟子是根据普通世间人96索莫的身量绘制，但各种动态则是根据写生而来，请我们学校的学生当模特儿。还有供养天女的形象，我是请老婆做模特儿摆的各种造型，她是舞蹈演员。②

---

① 据说齐乌岗巴为了寻找艺术灵感，总是在藏地到处游历，像小鸟一样飞来飞去，因而被人称为"齐乌活佛"（"齐乌"意为"小鸟"）。据文献记载，勉拉顿珠成家后与妻子不和，便离家出走四处流浪，途经羊卓雍措附近的打隆地方时，意外拾到了一个装有画笔的笔筒和一捆画谱，从此便立志投身绘画事业，开创了勉唐派——笔者注。

② 根据2015年10月18日笔者在西藏丹巴绕旦唐卡艺术学校对旦增平措的访谈。

从上述的材料中我们可以看到，在唐卡的构思起稿过程中，画师并非只是根据前人留下的图谱依样复印，不仅要根据图像和文献资料进行体悟和理解，并且需要通过程式化训练实现个性刻画，在遵照规定的身量比例的前提下享有较为自由的创造空间。

结　语

一些画师认为现在很多人画的唐卡虽然是符合比例的，却并不美，认为佛像的造型还需要在符合比例的基础上认真地研究与思考，符合比例只是最基本的要求。这的确是当代唐卡存在的普遍问题。只不过仅仅将造像量度理解为绘画时必须遵循的一个基本法则并将其简约化为比例数据仍是有失偏颇的。正如嘎玛嘎赤派唐卡大师嘎玛德勒在指导弟子们习作与创作时最爱重复的一句话："ལུས་ལ་མཛེས་པ་མ་ཆགས་ན། ཚད་དག་གིས་ནི་ཅི་ཞིག་བྱ།"，意思是：如若身像不圆满，只遵量度有何益？这句话强调画师能动性地理解造像量度的重要性。在造像量度文献中，不仅有各类造像身量比例的量化规定，更重要的是还包括质性的文字界定与描述，呈现出独特的思维、感知与表达方式，表达着唐卡与世俗艺术相异的神圣性与审美精神。因此，在艺术实践中，画师对造像量度的理解与运用应呈现出不同的层次。或许当代西藏画师更多是根据图像线描范本与传世唐卡作品等直观的方式运用造像量度起稿。但是，各种造像量度文献有关佛像之圆满相好的理想化描绘，则为画师留下了充分发挥其艺术创造性的空间，成为西藏唐卡画师们毕生追求的最高目标——法度中的创造。

西藏铜佛像制作"昌都工匠群"的考察[*]

李晓岑[**] 袁凯铮 叶星生 华觉明

摘 要：该文作者在考察西藏拉萨地区和昌都地区铜像作坊时发现，这些铜像作坊的工匠均来自昌都的柴维乡和嘎玛乡。近百年来，工匠们不断地从翁达岗村为代表的柴维乡和嘎玛乡迁到西藏各地，或者到新的地方定居组织工场，或者到西南各藏传佛教寺庙制作铜佛像，已形成中国西南最主要的制作藏传佛教铜像的工匠群体。他们主要由血缘和亲戚关系组成，并在各地建立起一个个铜佛像制作工场，对亲缘关系和昌都的地理认同成为其技艺传承的纽带。

关键词：藏族；金属工艺；昌都；工匠

2005年9—10月，西藏藏传铜佛像制作课题组赴拉萨地区和昌都地区，对众多藏族铜佛像生产作坊进行了考察。在此之前，2005年8月，李晓岑在云南香格里拉的松赞林寺考察藏族铜佛像制作工艺时，发现当地制作藏传铜佛像的工匠来自西藏的昌都地区，对铜佛像的"昌都工匠群"有了初步了解。之后，课题组进入西藏，对制作铜佛像的"昌都工匠群"进行了进一步实地考察，并一步步地深入到"昌都工匠群"的源头地区，即西藏东部昌都县北部柴维乡和嘎玛乡的有关村庄进行追踪调查。下面以考察记录为基础，对拉萨和达孜县5处"昌都工匠群"铜佛像生产作坊和昌都地区的多处铜佛像生产作坊中工匠的情况进行介绍和

---

[*] 原文刊于《中国藏学》2010年第3期。
[**] 李晓岑，南京信息工程大学语言文化学院科技史研究院执行院长，教授，博士生导师。

分析，文中的叙述以当时在拉萨、昌都两地考察过程的先后为序。

一 拉萨铜佛像制作的"昌都工匠群"

调查组于2005年9月到达拉萨，前往一个铜佛像制作作坊考察，这是本次考察的第一个作坊。作坊的主人叫罗布占堆，时年30岁，已婚，有一子。他的家庭作坊位于拉萨市内的噶玛贡桑。罗布从小就生长于拉萨，13岁时开始学习制作铜佛像的手艺，学了12年后，在25岁时学成出师，开始自立门户。在拉萨的工匠中，他是年轻一辈中技艺最为精湛的艺人之一。罗布占堆共有10个徒弟，其中有5个徒弟是家里的亲戚，5个是外面的人，他们主要来自拉萨地区达孜县，这些徒弟与师傅一家生活在一起。罗布占堆的作坊在院落内，里面摆满了各种待完成的铜像半成品，其中还有一个正在做的大铜佛像，共要200张铜片。一张铜片9公斤，铜38元/公斤。大铜佛做好后，要拆下才能运走。罗布占堆说，一年只能做一个这样大的铜佛像。除此之外，他的作坊还进行小佛像的铸造工作。罗布占堆有两位师傅，齐美森格和维色，他们是两兄弟，也是罗布占堆的舅舅。他们是上一代藏族铜佛像艺人的代表，也是整个考察活动中我们所见"昌都工匠群"铜匠中仅有的两位老艺人。

在拉萨考察的第二个作坊是藏族老艺人齐美森格的作坊，他当时已76岁，他的作坊在拉萨市郊的娘热乡新村，这个村只有齐美森格家的一个作坊。他有一个儿子，时年32岁，也做铜佛像。齐美森格是2005年我们考察所见到的藏区最重要的一位金属工艺大师，调查中的大多数重要的金属艺人的学艺和成长都与他有关。他从13岁开始师从父亲噶迪和舅舅帕丹学习制作铜佛像的技艺。齐美森格的爷爷是十三世达赖喇嘛时期很著名的一个铜匠，他的父亲噶迪从昌都迁来拉萨定居，并把齐美森格和维色两个儿子培养成为优秀的艺人。20世纪80年代，齐美森格和他的父亲、舅舅及弟弟都曾参加了为期两年的大昭寺维修工程。他说，当时只有寺内的释迦牟尼佛像还在，其他所有佛像在"文化大革命"时期都被拉到了青海的格尔木。2005年调查时，他和弟弟维色也是当时参加过大昭寺维修工程的工匠中仍然健在的两位老艺人。在齐美森格的作坊中，有10多个徒弟，8名来自昌都，有的已来了三四年，徒弟的年龄在18—30岁，大多数与他们有亲缘关系，只有 3 个是外人。

齐美森格的作坊面积很大，约 200 平方米以上，是我们考察中见到的最大作坊。主要做铜佛像，但也制作少量的铁佛像。铁佛像因材质硬度高、加工困难、价格较贵，约比铜佛像贵一倍左右，主要采用铁皮锻打再进行焊接。我们考察时，他家正在做一尊大铜佛像，高 4.89 米。佛像的手主要用铜块锻造而成，再多块焊接，长 0.34 米，共用铜 12 块。齐美森格的产品主要供应西藏、四川和青海等地的寺院。2006 年，也就是在我们考察一年之后，齐美森格在拉萨去世。维色是齐美森格的弟弟，时年 70 岁。他从 13 岁开始学铜佛像制作的手艺，在拉萨长大，从来没有回过昌都的老家，他也是拉萨著名的工匠，没有孩子，但带了很多徒弟。本次考察没有去维色的作坊。

在拉萨访问的第三处作坊的主人是巴桑次仁，时年 32 岁，来自达孜县五村，从 13 岁开始学习铜佛像制作。他说自己小时候淘气顽皮，所以共换了 5 位师傅：齐美森格、维色、帕巴丹增、顿珠朗杰、索扎。他的手艺是从不同的师傅处学来的，这也使他成为手艺较为全面的艺人，他 20 岁时已经学成出师。巴桑次仁有 14 名徒弟，徒弟中与他家有亲缘关系的有 4 人，其中 3 个是他弟弟，1 个是他姐姐的儿子，还有 8 人来自拉萨地区达孜县，2 人来自昌都。巴桑次仁的作坊面积较小，主要进行小型佛像铸造和生产古代佛像的高仿产品。产品提供给藏族企业家丹平等人。

拉萨市达孜县德庆乡白纳五村，海拔 3800 米，有 18 户人家，整个村庄从昌都迁来，这个村庄的农作物主要是青稞。村中现有 2 户人家仍在做铜佛像。一户是司曲南杰，时年 55 岁，手艺是从父亲顿珠朗杰（1922—1995）与舅舅帕巴旦增（1935—2001）处学来的，他们都在昌都出生，后迁至拉萨的达孜县。帕巴旦增是齐美森格和维色的舅舅。司曲南杰说父辈是从昌都的杂堆（民国时的地名，今昌都县噶玛乡、柴维乡一带，藏语中是扎曲河上游的意思）迁来。司曲南杰有 20 多个徒弟，都是达孜县五村的当地人。司曲南杰 30 多岁时开始学习铜佛像制作。做铜佛像的铜买自拉萨，产品由四川的阿坝、云南的中甸定做。现在他家有 8—9 种产品，如佛像、法轮、金顶装饰等。大的铜佛像主要采用锻打的方法。考察中见到他家正在做的大佛像有 3.5 米高，共用了 50 多张铜皮，需要做 5 个月左右。另一户是米玛洛桑，时年 32 岁，老家也是昌都县的扎堆（今柴维乡一带），父亲江央洛桑（1944—1998）出生在昌都。米玛洛桑从13岁开始学艺，也是从父亲和舅舅处学来的，他的舅舅也是齐美森格和维色。他有8个徒弟，本村有6人，都是亲戚。昌都来的2名徒弟，其中1个叫格列江苍，25岁，是两年前才从昌都来的，大约一年回昌都老家一次。米玛洛桑的徒弟中，最长的已学习了8年，现在还都没有出师。

二　昌都地区铜佛像制作工匠群

1. 昌都县城的工匠

昌都县海拔3270米，城中的夏同街有三处铜佛像加工作坊，其中一处作坊的主人向巴江措，时年34岁，家中有8个兄弟姐妹，7男1女。他的哥哥阿罗，时年38岁，弟弟尼扎，时年18岁，都从事铜佛像制作工艺。他家是翁达岗村如巴苍家族的人，与翁达岗村的嘎玛农布家是亲戚。向巴江措从柴维乡翁达岗村搬来县城已有四、五年时间，他没有上过学，12岁开始学习手艺，专门打制铜佛像，一年有10多万元的收入。向巴江措有七八个徒弟，这些徒弟都是来自柴维乡的亲戚。其中，时间长的已学了十多年，短的也有三四年。在他的徒弟中，学得好的四、五年就可出师。他曾有多个师傅，主要的师傅是翁达岗村人，叫柴窝拉佳，他与拉萨的齐美森格同龄，已经过世。向巴江措曾在印度的北方学习了一年。他也曾到过拉萨，并曾经向齐美森格学习。向巴作坊的产品主要有佛像、寺庙的金顶和装饰品等，当时做的铜佛像是由青海的寺庙定做的，他的作坊还常常为云南德钦、四川甘孜、康定等地的寺庙制作佛像。

2. 昌都柴维乡的工匠

"杂堆"是民国时期对昌都的嘎玛、柴维这一带地方的统称。这一地区制作铜佛像的起始年代十分久远，但具体年代并不清楚。

柴维乡翁达岗村距昌都县城约80公里，海拔3520米。翁达岗村有10个村民小组，我们主要考察了翁达岗村组，该组有25户，194人，以农业为主，副业以挖虫草和打小工为主。20世纪90年代初尚有40来户，但逐渐有民户陆续搬迁到昌都县城。据说现在每年都有人家搬到昌都县城。铜匠搬迁出翁达岗村的原因主要是交通方便。翁达岗村太偏僻，自古以来，外人极少能进去。搬迁出来后，制作的佛像可节省不少从山里运出的成本，另外，联系业务、购买原料、通信交往各方面都更为方便快捷了。翁达岗村在全乡的行政村里是最富裕的。我们借住的达瓦家，有两个院落，两辆三菱车。

翁达岗村的藏族民间工艺技术相当发达，主要有佛像、唐卡和饰品三类。历史上制作佛像的技艺只在两个家族中传承，一是竹巴仓，祖辈都是做铜佛像和唐卡；另一是如巴仓，专做铜佛像。在民国时期，翁达岗村打铜佛像最为兴盛。现在打铜的两户人家就属于这两个家族，但已不算该村精湛技艺的代表。竹巴仓不仅制作佛像，也画唐卡，但铜像的收入要高于唐卡的收入。主人叫达瓦，时年37岁，他画唐卡已有30年了，绘画技艺跟父亲学的。他有4个兄弟，老大阿旺塔历，是一位活佛，54岁，老二是格通，当农民，老三是丁琼，铜匠，老四即达瓦，画匠。达瓦与丁琼共有一妻，生有6个子女。老大，扎拉，21岁，铜匠；老二，嘉勇尼玛，20岁，铜匠；老三，嘉勇罗珠，15岁，画匠。有2个女儿在外面读书。徒弟有4个，为本村人，有的是亲戚，有的不是，有的已跟达瓦学了十多年。

如巴仓的主人嘎玛农布，时年46岁。哥哥丹增腊甲，时年56岁，从事铜佛像制作三十多年。两兄弟有两个父亲，一个在1950年去世，一个在1980年去世，都是铜匠。丹增腊甲有7个儿女，其中4个男孩。大儿子为江勇江村，20岁，铜匠；二儿子为仁增，18岁，也以铜匠为业。家庭的经济主要为半农半牧，也有手工业收入，在村中经济为中等水平。据他说，许多铜匠搬到昌都县城。丹增腊甲带的徒弟包括自己的两个儿子在内多达18—19个，都是柴维乡人。有的已出师，就在嘎玛乡做铜佛像。徒弟的收入通常是，技术差的一天可得50元左右，好的一天100元钱。他们的铜佛像一直都是定做，也有亲戚朋友介绍，主要根据佛像大小和销路情况而定。另一家如巴仓为洛桑罗布家。

此外，民国时期，摸河村（又称沃库村）打铜也相当有名，中华人民共和国成立后，沃库村还有沃库仓和得巴仓两家做铜匠，而库娘村还有乃穹仓打铜。现在沃库仓已到德格的白玉一带打铜佛像，得巴仓还在这里打佛像，而乃穹仓的家已搬到昌都。

总的来看，翁达岗村两个家族打制的铜佛像都是一样的风格，技术和传承上没有明显的区别。

3. 昌都嘎玛乡的工匠

据嘎玛乡政府的工作人员介绍，全乡从事铜佛像制作和铜器加工的有20多户。制作佛像的工艺以锻打为主，也有铸造，但只铸造小型佛像。这里的传统手工艺，包括铜佛像制作、首饰加工、唐卡绘画和玛尼石刻等数种，是西藏东部著名的手工艺乡。嘎玛乡那也村，海拔3500米，有10户人家，90多口人。其中制作铜佛像的有6户。

第一户人家的主人雍仲扎巴，时年44岁，15岁开始学习铜佛像制作，系代代相传式。在其家中发现了两部藏文写的佛教造像度量经的书籍，为图文并茂的抄本。据说是100年前嘎玛寺一位叫仁钦达吉的活佛所写的。据他说，现在他们家族打制铜佛像，仍然要严格按照度量经来计算尺寸。在他家，我们还看到传统的鼓风用羊皮囊，以及木头和圆石制作的钻头。正在打的铜佛像是那曲的寺庙定做的。

第二户人家的主人旺扎是雍仲扎巴的弟弟，时年37岁，从15岁开始打铜。现有6个徒弟，分别为约巴乡1人，比露村1人，迪达村1人，自家儿子3人。据介绍，产品主要是订做，有时候还去四川的阿坝、甘孜、青海的玉树等地寺庙制作铜佛像。旺扎说，开工要选好日子才行。雍仲扎巴和旺扎的儿子共3人，大儿子丹增罗布，时年25岁；二儿子吉绕罗布，时年20岁；三儿子柴让多丁，时年15岁。都是小学毕业后即跟从父辈学艺。

第三户人家的主人叫德青然吉，小学毕业，时年54岁，19岁才向他父亲学手艺。德青然吉是家中老大，老二是银匠，老三当僧人。他有3个儿子，都已学得很好的手艺，还有5个女儿。共有徒弟6人，柴维乡1人，约巴乡1人，其他4人为本乡人。他家产品多数是外来订货，他曾去阿坝、江达县、拉萨等地制作佛像。以前制作银器较多，现在以打制铜佛像为主，铜料多从云南的迪庆买来。他家的手艺向翁达岗村的人学过。他知道并见过拉萨的齐美森格。

第四户人家的主人叫扎西达瓦，时年45岁，有一个哥哥叫郎西索那，时年54岁。家中的铜佛像手艺也是代代相传。他们也曾经到外地制作佛像，去过四川、青海、西藏的拉萨，都是那里的寺庙请去做铜佛像的。扎西达瓦读过5年书，小学毕业，现有4个徒弟，柴维乡1人，约巴乡1人，察雅县1人，本地1人。除察雅县的徒弟外，其他的都是他家的亲戚。他以前做过银匠，现在只做铜佛像。

第五户人家是银匠，主人旺青曲达，时年36岁，在瓦寨村生活，12岁开始从父亲那里学习手艺。他主要是制作银佩饰和相关的宗教用品。多数在家里生产制作，有时去寺庙里做，曾被请去拉萨。他收有6个徒弟，其中柴维乡1人，嘎玛乡1人，约巴乡1人，本地1人，基本都与旺青有或远或近的亲戚关系。

三 传承制度与亲缘关系

通过对西藏拉萨、昌都以及云南香格里拉等地"昌都工匠群"铜佛像制作工匠的调查发现，很明显，大多数铜匠开始学习手艺的时间都始于少年时12—15岁的年纪，以13岁最多。例如，拉萨的罗布占堆13岁开始学艺，老艺人齐美森格、维色都是从13岁开始学艺。为什么学徒往往是从13岁开始学？罗布和维色等工匠的解释是，13岁之前还是儿童，13岁开始已经比较懂事了，是从少年到成人阶段学习手艺、接受训练最好的时期。而对绝大多数艺人而言，因为从小就生长在铜匠的家庭作坊中，对工艺耳濡目染，从小已练就了从事铜佛像制作的本领。13岁开始学艺时，对手艺已有一定的理解。但刚开始时，仍然先从简单的活做起，由简而繁，以后逐渐干技巧性高的工作。手艺的高低，除了靠每个人的勤奋之外，还要看各人的天赋。在翁达岗村，艺人告诉我们一项学成出师的判断标准：能把佛脸打好就可当师傅，因为打佛脸的难度和要求是最高的。

在考察时，我们曾反复问徒弟拜师的仪式。在达孜，艺人司曲南杰说，徒弟拜师时，徒弟的父母也要过来参加这一隆重的仪式，徒弟要向师傅敬献哈达，并给师傅磕头行拜师礼。拜师仪式中，还要烧香敬佛，请寺庙的僧人来念经。而年轻的艺人罗布占堆和巴桑次仁等则说，收进来就行了，没有任何仪式。在翁达岗村和嘎玛村，也没有听到有拜师仪式存在，说明拜师并不是普遍现象，也说明至少在年轻一代的艺人中，已没有采用老规矩办事的习惯。另外，非昌都派的普布（1965年生）是"雪堆白"派的传人，他也介绍说，师傅收徒弟时，有献哈达、给红包、送青稞酒的习俗。师傅对徒弟采取家长式的管理，如果徒弟犯了错误，师傅可以体罚徒弟。这是师傅的权利，徒弟的父母也不能干预。学艺期间，徒弟如果要结婚，也必须得到师傅同意，但徒弟的老婆不住在师傅这里，而是住家里或在其他地方。徒弟学成出师的时候，要请师傅吃饭。徒弟原来用过的工具可以带走，师傅也许会给徒弟配一套新的工具。徒弟以后有什么不懂的地方还可以回来请教师傅。有的徒弟出师后会自立门户，开作坊，收徒弟。也有的徒弟学成后还在师傅家里继续做，甚至一辈子在师傅家做雇工的都不乏其人，因为自己组织建立作坊，需要大量的资金。所以，作坊中的徒弟往往在后期已成为师傅家中的雇工。据在昌都夏同街的调查，雇工的工资每月可达1500—3000元，比干农活要高，这也是柴维乡和嘎玛乡的多数年轻人愿意学手艺的原因之一。

从拜师学艺到学成出师的时间长度对每个学徒是不同的。拉萨的普布次仁就说，他的哥哥罗布占堆是他师傅的全部徒弟里面做佛像手艺最好的，也是最快出师的，他共学了14年。有的徒弟要学20年甚至30年，还在师傅手下干。因此，培养出一名合格的铜佛像制作工匠，是一项漫长耗时的工作。

由于在20个世纪60—70年代，与宗教有关的传统文化出现了断代，在工匠群体中，普遍缺少中间的一代人，我们考察中所见，大多数昌都工匠都比较年轻，像拉萨的罗布占堆、巴桑次仁、米玛洛桑，年纪都在30岁上下，独立主持一个铜像作坊的生产活动，并且手下带有徒弟。他们学艺的时间是从20世纪80年代后期到90年代，这一时期正是"文化大革命"结束后地方传统文化开始出现复兴，西藏恢复正常宗教活动的时期。对藏传佛教寺院的维修和兴建需要会传统手艺的工匠。老一代的铜匠像齐美森格和维色，从那时开始重新从事铜佛像制作，也从那时开始授徒传艺。

在拉萨考察五处铜像作坊时，我们发现这五处作坊的主人都具有师徒关系和亲缘关系，并且祖籍都来自昌都柴维乡一带。例如，拉萨的齐美森格和维色是亲兄弟，他们的手艺学自父亲嘎迪和舅舅帕巴旦增，同时达孜县司曲南杰的师傅是舅舅帕巴旦增和父亲顿珠朗杰，而司曲南杰与齐美森格和维色则是表兄弟，他们的母亲又是姐妹。再看下一代的情况，罗布占堆和普布次仁是兄弟，罗布占堆同时又是普布次仁的师傅，

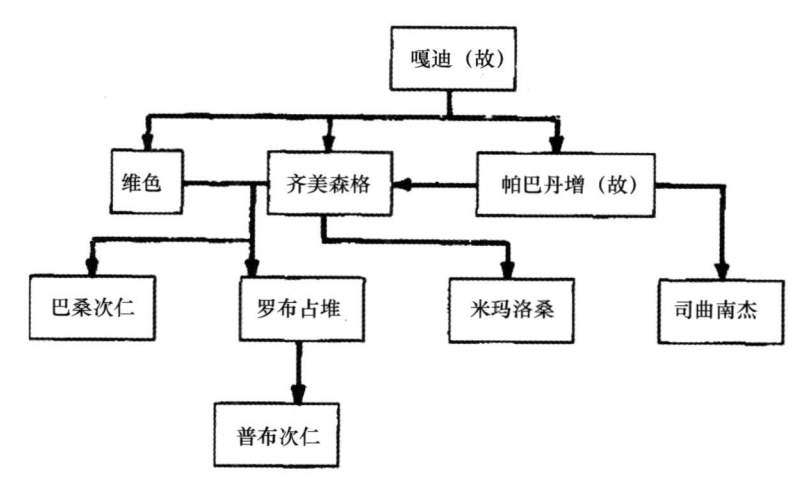

```
                    ┌─────────────┐
                    │  嘎迪（故） │
                    └──────┬──────┘
          ┌────────────────┼────────────────┐
          ↓                ↓                ↓
       ┌─────┐       ┌─────────┐      ┌──────────────┐
       │维色 │──────→│齐美森格 │      │帕巴丹增（故）│
       └──┬──┘       └────┬────┘      └──────┬───────┘
          ↓                ↓                ↓
   ┌──────────┐    ┌──────────┐    ┌──────────┐    ┌──────────┐
   │巴桑次仁  │    │罗布占堆  │    │米玛洛桑  │    │司曲南杰  │
   └──────────┘    └────┬─────┘    └──────────┘    └──────────┘
                        ↓
                   ┌──────────┐
                   │普布次仁  │
                   └──────────┘
```

图 1　师承关系示意图

罗布占堆和普布次仁与拉萨的巴桑次仁、达孜的米玛洛桑是表兄弟，他们的母亲是姐妹。而罗布占堆、巴桑次仁、米玛洛桑的手艺都学自舅舅齐美森格和维色。由此可见，拉萨的这些出色的工匠之间具有亲缘关系，而且制作佛像的手艺除了父子相传之外，另一种主要的情形是舅舅传给外甥，这与藏族的婚姻家庭的情况有一定的关系。而与汉地传统技艺传承中常说的"传子不传女"的情况有很大不同，也与尼泊尔的铜匠家族被限定于特定种姓的情况不同。由于学徒与师傅往往是亲属关系，这样也使他们的手艺更容易学到真传。唯一的例外是拉萨人普布，多年从维色学习出师后，又向"雪堆白"派的次仁平措学习，现在普布在拉萨一个古建筑公司做铜佛像，他的徒弟达 20 多人，主要来自拉萨、林芝、那曲等地，昌都来的前后只有 4 人。他说昌都人来的少的原因是语言的问题，他们说的是康巴话，不好懂。

　　无论拉萨的达孜县德庆乡白纳五村，还是昌都柴维乡的翁达岗村和嘎玛乡的那也村，所处的村庄的规模都不大，小的村庄只有 10 多户人家，因为生产的需要，招收学徒的范围会扩大至本村以及相邻的村庄。昌都嘎玛、柴维一带的村庄与村庄之间，本来就有很多的联姻关系，历史上必然有许多类似父子或舅舅和外甥这样的血亲联系，招收这样的学徒，往往不是近亲就是远亲。因此，在昌都嘎玛、柴维一带，制作铜佛像的师傅招收的学徒都是周围一带村庄中的子弟。达孜县德庆乡白纳五村，18户人家，整个村庄的人家都从昌都迁来。现在拉萨铜佛像作坊中招收的学徒，多是来自达孜县德庆乡白纳五村，还有直接从昌都过来的。现在的学徒基本上还是在拉萨的昌都人的后裔及来自昌都的年轻人。

拉萨的铜匠主要源自昌都嘎玛、柴维一带的村庄，这些村庄位于扎曲河（澜沧江的支流）两岸的山谷地带，当地藏族至今依然过着"半农半牧"的生活。"昌都工匠群"身上也体现出定居性与流动性的双重特点，因而"昌都工匠群"迁徙到拉萨的达孜县也是以整体的方式，并在达孜形成新的定居地点。以后又进入拉萨，也是新的定居地点。而奔波在云南、四川和青海一带的昌都工匠群则仍处于流动之中。他们与昌都的翁达岗村，在当地已没有了家，但他们仍然认同翁达岗村是他们的家乡。

总之，铜佛像作坊是以师徒关系再加上亲缘关系而形成的，而亲缘或者血缘关系是铜佛像作坊以及作坊之间保持稳定的基础，也是维持拉萨"昌都工匠群"与昌都地区铜匠家族联系的纽带。

四 制作方式与打铜习俗

一般来说，打制佛像有两种方式，一种是定做，多由寺庙中的活佛或僧人介绍生意，以后在自家的作坊中打制，打制完成后拆下，运到定做的寺庙中去，再组合安装。这是昌都铜匠采用的最主要方式。若在市区或县城，因交通方便，运输问题不大，但在翁达岗村或嘎玛乡，因地处偏僻地区，运输、购买原料、通信等成本都大大提高。

另一种是在寺庙制作加工，特别是一些大铜佛像，运输不方便，往往就在需要佛像的寺庙做上几个月才能完工。这就需要铜匠组织学徒和雇工，以队伍的形式外出打制佛像。这要以承接的活的多少决定人数的多少，但一般为10—20人。由师傅带队，像一个包工队。但不同的是，他们有密切的师承关系和亲缘关系。在西藏以外的寺庙更是有很多这种情况。这些包工队的人，往往都是已搬离翁达岗村的人。由于当地规定搬走的人家必须把土地上交回乡里。① 这样，搬走的人很难再回村里居住，他们就只好以做铜佛像为固定职业，长期在西南的各个大寺庙间流动工作。所以，搬离翁达岗村的昌都工匠往往有到寺庙制作铜佛像的经历。在云南香格里拉考察见到的罗松罗布就常年奔波在西南的各个寺庙中，带着10多个徒弟。2008年，青海省卓堆的贡萨寺完工的一座高达28米的佛像，也是出自翁达岗村的铜匠之手。除昌都外，据2009年从拉萨传来的消息，拉萨近旁的达孜县五村的司曲南杰等人最近也离开达孜，率领徒弟们到外地的寺庙直接做铜佛像。

在打铜习俗方面，达孜县的米玛洛桑说，他家一年中有三个节日不打铜，过藏历新年不打铜，约休息20天的时间；藏历的八月十五不打铜；夏天过林卡节也不打铜。但这个习俗在其他工匠处没有听到。另一个习俗是藏族铜佛像工匠传下来的规矩是不抽烟、不饮酒，现在许多老艺人还恪守这样的准则。这与佛教信仰有一定的关系。

在昌都的铜匠中，各个工场并不在一起，无论在拉萨、达孜还是昌都的城里乡下，我们考察了10多个工场，每个工场都是独自工作的，形成了一个个独立而封闭的技术小社会，即便铜匠之间是亲戚，工场也并不在一起，这种方式一方面容易形成各自的传统；另一方面技术的交流也出现了障碍。这与在拉萨的白族铜匠的习惯是不一样的。白族铜匠喜欢扎堆在一起工作，有心得就互相交流。在拉萨早已形成了热闹的白族铜匠一条街，在昌都同样也有白族铜匠一条街。这种迥然不同的风格，或许说明两个民族不同的特性吧。

从传统上看，女子并不参与铜佛像制作的具体生产活动，但女子在藏族家庭中的地位并不低下。在拉萨的铜佛像作坊中，未见女子从事这一行业的情况，铜匠的妻子们只负责操持家务，平时买菜、做饭、洗衣、带小孩等，使丈夫能专心工作。只是在昌都嘎玛乡德青然吉家，听说他家的祖母曾经从事银器制作。女子没有绘唐卡的情况，一般只是从事家务和干农活。制作铜佛像的手艺一般是由儿子来继承。昌都柴维乡翁达岗村的达瓦家制作佛像和唐卡都很有名，家庭经济条件较好。达瓦的6

---

① 其他人的调研也证实了这一情况。参见张建世《瓦寨村藏族银铜工艺调查》，《西藏研究》2008年第2期。

个子女中，3个儿子中的两人从事铜匠手艺，1个儿子学习唐卡绘画，而2个女儿在外面读书，1个女儿年龄尚幼。

五 工匠群体的记忆

"昌都工匠群"的历史是我们考察中一直期望获得的重要信息。笔者通过对工匠的访谈，很想获知工匠群体过去和现在的情况，以及通过他们表述方式的差异来理解工匠群体所处的历史情境的变化。拉萨的齐美森格是考察中所见的"昌都工匠群"里年纪最长的工匠，也是手艺最好、声誉最高的艺人。他说他的爷爷是十三世达赖喇嘛时代最优秀的铜匠，父亲辈从昌都迁来拉萨。并且告诉我们现在整个拉萨的铜匠都出自昌都。在"文化大革命"时期，西藏的许多寺庙遭到破坏。20世纪80年代，齐美森格和父亲嘎迪、舅舅帕巴旦增、弟弟维色都曾参加为期两年的大昭寺维修工程。关于铜匠家族过去的更多情况，齐美森格讲述得很少。昌都县城铜像作坊的主人向巴江措认识齐美森格，嘎玛乡的德青然吉说齐美森格在1951年离开当地。在拉萨达孜县白纳五村的铜像作坊，司曲南杰告诉我们，他们的父辈从昌都迁来此地。

关于昌都嘎玛、柴维一带工匠家族的历史，当地人也说不清楚，只是说已很久远，并能说出父辈和祖父辈的一些简略情况。[①] 要追溯柴维乡翁达岗村打铜的历史，始建于公元12世纪的嘎玛寺是很重要的。传说该寺在修建时，从内地和尼泊尔请来大批的工匠，寺院修建完毕后，一些工匠就留到了当地，或许翁达岗的铜佛像制作就是发端于此，但由于史料的缺乏，这一推测还需要更多的研究来证实。

根据"昌都工匠群"中的铜匠介绍可知，他们迁徙到拉萨的时间应该始于齐美森格父亲或祖父那两代人，当时为十三世达赖喇嘛统治西藏时期。这与在十三世达赖喇嘛时遣散"雪堆白"铜佛像法器工场的尼泊

---

① 由于调查时间较短，加之语言方面的限制，我们无法深入地与工匠们进行交谈。另外，作为外来者，与工匠在文化交流方面也存在着隔膜感，导致一些铜匠不愿与我们进行深入的交流。而工匠也限于文化水平的限制，关于祖辈的记忆往往只能追溯到祖父一代，对于之前的情况，谈得甚少，而且藏族由于宗教信仰的原因，对于故去的人不愿过多谈论。

尔工匠，而启用西藏本土工匠的政策变化有关。① 由于在拉萨之前的铜佛像制作业被尼泊尔工匠所垄断，拉萨当地甚至西藏中部地区都缺少藏族的铜匠，因此在遣散尼泊尔工匠后，需要召集800公里外的西藏东部昌都杂堆的铜匠到拉萨来从事佛像制造业，以此填补尼泊尔工匠留下的空缺。这或许是达孜县白纳五村整个村庄18户从昌都迁来的原因。这也是为什么拉萨现在绝大多数重要的铜匠都出自昌都，而在拉萨极少发现本地历史更悠久的铜匠的原因。

拉萨当地人仍然称这些铜佛像作坊的工匠为康巴人，他们说整个拉萨的铜匠都是康巴人。因此，"康巴人"的称谓是对"昌都工匠群"身份的一种限定，这来源于西藏中部社会历史上形成的固有地理概念。虽然许多铜匠都是在拉萨生长，甚至许多昌都工匠群已与拉萨当地人通婚，但是"康巴人"这种身份认同，特别是语言交流上的原因，会从群体内部产生一种"抱团"的内聚力。由于文化上的认同，年轻人从昌都出来后，他们仍然会去投奔其他昌都的工匠。昌都工匠群，不论老幼，说起自己的根源和出处，还是会指向昌都。由于原居住地在地理上的闭塞，翁达岗村的铜匠从民国到现在都一直往外迁移，这使他们在金属工艺方面不断学到新的技术，但昌都的翁达岗村及其传统的地方文化一直深深地刻在他们的脑海中，成为他们的地方情结，是他们在外面四处漂泊时心中的根。

六　行会组织与市场竞争

过去，拉萨的金银铜铁匠有行会组织，行会组织隶属于噶厦政府，实际上是政府管理手工业的机构。过去的铜佛像制造业也是噶厦政府和寺院垄断经营，铜佛像制作工匠只是附属于这个系统而生存。工匠也只有为政府支差时才能获得工资，而且工资一般都不高②。直到民主改革前，柴维乡和嘎玛乡的铜佛像制造的业务仍然主要靠强巴寺和嘎玛寺

---

① Veronika Ronge. *Das Tibetische handwerkertum Vor 1959*. F. Steiner, 1978. p. 129.
② 扎噶：《西藏五金行业的调查与研究》，中国社会科学院民族研究所、中国藏学研究中心社会经济所：《西藏的商业与手工业调查研究》，中国藏学出版社1999年版，第269—298页。

介绍。

现在，铜佛像制作的传统作坊工场不再依附于政府和寺院，而成为独立的个体生产者。在许多时候，他们根据客户的订货而进行生产，这些客户主要是寺院，也有部分是普通的藏族群众。如罗布占堆的作坊、齐美森格的作坊都是常年根据客户的订货而进行生产，很少有自己销售铜佛像的情况。他们的很多订货还要分给达孜县的作坊来做。也有像罗布占堆和巴桑次仁这样，虽然有好手艺，但已不满足于为寺庙加工产品而谋生，他们还制作一些古代铜佛像的仿制品，这些仿制品会进入文物或者艺术品市场，许多时候被当作真品来销售。这些所谓"高仿"的产品，因工艺要求高，耗时耗力，产量虽然不大，收益却很可观。但是，大多数年轻铜匠没有像罗布占堆和巴桑次仁这样的好手艺，没有大客户直接上门或者能生产高附加值产品。即使同为昌都工匠群中的一员，许多年轻人也不得不加入别人的作坊做工，或者自己寻找独立发展的机会。

在拉萨，虽然现在没有了尼泊尔工匠，但是尼泊尔生产的佛像在拉萨的市场上仍可以见到。由于尼泊尔已经使用现代的熔模铸造范法制作生产佛像，工艺质量好，而且价格低廉，而昌都工匠群仍然使用着传统的砂范铸造法，这种方法生产效率低下、成本高，因而无法同尼泊尔的铜像产品竞争。因此昌都的工匠们更多依赖藏传佛教寺院的订货。但即使在寺院客户方面，也有来自云南鹤庆新华一带的白族铜匠与他们竞争。白族铜匠也为寺院加工制作佛像、法器和寺庙装饰，目前，白族铜匠和银匠以及他们的家人在拉萨的有700多人。他们的产品在质量上也许没有昌都工匠的精良，但与注重产品艺术性的藏族艺人不同，白族艺人有更强的经济头脑，其生产周期短、产品价格更加低廉，同样在拉萨市场占有一席之地。在昌都县城，也有来自云南鹤庆的白族铜匠在那里制作销售铜器。因此，年轻一代的昌都工匠群面对的是更为激烈的市场竞争。

七　结论

"昌都工匠群"（也可称为"昌都派"）的发现是本次考察的最大收获。对拉萨、达孜、昌都县城、翁达岗村和嘎玛乡的"昌都工匠群"的铜佛像作坊进行考察表明："昌都工匠群"来自昌都的柴维乡和嘎玛乡，这两个乡是当地有悠久历史传承的金属工艺乡。"昌都工匠群"以昌都故乡作为自身的身份认同，近百年来，他们不断地从翁达岗村为代表的柴维乡和嘎玛乡迁到西藏各地，他们或者到新的地方定居组织工场，或者到西南地区各藏传佛教的寺庙制作铜佛像，"昌都工匠群"成为中国西南最主要的制作藏传佛教铜像的工匠群体。他们主要由血缘和亲戚关系组成一个个铜佛像制作工场，对亲缘关系和昌都的地理认同成为技艺传承的纽带，并以传统手工技艺保持着在当代藏族社会中的生存和竞争。

论多工序性民间制作技艺类非物质文化遗产的传承

——以非遗宣纸制作技艺为例[*]

汤夺先[**]

摘　要：非物质文化遗产的传承是一个备受关注的问题。本文以多工序、非单一主体传承的非物质文化遗产宣纸制作技艺为例，依托田野调查资料，总结其传统模式即家族内传承与作坊内师徒传承，分析当前职业教育培训模式、工厂内固定制师徒传承模式对宣纸制作技艺传承之利弊。本文认为类似非遗传承时要以保留手工技艺为本元，充分发挥带徒传艺式师徒传承模式的价值，并讨论了类似非遗项目由个体传承人身份改为团体传承人的可能性。

关键词：非物质文化遗产；传统制作工艺；师徒传承；团体传承；宣纸

学术界对非物质文化遗产的传承已有较多论述。一般而言，非物质文化遗产的传承主要有两种形式，一是群体传承，如礼俗仪式、岁时节令、社稷庙会等大型民俗活动；二是传承人传承，如口头文学、表演艺术、手工技艺、民间知识类的民俗文化等。[①] 还有研究者详细区分为四种

---

[*] 原文刊于《文化遗产》2016年第2期。
[**] 汤夺先，安徽大学社会与政治学院教授。
① 王文章：《非物质文化遗产概论》，教育科学出版社2008年版，第258—259页。

方式：群体传承、家庭或家族传承、社会传承、神授传承。① 群体传承多为风俗礼俗类、岁时节令与大型民俗活动类非遗；家庭或家族传承主要表现在手工艺、中医及其他一些专业性技艺性较强的行业中；社会传承包括师傅带徒弟方式传承的非遗，如某种手工技艺以及通过听看艺人的表演、无师自通而习得的非遗；神授传承即托梦说、神授说，主要集中在史诗传承领域。这两种界定方式有较多的叠合之处，比如群体传承，家庭或家族传承以及社会传承在某种意义上即为传承人传承的具体表现形态。

然而，就多工序、非单一传承人的民间制作技艺类非物质文化遗产而言，究竟该采用何种方式才能够更好地实现传承？按照非遗的传承方式，民间技艺类非遗传承一般归为传承人传承而非群体传承形式，但对于工序繁多、程序复杂的民间技艺而言，其传承人不是单一的主体，各个关键环节均有技艺传承人，因此如何看待诸多传承人的身份？能否以非遗团体传承人身份看待？该如何看待带徒传艺式传统师徒传承模式在多工序、非单一传承主体的民间制作技艺传承中的作用？我们以宣纸制作技艺为中心予以探讨。通过对宣纸主要生产地泾县、以中国宣纸集团公司为调查中心，运用深度访谈、参与观察等方法获得了第一手资料。依托相关田野资料，在借鉴学术界研究成果基础上，探讨多工序、非单一传承主体的非物质文化遗产之传承方式，反思师徒传承模式的价值以及团体传承人身份的合理性。

一　宣纸的传统生产流程

宣纸制作技艺是一种典型的多工序性、非单一传承人传承的非物质文化遗产。宣纸是一种广义上的概念，既包括古宣纸（早期宣纸），也包括今宣纸（晚期宣纸或所谓宣纸真纸），二者的划分标准一是产生时间上（唐末或元明时期），二是造纸材质上（是否采用青檀皮等）。我们关注的宣纸指的就是产于泾县、采用青檀皮与沙田稻草等作为造纸原料的手工纸，即今宣纸。国家对宣纸原产地保护的因素，使得宣纸与一般的书画

---

① 刘锡诚：《非物质文化遗产：理论与实践》，学苑出版社2009年版，第128页。

纸有了较大的区分，二者都是可用作书画创作的纸张，但依然存在着很大差别，在制作原料、制作工艺、使用效果、保存时间等方面存在着一定的差异。换句话说，只有原产地在泾县、纸的组成中必须含有一定数量的青檀纤维的书画纸才是宣纸，符合该标准生产的书画纸才能称为宣纸，否则称为书画纸。

宣纸制作技艺是传统手工造纸的代表，2006年"宣纸传统制作技艺"被确定为首批国家级非物质文化遗产保护名录，2009年被联合国教科文组织列入"人类非物质文化遗产代表作名录"。在造纸业机械化程度不断提高的当今社会，尽管宣纸自产生至今已有千余年的历史，但时至今日，宣纸的部分制作工艺依然遵照着老祖宗传下来的古法流程。这些流程多以人力手工操作，且细节上未曾发生过多变化。对于宣纸的制作技艺与工艺流程，宣纸制作技艺传承人、中国宣纸集团公司总工程师邢春荣曾有过如下介绍："宣纸制作工艺非常精细和耗时，从原料采集到成品纸出来，中间要经历皮料制作、草料制作、配料以及捞、压、焙、剪等上百道工序，几乎需要用一年多的时间"。"从原料到成纸，宣纸的制作流程需经过108道工序。有些特殊的宣纸，如'仿千年古宣'则需耗时13个月，经历138道工序。"① 中国宣纸协会常务副会长兼秘书长吴世新细化了宣纸的传统工艺程序：皮料制造过程共分为五个阶段四十三道工序，草料制造过程共分为四个阶段三十七道工序，配料过程分为四道工序，制纸过程分为六道工序，最后是整理包装成品。② 也就是说，一张优质的宣纸从开始准备制作到最终成纸至少需要一百多道工序，这中间充分说明了宣纸制作技艺的精细与复杂，程序复杂，工序繁多，耗时较多，堪称"日月光华，水火济济"，俗语"片纸两年得，操作七十二"之说即指出了宣纸的来之不易。业界有人认为宣纸是我国传统手工纸制造业中工序最繁多复杂的一种纸张。

在这一系列的复杂程序中，大致可以分作两大块工作，一块是原料准备；另一块是制纸。有研究者将其分为两部分："千年古宣"的制作工艺非常繁杂，总括起来可分为两个部分：一是制浆，即把植物纤维原料

---

① 吴明华：《宣纸文化技艺的保护与传承》，《决策》2011年第6期。
② 吴世新：《宣纸生产工艺与润墨》，《中华纸业》2008年第7期。

经过物理与化学的方法加工成纸浆,以供造纸之需,该工艺包括皮料浆制作与草料浆制作;二是成纸,即把制成的纸浆根据产品的不同需要进行配料后再经过抄纸、压榨、干燥等工序形成纸张。① 当然,如果要细化还有更为复杂的划分方式。

二 宣纸制作技艺的传统传承模式

任何一种传统文化与技术工艺得以延续下来,一方面与其自身的生命力以及市场需求有密切关系;另一方面也与其固有的传承模式密切相关。"从历时性来看,非物质文化遗产的传承主要依靠世代相传保留下来,一旦停止传承,也就意味着死亡。而且往往是口传心授,打上了鲜明的民族、家族的烙印。传承人的选择和确定主要着眼于与被选择者的亲戚关系与对其保密性的认可。"② 宣纸制作技艺的传统传承就遵循了这一规律。过去宣纸的制作多在一些家庭作坊或者小型作坊中,其传承地点就以家庭或个体作坊为主。就此传承模式而言,中国传统社会中的家族传承、性别传承与小作坊传承等,一方面限制了宣纸的发展壮大;另一方面也有效地延续了宣纸制作技艺的活态性与本真性。

(一) 家族传承模式

家族传承是宣纸制作技艺得以保存下来的重要因素之一,在某种意义上确保了宣纸制作技艺的延续性、原生态与本真性,但局限于家族范围内的技术传承无疑对技术的扩散起到了阻滞作用。这是由中国传统社会的实际情况决定的。民国期间出版的《中国实业志》曾记载关于宣纸的内容,其中:"泾县之宣纸业在小岭村,制纸者多为曹氏,世守其秘,不轻授人"。这说明了宣纸制作技艺的传承仅仅局限在曹氏家族内部,外人轻易不可以学习到相关的核心技艺。在对中国宣纸集团公司的调查中,宣纸制作技艺代表性传承人邢春荣在座谈中曾说:"自古以来,宣纸并无

---

① 方晓阳、吴丹彤、卢一葵:《安徽泾县"千年古宣"宣纸制作工艺调查研究》,《北京印刷学院学报》2008年第6期。

② 王文章:《非物质文化遗产概论》,教育科学出版社2008年版,第53页。

文字性标准，所有的标准均由各工序的师傅掌握，并以心口相传的模式进行传承。特别是历史上形成的家族造纸的传统，对技术细节保密更加严格，外人很难搞清楚"。

在宣纸制作的一百多道工序中，像捞纸工、晒纸工、剪纸工、调皮工等重要工种都有明确分工，并有严格的师承关系，一直以家族传承为主，秉承"传男不传女、传子不传婿"的行规。而其他技艺如蒸煮、做料等虽然也是以家族传承为主，但由于技艺难度不太高，没有严格的师承关系。① 比如，在小岭村曹氏家族中，历来维持着一种家族内传承的传统，父子相沿，子孙沿袭。其中，曹人杰老艺人作为曹氏家族的第26代宣纸技艺传承人，14岁时随其父曹一青在泾县汪义坑"锦隆"号纸棚里从事传统宣纸技艺的习艺，先后学会了原料加工、捞纸、晒纸等关键工艺，成功地掌握了宣纸生产的每道工序和操作要领。他的三个儿子全部从事宣纸产业。其三子曹建勤严格沿袭曹氏家族的独特祖传工艺，严格精选青檀树枝的韧皮和长杆沙田稻草制作的燎草为原料，严格采用本地独有的山溪泉水，全手工精心抄制，具有曹氏家族特有的宣纸润墨效果。"曹氏宣纸"连续四代相传，是"中国宣纸之乡"唯一四代相传的家族，使曹氏家族宣纸制作技艺得以世袭相沿，并在曹氏家族传承中，不断得到发扬光大。② 在我们对丁家桥镇某宣纸厂一年龄较大的捞纸师傅访谈时问到这一问题，他的反应很是平淡："在过去这很正常啊，谁愿意把自己的好东西拿出来跟别人分享呢，那不是给自己增加竞争对手吗？传给自己的子孙后代多靠谱，给孩子们留一个吃饭的手艺"。当我们问及他是否要把他的手艺传给自己的孩子时，他说："我这种技术，只会捞纸，其他的又不会，这么累，挣的钱也不多，孩子们才不愿意学呢，再说我也不想让孩子们学这个东西。学点其他技术多好啊，挣钱又多又不累"。在这种家族传承的方式中，一些较为重要的工序只能在家族内传承，使得核心技术只能在家族内流通而不能传给外人，避免不必要的竞争压力，谋

---

① 姚超、黄飞松、樊嘉禄：《宣纸制作技艺传承状况调查》，《黄山学院学报》2014年第2期。

② 吴世新：《宣纸世家——记安徽泾县曹氏宣纸技艺传承人曹人杰》，《纸和造纸》2012年第2期。

求家族利益的最大化。

(二) 作坊内的师徒传承模式

作坊内的师徒传承模式是我国传统社会中技艺传承与延续的一种重要方式。对于师徒传承方式，著名非遗保护专家乌丙安教授认为："带徒传艺活动，作为一种千百年来沿袭下来的民间艺术传承机制，并不是一种简单的技能技巧的传习方式与民间知识的传授方法，而是悠久的农耕文明世代民间文化特有的传承法则。手工业生产方式决定了手工艺的口传心授习惯"①。宣纸出现以来，宣纸制作技艺就多依靠师徒口传心授、言传身教的方式延续下来。在传承的过程中，不仅师傅要教授徒弟具体的制作方式，还要交给徒弟相关的行业艺德、技艺的产生与发展历史、行业信仰与禁忌等。也就是说，师傅既传承技艺，也传递文化。这也是师徒传承的优势所在。其实，家族内的传承也是师徒传承方式的变化，只不过师傅是家长，徒弟是儿孙，亲缘关系掩盖了师徒关系，其区域集中在家族范围内，不对家族外的人传播，属于内部传承；而一般意义上的师徒传承方式，仅仅体现为师徒关系，没有亲缘关系，区域为宣纸制作的作坊内，属于对外传播。

由于在过去宣纸很多技艺完全依靠手工操作，具有很强的示范性与经验性，甚至有些技艺只能靠意会而无法言传，因此师徒之间的长期合作、耳濡目染、口传心授则成为重要的技艺传承方式。有研究者总结了过去宣纸制作技艺的师徒传承情形：要掌握某个工种的技艺必须跟着师傅一起做，注意在实践中领悟。还要有一个拜师仪式，俗称"学乖"。家长要找担保人，立"投师纸"、携糕点等礼物登门拜师，师徒关系确立后，徒弟要住进师傅家。学艺同时，弟子要为师傅做家务劳动和服侍茶饭，3年期满才能出师，其间有食无工资。出师后还要继续随师做工1年，即所谓的"谢师"，此间师傅酌情给生活费。无论学徒还是做雇工，一般由业主提供伙食、大锅饭、大碗腌菜、大缸茶水等。条件稍好的业主会有少量的时令蔬菜，只有每年的端午、中秋、蔡伦会（每年两次：农历三月十六蔡伦会、九月十八为集会）才有一个荤菜和定量酒水。工

---

① 乌丙安：《非物质文化遗产保护：理论与方法》，文化艺术出版社2010年版，第147页。

资不是月结，而是采用以端午、中秋、春节的"三节"结算制，平时工人需要用钱可到老板处借取。① 在这种形式下，师生关系非常紧密，徒弟既是老师的附属物或者私人产品，他们要尊重老师，服从老师，依赖于老师，类似于老师的佣工，同时也要以实物、货币或者劳务等方式来感谢或者回馈师傅的传艺。通过这种近距离接触与口传心授的方式，可以延续宣纸制作技艺的活态性与本真性，不会导致技术变味，徒弟将会获得很多技艺。我们在调查中曾访问过丁家桥镇某宣纸厂的老技术顾问王师傅，他告诉我们，"过去老一代的人们收徒弟是非常严格的。徒弟都住在师傅的家里面，要学习好几年才能出师。徒弟一般是与师傅有着种种关系的人，比如亲戚、朋友或者乡邻等。师傅拿徒弟就像自己人，徒弟得好好表现，有些学不好的还要挨打"。

不可否认的是，师傅在选定徒弟时定会考虑到徒弟的人品及其对技艺的热爱程度，而徒弟的来源也无法脱离出种种的亲缘关系、地缘关系或者业缘关系等，并不是盲目地就成为师徒关系。在这种模式主导下，师徒之间的关系相对而言较为亲近，徒弟属于师傅的"自己人"，受到传统社会师徒之间的道德体系约束，"一日为师，终身为父"，始终不得叛离师傅半步。与此同时，师傅也成为徒弟的授业者、道德教育者与"衣食父母"，尊敬与依赖成为这种师徒传承模式的主要特征。在我们访谈中，一些五六十岁的老师傅都说他们是有师傅的，他们的师傅也是跟着师傅学会的技术，每逢年节与师傅的寿辰，他们仍然要去师傅家探望拜会，跟师傅家就像亲戚一样。这种方式保证了技术代际传递的便利性与可行性。

当然，由于宣纸制作技艺是一项群体智慧和一系列技艺的集体结晶，一个人很难全部掌握所有工序的要领。因此，即便是家族传承与师徒传承模式也仅是传承了某种具体的制作技艺或关键环节，而非全部技艺，这就需要不同的传承者互相配合与协作。

---

① 姚超、黄飞松、樊嘉禄：《宣纸制作技艺传承状况调查》，《黄山学院学报》2014年第2期。

三 宣纸制作技艺传承模式的
　　创新、延续与改造

随着社会的发展，宣纸的生产进入了商品经济时代与产业化时期，如何在大量生产宣纸的时代背景下，有效地传承宣纸制作技艺就成为一个新的问题。虽然在"非遗"时代，宣纸制作技艺有了保护与传承的更大的合理性与更好的契机，但仍然面临着某些挑战。宣纸加工过程的辛苦使得很多年轻人不愿意学习这项技术，导致了传承人的断层。宣纸生产工艺技巧绝妙，是智力与体力的结合，充分展现了手工造纸艺术的魅力。虽然大多数造纸企业已在一些环节实现了机械化、自动化的操作方式，造纸工人的劳动强度已大大减少，操作流程也相对简化。然而，宣纸某些环节的生产至今仍还保持着传统的手工操作方式，习艺周期相对较长，技术要求高，劳动强度大，苦、脏、累且工种多，但待遇相较其他行业的工人来说一直相对较低。在学习制造工艺所需要的较长的练习过程中，不仅需要初学者要有很好的耐心去一点点地发现、纠正自身操作的不足，也需要他们能够克服学习过程中工资较少、生活相对枯燥贫困等问题，这就使很多年轻人耐不住寂寞或是被高工资和繁华生活所吸引而放弃继续学艺，最终导致了宣纸行业的技术人才缺乏，技艺的传承难以为继。

懂得宣纸核心制作技艺的老人逐渐老去则是宣纸传承面临的一大问题。"因为一旦老艺人离世，他身上承载的某种非物质文化遗产就会随之消亡。"① 有些制作技艺尤其是古法制作技艺因为技术改造原因而逐渐废弃不用，尤其是随着老一代艺人的逐渐离世而有着失传的危险。据我们了解，中国宣纸集团公司现在将碓草技术由原来的人力或水力方式改为使用电碓，却因此差一点失去了使用水力驱动碓草的技巧与知识。为了弥补这一缺憾，邢春荣总工程师打听到一位80多岁的曹姓师傅干了一辈子碓草的活计，技术非常优秀，于是上门拜访请他出山现场指挥碓草工人师傅操作。如果晚去的话，可能这项技术将永远失传，因为第二年这

---

① 王文章：《非物质文化遗产概论》，教育科学出版社2008年版，第258页。

位老师傅就去世了。抢救性保护宣纸传承人就非常有价值，对于避免"人亡艺绝"的不利局面、传承某些关键环节的制作技艺意义深远。

为了应对宣纸制作技艺的相关传承困境，宣纸生产企业创新了一些新的传承方式。其中，利用现代职业教育的传承模式则是一个有益的尝试，工厂内的师徒传承是对传统传承模式的延续与再利用，而斗艺制的推行则是一种激励并挽留了宣纸制作技艺传承人才的新机制。

（一）现代职业教育的传承模式

利用现代职业教育方式进行定向培养或委托培养的模式成为宣纸制作技艺传承的崭新尝试，也是宣纸生产企业在商业化时代为缓解宣纸工人缺乏的一种暂缓性对策。通过委托相关学校或培训机构来讲授宣纸制作的理论知识，然后给学习者以实践的机会与就业的保障。中国宣纸集团公司在这方面进行了某些尝试。该公司委托泾县职业高中开设"宣纸专业"班，每年招收100名左右学生，定向招生，定向分配，并在此基础上筹建了中国宣纸书画技术学院，利用现代职业教育方式培养宣纸技工人才，确保宣纸技艺后继有人。学生既可以学习文化知识和宣纸理论知识，还可以到宣纸集团公司实习上岗。学习期间即可享受由国家提供的助学金与红星助学金。一旦在公司上岗工作，还将返还所有的学费。

然而效果并不佳，据我们调查发现，第一届30人毕业，最初有28人来到公司工作，但最后只剩下3个人，其中一个人还不在一线工作，改做秘书。在座谈会上，胡董事长专门总结了类似事情发生的原因："这一方面是因为可供选择的机会多了，而另外一个比较重要的原因就是工人的发展预期就只能是工人，例如捞纸工人就只能做一辈子的捞纸工人，这对年轻人来说，就没有了发展前景"。向上流动机会的缺乏以及外部世界的诱惑使得很多年轻人不愿意学习宣纸制作技艺，进而不愿意在宣纸行业从业。

对于依靠培训学校集中培训学生试图传承技艺、保护遗产的做法，也是存在着一些有待商榷的地方。著名民俗学家乌丙安先生指出："那种以商业目标为遗产保护的企图，总是以走捷径的办法用办班授课取代民间艺术遗产口传心授的传承机制，这实质上是对民间艺术遗产的致命性破坏"。因此，"不可以强行把民间艺术的传承推向培训班、讲习所的大规模授课教学的现代模式"①。依托职业教育进行集中培训的方式虽然暂时解决了技术人员短缺的暂时困境，从表面上看可以实现非遗的批量传承，但实际上，学员只能够学到一些表层的技术，甚至只是把该技艺作为谋生的工具，缺乏认同感。这种知识教育传播的传承机制只是完成了技术的传递，却没有实现艺术与文化的传承，使学员无法从根本上产生对宣纸制作技艺的认同与亲切感，最终导致无疾而终。传统技艺的传承只有在那种亲密的师徒传承模式、依靠口传心授与言传身教等方式才能够实现技艺与文化的全方位传承。即便是多工序、多主体传承式的非遗，比如宣纸制作技艺，也要在每一项关键制作技艺的传承上，要坚持沿用多位传承人分别传承技艺的"师傅带徒弟"的模式，真正实现口传心授与言传身教。

（二）工厂车间内的师徒传承模式

工厂车间内的师徒传承模式是宣纸制作技艺传承的重要模式，也是传统模式的再延续与继续使用，不过传承地点已经由过去的家庭、作坊转移到了工厂、企业与车间内，传承的周期比过去相对而言缩短一些。中华人民共和国成立后，专门缩短了学徒周期，捞纸、晒纸、剪纸、碓皮等工种改为6—8个月，其余工种学制从几天到三、五个月不等。在大厂，捞纸、晒纸、剪纸、碓皮等工种，徒弟拿学员工资，学徒期满经工厂考核合格都正式上岗，大部分由师傅带着。比如捞纸、晒纸通常是师徒两人承包一帘槽，碓皮工师徒2人同在一个操作面工作，剪纸工则是师徒2人在1间房间内分前后剪纸桌操作。② 现在，师徒传授依然是重要的传承方式，突破了传统的家族内传承与限制性别的传承禁忌。但工厂或企业内部老员工与新员工之间的相对松散式的关系无法更好地突出师徒之间的关系，不能较好地固化师徒的情感，不利于他们之间的教学开展，即技艺的传承与接受，反而不如传统社会中那种紧密的师徒关系更

---

① 乌丙安：《非物质文化遗产保护：理论与方法》，文化艺术出版社2010年版，第205、207页。

② 姚超、黄飞松、樊嘉禄：《宣纸制作技艺传承状况调查》，《黄山学院学报》2014年第2期。

利于传承某种技艺。

为了更好地巩固师徒关系，让师傅愿意更好地扮演"传、帮、带"的角色，可以借鉴一下传统社会宣纸技艺传承时采用的固定师傅制。中国宣纸集团公司提供了一个很好的借鉴，即恢复过去的传统拜师仪式来强化师徒相互的认同与归属。据胡文生董事长介绍，2012年2月24日，该公司新员工授徒拜师仪式正式举行。每位学员给师傅深深鞠躬，行拜师礼，师傅给每位学员颁发证书，正式确定师徒关系。通过这种仪式化的活动，强化了师徒之间的归属关系与认同感，沟通了彼此的亲情，对于师傅认真教授、徒弟乐于学习起到积极的效用，是一种对传统师徒传承模式的有意回归与重新诠释。师傅通过自己的示范与讲授，徒弟通过自己的亲手操作，再加上师傅居旁的指点与纠正，语言的说明、肢体的接触使得师生之间的关系更加融洽，徒弟能够体会到每一道工序、每一个动作的力度、深度、高度、节奏以及轻重等，在长期的合作过程中，很容易掌握技术要领，从而成为一名合格的技术工人与传统技艺的习得者。比如捞纸车间，通常是由师傅"掌帘"、徒弟"抬帘"，两人配合共同将纸帘斜插入制浆，荡帘幅度深浅都需要徒弟悉心体会。在这种师徒关系中，师傅显然是关键。俗话说："师傅好好教，出来的就是掌帘的大师傅；不好好教，只能教出抬帘的二师父"。"单传式"的固定师徒关系对于宣纸制作技艺的传承收到了明显的效果。据中国宣纸集团捞纸师傅曹建华说，"2012年的时候是一个师傅带三个徒弟，现在是一对一的模式。稳定的师徒关系也更能留得住人。传统技艺很讲究传承的重要性，一对一的模式能够让技艺更好地传承下去"[①]。

另外，如何留住人尤其是愿意学习宣纸制作技艺的人是很值得思考的问题。宣纸制作技艺作为一种非物质文化遗产，吸引了一些热衷于此的人愿意用心传递这种传统文化。据我们调查发现，中国宣纸集团公司有一些大学生、大专生加入进来学习宣纸制作技艺，本身足以说明宣纸的魅力与吸引力。但是，宣纸制作技艺的传承面临的根本问题是留不住人。一个典型的案例是，2012年2月来中国宣纸集团公司学习捞纸技艺

---

① 《宣纸手艺谁传承？唯一本科生工人一年前辞职》，http：//www.wehefei.com/system/2014/07/23/010179732.shtml，2014年10月11日。

的本科大学生李奇峰，虽然抱着学习宣纸制作技艺、传承非物质文化遗产的目标，却因为工资低、工作辛苦、厂区离县城较远、娱乐缺乏致使业余生活枯燥无味、出徒期长等因素而于 2013 年 3 月离开。① 因此，应制定各项福利政策保障工人的基本生活和上升空间，为宣纸工人提供一个较为完善的薪资体系以吸引劳动力的注入。

为了鼓励年轻人学习宣纸制作技术，让师傅发挥更大的作用，采用适当的竞争模式与激励机制是非常可取的。中国宣纸集团公司采用了斗艺制模式，通过采取在公司内、工厂内以及车间内进行技术比武，建立技艺评价与激励制度，评选出多名宣纸技师、高级技师，对技术出色的员工予以企业内部职称与津贴奖励。在中国宣纸集团公司座谈时，胡董事长专门谈起这一事情：为了奖励员工，宣纸集团从 2010 年开始设技师和高级技师，其中技师每月补助 100 元，高级技师每月补助 200 元，技师和高级技师的评选必须经过考核，不仅要考察技艺，还要有一定的口头表达能力，现在已经评选了 70 多名工人。这不仅是一种现金奖励，对工人来说也是一种荣誉，现金加荣誉的激励模式对宣纸集团的发展无疑是一剂良药。可以有效提高年轻一代学习宣纸技艺的吸引力与积极度，以此来培养传承宣纸制作技艺的后备队伍。② 还可以大幅增加员工的待遇，将宣纸技工作为特殊工种，增加其相关保障，提供必要的进修渠道与上升空间，给其一定的社会流动机会，提升其对公司的认可度。

四 学理反思：师徒传承的坚守与团体传承的尝试

宣纸制作技艺中包含的不仅仅是宣纸的制造方法，更是由劳动人民在生产实践中所一代代传承下来的经验与汗水，承载了当地数十代人们的精力与思想以及精神，它是历代劳动人民智慧的结晶，是古代人民生活和思想的真实表达。因此，我们要对宣纸自古传承至今的古法制造流

---

① 《宣纸手艺谁传承？唯一本科生工人一年前辞职》，http://www.wehefei.com/system/2014/07/23/010179732.shtml，2014 年 10 月 11 日。

② 吴明华：《宣纸文化技艺的保护与传承》，《决策》2011 年第 6 期。

程加以保护，不简单地因其落后、耗时、辛苦、麻烦等而任意加以革新，不以"现代化"为理由而用那些先进的机械设备和制造方法对其进行改革，只有这样才能真正将我们原汁原味的传统文化流传下来。"非物质文化遗产的不可再生性和脆弱性，决定了我们必须把抢救和保护放在第一位。"① 就宣纸而言，最关键的便是不去随便地改动宣纸制造技艺中所保留的传统因素，也就是说，原汁原味地传承宣纸制作技艺是重中之重。宣纸企业在与时代接轨、进行改革创新之时，一定要谨守宣纸技艺精髓不可改变这一根本原则不动摇，只有在这一基础上对其进行现代化的变革、市场化的管理，才能真正做到对宣纸技艺的真正传承与有力保护。

宣纸制作技艺的传承，必须重视口传心授的传承体系。乌丙安先生指出："中国传统手工艺生产方式有几千年口传心授确立的传习体系，其中手工技艺的行业规矩、手艺传递程式、技艺标准差异、核心技艺等级等约定俗成的惯制，既体现了手工艺生产方式传承的文化基本特征，也体现了几千年一贯的农耕文明历史特征"②。宣纸制作技艺作为一种手工技艺类非物质文化遗产，是适应当地自然地理状况与社会环境的必然结果。然而，当代社会是追求经济利益的时代，人们之间的关系不再像过去那样亲密与单纯，传统的师徒传承模式不再被严格恪守，而是代之以一带多、流水线式的传授模式，徒弟即便是学到了某种工序技艺，可能也没有得到对宣纸技艺与宣纸作为一种传统文化的认知，没有产生对宣纸所包括的农耕文明与地域文化等精神文化的认同，最终技艺只是成为一种简单的谋生工具，而不是融入内心深处、归属于自己的文化认同。基于此，乌丙安先生认为："坚持民间艺术固有的带徒传艺的传承机制，尊重所有民间艺术传承人选徒、收徒、授徒、出徒的个人基本权利和做法，给予带徒传艺的最大自主权。这才是我国非物质文化遗产中民间手工技艺遗产实施保护的关键"③。这适用于包括宣纸制作技艺在内的所有非物质文化遗产。

---

① 王文章：《尊重科学规律创造性地保护非物质文化遗产》，王文章《非物质文化遗产保护研究》，文化艺术出版社2013年版，第55—69页。
② 乌丙安：《非物质文化遗产保护：理论与方法》，文化艺术出版社2010年版，第205页。
③ 乌丙安：《非物质文化遗产保护：理论与方法》，文化艺术出版社2010年版，第207页。

关于非物质文化遗产宣纸制作技艺传承人的问题，我们考虑是否可以根据宣纸制作工艺的性质与多个传承人的事实，以团体传承人作为宣纸技艺传承的主体。我们知道，宣纸制作技艺是一种系统性、多工序、活态性、多主体传承的技艺，不同于普通的个体性传承技艺，这是由它自身的特点决定的：宣纸制作从原材料处理到整个产品的完成，需要1—3年的时间，包括一百多道工序，单独的一个个体是无法承担如此重任的，它属于典型的集体性活态传承。这一方面限制了宣纸的快速发展；另一方面也完整地保留了宣纸制作工艺的原生态性。座谈时，国家级非遗传承人，中国宣纸集团公司总工程师邢春荣先生明确提出："没有哪一个人完全懂得宣纸的全部制作技艺"，即便他本人是宣纸制作技艺的非遗传承人也不行。他在接受《南方都市报》采访时说："宣纸制作是集体智慧的结晶。一个人不可能精通所有工序，能熟练掌握一两门已经很了不起。作为首批国家级宣纸制造技艺代表性传承人，大家可能觉得我应该掌握所有技艺，但与紫砂壶、雕版印刷不同，我一个传承人不可能造出哪怕一张宣纸。单说晒纸，没有五年，不可能成为一名成熟的晒纸技工。我们每次出去参加非物质文化遗产展示，至少要去四五名师傅才能展示相对完整的宣纸制作过程"。这固然涉及宣纸的某些制作环节保密，同时也与宣纸本身的技艺复杂、程序繁多有关。这在某种意义上反映出宣纸作为多主体传承的非遗项目之特色所在。

限于宣纸制造行业与宣纸制作流程的特点，师傅基本专于某一个具体领域或工序，比如做皮料、做草料、捞纸、剪纸或者晒纸等，徒弟也只能在某一个领域学好而不能贯通所有。也就是说，每一个具体工序都要有出色的师傅以及愿意学习的徒弟，不能因为做皮料与草料脏、捞纸与晒纸等辛苦而偏颇某些工序的传承与学习；没有任何一个人可以把所有的工序都完全学会。对此，中国宣纸集团公司总工程师邢春荣提出："每道工序都应有一个传承人才对，所有传承人组在一起，就是一个宣纸厂"。宣纸技艺的传承过程实际上是团体协作的结果，是集体配合的产物，每一个传承人掌握的制作技术只是宣纸制作技艺的一个组成部分，而正是依靠这些一个个的独立而又相互关联的个体，完整的宣纸制作技艺才一辈辈、一代代传承下来。实际上，宣纸制作技艺依然依靠传承人传承，具体通过单一固定制的工厂车间内师徒传承方式得以开展。也就是说，没有哪一个人可以称得上真正意义上的非物质文化遗产宣纸制作技艺的传承人。宣纸的传承主体是一个个宣纸制作工艺的传承人，或者说是由专于某项宣纸制作技艺、精于某个关键环节的一个个个体组成的团体才是根本意义上的宣纸技艺传承者。有研究者提出，"传承人的概念不仅仅是指个人，除了个人传承外，还有单位（团体）传承。从国外经验看，对非物质文化遗产的宣传弘扬而言，单位或团体传承往往比个人传承更具有影响性和可持续性，因此应将其作为传承人制度中的一个重要组成部分来加以确认并推广"[1]。温州市在申报集体性非遗项目时已经有了类似做法，尝试将非遗传承由个体概念扩展至团体和群体，承认非遗团体与非遗群体的存在，将领头人作为非遗保护部门与传承团体的联络人而非代表性传承人。[2] 有鉴于此，我们可以把宣纸制作技艺非遗传承人以团体的形式呈现出来，而非单个的个人，将其作为团体传承的非遗项目，而非个体或群体传承项目，任何一个专于某项宣纸制作技艺的个体均属于该团体。基于此，宣纸传统制作技艺的团体传承性质必有多个构成团体传承人的个体，因此，在实施非遗传承时实行多点开花的带徒传艺式传承方式势在必行，最终实现宣纸传统技艺的有效再传承与延续。

---

[1] 朱兵：《非物质文化遗产传承人的保护及法律制度》，http://www.npc.cn/npc/xinwen/rdlt/fzjs/2008-09/27/content_1451586.htm，2015年10月29日。

[2] 焦雯：《温州尝试团体性群体性传承人》，《中国文化报》2014年12月9日。

第四编

技与艺:道体与器用

岩茶产制中的"技"与"术"

——兼论非物质文化遗产中的"传统手工艺"*

肖坤冰**

摘 要："非物质文化遗产"概念所涉及的"传统手工艺"（craftsmanship）一词实际上存在一个如何与中国的"技术"知识传统对接的问题。以国家级非物质文化遗产"武夷岩茶（大红袍）生产制作技艺"之发明过程及其在当地的实践为例，中国传统手工艺应同时涵括"技"（technology）与"术"（witchcraft）两个部分。"技"的发明是在"书写文本"与"口头知识"的相互对比、参照、借鉴和融合的过程中形成的。除了强调专业性的生产技能外，传统手工艺这一概念还涉及"术"的范畴，包括物质环境、仪式传统、行业神信仰、风俗习惯等。

关键词：非物质文化遗产；传统手工艺；"技"与"术"

---

* 原文刊于《民俗研究》2013年第6期。
** 肖坤冰，西南民族大学西南民族研究院副研究员。

一 技术[①]、传统手工艺及其在"非物质文化遗产"中的表述问题

人与物质、环境的互动离不开技术,然而技术是一个很难明确定义的概念。在英语中,技术(technology)一词源自于希腊语"tekhnologia",它的词根为"tekhne",意指"艺术或手艺"。从17世纪以来,"技术"主要用以描述对艺术的系统性研究,到了18世纪,"技术"的定义特别强调对"机械的、手工的"(mechanical)艺术研究。约到了19世纪,"技术"才被完全专门化指"实践性艺术"(practical art)。[②] 技术一方面被多样化地描述为带有强烈的个人特征;另一方面又非专属个人,而是属于社区或网络的财产。在大部分学者看来,"社会"与"技术"动力之间具有一张"无缝的网络"(seamless web),即便是在"纯科学"的研究领域,也没有纯粹的技术主导性。[③] 一方面,技术是一种具身的(embodied)知识,要求长时间地实践,融于从业者的肢体和感觉器官中。另一方面,它"内嵌于"(embedded)社会关系之中,并通过从业者所在社区、社会等级制度与分工假设得以再生产。[④] 即"技术"同时包括"个人的"和"社会的"两个维度。从西方社科界对"技术"研究历程和定义来看,技术的优越性也是伴随着现代性而建立的。作为一个知识和设备的系统,使高效或低效的物质产品的生产得以进行,并对环境加

---

① 在盎格鲁-撒克逊的普遍用法中,"技艺"(technology)通常用于原始的、传统的、小范围的,或者其他熟练的和司空见惯的现象,而"技术"(technique)则指向那些被认为是现代的、复杂的、精巧的、基于知识的客观现象。(此书中"技术""技艺"对应的英文翻译与本文中的表述并不一致)。参见马塞尔·莫斯、爱弥尔·涂尔干、亨利·于贝尔,[法]纳丹·施郎格编选《论技术、技艺与文明》,蒙养山人译,世界图书出版公司2010年版,第2页。在此篇文章中,笔者仅对传统手工艺对应的"技艺"(technology)与汉语中的"技术"一词进行了对比和分析,但此"技术"一词并非对应于现代知识体系中的"技术"(technique)——笔者注。

② Raymond Williams, *Key words: A vocabulary of culture and society*, New York: Oxford University Press, 1983, p. 315.

③ Ron Eglash, "Technology as Material Culture", in Christopher Tilley, *Handbook of Material Culture*, London: SAGE Publication, 2006, p. 330.

④ [德]雅各布·伊弗斯:《人类学视野下的中国手工技术定位》,胡东雯、张洁译,肖坤冰校,《民族学刊》2012年第2期。

以控制—科技（technology）——乃是西方优越性话语的核心要素。在这个认识论框架中，西方科技变成了一个象征等级结构的符号，在这个等级结构中，现代对立于传统、进步对立于停滞、科学对立于无知、西方对立于东方、男性对立于女性。①

　　虽然对于非西方社会的本土科技已经有了严肃认真的研究，李约瑟（Joseph Needham）策划的多卷本《中国的科学与文明》的直接目的，就是证明所谓科学和技术不是西方心智的独特产物。但李约瑟的科技概念是较为保守的，科学是理论，技术是实践。在书系的整体编排上，李约瑟将中国知识分成理论的和应用的，工艺技术则属于应用科学范畴。② 费尔南·布罗代尔（Fernand Braudel）强调对一般人的日常生活和物质文化进行研究，提出必须将生产和消费结合起来，将当地科技嵌入广阔的地理和社会的语境之中来考察。但最早注意到并声明"技术"中的"精神"层面内容的当属涂尔干（Emile Durkheim）。涂尔干认为社会行为的所有形式都与宗教有特定关联，确保道德生活（法律、道德、艺术）和物质生活（自然科学、工艺技术）功能的技艺和技术的实践，同样也源于宗教。作为涂尔干的继承者，马塞尔·莫斯（Marcel Mauss）进一步强调"社会化的技艺"，指出"动力或者工具的发明，使用他的传统，乃至这种使用本身，本质上都是社会的产物"。③ 近年来，白馥兰（Francesa Bray）在对中国传统社会中的"技术控制"与"性别分工"进行了深入分析的基础上，将技术描述为"是一种有效用、有传统的行为"，认为在此点上，技术与"一种法术、宗教或符号行为并无不同"④，而这更倾向于汉语中的"术"。同样关注中国农村社区中的手工艺的雅各布·伊弗斯（Jacob Eyferth）注意到了在"工艺知识"生产的过程中，书写文本与"口头文本"之间的共存和互渗现象，但他认为很难并且没有必要将"默

---

① ［美］白馥兰著：《技术与性别：晚期帝制中国的权力经纬》，江湄、邓京力译，江苏人民出版社2006年版，第7页。
② ［德］雅各布·伊弗斯答：《汉学人类学视域下的民众日常生活史研究——芝加哥大学教授雅各布·伊弗斯专访》，肖坤冰问，彭文斌校，《民族学刊》2012年第2期。
③ ［法］马塞尔·莫斯、爱弥尔·涂尔干、亨利·于贝尔，［法］纳丹·施郎格编选：《论技术、技艺与文明》，蒙养山人译，世界图书出版公司2010年版，第1—31页。
④ ［美］白馥兰：《技术与性别：晚期帝制中国的权力经纬》，江湄、邓京力译，江苏人民出版社2006年版，第302页。

会知识"转化为书写知识,记载工艺知识的文本更关注道德价值的宣传而非技术传递①。

根据联合国教科文组织对"非物质文化遗产"的分类和定义,"传统手工艺"(traditional craftsmanship)是非物质文化遗产的所涵括的五大项目之一。② 由我国国务院办公厅颁布的《国家级非物质文化遗产代表作申报评定暂行办法》对非物质文化遗产作了这样的界定:非物质文化遗产是"指各族人民世代相承的、与群众生活密切相关的各种传统文化表现形式(如民俗活动、表演艺术、传统知识和技能,以及与之相关的器具、实物、手工制品等)和文化空间"。③ 在国内,众多学者围绕"非物质文化遗产"这一概念进行了相关讨论,很多学者注意到"文化空间"一词的专业性和模糊性而对其进行了阐释,但是对于"传统手工""传统知识与技能""器具、实物、手工制品"等一系列概念则将其视为"显而易见"而缺乏相应关注,从而忽略了"非物质文化遗产"作为一个东方式(日本)概念经由联合国教科文组织的推广,在几次语言转换之后发生了"文化传译"与"误读"。在联合国教科文组织《保护非物质文化遗产公约》中出现的"craftsmanship"一词被对应翻译为"传统手工艺",而事实上"技术""技艺""技能""手工艺""工艺""手工"等概念与之也非常相近,但很少有学者对其进行专门的区分。彭兆荣教授注意到,在中国历史上,"手工之术"(艺术)与"手工之业"(工业)从来都是互为你我、一脉相承的,"手工"与"艺术"的区隔是随着现代西方"美术"学科的舶来,我国传统的表述形制被西方的学科分类体系所取代才出现的,"艺术"、"技艺"与"手工"三者之间存在着密切的关系,它们既是"存在共同体",也是"表述共同体"。④

本文中,笔者将以列入中国首批国家级非物质文化遗产名录的"武夷岩茶(大红袍)生产制作技艺"为例,试以证明:传统中国的工艺技

---

① Jacob Eyferth 著:《书写与口头文化之间的工艺知识——夹江造纸中的知识关系探讨》,胡冬雯译,《西南民族大学学报》(人文社会科学版)2010 年 7 月。

② Text of the Convention for the Safeguarding of Intangible Cultural Heritage,http://www.unesco.org/culture/ich/index.php?lg=en&pg=00006.

③ 王文章:《非物质文化遗产概论》,教育科学出版社 2008 年版,第 42—43 页。

④ 彭兆荣:《中国手艺之"名"与"实"》,《东南文化》2013 年第 1 期。

术——也即"非物质文化遗产"中的"传统手工艺"是一个意义丰富的世界，它不仅是"手工之术"（艺术）与"手工之业"（工业）的结合，同时也是"技"（technology）与"术"（witchcraft）的融会贯通。作为在社区中维系手工艺传承的纽带，以及作为一种编织权力的经纬——将从事不同加工部分的手工艺者连接和组织在一起共同生产运作，"技"与"术"总是互相交织在一起，密不可分。同时，"技"的发明也是在"书写文本"与"口头知识"的相互对比、参照、借鉴和融合中形成的。

二　书写文本与口述知识：武夷岩茶（大红袍）制作技术之发明[①]

我国古代茶叶制作技术的发展大致经历了一个从晒制、蒸制的散茶和末茶，演变为拍制的团饼茶，再到蒸青绿茶、炒青，最后才发展为乌龙茶和红茶的历程。乌龙茶的制作技艺最早大约是在明末时期在武夷山地区形成的。

武夷岩茶（Wuyi Rock Tea）属于乌龙茶（Olong Tea），现在市场上统称"大红袍"。根据文人笔记的记载，大约是在明末清初时期，由崇安县令殷应寅延请黄山僧人传授松萝茶制法，并在此基础上创造发明了"做青"工艺而形成的一种新的茶叶品种。武夷山因此也被视为乌龙茶的发源地。据周亮工《闽小记·闽茶曲》云："崇安殷令，招黄山僧以松萝法制建茶，堪并驾。今年余分得数两，甚珍重之，时有武夷松萝之目……近有以松萝法制之者，即试之，色香亦具足，经旬月，则紫赤如故"[②]。松萝制法颇为精细讲究，明浙江四明（今宁波的别称）人闻龙，记于崇祯三年（1630）的《茶笺》一文写道：

---

① 需要说明的是，"武夷岩茶""乌龙茶""大红袍"在此处都是指的同一范畴：一是由于武夷山的茶大多生长在山间烂石、岩石缝隙间，因此被称为"岩茶"；二是武夷山作为乌龙茶的发源地，岩茶的出现也即标志着乌龙茶制作工艺的发明；三是由于岩茶的花名繁多，故现在在市场上统一商品名为"大红袍"。2006 年列入中国首批非物质文化遗产名录的即为武夷岩茶（大红袍）制作技艺——笔者注。

② （清）周亮工：《闽小记》，福建人民出版社 1985 年版，第 13 页。

> 茶初摘时，须拣去枝梗老叶，惟取嫩叶，又须去尖与柄，恐其易焦，此松萝法也。炒时须一人从旁扇之，以祛热气，否则黄色，香味俱减。予所亲试，扇则其翠，不扇色黄。炒起置大瓷盆中，仍需急扇，令热气稍退。以手重揉之，再散入铛，文火炒干入焙。盖揉则其津上浮，点时香味易出。①

根据上述制法，松萝茶乃精细之炒青绿茶。但这种制法每次炒制时都需要一人专门在旁边不停地扇风，极费人工，根本不可能如明末徐火勃所描写的那样"年产数十万斤"，因此也不大可能大量普及其制法，而更像是文人士绅阶层之间一种雅致的"玩茶"方法。周亮工在《闽茶曲》中以松萝茶制法炒制武夷茶，"经旬月，则紫赤入故"，极有可能是炒时用大锅，炒后堆放过厚，无法晾开扇去热气所致。到其中并未提到乌龙茶最核心的"做青"工艺。

乌龙茶最显著的特点是其"做青"工艺，"做青"又包括晒青、摇青、揉炒、烘焙等一系列的工序。当地茶农认为：武夷山处于丘陵地带，山高峰险，涧壑纵横，三十六峰、九十九岩耸立横亘，茶山分布点缀其间，行走艰难，且茶厂多设在山麓，距离茶山还有较远的距离。采茶时要翻山越岭，茶青在茶篓和挑篮中，暴于日光之下，便产生了"倒青"（即萎凋）现象；人行走时，茶青在茶篓和挑篮中摇动，便产生"摇青"现象。这样青叶脱掉了部分水分，边缘泛红，这种茶青是无法做成绿茶的，但炒、揉、焙后兼有红绿之色，味道醇厚，受到饮者欢迎。发现了这一市场偏好后，当地人便有意识地进行倒青、晾青、做青、炒、揉、焙等工序，逐渐形成了乌龙茶的制作工艺。

在武夷山的民间传说中，乌龙茶的制作工艺被描述为是当地茶神杨太伯的"发明"，他"发现"做青工艺的过程与前文茶农所推断的内容大致相同。传说杨太伯挑茶叶行走在山路中无意中产生了"摇青""倒青"现象，再经过实践、摸索，发明了晾干、揉青、烘、焙、分拣的一套工艺。②

---

① （明）闻龙：《茶笺》，萧天喜主编《武夷茶经》，科学出版社2008年版，第93页。
② 《制茶祖师杨太伯》，萧天喜主编《武夷茶经》，科学出版社2008年版，第361—362页。

关于武夷岩茶的制作工艺的文本记载最早见于清朝王复礼的《茶说》，文中所描述的"炒焙兼施，烹出之时，半青半红"，"茶采而摊，摊而摝，香气发越即炒……即炒即焙，复拣去老叶枝蒂，使之一色"等描述与现在的岩茶制作流程基本一致。①

根据上述有关岩茶制作技艺之发明的记载，按照表述者的身份大致可以分为两大群体：一类是以官、僧和文人为代表的知识精英，在历代有关茶叶制作的文献资料中，这一部分人基本上是具体和具名地出现的，比如上文中的崇安县令殷应寅、黄山僧人、周亮工、闻龙等；另一类群体则是处于社会下层的、无名的"茶农"群体，他们只共同拥有"当地茶农"的整体身份。前者是属于社会精英的小部分人，后者则是无名的大众。前者在传统社会中掌握着文化与书写的权力，他们的知识可以通过文本流传后世；后者则是不识字的群体，他们的"技艺"通常通过口述身授而代代相传。从两种群体对制茶技术的影响来看，文人士绅们虽然也亲自"制茶"，但他们所制的茶的量非常少，且对"制茶"过程讲究详细的记录和总结，这非常类似于西方"技术"之发明过程中的科学实验和理论归纳。此外，文人雅士参与"制茶"是建立在"品茶"和"玩茶"的基础上的。中国古代的茶道，至迟在唐代中叶已形成一套完整的体系，采茶、制茶、烹茶、饮茶，都有明确的规范，非常严谨。以烹茶为例，首先要求有一套特制的茶具，包括炉、釜、碾、杯、碗等。这一套烦琐的饮茶规范，只有在社会上层中才有可能得以推广，比如宋朝时期，在文人雅士之间曾兴起"斗茶"之风。知识精英们为了追求饮茶时获得更好的口感也会想办法提升制茶技术，因而他们对技术的改进通常具有明确的目的性和刻意性。与之相反的是，广大茶农是将"制茶"作为生计来源，制茶的过程非常辛苦却很少有机会喝到好茶，比如民国以前武夷山的茶工日常所饮之"茶水"大多是由"毛茶"中挑剔出来的茶梗和碎叶所泡。然而，作为在茶叶加工过程中的实际操作者，茶工们却常常在不经意间，偶然地"发明"了新的加工方法，由此起到改进技术的作用，正如前文中武夷山当地人对"做青"技艺发明的解释。

---

① （清）王复礼：《茶说》，阮浩耕等点校注释，《中国古代茶叶全书》，浙江摄影出版社1999年版，第525页。

从岩茶制作技艺的发明来看，精英与大众之间的技术传播并不是封闭的，文人笔记中常出现"寻访山中茶农"的表述，而知识一旦被书写以后往往会被赋予一种神圣性，因而经由文人记载下来的"技术"往往又被茶农视为加工茶叶时的参照和规范。因此，就这一点而言，书写文本（writing text）与口头知识（oral knowledge）的传播是互相渗透的。正如白馥兰（Francesa Bray）指出的，官方支持的农学与农民的地方知识结合成一体。地主和文人从年长的农民那里获得特殊的地方知识，并改造和创作出农学著作为地方所用。① 而我们在对待非物质文化遗产之中的"传统手工艺"时，往往过分强调其来自于民间的发明和农民的手工，容易忽略知识精英在这一过程中的催化剂作用。事实上，传统手工艺从实践中的摸索到最终形成较为稳定的技术这一过程中，"精英"（elite）与"大众"（masses），"有文化的"（literate）与"不识字的"（illiterate），"书写的"（writing）与"口述的"（oral）从来都不是相互隔绝的，恰恰相反，对比、参照、借鉴和融合常常发生于的二者的接触过程中，而"传统手工艺"的最终形成则是"书写文本"与"口述知识"互相影响、共同演进的结果。

三　"喊山"——传统技艺中的信仰与仪式

武夷岩茶的采制之日，当地俗称"开山"。"开山"时间多在立夏前二、三日，茶农多认此为"法定"时期，视为不可更改之金科玉律。② 武夷山茶农在每年开始上山采茶制茶之时，均先祭山。在开山采茶的第一天拂晓，全体茶工起床漱洗毕，由"包头"（一说为厂主）带领在杨太白公神位前燃烛烧香礼拜。此时有各种禁忌，最要者即禁止言语，据迷信

---

① Jacob Eyferth：《书写与口头文化之间的工艺知识——夹江造纸中的知识关系探讨》，胡冬雯译，《西南民族大学学报》（人文社会科学版）2010 年第 7 期。

② 据当地老农回忆，四十年来仅有两年开山时期是破例，一在宣统元年，是年天气早温，开山时期，提前于立夏前十七日，即谷雨后三日；一在民国十四年，开山提前在立夏前十九日，茶刚下山，次日立夏日。除此外，四十年来开山时期在立夏前，至早四日，至迟一日。林馥泉：《武夷茶叶之生产制造及运销》，福建省农林处农业经济研究室编印，1943 年版。萧天喜主编：《武夷茶经》，科学出版社 2008 年版，第 623—715 页。

说：禁止言语以免触犯山神，以利本春采制。早餐应站立用饭，禁止坐食。饭后由"包头"及"带山茶师"领路，走赴茶园开采。包头鸣炮礼送。① 茶工出厂直至茶园，仍不能言语，且不得回顾，据迷信说，开山之日，出厂回顾，一春要患眼疾。到茶园后，带山茶师即用手指示各采茶工开采，约过一个时辰后，厂主至茶园分香烟给茶工才可开禁说笑。②

这种"开山"仪式大约是在民国时期较为盛行。此外，名丛采制成茶后，要立即冲泡成茶汤，敬奉在神像尊前，然后焚香顶礼。礼毕，茶主端杯——向茶工敬茶，谨祝工人生产平安。中华人民共和国成立以后，尤其是在 1966 年中央提出了破除"旧思想、旧文化、旧风俗、旧习惯"的口号，广大农村经历了一系列"扫除封建迷信"的运动，连端午、中秋、春节等传统节日都受到了冲击和"改良"，像"开山"这样充满浓厚迷信色彩的活动基本上被废止了。据林馥泉调查："武夷山采茶俗例，天不分晴雨，地不分远近，午餐均由挑工挑到山上吃。虽然大雨倾盆，工作在厂门前数步，采工亦不肯进厂用其中饭，问其原因，均谓此乃开山祖杨太白公之规矩，无人敢犯，殊不知此乃昔日主持茶厂之僧侣隐士，终日饱食无事，所想出无数剥削人工方法之一，用神力压服人心已耳"。

从人类学的角度来看，仪式本身也是一个建构权力"话语"的过程。换言之，仪式就是一个"建构性权力话语"，而不仅仅是一种被借用的工具。如果将"权力场域"引入到仪式关系中，仪式仿佛成了辅助社会角色提高社会权力和声望的工具。③ 而这种权力和声望通常是通过在仪式中不同的角色建构起来的，在许多仪式场合中，仪式的主持、主事扮演着重要的角色，他们是仪式中与神灵交流、交通的关键，通过与神灵的这种"沟通"，主事者建立起在仪式群体中的威望。在武夷山的"开山"仪式中，包头祭祀茶神"杨太白"，"带山"放鞭炮告知"山神"是仪式过

---

① "包头""厂主"（岩主）、"带山茶师"均为武夷岩茶制作过程中的特殊分工称谓。"包头"负责为某一茶厂到江西预订并带领一群茶工到武夷山，并负责茶工在春茶采摘期间的管理工作。类似于现在的"包工头"。"厂主"又称"岩主"，也即是茶厂的主人。"带山茶师"即是武夷山各岩茶厂带领、指导、监督采茶工的领头人——笔者注。
② 武夷山市志编纂委员会：《武夷山市志》，中国统计出版社 1994 年版，第 1035 页。
③ 彭兆荣：《人类学仪式的理论与实践》，民族出版社 2007 年版，第 149—150 页。

程中最为关键的与神灵沟通的部分,通过这种祭祀角色的扮演,"包头"和"带山"建立起了一种特殊的、有目的的、带有宗教信仰色彩的等级系统,从而成为此时和此景的"当权者"。

据耋老回忆,旧时武夷山茶厂的厅头或吃饭厅的上首,都有杨太伯的神位,有的用红纸撰写,有的用硬木雕刻。平时一炷香一盏灯,采茶时节的开山、做墟、下山,不但要点香点蜡烛,而且要将菜肴先盛上一份供其享用。而在一些记载中,杨太伯与"山神"互相交织在一起,难以明确区分。如郑丰稔在《茶》中记载:

> 武夷茶原属野生,非人力所种植。相传最初发现者为一老人,邑人立庙祀之。释超全《茶歌》云:"相传老人初献茶,死为山神享朝祀"。①

据传,杨太伯公是唐代人,真名已无从可考。他出生于江西抚州,是第一个入武夷山开山种茶的先祖。他客死于武夷山,茶农奉其为神,配享于高堂神位,并赠以"公"字以表尊重。其妻李氏,乡人呼其"李太婆",死后与夫君一同受祀香火,享号"李太夫人"。杨太伯虽然被神化为制茶的祖师爷,但在当地传说中同样也有极具"人情味"的一面。武夷山的包头对杨太伯公的祭祀极为虔诚。传说杨太伯公受了包头的供奉,在茶厂起茶时就会坐在装茶的竹篾软篓中,李太夫人则用手轻轻托起秤砣,这样茶叶重量就增加了。因为茶行(庄)派有起秤先生在厂中看秤计数,所以茶运到茶行(庄)后短秤了,自然与包头无关了。旧式岩茶厂中有民谣唱道:"杨太公,李太婆,一个坐软篓,一个托秤砣"。②

当地还流传着一些山中的鬼怪传说,这些鬼同样也极具人格特征,比如喜欢恶作剧的、贪吃的等等。山中闹鬼的事传说时有发生,包头和茶工们都深感惧怕。而他们的解决办法通常只能格外勤快、虔诚地供奉

---

① (清)郑丰稔:《茶》,刘超然、吴石仙主修《崇安县新志》(十九卷·物产),民国三十一年版,武夷山市志编纂委员会整理,1996年,第585页。
② 黄贤庚:《武夷茶神杨太伯》,《武夷茶说》,福建人民出版社2009年版,第170页。

杨太伯公，祈求他驱赶鬼怪邪气。

武夷山流传着如此之多的鬼神信仰，事实上是由当地固有的生态环境和生计模式决定的。人烟稀少的山区本身就是狐仙鬼怪等传说的发源地，旧时武夷山的岩茶厂，分散在九曲溪各个山峰之间，偏僻孤立，除制茶、挖山时节外，平时只雇一人看厂，也不带家室。山中平时人迹罕至，入夜以后山影崔嵬、树影摇曳，极其容易让人产生恐惧心理，因此山中常常"闹鬼"。对于武夷山的茶工而言，鬼与杨太伯公是一对"相对相生、相反相成"的文化符号。正是有诸如此类让人惧怕的鬼怪，因此人们需要另一位相应的"神"去化解这一恐惧感；也可以说，鬼怪传说的盛行更加巩固了杨太伯公在茶工心目中的神明地位。厂中的包头对杨太伯公奉若神明，虔诚祭祀，也是利用其符号意义安抚人心。

上述的开山仪式是由各个茶厂的包头自行组织进行，而在整个崇安县境内，则另有由县丞主持的"喊山"仪式在御茶园进行。御茶园遗址位于九曲溪的四曲溪南，现为武夷山茶叶研究所的名丛、单丛标本园。《武夷山志》中曾记载元至顺三年的"喊山"仪式如下：

> 至顺三年，建宁总管暗都剌于通仙井畔筑台，高五尺、方一丈六尺，名曰"喊山台"。其上为"喊泉亭"，因称井为"呼来泉"。旧志云：祭毕，隶卒鸣金击鼓，同声喊曰："茶发芽！"而井水渐满，故名。①

此俗后来逐渐简化，只在茶叶开采时由茶师在茶厂叫喊"好收成""好价钱"这些词语代替。农业合作化后，此俗不存。在民国时期极有可能是被各个茶厂的"开山"仪式取代了。但20世纪80年代以后，武夷山市积极发展旅游业，为了吸引游客和扩大武夷茶的影响力，在一股"传统的复兴"浪潮之下，武夷山市政府又积极组织和恢复了这一传统的"喊山"仪式，每年惊蛰日，由政府官员穿上古代朝服，仍然沿用了古代的祭文，念道：

---

① （清）董天工：《武夷山志》，方志出版社2007年版，第322页。

> 惟神，默运化机，地钟和气。物产灵芽，先春特异。石乳流香，龙团佳味。贡于天子，万年无替。资尔神功，用伸常祭。①

人类学家特别强调仪式所具有的社会历史叙事能力，特别是它的象征性功能。武夷岩茶在采摘之前的这一系列祭祀仪式是建立在当地丰富而特定的语境中的，具有明显的社区叙事功能。传说杨太伯公的祖籍为江西，而武夷山的茶工大多来自邻近的江西，且制茶技艺高超，当地人称"唯有江西人才是制茶的大佬"，可见杨太伯公虽是传说中的人物，但对其祖籍地的"选择"却是建立在当地人对茶工来源地的认知基础上的。"喊山"祭文中的"石乳流香，龙团佳味。贡于天子……"则追溯了宋朝时武夷茶被制成"龙团凤饼"进贡朝廷，以及元朝时福建转运使行右副都元帅高兴监制"石乳"觐献元帝忽必烈的历史。通过"仪式"对历史的再现和叙事，在茶工群体中建构起了一套特殊的知识系统的符号象征表述，也在茶季到来之前唤醒了这一群体对集体性"知识"的记忆。此外，随着每年茶季的到来，"喊山"仪式与四季轮替，节令变化的自然节律融于一体，它本身也获得了一种"神圣性"。范·盖纳普（Van Gennep）将通过仪式定义于"一个阶段向另一个阶段的过渡"②，时间被人为地区分为有临界状态的"阶段"。在武夷山采茶之前的"开山"和"喊山"，当地人正是通过放鞭炮、呐喊、祭祀等仪式手段，与自然环境，及非经验所能及的想象性存在（神灵系统）之间进行交通和沟通，通过放炮及呐喊，仿佛是唤醒沉睡了一冬的大山，并将即将开始的制茶工期焚香禀明山中的神灵，祈求得到山神的福佑。"喊山"正是采茶前与开始制茶之间的一个时间临界点，使茶工们从正常节律的日常生活中立即过渡到紧张繁忙的茶季中，在延续性的时间轴上，建立起了两个时间段之间的明确界限，仪式过后，茶工们几乎是一刻也不敢耽误地开始了紧张的采茶制茶。

---

① 武夷山市志编纂委员会：《武夷山市志》，中国统计出版社1994年版，第1035页。
② Van Gennep, *The Rites of Passage*, Chicago: The University of Chicago Press, 1969, p. 3.

四　余论：对非物质文化遗产中的"传统手工艺"概念之反思

当今对"非物质文化遗产"的关注和强调可以说是一个全球普适性问题，作为这一场社会浪潮的发起者和行动制高点，"联合国教科文组织"颁发的《保护非物质文化遗产公约》无疑成为了各国非物质文化遗产保护运动的行动圭臬。然而，每一个文明体都有自己的概念、分类和命名体系，中国尤是，我们切不可未经梳理，未及反思就贸然使用不属于自己的表述体系。在联合国教科文组织的《保护非物质文化遗产公约》中，"传统手工技艺"条目对应的英文是"traditional craftsmanship"，在英文语境中特别强调的有两点，一是"手工制作的"；二是"精致美丽的"。我国在将其翻译成汉语的"传统手工技艺"时，对应的英文则有可能指的是技术（technique）、技艺（technology）、手工艺（handcraft）中的任何一种。西方的科技史专家在对传统中国的"技术"进行研究时，易于极其刻板和大大简化，而且依赖于诸如"生产关系""知识累积"（Stock of knowledge）这样的分析范畴，通常只关注了属于"技"的部分，却往往忽略了"术"在组织生产、技艺传承以及加强社区群体的认同感和凝聚力等方面的作用。而笔者认为，要充分认识中国的"传统手工艺"这一知识系统，切不可忽略"术"在组织生产、凝聚认同、传承技艺方面所起的作用。

首先，从"非物质文化遗产"的定义来看，特别强调是来自民间的知识和技能，但在武夷岩茶制作技艺的发明过程中，来自民众的身体技能、口头传承与来自文人群体的书写文本是互相渗透的：一方面民众吸收并采纳了来自社会精英的"书写的知识"，将之作为生产技术的指导；另一方面，精英记录的文本相当一部分内容来自士大夫们在山中寻访茶农的"田野笔记"，并结合了自己的实践与"创新"。可见，"技"的发明实际上是在"书写文本"与"口头知识"的相互借鉴和融合的过程中形成的。

其次，岩茶的产制既是一项工艺流程复杂的身体实践之技能，同时又与建立在当地的物质环境与人文环境基础上的观念信仰不可分割。一些稳定的地理环境因素,如茶山离茶厂的距离远近、茶树是背阴或是向阳、当年的雨水量、茶树的品种等,以及临时性的天气变化等因素也都会不同程度地渗透制茶的技艺实践中,茶工们必须要随机地对"技术"加以调适,以应变具体的环境差异。同时,在闽北山区还流传着一些山神鬼怪的传闻,为驱赶鬼怪邪气和保证茶叶丰收,在茶工群体中逐渐形成了一套对武夷山神和茶神杨太伯的信仰和祭祀系统。因而,在岩茶的产制过程中,个人的身体技能、周围的物质环境以及群体性的信仰与祭祀仪式共同作用而形成了一个知识系统,其中任何一种要素都不能单独地从岩茶加工技艺中抽离出来。

在对科技史的研究中,研究者通常都不否认"技术"是具体展现型的知识,这种技巧是通过反复地实践,通过实践者的双手以及灵敏的身体部位的身心储存来获取的一种具身化的默会知识(tacit knowledge)。这一技术与从业者本身乃至社区都紧密联系在一起,不可分离。① 但这一观点事实上只陈述了传统手工业中"技"的部分。西方科技史研究中的"技术"(technology)一词并不能完全涵括中国的"传统手工艺"范畴,我们最好将汉语中的"技术"一词分解为"技"(technology)与"术"(witchcraft)两个部分来理解。以武夷岩茶产制技艺为例,要理解传统社区中的手工业"技术",必须将"技术"置之于由社区历史、神话传说、家族谱系等经线与具体时空中的仪式、信仰、禁忌、日常生活习俗等纬线编织而成的"意义之网"中去把握。茶工们在采茶、摇青、炒茶、揉茶、焙火的程序中,不断地进行一些重复性、连贯性动作,并通过"思考的手"(mindful hand)形成了对自身身体及双手的力度、角度等的控制——这部分具身化的技巧,基本上对应于西方的"技术"(technology)一词及汉语中的"技"。在汉语中,"技"有两方面的含义:一是指技艺、本领,如"一技之长";二是指掌握了某一项技艺的"工匠"。② 总之强调的都是手工的、专门性的生产技能。但另一方面,在武夷山流传的有关茶祖的传说、各种鬼怪故事、每年茶叶采摘之前的"开山"仪式及县

---

① [德]雅各布·伊弗斯:《人类学视野下的中国手工技术定位》,胡东雯、张洁译,肖坤冰校,《民族学刊》2012年第2期。

② 《辞海》,上海辞书出版社1979年版,第1532页。

境内由官方组织的"喊山"仪式也内嵌于茶叶的生产过程之中,融入到了茶工们的日常生活中,成为茶叶产制过程中的有机组成部分。这些仪式及鬼神传说虽然表面上看是属于脱离于实践的心理及观念层面,但对杨太伯公的信仰、对山神的敬畏以及对鬼神的惧怕均实实在在地渗入茶工们的实际行为中,并形成了与之相适应的一套趋吉避凶、祈求丰产的仪式和禁忌,笔者倾向于将这部分的内容理解为"术"(witchcraft)。"术",在古代汉语中有几个层面的意思,如"技术""手段"和"方法",但并不特别强调手工,反而重视对自然现象的观察和操作。如"术数"(一作"数术"),"术"是方术,"数"是气数,即以种种方术观察自然界可注意的现象,来推测人或国家的气数和命运。[①] 可以看出,"术"在中国古代既代表一种技艺和方法,也与"法术",或可称之为"巫术"相关。按照中国"士农工商"的社会阶层排序,"技"与"术"都被划归为从事"手工业"的贱民群体之中,与"技"相关联的大多数是一些带有贬义色彩的词语,如"奇技淫巧""黔驴技穷""雕虫小技""伎俩"等,而"技"之所以受到轻视和贬斥,在很大程度上是因为人们常将之与江湖术士的巫术、魔力、咒符等联系在一起,沦为正统儒学士大夫们排斥的对象。比如,在中国古代,从事木工、金属业的工匠被普遍认为会某些法术,他们可以通过在一些不起眼的角落安装一些"机关"而对房屋主人的运势产生影响。而在传统手工艺的传承中,"技术"的确通常吸纳了社区中的鬼神崇拜、行业神信仰、风俗习惯等属于"术"的范畴,从而确保了有组织、完备、高效的"技术"之运转。

---

① 《辞海》,上海辞书出版社1979年版,第2856页。

从杨柳青年画看天津年俗

——兼论年画的文献价值*

黄旭涛**

摘　要：年画是艺人描绘日常生活、表达生活理念的一种叙事方式，具有记录地方性知识和反映民众意识的历史文化价值，是研究地方社会的重要文献类型。杨柳青年俗年画反映了清末民初天津年俗中忙年、年节饮食、娱乐、祭祀活动的地域特色，及其中蕴含的重视团聚、讲求秩序、崇商重利、渴望财富以及基于农耕文化的生活观念，折射出天津作为码头商埠发展起来的城市历史记忆、价值观念和理想追求。年画题材内容是遗产保护和研究中的重要面向。

关键词：杨柳青年画；天津年俗；年节观念；文献价值；遗产保护

杨柳青木版年画是中国民间传统文化的优秀代表，它以精良的制作工艺、丰富的题材类型、饱满的色彩图案及独特的绘画风格，位居中国木版年画的翘楚。作为历史上普通民众日常生活的重要组成部分，年画不单是一种艺术形式，还是人们描述日常生活、勾勒生活图景和表达生活理念的一种叙事方式，有记录地方性知识和反映民众意识的历史文化价值。从这个意义上说，杨柳青年画是研究天津地方文化的重要文献

---

* 原文刊于《民间文化论坛》2017 年第 4 期。
** 黄旭涛，南开大学周恩来政府管理学院社会学系副教授。

类型。

杨柳青年画题材广泛、内容丰富，人间世俗生活无所不包，据调查，历史上曾有上万种造型各异的木版，目前整理恢复了三千多种，[①]题材内容涵盖神话故事、历史典故、小说传奇、戏出、时样节景、仕女、娃娃、山水花卉、吉祥图案等。长期以来，学界对杨柳青年画或年画的研究多侧重于艺术方面，如创作技术、艺术风格及其地域特色；[②] 也有部分对年画题材内容的研究，如，对年画题材类型的分析及其折射的人文精神、审美意蕴的研究；[③] 通过年画透视地方社会的信仰观念等。[④] 总体而言，年画题材方面的研究成果的数量与其自身的丰富程度远不匹配，对年画题材内容的地方文化意义的阐释还没有得到充分体现。本文通过整理分析杨柳青年画中反映春节习俗的题材类型，透视天津年俗的地方特色及其中蕴含的年节观念，并以此为例兼论年画的文献价值。

一 年俗年画的题材分类

本文将反映春节习俗的年画称为年俗年画，特指以描绘"年"，即从腊月初八至二月二期间的习俗活动为题材的年画。笔者搜集到 49 幅年俗年画[⑤]，除了三幅是以民国为时代背景外，其他均反映清代年俗，按主题分为以下类别（见表1）。

[①] 天津市西青区文化局提供数据。

[②] 薄松年：《记杨柳青年画的制作及其他》，《美术研究》1958 年第 2 期；冯敏：《中国木版年画的地域特色及其比较研究》，《郑州大学学报》2005 年第 9 期；朱洪启、刘斌：《消费文化语境中杨柳青年画木版技术变迁研究》，《自然辩证法研究》2008 年第 7 期。

[③] 张士闪：《中国传统木版年画的民俗特性与人文精神》，《山东社会科学》2006 年第 2 期；李新华：《山东民间木版年画的内容和审美特征》，《民俗研究》1995 年第 1 期。

[④] 侯杰、王凤：《视觉文化·妈祖信仰·社会性别》，《宗教学研究》2016 年第 2 期；辛太甲、李净昉、侯杰传：《统媒介的视觉阐释》，《燕赵文化》2014 年第 4 期。

[⑤] 年画搜集自王宝铭编著：《杨柳青年画与岁时节令风俗》，新蕾出版社 2013 年版；冯骥才主编：《中国木版年画集成杨柳青卷》，中华书局 2007 年版；贾长华主编：《天津卫大过年》，华中科技大学，2006 年。

表1　　　　　　　　　　　　　年画主题分类表

主题		年画名称	年画内容
祭灶		上天降福，新春大喜	一家人祭灶，男主人烧掉旧的灶神祃
忙年		年货担儿	货郎站在年货车旁，孩子们围着车购买玩具零食
		桃符换彩	贴年画、对联，仆人清洗烛台
除夕	团圆	新年多吉庆，合家乐安然	女人包饺子煮饺子、馒头已蒸好、老辈人带着孙辈围坐年夜饭桌边、同辈作揖拜年、男子推骨牌、肥猪拱门、家人看金银财宝囤，灶台和桌下摆放着鱼和鸡
		富禄财喜贺新年，五世同堂乐安然	五世团聚、供桌上摆满供品香烛萦绕、女人们包饺子、晚辈给长辈磕头拜年、门口有人进财水
		五世同居，新年福寿	五代人包饺子、煮饺子、上酒，准备年夜饭
除夕	团圆	大过新年	供桌上摆满供品、家人团聚、儿孙绕膝、男人玩牌、女人包饺子
		发财还家迎新年	在外谋生发了财的人在大年夜拉着一车金银元宝回家与家人团聚
		发财还家过新年（民国）	汽车里装满金银财宝，地上散落着铜钱纸币，家人出门迎接，女子烫卷发、剪短发，穿毛领大衣
		庆贺新年	"阖阖同守岁，兄弟共升官"，邻居们聚在一起守岁，妇女包饺子、孩子们在玩"升官"游戏
		团圆饭	一家人围坐在一起吃团圆饭，有人伺酒
	放鞭炮	三十夜	家家户户团圆吃年夜饭，子时出门放鞭炮迎接新年
		大街迎淑气一声振春雷	一家四口放鞭炮和烟花，孩子们举着鱼灯、莲花灯
		双喜临门	一大家子人放烟花
		放鞭炮	儿童举着灯笼和空竹放鞭炮
		爆竹生花过新年	一家人围观放烟花
初一拜年		恭贺新禧	家人相互拜年，仆人向主人拜年行跪拜礼
		拜年	家人相互作揖拜年，门外有客人拱手向主人拜年

续表

主题		年画名称	年画内容
初二敬财神		新正初二敬财神（1）	一家人在财神像前举行敬财神仪式，院门口有人手提水桶往进走
		新正初二敬财神（2）	妇女们包饺子、煮饺子，财神化身人形降福家中，送财、送和乐
		新正初二财神进	屋里男主人和孩子朝财神像方向作揖叩拜，门口有抬着财宝的神灵光临
		合家欢乐接财神	一家人往门口跑去迎接财神
		新年吉庆、大发财源	一家五代人在庭院的供桌前敬拜财神，各路财神踩着祥云出现在供桌上方
		财神到了	一家人在院子里恭迎扮成财神的人
春节游戏		抖空竹	三个娃娃抖空竹、打太平鼓、抽陀螺
		太平世界	击太平鼓
		太平春	人们围观击太平鼓
元宵节	闹元宵	正月十五闹元宵	十个胖娃娃挑着花灯、敲锣打鼓闹元宵
		庆赏元宵	男人们敲锣打鼓奏乐唱曲，女人们围在四周边欣赏边哄婴孩，儿童打着花灯玩耍
		元宵节	一家人在家中观赏木偶戏
	逛灯	观灯	观赏花灯
		过灯节	一富户在院内挂莲花灯赏灯
		灯会	大街上彩楼牌坊上缀满灯，下面游人如织
		逛灯	妇女带着孩子提灯笼结伴到街上游逛，有小商贩售卖东西
		新正十五逛花灯（民国）	妇女孩子们举着花灯在街道上游玩
		正月十五逛花灯（民国）	人们举着鲤鱼、龙和凤凰造型的花灯在以洋房为背景的街道上游玩
	花会	花会	一群孩子敲锣打鼓、抬着宝辇、打着旗幡表演花会
		秧歌会	渔樵耕读造型的秧歌演员正在演出
		狮子会	围观舞狮
		龙灯舞	舞龙灯，虾、蟹、鱼造型的花灯穿插其间

续表

主题		年画名称	年画内容
	花会	时兴十二月闹花鼓	一群妇女腰胯花鼓扮演戏出故事的角色
		高跷会（1）	高跷出会，角色有武松、傻妈妈、傻儿子、渔翁
		高跷会（2）	在一富贵人家院中演出高跷，角色有武松、青蛇、丑角
		高跷会（3）	独流镇高跷会表演现场，有打焦赞、小上坟、刘全进瓜、断桥、渔樵耕读的角色
	走百病	走百病	三五成群的妇女一边游赏花灯一边走百病
	猜灯谜	猜灯谜	张灯结彩的大厅里有人写谜语，有人猜谜
正月二十五填仓		填仓	一人在地上画囤，囤里砖头压着粮食，两侧是满满的粮仓
		老鼠娶亲	老鼠的娶亲队伍遇到一只大黑猫，被生擒
二月二		二月二龙抬头	皇帝扶犁耕种，官员牵牛撒种，娘娘送水送饭

年俗年画基本涵盖了天津从腊月二十三到二月二期间主要的年俗活动，如，小年祭灶、忙年、贴春联年画、除夕家人团聚、祭祖敬神、吃年夜饭、包饺子、守岁、拜年、放鞭炮、接财神、放烟花、赏灯、看花会、填仓等。从数量分布来看，年画题材主要集中在除夕和元宵节两个时段的民俗事项上，重要的习俗活动反复出现在不同年画中。这些年画勾勒出清末民初天津年俗的概貌，突出了重要的年俗事项。根据一般传承规律，流传至今的年画都是影响面大、接受程度深、受众多的年画，以上年画基本反映出天津人对年俗的认识，折射出天津人的年节观念。

二　年画里天津年俗的地方特色

将年俗年画与其产生的社会文化背景结合起来，可以透视年画中天津年俗的地方特色。

（一）忙年的天津记忆

置备年货是天津人忙年的核心事件，腊月，除了场地固定的年货市场外，还有大量推车挑担背包袱的货郎担们走街串巷，满足家户对年货的需求，年货担儿们的吆喝声是老天津人记忆中的"年味儿"的组成部分，《年货担儿》就是这一年俗的形象缩影。天津的年货担儿是来自周边郊县如静海或北辰宜兴埠的农民，有买卖碗筷等日用杂货的小贩儿；有"以苇箔夹之肩负"①的买卖年画剪纸等年节装饰物年画小贩儿；其中买卖玩具零食花炮的年货担儿们最吸引孩子们，年画保存了这一记忆。

《桃符换彩》表现了另外一些重要的忙年事项。

一是张贴年节装饰物。"二十九贴倒有"，《桃符换彩》显示了贴春联和年画的场景，在《新年多吉庆，合家乐安然》中还可以看到窗花和吊钱。吊钱是红色的纸或帛镂刻出吉祥图案的年节装饰物，是天津的标志性年节装饰物。对天津人而言，过年没有吊钱是不行的，如清代天津诗人周宝善诗曰："先贴门笺次挂钱，撒金红纸写春联；竹竿紧束攒前寻，扫房糊窗算过年"。《天津志略》也记载：岁末"商家居民，各于门前纷贴挂钱"②。每到腊月二十九，天津的大街小巷，从商家店面到平常家户的门窗上都贴上了吊钱，一排排红彤彤的吊钱随风飞舞，整个城市的年味儿就被舞动起来了。

一是打扫卫生。天津年俗谣谚："腊月二十五，掸尘扫房土；腊月二十七，里外洗一洗；腊月二十八，家什擦一擦；腊月二十九，脏土全搬走"。《桃符换彩》中，一位仆人正在擦洗烛台，这是天津人年前擦拭家什时十分注重的细节之一——"擦铜活儿"。"铜活儿"是指铜香炉、烛台蜡扦、桌柜箱橱的拉手合页等铜装饰，去掉污垢后再用清水抹净就变得亮晶晶的。擦铜活儿是20世纪80年代以前家里摆放老式家具时代的事情，所以，年画能勾起老天津人对童年年节的记忆。

---

① 张江裁编：《京津风土丛书》，北京和平门外南新华街松筠阁，1938年5月。
② 丁世良、赵放编著：《中国地方志民俗资料汇编·华北卷》，北京图书馆出版社1997年版，第54页。

(二) 年节饮食特色

除夕团圆图中每每看到年夜饭,年夜饭菜式丰盛,最醒目的菜式就是全鱼。对于居住在渤海之滨、运河岸边的天津人而言,"河海二鲜"向来是重要食材,年夜饭中一定要有鱼,取其谐音"连年有余"。年画中,除了餐桌上有鱼外,灶台上、桌子下也都摆放着鱼和鸡,都在传达"吉庆有余""连年有余"的吉祥寓意。

包饺子是年画中出现次数最多的场景,家中女眷除了必须照顾婴孩的外,几乎都在忙着包饺子、煮饺子,这自然是因为饺子是天津人年夜饭的主食。而在《庆贺新年》中,有守岁时还在包饺子的画面,这则反映了天津特有的年俗。天津人保留着新旧年交替的交子时分吃饺子的习俗,这顿饺子必须是素馅儿的,蕴含着人们希望新一年素净平安的心愿,所以,妇女们在吃过年夜饭后的守岁之际还要接着包饺子。

馒头、接年塔等面点也会出现在年画中的灶台或供桌上。清代,天津人从正月初一至初五"不以生米为炊",谓之"忌破五","前五日家众吃隔岁饭,不忘旧之义也"。①所以,腊月要准备充足的馒头、豆包等易于存放的面点做正月的主食。馒头蒸好后,主妇用筷子在馒头顶部点上红点,取鸿运当头大发家之意,《新年多吉庆,合家乐安然》中灶台上的馒头正是这样的。接年塔是红枣点缀在层层叠叠的圆形面饼中的外形似塔的面点,是天津祭祖的必备供品,因此出现在年画中的供桌上。接年塔在祭祖后全家人于大年初一分食,有连接新旧年的含义。

(三) 娱乐形式多样

年画中,以看花会为主题的年画有 8 幅。天津的民间花会均为皇会的组成部分,皇会是天津人为庆祝妈祖娘娘诞辰而举行的庆典仪式,因其表演精湛曾受到清朝皇帝封赏而被称为皇会。历史上,天津的民间花会数量最多时达 110 道,其精彩绝伦的表演技艺使之成为年节活动中人们最重要的娱乐期待,而民间花会的表演也往往将元宵节的热闹氛围推向

---

① 丁世良、赵放编著:《中国地方志民俗资料汇编·华北卷》,北京图书馆出版社 1997 年版,第 48、78 页。

高潮。年画记录了几道著名花会的角色扮相和故事情节，也保留了他们表演的精彩瞬间，高跷会还反映了花会表演途中被大户人家请到家里单独表演的习俗。

以赏灯为主题的年画有 6 幅，画中，牌坊门楼上挂满灯笼，街道上游人如织，人们手里打着灯笼。对年画造型的理解不能离开其产生的社会文化背景。在清代，天津是全国第二大商贸中心，商业繁荣经济发达，形成了"民俗尚华侈"的奢靡竞富的习俗风尚，"天津密迩上都，水陆交会，俗颇奢靡，故声色最焉。缠头丰侈，攘臂纷纭，南北所经，无与同者"①。元宵节期间，各大集镇如武清城关、王庆坨、河西务、杨村的大商家、杨柳青、葛沽等地都要搭彩楼，悬挂各式彩灯，尽显喜庆，也透着争魁斗富的心气儿。宫前街、估衣街、北马路各大商业区，也在花灯造型上大做文章，精美的花灯成为商家攀比竞争兼作广告的手段。因此，历史上，天津多地流传着花灯制作的绝活儿，灯节成为能工巧匠展示手艺的机会和比赛的擂台，年年出新，让人叹为观止。《灯会》描绘的正是彩灯点缀的彩楼牌坊；《逛灯》表现了人们去"升仙阁"观赏花灯的场景；《正月十五逛花灯》中描绘了商铺门前、自家院中挂的龙、凤、莲花灯，表现出花灯制作技术的高超。

放鞭炮烟花是喜好热闹的天津人极其热衷的年俗活动。以放鞭炮和放烟花为主题的年画有 4 幅，描绘了孩子们、小家庭、一大家子放鞭炮看烟花的场景，洋溢着喜庆气氛。《抖空竹》和《放鞭炮》描绘了抖空竹、打太平鼓、打灯笼以及抽陀螺的游艺活动。天津人把空竹称为"闷葫芦"，抖起来"嗡嗡"的声音能传出几条胡同，一进腊月，大街小巷的上空就传来嗡嗡的闷葫芦声和清脆的鞭炮声，宣告着年就要到了。天津只在腊月和正月出售和玩耍闷葫芦，所以，闷葫芦声就成为天津特有的年味儿，积淀着老天津人对年的记忆。打太平鼓是清末民初京津一带流行的春节娱乐活动，以此庆贺时世安定太平。打灯笼是除夕夜孩子们玩的一种游戏，即打着灯笼在胡同里、街道上召集伙伴一起出来游走。孩子们一边串胡同一边唱灯笼歌，以召集更多的伙伴，如"打灯笼，烤手

---

① （清）赵执信：《海鸥小谱，〈少年游〉词序》，国学导航，http://www.guoxue123.com/jijijibu/0201/09xycs/037.htm。

喽，你不出来我走喽！一大（枚铜子）一个灯，俩大（枚铜子）一个灯，三大（枚铜子）买个盒子灯，盒子灯亮满院，金鱼拐子（鲤鱼）大花篮噢"。打灯笼从除夕夜一直持续到元宵夜，所以，年画中孩子们手里往往举着鱼、莲花等造型的灯笼。

年画还描绘了猜灯谜、走百病、看木偶戏的节俗娱乐活动。《新年多吉庆，合家乐安然》《大过新年》中表现了推骨牌、斗纸牌等博彩活动，事实上，包括打麻将、推牌九、斗十胡纸牌、摇彩在内的博彩活动，都是天津人春节期间特别是除夕守岁时热衷的娱乐形式。天津作家王伯龙在《新年竹枝词》中写道："舞罢归家一事无，灯前喝雉又呼卢。闲推牌九真豪爽，狗肉将军女信徒"。① 闺中姐妹也多以推牌九作乐。

（四）年节祭祀

年画反映了祭灶、接财神、敬神祭祖等重要的年节祭祀场景。

《上天降幅新春大喜》中一家人正在祭灶和灶台上摆着供品，高香红烛正燃，灶王爷神像已经被男主人揭下来投掷到灶前的火盆里，两侧的对联还在墙上，女主人抱着婴孩向火盆方向望去，两个孩子在堂屋里玩耍。天津讲究"女不祭灶"，所以，祭灶仪式是由男主人主持的。在另一幅《灶神像》年画里，可以发现更丰富的祭灶信息。画中，灶王爷位居正中，身前两侧从底部向上分别是手捧酒壶的童子、手持糖瓜状兵器的神仙、手握卷宗的钟馗等神仙，最上面左侧一个童子端着一簸箕豆子等草料，左侧是灶君的坐骑马。天津有用酒贿赂灶君、用糖瓜祭灶的习俗，"二十四，扫除舍宇，夜舍酒果'祀灶'，荐以饴糖"②。还要为灶王的坐骑准备草料和水，"二十三日，'祭灶'，供以糖饼、糖瓜、黏糕、胡桃等品，又备草料、凉水，谓用以秣灶君之马"③。这些信息在年画里都有记录。

接财神主题的年画有 6 幅，画面以全家人向财神像揖拜、财神带着

---

① 刘炎臣著：《刘炎臣文集》，天津古籍出版社 2015 年版，第 155 页。
② 丁世良、赵放编著：《中国地方志民俗资料汇编·华北卷》，北京图书馆出版社 1997 年版，第 45 页。
③ 丁世良、赵放编著：《中国地方志民俗资料汇编·华北卷》，北京图书馆出版社 1997 年版，第 54 页。

元宝驾临、家人出门迎接财神的场景为主,此外,还能看到有人在挑水,描绘的是天津人正月初二接财神的特殊仪式。在天津,大年初二接财神的隆重程度仅次于除夕接神祭祖的仪式。接财神有两种形式,一是祭拜财神像,天津人传说财神是回民,《合家欢乐接财神》上题:"金鸡连声叫,必是财神到,回回进宝来,刘海哈哈笑,父子望(往)里迎,孙孙快点跑"。所以,在财神像前的供桌上要摆放羊、鸡、鱼之类的供品。民国的地方志中记载了祭拜财神的仪式过程:"初二日之晨,居民、商店,均祀财神,焚香放炮,以羊、鸡、鱼供之,曰'三牲'。又燃火于酒杯中,以供神,燃尽,奉财神祃(以纸绘神像曰神祃)出庭,置松、柏枝于芝麻秸之上,加黄钱、阡张、元宝而焚之"①。另一种接财神仪式是进财水。天津是退海之地,地下水位浅且味道咸涩,吃水一直是难题,因此产生了专门卖水的行业——水铺,营业人员每天推车挑担上门卖水。大年初二早晨,卖水人手拿一束用红绳捆扎的柴火给家户送水,在门前高喊"进财水了!"接财水的人家都会热情接待。

除夕团圆图中多出现供桌,供桌后面有画像,桌上摆着供品,燃着香烛,桌前有人在揖拜,有人在添香,反映了除夕夜敬神祭祖的场景。在天津,敬神祭祖是除夕夜最隆重的祭拜仪式,一般在除夕中午摆好神像祖先牌位、供桌,吃年夜饭前摆好供品,晚上十点左右举行敬神祭祖仪式,人、神、祖先共同庆贺新年。

三 年画折射出天津人的年节观念

年俗年画描绘的情景不仅是现实生活的写照,也表达了人们的年节观念,传递出人们对理想年节的理解和期待。正如天津民俗专家张仲所说,年画是农民构筑的天堂,那儿有人们在现实生活中需要的理想和祈愿,有的能实现,有的根本不能实现,但是农民看了快慰。② 所以,透过年画可以洞察到人们的年节观念。

---

① 宋蕴璞编:《天津志略》,天津市地方志编修委员会编著《天津通志·旧志点校》卷上,南开大学出版社1999年版,第120页。
② 张仲:《天津卫掌故》,天津人民出版社1999年版,第105页。

(一) 重视团聚，讲求秩序

表现除夕团圆主题的年画数量最多，有 9 幅。这类作品画面宏大，人数众多，场景丰富，突出表现四代或五代同堂欢庆春节的其乐融融的大家庭氛围，折射出天津人对年节氛围的理解和期待。

"年味儿"的核心是人情味儿，亲情是最重要的人情，所以，春节的庆贺重点就是家人团圆。历史上天津是移民城市，大概是因为背井离乡讨生活的艰难经历让人们更珍视家人的团聚和家庭的温暖，所以，天津人的家庭观念特别重，至今依然特别重视以父系血统为核心的大家庭合家团圆的过年方式，甚至有出嫁的女儿必须在除夕娘家给祖先和神灵摆供品之前回到婆家团圆，否则有"死娘家人"的严格禁忌。

团圆对那些家中有人在外谋生的家庭而言意义尤为重大，在杨柳青，清代恰恰有一批在外谋生的"赶大营"群体，《发财还家迎新年》描绘了他们带着财宝回家过年的场景。"赶大营"是清光绪至民国年间天津杨柳青人经历的重大历史事件，左宗棠率西征大军进入西北收复新疆，朝廷为了保证军队后勤，号召内地支边，杨柳青货郎们肩挑背扛毛巾、肥皂、布袜、腿带、针线、茶、烟等日用品和食物、常用药品，追随西征军大营做生意，谓之"赶大营"。赶大营带动了大批杨柳青人前赴后继地奔向新疆，当时有"三千货郎遍天山"的说法。赶大营的人只有赚了钱才回家，少则三五年多则十几年，正是这样的生命体验让大营客们格外珍惜和家人的团聚。所以，这幅画的团圆意蕴显得深厚悠远，能引发背井离乡的游子及其家人对春节阖家团圆的强烈共鸣。

团圆图中，井井有条的家庭秩序营造了其乐融融的欢乐氛围。长辈们一般都端坐桌旁、儿孙绕膝，男人们或游戏或聊天，女人们张罗年夜饭或照顾孩子，孩子们给长辈拜年或玩耍，体现出男女有别、长幼有序的家庭秩序。图中多次出现的拜年场面，如晚辈给长辈跪拜、同辈之间作揖、仆人给主人叩拜，强调了尊卑长幼的秩序观念。正是年俗礼仪中的秩序观念维护了五世同堂和谐的团圆氛围。

(二) 崇商重利，渴望财富

天津人对财富的渴望和祈愿表现得尤为强烈，这不仅表现在主题为接财神的年画数量多，其他主题的年俗年画中也每每出现喻示财富的图案造型，如肥猪拱门，即肥猪嘴含元宝正在进门，是天津人观念中典型的财富象征，至今依然是春节时贴在门上的剪纸造型；财神敲门；闪闪发光的满囤元宝；载满元宝的车等，几乎每幅团圆图中都能看到很多财富的象征符号。对财富的渴望还表现在众多以财神和财富为主题的年画中，如，《财神得利，元宝成山》《文武财神一堂聚会》《十八路进财，九九消寒图》《发福生财》《刘海戏蟾》《富贵寿考》《满堂富贵，辈辈封侯》《沈万三聚宝盆》《福禄寿八路进财》《和合献宝》等，这类题材在杨柳青年画造型中十分丰富，是其他地方的年画无法相比的。这类题材的年画将天津人期待财富、祈求发财的价值理念充分表达了出来。

渴望财富固然是中国人在年节时刻表达最多的祈愿之一，年画中出现相关题材也是理所当然的，但这类题材在杨柳青年画中数量之多，不能不让人从天津的历史文化角度来审视年画传递的观念。天津自古鱼盐贸易发达，隋朝大运河开通后，发展为南北物品集散中心和商贸中心，清代成为"京南花月无双地，蓟北繁华第一城"① 的繁华都市，清末对外开通商埠后，国外商家入驻天津，天津又成为中外商贾辐辏，"乃西洋通商各国来津贸易者既多，……中外互市，……轮艘憩迁，别开生面，为北洋通商要地，由是益臻繁盛焕然改观……"②，稳居中国第二大工商业城市和北方最大的金融商贸中心。久远的经商传统和繁盛的商业背景使当地民众形成浓重的崇商观念，"民喜为商贾""逐末者众"③。大批从商者对财富的追逐和渴望带动了整个社会的价值观念，商业文化氛围熏染出重视财富的文化心理。此外，天津还聚集了大量手工业者，他们也有浓重的财神信仰心理。④ 所以，春节期间，天津人要大张旗鼓地迎接财神，除了初二接财神外，天津各地还有其他迎财神仪式，商人们在初四

---

① （清）吴惠元：《续天津县志》卷十九，《艺文·初到津门》，见天津市地方志编修委员会编著《天津通志·旧志点校》卷中，南开大学出版社1999年版，第475页。
② （清）张焘纂：《津门杂记》，张智主编《中国风土志丛刊》第18册，广陵书社2003年版，第12—13页。
③ （清）吴廷华修：《天津县志》卷十三，天津市地方志编修委员会编著《天津通志·旧志点校》卷中，南开大学出版社1999年版，第121页。
④ 天津市地方志编修委员会办公室、天津市老城博物馆编著：《天津通志·民俗志》，天津社会科学院出版社2006年版。

或初六还会举行迎财神仪式。春节拜年，天津人习惯以"恭喜发财"为问候语；春节饮食中，"初三合子①往家转，一转一个大元宝，骨碌碌往家跑"，"转"谐音"赚"，希望来年多赚钱，初八、十八、二十八吃合子，取"合子加八越吃越发"之意，初九、十九、二十九再吃合子，取"合子加九越吃越有"之意，初十、十一、二十一还吃合子，取"合子拐弯得利多"之意，正月十五、二十五蒸"鼠猬驮宝"的面点，喻示招财进宝，诸如此类的表达与象征在春节习俗中不一而足，都在传达期盼财富到家的心理。求财主题及财富造型的年画之多，恰好是天津"逐末者众"的经商传统及其熏染形成的渴望财富的社会心态的真实写照。

（三）基于农耕文化的生活观念

天津郊县的民众以农业为主，年俗是农耕文化的产物，天津年俗中透露着基于农耕文化的生活观念。

年画《填仓》通过描绘正月二十五打囤填仓的仪式，表达了农民最根本的祈愿五谷丰登。《二月二龙抬头》表达劝耕意识。天津农民对破坏农事活动的老鼠怀有畏惧、厌恶、憎恨还有点讨好的复杂信仰心理，正月二十五给老鼠安排了娶亲日，让家人早早睡觉不要打扰老鼠娶亲，但年画《老鼠娶亲》图是以猫为主角的，画面题词："正月填仓二十五，鼠女出嫁离洞府，夫婿前边押轿行，众鼠敲锣又打鼓，眼看喜轿到家门，忽听猫咪一声吼，新郎新娘吞下肚，从此仓房没有鼠"，表达了对老鼠的深恶痛绝。但另一方面，人们又把它看作仓神，认为有老鼠意味着家有余粮、家庭富裕，加之老鼠和刺猬都善于囤积粮食，被认为有招财进宝的神力，所以，正月十五、二十五及二月二，天津人习惯蒸"鼠猬驮宝"造型的面点摆放在门口，表示招财进宝。《老鼠娶亲》年画和"鼠猬驮宝"造型的面点透露出基于农耕文化形成的信仰观念。

四 余论

年画具有记录社会生活的叙事功能。首先，从以上分析看出，杨柳

---

① 天津面食，类似馅饼的带馅儿面食，可以煮食，可以煎烤。

青年俗年画较为全面地描绘了天津春节习俗的场景，与地方志的文字记载形成呼应，比文字更形象具体地描绘了习俗细节，如服饰、饮食、装饰、礼俗。杨柳青年画的一大特点是画面上多有题词，用以解释年画场景的含义，增强了年画的叙事功能。显然，年画对文字很少载录的民俗文化有特别重要的文献价值。其次，年俗年画反映了时代变迁，展示了清代及民国不同时期的生活图景。以民国为时代背景的年画中，人物服饰、背景、手中的器具都具有鲜明的时代特色，画面中出现了汽车、自行车，女子烫发、剪短发、身着时尚的皮毛大衣；最明显的是海河两侧小洋楼的背景，诉说着民国时期天津十里洋场的历史。从其他主题类型的年画中也发现，年画像照片一样记录了时代印记，如20世纪50年代的灶王爷像就把工农形象和拖拉机搬上了画面。[1] 因此，把不同时期的同类主题的年画放在一起比对，就可以看出习俗风尚的改变，折射出社会变迁。

年画还有表达观念和理想的叙事功能。年俗年画体现了天津人对团圆、长幼有序、男女有别、发财致富、五谷丰登的美好企盼，折射出天津从码头商埠发展起来的城市历史记忆、价值观念和理想追求，以及农业生活现实和信仰观念。其他以戏出故事、历史故事、世俗生活为题材的中堂画、炕围画、桌围画、灯箱画等，都在宣传忠孝节义、礼义廉耻的伦理道德观念，传授为人处世之道。杨柳青年画艺人还将自己想要但实现不了的理想生活蓝图描绘出来，如富贵长寿、获得政治地位、创造出可以帮助自己实现福禄寿喜等理想的神仙等等。可以说，年画是民众表达人生观、世界观、价值观的一种叙事方式，其中蕴藏着丰富的人生哲理和深厚的生活智慧。天津人通过年画把这些精神财富一代代传递下去，让后代在日常生活的耳濡目染中接受传统的规范和塑造。

总之，年画具有形象的叙事功能，是记录地方社会文化的宝藏，同时也具有重要的文献价值，因此，在保护"非物质"形态的年画技艺的同时，也要积极保护和研究年画的题材内容，留住地方民众的历史记忆。

---

[1] 贾长华主编：《天津卫过大年》，华中科技大学出版社2006年版，第45页。

文化边界上的道器传承
——非遗视野下的拉卜楞唐卡艺术[*]

牛 乐[**]

摘 要：拉卜楞寺位于青藏高原东北边缘的多民族文化交界区域，其深厚的宗教学术传统成为藏传佛教艺术生存和传播的重要介质，基于远离藏文化中心的边缘性，这种文化介质成功地维持了藏传佛教艺术的一些本原特点，使其宗教与世俗的二元性、隐秘的价值观、特殊的供施关系得以延续和发展。作为一种宗教艺术形式，唐卡艺术的宗教传统和技艺传统互为道器，在某种意义上，唐卡艺术的发展就是这种道器关系的演化史。基于这种特性，一些地方非遗工作中"轻道重器"的理念和操作方式极有可能破坏其本原形式和文化生态，使保护和传承工作演变为一种受经济利益驱使的社会化的赋魅行动。

关键词：拉卜楞寺；唐卡；非物质文化遗产；传承

导 言

拉卜楞不仅是一座寺院，也是一片以寺院为中心的藏文化传承区域。

清代高僧智观巴·贡去乎丹巴绕吉在《安多政教史》中说："黄河南岸所有地区都是不寻常的佛土，这些地区所有寺院依止的根本道场就是

---

[*] 原文刊于《非物质文化遗产》2015年第4期。
[**] 牛乐，西北民族大学美术学院教授。

拉卜楞寺"。① 在甘南藏区的格鲁派寺院中，拉卜楞寺建立的时间相对较晚，却发展成为藏传佛教格鲁派的六大宗主寺之一以及安多藏区最重要的藏传佛教文化中心，并对整个河湟、洮岷多民族聚居区社会形态的发展产生了深刻的影响。

拉卜楞寺建立前的扎西奇（今甘南州夏河县）是甘加部落的牧场，是历史上文明之火与荒蛮的征服交替轮回之地。1708年（藏历土鼠年），在西藏修习佛法四十余年、时任哲蚌寺郭芒扎仓堪布的高僧华秀·俄旺宗哲（即一世嘉木样活佛，1648—1721）受和硕特前旗黄河南亲王②察罕丹津之请返回安多故乡建寺。经过一年时间的寻访，嘉木样活佛一行于1709年（藏历土鼠年）在扎西奇地方驻足，因卜到吉祥的征兆而奠基了一座规模宏大的格鲁派寺院，这就是现在的拉卜楞寺。拉卜楞寺最初的布局和形制完全以拉萨哲蚌寺郭莽扎仓为蓝本，且其后制定的一切宗教法规、仪轨程序、修习体制均按郭莽扎仓的规例执行。嘉木样一世的这一做法无疑映射着一种文化理想，即在藏文化区的边缘，确切地说是在多个文化板块的交界地带重构一种宏大的藏文化图景并以此确立正统的文化身份。

为了达成这一理想，种种来自藏文化核心地区的宗教仪轨、风俗、文化样式均被坚定甚至苛刻地贯彻到拉卜楞寺的文化制度之中，这种文化制度以显密兼修的佛教研习体系为核心，由复杂而严密的修习体制和学位制度构成③。从文化视角看，这种严苛的体制反映了一种多元文化环境下张力极高的文化心理素质。同时，基于远离藏文化中心的边缘性，这种文化体制也体现了一种强烈的自我塑造意识，甘南地区历史上频繁更迭的文明形态所遗留的文化空壳以及农耕、游牧文化交叠所产生的社会形态差异为这种自我塑造提供了足够的文化空间，也由此形成了一种

---

① （清）智观巴·贡去乎丹巴绕吉：《安多政教史》，吴均、毛继祖、马世林译，甘肃民族出版社1989年版，第365页。

② 卫拉特蒙古和硕特部的一支，管辖卓尼、迭部、夏河等地，1701年该部首领察罕丹津受封为多罗贝勒，1723年晋封为"青海右翼盟和硕特前首旗黄河南亲王"。

③ 拉卜楞寺的佛教研习体系由六大扎仓（学院）构成，其中修习显宗理论的闻思学院是拉卜楞寺的学术中心，以研读藏传佛教"五部大论"（《戒律论》、《俱舍论》、《因明论》、《中观论》和《般若论》）为主，设有然卷巴、尕仁巴、多仁巴等三个不同级别的学位，其中多仁巴是最高学位。

宗教文化和多元民族文化互为表里的特质。

拉卜楞寺的成功首先来自其在佛学研究上取得的高度成就和影响力，而这种学术传统同时也塑造了拉卜楞地区藏传佛教艺术独特的文化生态，使其宗教文化的繁荣与艺术文化的传承相得益彰，成为安多藏区最重要的藏传佛教艺术传承地。从文化视角来看，这是一个与卫藏地区藏传佛教艺术不尽相同的艺术史背景。

一 拉卜楞唐卡的源流与特征

尽管在当代的大众文化视域中，唐卡是一种具有标志性的宗教艺术品，但是在拉卜楞地区，唐卡则更多属于寺院和藏传佛教信众重要的宗教供奉品，这一属性是由其特殊的文化传统和地缘特点所决定的。

在藏传佛教艺术的发展史上，早期的唐卡是作为佛教密宗的僧侣在修行时观想和供奉的对象而产生的，其本身属于宗教法物，故创作者多为具有特殊天赋，同时又拥有高级宗教身份的僧侣画师。

但从一开始，唐卡作为一种文化产物就具有宗教——艺术的二元属性，15世纪勉唐画派的创始人勉拉·顿珠加措对唐卡的二元性有形象的阐释："贤者察其根本和式样，愚人观其艳丽与光泽，孩童赏其飞鸟和林木，然而精通绘画艺术者，用心钻研求精而绘成"[1]。就寺院唐卡而言，其核心的价值观是"根本"和"样式"，这里的"根本"即指其所代表的宗教内涵和功能，而"样式"则指规格、图像、度量等规范化的内容，更为重要的是，这段话指出了唐卡绘画多元化的价值内涵，并肯定了其作为造型艺术的审美功能。

17世纪中叶，伴随着卫藏地区大规模的宫殿建设工程，唐卡开始走出密宗佛殿，由一种近乎纯粹的宗教法物逐渐演化为一种具有普遍性的文化形式。同时，由曲英嘉措[2]活佛创立的新勉唐画风使唐卡的图像和度量标准趋于规范化。客观地看，这种标准化、程式化的画风使普通的画

---

[1] 转引自宗者拉杰《藏画艺术概论》，民族出版社2002年版，第53页。
[2] 藏巴·曲英嘉措，生卒年不详，艺术创作活跃于明泰昌元年至清康熙四年（1620—1665），曾主持扎什伦布寺壁画工程，是新勉唐画风的创始人。

师也能较快掌握唐卡的造型规律，不仅使藏族绘画的造型体系真正形成，也大大加快了唐卡艺术普及和传播的速度。

由于唐卡的根本职能是作为供奉和修行者观想的对象，因此历史上无论哪一种画风或者流派，其宗教内涵都是相对稳定的，也可以认为，唐卡度量的规范化和图像的传承事实上也是宗教内涵的规范化传承。在这种规范的传承中，技艺和形式不得不被约束在既定的框架中。当然，也正是这些严谨的宗教规范和特殊的使用目的成就了其独特的属性，如果说唐卡艺术具有一种特殊的美感，那么这种美感正来自其创造者对崇高、抽象、隐秘的宗教价值观美学化的凝练。

唐卡艺术的发展和传播是以藏传佛教寺院为中心向周边辐射的，在此过程中，寺院及所属的教区是其产生的社会环境，而相应的宗教理念和供奉仪轨则是其最基本的传播介质。从历史情况来看，拉卜楞地区并不是唐卡艺术的原生地，而是一个重要的流通地域。17—19世纪的两百多年是安多藏区兴建藏传佛教寺院的全盛时期，各大寺院在新建或重建时都会从各个藏区聘请唐卡艺僧绘制唐卡和壁画，这些艺僧不仅给寺院工作，也给周边的信徒绘制供奉唐卡，停留时间较长者也会就地收徒授业。1709年拉卜楞寺初建时，在嘉木样一世活佛的主持下，一批来自卫藏和尼泊尔地区的艺术家参与了修建工作，其中包括曾参与小昭寺和布达拉宫壁画绘制工作的钦则派大师桑阿喀·才培[①]、然江巴·平措，这些卫藏艺术家的工作不仅成为拉卜楞唐卡艺术的发端，也使邻近的唐卡之乡——青海热贡地区的唐卡艺术得到了更为体系化的传承[②]。

拉卜楞寺院的持续营造同时也带动了整个安多藏区唐卡艺术的发展，以寺院为中心的宗教文化传播使拉卜楞及周边地区的唐卡供奉需求量急剧增加。在同一时期，热贡地区的寺院建设已经渐趋饱和，由于拉卜楞距离热贡的直线距离不足一百公里，大量热贡唐卡艺人开始迁居到拉卜

---

① 关于桑阿喀·才培的相关资料主要来源于第二世嘉木样·久美旺波著《第一世嘉木样传》《第五世达赖喇嘛罗桑嘉措自传》以及第司·桑结嘉措著《金塔志·瞻部洲庄严》等古文献中的记载。

② 这一论点尚存争议，热贡地区的画师并不认可这一说法。大卫·杰克逊在《西藏绘画史》一书中引用历史学家夏格巴·旺秋德丹的文献认为热贡艺术源于这位卫藏画师的传承，参见大卫·杰克逊《西藏绘画史》，西藏人民出版社2001年版，第250页。

楞地区生活和工作,他们的技艺传承进一步促成了拉卜楞地区唐卡艺术的兴盛,也使拉卜楞寺逐渐成为甘青川地区交界地区重要的藏传佛教艺术中心。

在拉卜楞地区,由于远离藏传佛教艺术发展的中心区域,规范化、体系化的唐卡技艺传承在历史上始终比较迟滞,但唐卡原始的宗教属性得到了保持。基于这种传统,不管是本地的传统画师还是外地来的游艺画师都主动或被动地趋附于这样一种认识,即唐卡主要解决的不是世俗的审美问题,而是宗教信仰层面的问题,因此并不崇尚绚丽的画面和精湛的绘制技巧,但却对画师的宗教学养、思想品格和行为规范有很高的要求。

不论艺术风格上的取向有多么不同,拉卜楞地区的唐卡画师都有一个共识,即认为一幅唐卡最主要的评判标准在于其是否达到了相应的宗教规范,具体来说就是造型和比例是否完全符合造像度量经的标准,图像和色彩是否正确阐释了佛经中的内容,绘画的过程是否严格遵循了相应的宗教仪轨。因此,唐卡的图像、内容乃至所有细节描绘并不是服务于审美需求的艺术创造,而是对经典和规范的视觉阐释。由此,拉卜楞唐卡形成了重阐释、轻表现的艺术特点。

在拉卜楞寺地区,寺院唐卡的这种价值内涵不仅成为唐卡画师的基本观念,也影响了普通信众对于唐卡的认知。拉卜楞地区普通的藏族群众对于唐卡有特殊的认知和界定标准,对他们来说,唐卡只是一种宗教用品,区别唐卡与非唐卡的标准并不是材质和形式,而是内容和使用功能。因为唐卡是供奉的法物,因此即便是照片或者印刷的佛像,只要合乎宗教规范、能被供奉就可以称作唐卡,否则,纯粹商业用途的、没有适合的供奉场所的唐卡则不是真正意义上的唐卡。

同时,由于拉卜楞地区唐卡画师的流动性,这里的唐卡学徒很少有只追随一位师傅,学习一种画风的情况,多数画师都曾经和不同地区、不同流派的画师学习过唐卡。因此,单纯、清晰的传承脉络在拉卜楞寺地区并不显著,历史上不同时期、不同地域的唐卡流派都对其发展产生了直接或间接的影响。受这种传承习俗的影响,拉卜楞地区的唐卡艺术并没有形成趋同的画风和一致性的技艺传统,在技术层面甚至略显粗糙,但是也由此形成了其多元并存的文化特质。

基于以上特点，近现代拉卜楞唐卡艺术的发展和传承由两种完全不同，甚至相互矛盾的因素构成。一是自始至终较为稳定、规范的宗教认知传统；二是流动的、非体系化的技艺传承，二者共同构成了其特殊的风貌。与邻近的热贡地区相比，拉卜楞唐卡得以发展的内在基础并不是强大的艺人群落，也不是清晰的体系化传承和艺术积淀，而是由复杂的多元文化基因与牢固的宗教文化体制之间的矛盾所构成的文化内驱力。在此，对宗教性、正统性的坚守和追逐深受地缘文化的制约，而拉卜楞唐卡艺术复杂的、片段式的文化基因传承则被统御在一个由深厚的宗教文化、政治制度所构成的地域文化网络之内。

二 拉卜楞唐卡与寺院工巧明传统

在很长的历史时期内，唐卡绘画都是寺院工巧明①的重要组成部分。在密宗佛教体系中，对宗教仪轨的高度把握和法器的制作技艺同属宗教学的重要组成部分，在密宗僧侣修习的"舞画唪"② 三艺中，画即代表绘制和制作坛城③的造型技艺。值得注意的是，工巧明学习并不只是对各种实用技艺的练习，更是一种参与并服务于宗教体系的修行仪轨。从实际情况来看，高级的密宗僧侣未必会成为优秀的唐卡画师，但必然是精通工巧明的修行者，藏传佛教美术史上包括勉拉顿珠、曲英嘉措在内的诸多唐卡大师均为密宗僧侣，且不约而同都精通塑像、木工、铁艺、裁缝等多种工艺技巧。由此可见，唐卡作为一种宗教艺术必然依附于特殊的知识系统和实践系统，而由这种特殊知识系统和实践系统造就的特殊技能就是其传承的核心内容。从这个意义上，一幅优秀的唐卡必然是艺术的知识、技能与宗教理念完美的结合体。

---

① 藏传佛教"五明"之一，指工艺、音乐、美术、书法、朗诵、吟唱、占卜、天文历算等宗教艺术、仪轨或应用技术，按照藏传佛教的分类习惯又分为"身工巧"和"语工巧"，亦有佛教典籍将营造、工业、农业、战争等社会生产技术列为工巧明的范畴。

② 密宗僧侣必须娴熟的三种技艺。"舞"即穿戴舞衣面具跳舞；"画"即绘制坛场；"唪"即举腔唪诵。

③ 梵文"Madala"，也音译作"曼陀罗"或"曼达"，是由密宗僧侣制作或绘塑的法器，象征佛教世界的结构。

藏传佛教美术是一种高度体系化的、规范谨严的学科，其发展和传承始终依赖于宗教研究体系、实践体系的完备性。将拉卜楞寺称作安多藏区藏传佛教体系最严谨和完善的寺院是有一定依据的，阿莽班智达①在《拉卜楞寺志·第二世嘉木样传》中有如下论述："在安多地区唯独拉卜楞寺，除拥有显密之教证、训诫、秘法、规范仪则外，明学方面拥有声明、诗学修辞、韵律、天文历法、占卜，以及各种流派的书法艺术等学科，具有高层次的研究水平，而且在工艺学方面也拥有版刻、绘画、木工、裁缝、金石等专项技艺"②。

拉卜楞寺的创立者一世嘉木样活佛是一位精通藏传佛教大小五明③的学者，亦是一位极具艺术天赋的创造者，他不仅利用自己在卫藏地区宗教界的影响聘请最优秀的卫藏艺术家参与了拉卜楞寺的营造工程，还确立了工巧明学习在寺院文化体系中的地位。其后，二世嘉木样活佛·久美旺波（1728—1791）既完善了拉卜楞寺的学术研究体系，也接续了一世嘉木样建立的拉卜楞艺术文化传承体系。在拉卜楞寺的典藏古文献中，有关造像度量及工艺学的著述颇丰，其中很大一部分是拉卜楞寺历代高僧所作。

在拉卜楞寺的早期历史上，工巧明的学习与研究同样是僧侣的必修功课，也是基本的修养。从历史情况看，正是这种完备的工巧明修习传统保留了拉卜楞寺唐卡艺术较为纯正的宗教艺术内涵。需要指出的是，作为一门专门的技艺，唐卡的绘制工作主要还是由僧侣中的职业画师来完成的。在《安多政教史》《第一世嘉木样传》等拉卜楞寺古文献中，多处记载了寺院里绘制唐卡和壁画的情况，根据这些记载，尽管寺院的历代高僧中不乏富有艺术天赋者，但是他们在造像度量和工巧明方面的学识主要用在对宗教仪轨的把握，在绘制唐卡时，高僧通常向画师们传达专门的知识和意图，并且在唐卡或造像完成后主持开光仪式。

---

① 阿莽班智达（1764—1854），拉卜楞寺二世阿莽仓活佛，著名佛学家和历史学家，著有《拉卜楞寺志》等。

② 引自（清）阿莽班智达《拉卜楞寺志》，玛钦·诺悟更、志道周译注，甘肃人民出版社1997年版，第73页。

③ 藏传佛教的"大五明"指工巧明（工艺学）、医方明（医学）、声明（声律学）、因明（逻辑学）、内明（佛学），"小五明"是指修辞学、辞藻学、韵律学、戏剧学、历算学。

根据当地老一辈唐卡艺人的口述，中华人民共和国成立前拉卜楞地区的唐卡画师多为寺院的僧人，当时的雍增活佛、柔扎活佛①都是拉卜楞寺院著名的唐卡画师，此外，切智、才培等热贡僧侣画师也曾长期在拉卜楞寺工作并授业，现在拉卜楞地区的老画师大多曾跟他们学过唐卡，这些僧侣画师的共同特点是除了画唐卡以外都十分精通宗教法器的制作。直到"文化大革命"前的几年，还有不少从各个藏区来的画师们在这里生活。"文化大革命"期间，各大寺院的僧人多半被遣散，民间唐卡供奉的需求量也大大减少，画师们也被迫还俗返回各自的家乡以农牧业为生，从这时起，寺院里的唐卡传承就中断了。

此外，根据拉卜楞寺一些宗教人士的讲述，改革开放后，拉卜楞寺的宗教活动开始恢复，但是此时寺院里已经很难找到精通工巧明的僧人。20世纪80年代初，拉卜楞寺准备恢复历史上久负盛名的毛兰木大法会，除由年长的僧人教授外，为了避免在宗教仪轨上出错，寺院还专门选派僧侣去扎什伦布寺系统学习了大威德金刚法舞，并对法舞服饰和面具的规格、色彩、图案以及火供仪式的细节进行了详尽的学习。在学习完成后，这些僧人为了巩固学习成果甚至取道青藏公路步行返回，几乎是从西藏一路跳着法舞回到安多老家的。

到20世纪90年代，拉卜楞寺里只有为数不多的几位专职艺僧，他们并不是十分专业的唐卡画师，但是一般性的唐卡和壁画绘制工作仍旧由他们主持。因为寺院每年都要举行很多次法事，所以包括晒佛节上的巨幅唐卡、跳金刚法舞的面具服饰、各种材料和规格的金刚坛城、酥油花等法器均由他们组织有才艺的寺僧完成，因为坛城的制作工艺较为复杂，还曾聘请过四川阿坝和蒙古的僧侣传授技术。

现在的拉卜楞寺已经很多年没有专门绘制唐卡的僧人了，但是有许多曾经出家后又还俗在外学习并从事唐卡绘制的画师，寺院很多时候都向这些画师订购所需唐卡。但是，由于对宗教法器的要求十分严格，因

---

① 按照拉卜楞寺的等级制度，嘉木样活佛为最高级别的活佛柔扎活佛，其次为四大色赤（意为金座），即贡唐仓、火尔藏仓、萨木察仓、德哇仓，再次为堪布级别的活佛，最后是侧席活佛，根据《拉卜楞寺文史资料》一书中的记载，雍增活佛世系为堪布，柔扎活佛世系为侧席活佛。

此还是由寺院的僧人自己制作，目前在拉卜楞寺的时轮学院尚有几位专门绘制坛城沙画、制作面具和酥油花的僧人，但是由于近年拉卜楞寺的管理制度十分严格，不像其他地区的寺院那样将这些宗教仪轨作为文化展示，因此寺院以外的人很难亲睹其制作过程。

前文中嘉木样一世和二世活佛对于工艺学的重视充分说明了造像、建筑、绘画技术在早期拉卜楞寺院文化中所占的比重，同时也证明传统的拉卜楞唐卡与寺院宗教文化的密切关联，尤其是传统的唐卡画师均把唐卡绘画作为工巧明传统的一个组成部分。可以看到的是，中华人民共和国成立后的历次政治运动首先使拉卜楞唐卡的文化生态被破坏，传承体系被瓦解。同时，近代拉卜楞寺院内部日趋强化的宗教价值观也成为制约其封闭化发展的重要因素。

近代史中的拉卜楞寺以安多藏区的学术研究中心著称，自21世纪以来，多数藏传佛教寺院都将宗教文化作为寺院经济的增长推向文化旅游市场，而拉卜楞寺则对此报以截然不同的态度。为了维持在藏传佛教界的学术权威性，拉卜楞寺以院内部愈加崇尚以"五部大论"为核心的宗教理论研习，并以此为寺院文化的核心价值观。同时，拉卜楞寺院内部的僧侣等级制度也比较森严，近当代拉卜楞寺的僧侣约有三分之一属于"怀恰瓦"（藏语意为读书人），他们属于拉卜楞僧侣中的正统阶层，均将刻苦研习佛学理论作为出人头地的唯一途径，因而不再重视传统的工巧明研习。与这些致力于学术研究的僧人相比，专门从事手工艺的僧侣多为游艺僧，他们多处于寺院社会的中下阶层，主要依靠自己的一技之长维持基本生活。

此外，近年来寺院周边旅游经济的发展也使唐卡艺术进一步与寺院工巧明体系中产生了分化，掌握了娴熟唐卡技巧的僧侣多还俗进入社会从事唐卡创作，一般寺院所需的唐卡也多由这些在社会上工作的画师来完成。当然，这个现象并不能说明寺院唐卡体系已经失传，只能说明随着社会环境的变迁，唐卡艺术的二元生存特点被进一步强化。

三 唐卡艺人口述史——道器相生的艺术传承

贡去乎加措（1972—　）画师出生于夏河县甘加乡，曾经在拉卜楞寺的时轮学院出家，是著名僧侣画师柔扎活佛的嫡传弟子，目前已成为甘南州非常著名的唐卡画师。贡去乎加措擅长描绘大威德金刚等密宗怒神像以及坛城唐卡，其作品因法度严谨多被供奉于安多藏区的各大寺院，一般不接受社会上的定制。在采访中，贡去乎加措的叙述完整地再现了一位具有宗教经历的画师特有的经历、价值观和知识系统。①

  我当时出家是到时轮学院，时轮学院要求每个僧人都要（如果有天赋的话）学一些绘画什么的，因为时轮学院每年开春都要出个历算，开春的时候由寺里颁布，出这个历算的时候都要配一些插图，这些插图都由时轮学院的僧人来完成。这种历算是很精致的，藏语叫做"勒图（音）"，一方面作为档案寺院要存起来，还要给嘉木样活佛看。因为我小时候爱画画，有一些基础，所以大家都让我画。然后每年的酥油花灯展，每个扎仓都要做酥油花，我们每年也都要做。此外，时轮学院是密宗学院，寺院里每年佛事活动的时候用的坛城都要时轮学院来做的，这些我当和尚的时候都学过。我有个师傅叫塔木开，给我教做酥油花；还有个师傅叫罗卜藏，教我做坛城，其他寺院的师傅也教过我。

  大经堂旁边那个小殿，当时要画壁画，是画香巴拉的图像。当时寺院里让三个老阿科画，当时人手不够，就到处找人，听说我会画画就叫我去当帮手，（事后）还破例给我发了供养。因为当时政府规定十三岁以前是不让穿袈裟的，也不给发供养，所有的生活费都让家里送过来。这两三位老阿科不是专门画唐卡的，一个就是前面说的塔木开，一个是罗卜藏、还有一个是阿坝噶当，但是寺院里所有的手艺活，包括做面具、服装、坛城，一般的壁画和唐卡也让他们负责，他们现在都去世了，最近晒佛节上用的一幅巨型唐卡就是当年阿坝噶当（主持）做的。

  当完和尚回家以后，当时是十五岁。村子里有些人家里的猫生病了，或者死了，就来找我画一个猫贴到家里，从此猫就不死了，

---

① 本段口述资料记录于2015年3月5日，原为藏语叙述，由甘南州佛学院才让东珠先生翻译。

谁家的碗经常打破,我就画个碗给人家,人家家里从此就不砸碗了。

　　真正学画唐卡是从寺院出来以后,先和四川来的尼玛师傅学过几天,然后,甘加老家我有个亲戚在热贡和老画师学过几年,会画唐卡,他和我一起画了两三年唐卡。三年以后,一个亲戚介绍我去和柔扎活佛学唐卡。我的师傅柔扎仓在拉卜楞地区是个很有影响的活佛,解放的时候去了印度,一直在印度一个叫作"安多人"的地方,在那里开办了一个以唐卡为主的手工艺作坊,在整个印度都有相当大的名声。后来经营权和人员都被印度政府收购了,近年来他回来了三、四次,每次两、三年。(他画的唐卡)所有的藏族人都认可,回来后在拉卜楞寺给嘉木样活佛画了一幅唐卡,当时据说拉卜楞寺所有的高僧大德都觉得这幅唐卡画的不可思议。所以可以这么说,柔扎仓可以代表拉卜楞寺唐卡的最高境界。柔扎仓还会刺绣,比别人做的都好,还会雕塑,不是一般的水平。后来在印度的时候,他画的玛哈嘎拉①像被高僧大德看见了,都说他画的唐卡在宗教规范上是完全过关的,不需要开光就直接可以供奉了。这就是说,他对佛教的教义掌握的十分标准之后,画的佛像就像是现在用电脑软件直接生成的一样,是不需要创作的。高僧大德们说,现在只有柔扎仓才能把玛哈嘎拉画的这么到位。

　　柔扎仓的师傅是解放前拉卜楞寺的雍增活佛,柔扎仓在雍增仓的昂欠(活佛的府邸)里学习,雍增仓当时也是拉卜楞寺院里非常有名的画师,雍增仓在佛学方面已经很不得了了,其他的都是兼修的。听我师傅说,雍增仓可以同时用两个手画唐卡,而且还会做木匠,所有的木匠工具他都有。还能做铁匠,所有的工具也有。所有藏族的工巧学都精通的很。当时雍增仓活佛特别反对柔扎仓学画画,因为对寺院里的活佛来说学习五部大论是最主要的,工巧学是次要的。所以,柔扎仓只能背着师傅自己学习,主要是在寺院里每个殿里看、观摩、模仿许多古代的唐卡、壁画,而且不管是什么画,只要他觉得好的都要学,自己并不认为自己一定要学什么派别。前几

---

① 梵文 Mahākāla 的音译,又称作怙主、大黑天,原为婆罗门教湿婆的化身,后为佛教吸收而成为佛教的护法神。

年西藏的丹巴绕旦先生看到了柔扎仓的唐卡，认为他的风格是钦则派的，但是我师父从来没有说过他属于什么派。

我当和尚的时候，念经是主要课程，密宗和显宗方面的都要念，很多经文都要背下来。所以所有的佛像的样子、大小、颜色都是经文里出现的，规定好的，这给我画唐卡打下了基础。比如我修玛哈嘎拉，画玛哈嘎拉像的时候嘴里面要念玛哈嘎拉的赞词，心里头还要意念专一，按照高僧大德们在经文里写的内容观想，法相就慢慢出来了。现在很多画师画唐卡，最大的不足就是法相不是观想得来的，而且百分之八十都达不到造像度量经的标准，是按照别人的画去画的。

这段松散的叙述看似描述了一位画师的人生经历，但是事实上涉及了包括宗教身份、图像、规范、神迹、习俗等唐卡艺术传统的核心概念。

在现实生活中，上述一些问题也常常被拉卜楞所有具有宗教经历的唐卡画师重述，并将其作为一种基本的价值观加以传承。此外，尽管当代拉卜楞地区的许多唐卡画师并没有宗教经历，只是精研艺术之道的画师，但是也不得不趋附于这种价值系统。从今天的眼光看，这种趋附亦有可能是一些商业画师自我营造的文化噱头，但是如果对拉卜楞地区特殊的文化语境有所了解，则会发现其完全不同的含义。

笔者从各种途径考究了以上提到的两位活佛画师，证实了他们确实具有非同一般的宗教经历和学识。其中柔扎活佛仍健在，现年约90岁，出生于甘南州夏河县柔扎村，本名柔扎·柔白热支，又被尊称为格桑丹巴热杰大师。年轻时曾在拉卜楞寺雍曾活佛的昂欠（活佛的府邸）修习，经雍曾活佛的指点和观摩寺院的古代壁画领悟了唐卡绘画的真谛。柔扎活佛于中华人民共和国成立前夕移居印度生活至今，但是自20世纪90年代以来曾三次回拉卜楞寺短期居住，在此期间教授了多名弟子，他们已成为拉卜楞寺院唐卡最直接的传承人，并且拉卜楞地区的所有唐卡画师都以曾得到其指导为荣。

柔扎活佛同时也是一位有相当造诣的佛学家，在当代拉卜楞宗教界享有很高的声誉。其作品体现了高度严谨的佛学仪轨，被国内外一些藏传佛教高僧赞誉为"不需开光就可以供奉的唐卡"。同时，由于柔扎活佛长期生活在印度，作品中也吸收了许多印度绘画的特征，这一点从其嫡传弟子贡去乎嘉措、桑德加的作品上也有明显的体现。

在这段口传史中，雍增活佛则是一位可以用双手同时画两幅唐卡的神奇画师。根据《拉卜楞寺文史资料》中的记载，雍增活佛曾在1949年担任寻访第六世嘉木样活佛的工作，并于1950年主持和参与金瓶掣签，后于1958年去世。学者扎扎在《拉卜楞寺活佛世系》一书中对这位活佛的身世有更为详尽的考证，书中载，雍增二世活佛法名噶藏华觉桑布（1874—1958），青海省循化县道帏乡人，系拉卜楞寺第83届总法台，1903年毕业于般若部，获得"然卷巴"学位，曾于1939年与念智、索智等活佛迎接从西藏归来的五世嘉木样，1942年起担任拉卜楞寺密宗上院法台，1946年升任总法台，1958年反封建运动扩大化中被拘押于兰州，于1958年11月15日病故（一说遭枪决）。书中还提到："他是一位博学、敬业、勤勉、高寿的大德，相信事迹很多，但资料匮乏，略作如上评介"①。种种证据表明，雍增活佛的确是一位博学多才的高僧，也进一步证明了拉卜楞寺院唐卡艺术传承的线索。

大卫·杰克逊在《西藏绘画史》一书中对早期历史上的活佛画师有如下描述："在十五世纪至十七世纪期间，'活佛'一词广泛使用在那些技艺超群，享有声誉的所有艺术家身上，……这一称号是指那些'神变工匠'"②。此外，刘冬梅博士在其论文中引用昌都画师平措伦珠的口述："被称为神变画师的人，很多都是大喇嘛，不光是因为画技超群，更重要的是具有能够看到凡人不能看到的神通，他们通过禅定观想，能够看到诸佛菩萨，西方极乐世界，然后画下来，有的大喇嘛不擅长画画，就用文字记录下来"。③ 根据以上描述，历史上的活佛画师实际上多为具有神秘创造力的"神变工匠"，而其本人并不一定是具有极高佛学造诣的高僧或者转世活佛。

在拉卜楞寺院中，活佛虽然有等级之分，但都必须有相应的佛学修

---

① 扎扎：《拉卜楞寺活佛世系》，甘肃民族出版社2009年版，第430页。
② 参见大卫·杰克逊《西藏绘画史》，西藏人民出版社2001年版，第72页。
③ 刘冬梅：《造像的法度与创造力——西藏昌都嘎玛乡唐卡画师的艺术实践》，博士学位论文，中央民族大学，2011年。

养和学位，而所有的僧侣也必须在学习经学理论的基础上才能修习工巧明。近代藏族著名学者和画家更登群培（1903—1951）以及当代藏画大师安多强巴（1915—2005）都曾于民国时期在拉卜楞寺出家攻读佛学理论。因此，佛学修养对僧侣画师而言比绘画技巧更能体现一种话语上的权利和正统性，这一观念甚至可以涵盖所有的艺术本体因素，成为藏族宗教艺术传统的知识基础和价值基准。在此，"知识即权利"这一论断在拉卜楞唐卡艺人们的身上有显著的体现，甚至普遍形成了一种重"知识"，轻"技术"的集体意识。

在藏族社会中，尽管神圣与世俗的二元性是所有唐卡画师共同的生存方式，但是由于截然不同的人生经历，至少在宗教内涵的把握以及行为规范等方面，僧侣画师与俗家画师有着完全不同的认知。在这个层面上，二者之间最大的区别既在于在处理"人神关系"时不同的角色感，也在于对唐卡图像截然不同的观看方式和理解方式，正因为如此，传统的唐卡画师不可能完全脱离自身或多或少的宗教背景。

当然，唐卡作为一种宗教艺术，身份、法度、规范只是构成其整体的一个面，并不能涵盖其作为文化整体的多元统一性，而其宗教价值也不能完全替代其审美价值。相对于形而下的技术性因素，形而上的内容同样是唐卡艺术知识体系的核心，其中蕴含的宗教仪轨、认识观与唐卡技术体系构成了一个互为道器的整体。以上口述史中柔扎活佛的学艺经历也证实了这一点，不管唐卡艺术的创作者是高僧大德还是俗家画师，其道器相生的特点和传承脉络从未间断，在某种意义上，唐卡艺术的发展只是这种道器关系随时代和文化语境的变迁不断转换的演化史，而唐卡艺术就是在这种相辅相成、相互制约的统一关系中接近了其最完美的境界。

结　语

近年来，几乎所有的藏区都将唐卡作为重要的文化产业刻意地进行打造，夏河拉卜楞地区也是如此。与这种社会环境的变迁相适应的是，唐卡从业人员的数量在几年之内呈现爆发性的增长，而近当代的许多唐卡作品也开始刻意追求细致的画面、精美的图案以及华丽的装饰效果，这种风格上的转变日益显现了商品经济和产业化发展对于非物质文化传承的影响。

同时，弥漫于全社会的非物质文化遗产保护热潮同样对拉卜楞唐卡的传承构成了介入性的影响。2006年，拉卜楞地区的几位画师被确定为国家级非物质文化遗产传承人，同时，对唐卡画师的等级评定工作也在进行中。但是在拉卜楞地区，传统的唐卡画师们对此普遍持有异议。问题的根本在于，作为一种宗教艺术传统，唐卡艺术的生存和发展有其特殊的知识基础、生存介质和传承脉络，而这种特殊性却与政府的保护与开发策略之间存在着严重的矛盾，在这种境遇下，传统唐卡艺术脆弱的生态实际上正在被破坏。

在唐卡艺术的传承中，宗教内涵和技术体系的传承是不可剥离的整体。但是在非物质文化的传承保护工作中，基于现实的可操作性对二者的态度却截然不同。材料、技术、风格、形式等流动性的因素通常被不遗余力地维持，而难以被把握的非物质文化因素则常常被有意识地遮蔽。随着保护与传承之间的矛盾不断显现，随之而来的解决策略往往是一种社会化的赋魅行动。在这种行动中，画师、研究者、消费者、经营者之间常常会不约而同地达成一种默契，而唐卡艺术道器相生的内在统一性则在此过程中不断被分化和解构，也可以说，某些地区非遗保护中的唐卡艺术事实上已经是一种基于经济利益被重构的现代文化形式。

第五编

手艺传承与地方文化

让传统手工技艺进入当代知识系统[*]

王宁宇[**]　高晓黎

陕北匠艺丹青是陕西省申报第二批国家级非物质文化遗产名录项目之一。匠艺丹青是依托土、木、石、泥等工程作业，以多种技术施用于各种材质而实现的画艺的总称，其中包括民居"壁席"即灶台画和炕围画，箱柜家具上的油漆画、玻璃画、古典式建筑上的彩画藻饰，庙里的壁画、造像妆銮、神器装饰以及布画、纸画、纱灯画等。它们在陕北从来是由同一群人完成的，庙里石碑上称他们为"丹青"，村民特别是小孩家则直呼"游画匠"。这些"游画"的匠人常说"做营生""讨活路"，有活儿才有他们谋生的路，从这个意义上讲，"生产性"从来是陕北匠艺丹青存活发展的根本方式。

考察陕北匠艺丹青的历史，你会强烈感受到它"生产性方式"跟特定自然条件、人的生活方式、生存需要的紧密切合。冬暖夏凉的窑洞是陕北人习惯的居所，花"壁席"、花箱柜是艺术与生活实用在窑居里的交点——人们习惯在炕上拉话、做针线、吃饭及待客，连着炕的灶台既烧水做饭也给土炕供热。"壁席"在灶台部位能为墙体隔潮，便于擦烟除尘，在炕上一圈则使墙皮密实耐磨，衣物也不会蹭脏，箱柜花饰首先是防水隔尘的髹漆。实用功能之后是精神理想、艺术审美的寄托，新"壁席"和花箱柜的制作往往伴随为新人修整新居，匠艺丹青借此通过生产性方式产生其完整的文化功能。这种生产的产出形态又是随社会形态变

---

[*]　原文刊于《美术观察》2009 年第 7 期。

[**]　王宁宇，西安美术学院教授。

化而变化的，举箱柜画为例，20世纪70年代中期榆林城住户家里还矗着高抵顶棚、三面画满历史人物故事的老式立柜，年代相似的老箱子同样满是历史故事或戏曲人物画，那气息让外来人感到拥堵和压抑。而今才"解开"了荒沙包围、关山阻隔、生境艰辛的时代，家和寺庙同样是夯实人文信念的堡垒。20世纪50年代，火车、飞机、天安门和苏杭风景在箱柜上展开了陕北人新的向往；60—70年代唱主角的则是四季花鸟、革命语录和吉祥祝词相混杂的图式。90年代以后素面皮箱替代了原先的花木箱，2009年春在山村里看到，60年代花木箱和90年代皮箱婆媳两代的陪嫁箱，被一并遗弃到苹果窖外杂物堆里，各种衣箱都失去实用价值了。

大众消费需求催生了生产方式，大众需求的流变又决定了生产方式的变异存亡。社会大转型时代的陕北匠艺丹青如何谋"活路"？其中最有公用艺术属性的古建彩画最具"生产性方式保护"的前景。当下陕北古建彩画行当有两大顾主：一是老乡，1983年党的宗教政策正常化，过去遭破坏而颓圮的庙宇纷纷恢复，民间集资修庙风俗复苏，乡民百姓合力搭建了陕北匠艺丹青"生产性保护"中的一座座平台，如佳县白云山，榆林青云观、黑龙潭，安塞真武洞大佛寺等，清涧笔架山，神木驼峰山等。二是新时期党的工作重心转为发展经济，各地竞相打造"文化品牌"，政府乐意投资修复乃至新建名胜景点，其代表作如榆阳老城内过街古楼、新世纪广场画廊，延安市志丹陵、子长陵的整修等。古建彩画时来运转，民间画匠"枯木逢春"。陕北丹青匠艺"再生产"的关键在匠艺世家，首先是内部的薪火传继；如佳县郑家后沟村郑进旺家，几代人在20世纪60年代豁出性命隐藏保全大量珍贵的宗教艺术文物，形势好转后奉还庙里，全家多年献工修葺庙宇，还把出外献艺挣的钱捐给庙会。其次要称赞以匠艺世家为领军的陕北匠工群，自80年代中期以来，他们把古建彩画活路以及技艺传教拓宽到山西、内蒙古、宁夏、甘肃、青海、新疆、四川，甚至把"榆林绘画学校"办到了广西，使榆林画匠名扬四方。如果纳入国家统计，"游画"对GDP的贡献一定不小。

"生产性方式"，建筑彩画赖此保护和发展了自己，但可能招致破坏的也是它。中国古建彩画通常以二三十年为一更新周期，每次重绘都是它命运的关口；彩画艺术在陕北表现出生动丰富的多样性，也缘于这种周期性更新给世代匠工带来参与创造、竞现才艺的机遇。"雀替"（土称

"花牙子")是"榆林式"建筑彩画最见特色的一个部位,安塞老灵寺"雀替"上多见一种鸟儿,雕绘得细致鲜活,乡民指着它说:这鸟叫"火镰把花雀雀",本地生灵,雌鸟灰色、雄鸟红色。这种生活与艺术、艺术家和大众的浑然融通令人闻之心动。这种动人的和谐如今陷入危机了。举几个案例:榆阳老城鼓楼,省建筑设计院"设计"了"清代官式",领工画匠任今明"胆大妄为"无图纸施工,才保住了"榆林式"传统风貌;与此结局不同,米脂李自成行宫(原真武祖师庙)1962年曾被省文物专家赞为代表陕北地方特色的彩画,自2005年起历经两年耗资200万元被改造为"清代官式";拍板人出发点是:"李自成总算作过皇上嘛,要有点官府的气派——多好的理由!"施工匠人嘲笑冰冷呆板的"官式"说:"嗨,这种活儿,闭上眼打着瞌睡就能完事!"他们同地方领导想的不一样。对重点文物保护单位的"保护"排斥了其彩画样式本来的地方传统,知识缺位的"生产性方式"反促成了对非物质文化遗产的生产性破坏。第三个例子涉及年轻传承人。2008年7月佳县龙岩寺,庙院南端乐楼彩画刚完工,青绿调子倒是怪明艳,可缺失传统"榆林式"生龙活虎的欢快性。自我感觉良好的年轻画匠先说自己是凭想象画下的,交谈后他们不好意思地掏出了做参考的复印图页,但对我们所言其艺术价值远逊于老画匠留下的民间样式,他们显然未懂也不信服。这些例子分别涉及"生产性方式保护"中的三个环节:行业规范权、行政抉择权和生产操作权。无须费神指谪他人,在非物质文化遗产"生产性方式保护"铺开前,我们文化人是不是得抢先抓好它的"知识生产"呢?

现时代是一个高度集中的社会,"知识"已转化为一种社会权力;知识分子的"知识生产"实质上就是为全社会提出标准、规范和导向。知识分子对非物质文化遗产保护最应该做的就是把那些分散、凌乱、濒危的地方性和行业性的经验、习俗、技术等通过精细而深入的考察记录、分析整理,转化成系统的知识,使它进入当代知识体系之中,这也是一种十分重要的"知识生产"。"榆林式"彩画的传统知识、技艺、样式、风格流派等,只有从被遮蔽的在野地位进入主流的知识体系,即进入当代社会经典、法令、规范和教材中,才能让所有"生产"环节的人,从大领导到小年轻,从设计家、研究生到乡村百姓信服,做不到这一点,年轻年长都会鄙视它,民间官方都会充当它的"生产性破坏者"。

回头看陕北匠艺丹青的前两项。对花箱柜的"经济开发",早就有古董贩子大力收购倒卖,文化部门和学者无力竞争,但有古建彩画业的支撑,真正"全把式"的艺人仍然活得不错。有艺人在,花箱柜不愁将来"再生"。当然对特别重要的技艺传承人应当建立"生存性"保护,即以国家订货(交博物馆收藏)的方式帮助他们每年维持一定量的生产。"壁席"和箱柜的花式能作为现代产品的创作元素加以提取,转用于商业性设计、生产和营销,也可以就现代城市家居环境以传统手工艺反向"包装"新家具,生产档次高的"奢侈品",但这就像"投胎转世",靠民间艺人不行,要与设计界、产业界沟通合作。可是一旦沟通合作了,民间传承人的弱势受制地位又几乎是铁定的——他们可提供的知识资源不受专利保护,是"开放码"。这件事须"摸着石头过河"。

近五年的实地调研让我们觉识到,陕北匠艺丹青生命力之强来源于它的草根性——民间画匠有专业而没有专职,有活干没活就回家做别的,生产班子或者是家族式,或者因工程而搭班招徒,工程结束没活儿就散伙,组织灵活不背"包袱"。怎样的生产方式能够保护发展手工业?其实自20世纪50年代以来中国已做过很多试验,积累了不少经验教训——集体化、行政化的手工业"社会主义改造",割"小生产者"的"资本主义尾巴"却也剜掉了它机动灵活、植根群众生活的命根子。强调管理和改造时伤害了艺人特别是其中最优秀的"全把式"的创造力。在70年代"文化大革命"后期,周恩来、李先念等老一辈国家领导人重视手工业生产的特点,优待老艺人、大力扶持工艺美术事业,各省市组建工艺美术公司,盖大楼,上项目,买机器,设立研究所收集老刺绣、印花版、皮影箱底等,相当红火。但是当时不可能从体制上有任何动作,直到改革开放、搞活的时代,才能从根本上纠正极"左"错误。然而,90年代改制大潮来得太猛,顾不上细致对待手工业和工艺美术的行业特性,使这类工艺美术生产和研究部门垮台、撤销,资产、资料和人员流失,损失惨重,这为今日非物质文化遗产保护也提供了前车之鉴。我们赞成老艺人的话:"手工艺还是要个人整",那是要人发挥"拾遗补缺填空"的本领、有"不对称"意味的战场。现代社会的生产体系中应留有这类生产方式的空间,将传统手工艺改造为机械化、规范化,流水线化的"产业化道路",那事实上是条"回头路"。由此想到,对我国各传统手工技艺领域近五六十年来"生产方式"与行业发展关系的调查研究和学术探讨，也正是我们非物质文化遗产保护工作中一项至关重要的"知识生产"。

　　基于上述，我们也想促成一个"陕北匠艺丹青协会"，让民间丹青手们有个内部联络协作和对外交际的平台，但止于帮他们扩大知名度、打通渠道、让顾主能找到他们，让他们有机会"游画"到世界各地。相信创造了历史的人自己能够继续创造历史，而在帮助他们方面，我们的"知识生产"会更有实效、更有无可代替性。

民间工艺传承中的"家族"、市场与展演

——以山东菏泽穆李面塑工艺调查为例*

杨 帆**

摘 要：民间工艺①来自乡土，历经漫长岁月而生生不息，为我们展示了一个丰富多彩的民众生活世界。民间的美美不胜收，其旺盛的生命力背后所蕴藏的动力因素是什么呢？本文试图以山东菏泽面塑工艺研究为例，通过对田野资料的整理分析，笔者将民间工艺传承中的动力因素归纳为以下三种：一为自我动力因素。是指以"家族"②传承为主线，在"家"的场域中民间工艺作为一种生计方式的动力机制。二为来自他者的

---

* 原文刊于《民俗研究》2010年第3期。

** 杨帆，鲁东大学文学院讲师。

① 《辞海》中对于民间工艺的定义为："劳动人民为适应生活需要和审美要求就地取材而以手工生产为主的工艺美术品。品种繁多，如竹编、草编、蓝印花布、蜡染、木雕、泥塑、剪纸、民间玩具等。由于各地区、各民族的社会历史、风俗习尚、地理环境、审美观点不同，而各具不同的风格特色"。引自夏征农主编《辞海》，上海辞书出版社1999年版，缩印本，第2178页。民间工艺是普通百姓日常生活中所创造的工艺美术品，具有实用或审美的价值，对于民间工艺的研究可以从不同的研究范式出发了解其丰富多彩的美学特质、其背后蕴藏的民俗内涵以及围绕民间工艺展开的人群之间社会文化关系等等。本文试图将民间工艺传承过程中各种关系作为研究对象，了解民间工艺为何传承、怎样传承以及传承过程中围绕着"家族""村落""市场"展开的一系列社会关系。

② 本文中的"家族"概念，不仅仅涵盖通常所指的血缘关系家族，笔者在本文中将因地缘关系在邻里间建立的"街坊"关系，以及手艺传承中"师如父"的"师徒"关系等，都被笔者纳入民间工艺传承内部动力因素的研究中。笔者认为这几种关系都是围绕着"家"这一场域展开的，手艺传承中家族、邻里、师徒等关系交互形成一个基于村落的人与人之间的关系网络，是一种来自内部的自生力量，因而笔者暂借用扩大化的"家族"概念来统称。

外部动力因素。是指以"市场"需求为导向，民间工艺作为商品，面向市场并适应受众需求的动力机制。三为混合性动力因素。是指民间工艺作为民间互惠礼品、民俗活动中的用品、展演中的展品等，作为民俗内涵的表达物时所具有的传承动力机制。本文通过对山东菏泽面塑工艺的田野调查，来探讨民间工艺传承过程中的动力因素问题。围绕"家族""市场""展演"展开个案研究，探讨村落社会结构、市场机制和民间互惠展演体系对民间工艺传承活动的影响，并讨论其背后所蕴含的深层社会内涵和文化延续的力量。

关键词：民间工艺；传承；动力因素

一 引言

日本学者柳宗悦[1]是日本民艺研究的集大成者，他将艺术分为三大类：时间的艺术[2]、时空间的艺术[3]、空间艺术[4]，又将属于空间艺术（造型艺术）范畴的工艺分为手工艺和机械工艺，手工艺又细分为贵族的工艺、个人的工艺、民众的工艺三个部分[5]。从他对艺术的层层分类中，

---

[1] 柳宗悦（1889—1961），日本著名民艺理论家、美学家。于1913年毕业于日本东京帝国大学文科部哲学科。在研究宗教哲学的同时，对日本、朝鲜的民艺产生了浓厚的兴趣，并开始对之收集、研究。于大正十五年（1926）与富本宪吉（1886—1963）、河井宽次郎（1890—1966）、浜田庄司（1894—1978）联名发表《日本民艺美术馆设立趣旨书》。1936年任日本民艺馆首任馆长，1943年任日本艺协会首任会长，出版有《柳宗悦全集》。1957获日本政府授予的"文化功劳者"荣誉称号。[日]柳宗悦：《工艺文化》，徐艺乙译，广西师范大学出版社2006年版，作者简介部分。

[2] 时间的艺术，指以时间为基础的艺术，是无形的艺术。可分为两大类：文学与音乐。文学史语言的艺术，音乐是以声音为媒介的艺术。[日]柳宗悦：《工艺文化》，徐艺乙译，广西师范大学出版社2006年版，第7—8页。

[3] 时空间的艺术，指添加时间并以空间为界限的艺术。有舞蹈、话剧、歌剧三大类，是以动作为主的、包含诗歌音乐的、时间性的艺术。[日]柳宗悦：《工艺文化》，徐艺乙译，广西师范大学出版社2006年版，第8页。

[4] 空间艺术，指依存于空间而产生的艺术，是有形的世界。人们把这个领域叫作"造型艺术"（Formative Art）。造型艺术可以分为四类：建筑、绘画、雕刻、工艺。前三者被叫作美术（Fine Art），以区别于工艺。[日]柳宗悦：《工艺文化》，徐艺乙译，广西师范大学出版社2006年版，第9页。

[5] [日]柳宗悦：《工艺文化》，徐艺乙译，广西师范大学出版社2006年版，第12页。

我们可以看到民众的工艺在整个艺术领域中的位置,从而在艺术研究脉络中为民间工艺研究确立位置。就国内情况而言,民间工艺的概念应涵盖柳宗悦先生所分类中的个人的工艺和民众的工艺两个方面,我们所指称的民间工艺不仅包括纯粹来自民间的手工艺,也包括民间技艺精湛的工艺大师的个人作品。民间工艺是指出自民间乡土艺人之手,并与乡民日常生活息息相关的艺术形式。它扎根于乡土汲取营养,仿佛是一株长于山野的幽兰,貌不出众却有独特的清香,它在乡土间民众生活中孕育产生,虽带有"土"的气息却也带来亲切的美感体验。

本文以民间面塑工艺为个案展开研究,面塑顾名思义就是用面粉作为材料经过捏塑制成的人物、动物、花鸟等形象的民间艺术品。它起源于民间面食花样点心,具有食品面塑、祭品面塑、儿童玩具和工艺面塑几种类型。民间面塑具有食用、祭祀、审美、娱教的功能,整个黄河流域的乡民社会生活中浸染着面塑的影响。面塑色彩鲜艳、题材广泛、形象生动,并与民众日常社会生活密切相关,有关面塑的研究已有一定的资料积累[①],笔者将在前人研究的基础上,试图通过对面塑工艺传承机制的研究,进一步探讨民间工艺发展过程中所蕴含的有关家庭社会结构、市场体制以及民俗互惠展演体系等层面的内涵。

在当代全球化的背景下,民间工艺走出乡土登上了时代的舞台,成为了对外展示地域性文化的艺术品,在文化交流中扮演着展示自我的角色。同时在市场经济影响下,民间工艺面向市场受众群体的变化以及大众审美情趣的变化都给其传承和发展带来了新的影响因素。因而来自传统社会的内部传承动力与来自外界刺激(主要是市场)的外部传承动力,以及来自互惠与展演的混合动力共同促进了民间工艺在新的时代背景下的传承发展。笔者试图以山东菏泽民间面塑工艺的传承为个案,来探讨民间工艺在面对旧的知识体系与新的时代环境的双重影响下,是如何回

---

① 阿维编:《汤子博面塑选》,朝花美术出版社1956年版;曹振峰:《黄河万里寻面花》,湖南美术出版社2005年版;鲁汉:《民间面花》,江西美术出版社2006年版;谭红丽、康家路:《面花花》,河北美术出版社2003年版;张宝琳、黄龙光:《中国民间面塑技法》,中国劳动社会保障出版社2009年版等。这类从民俗、美术、工艺技巧等角度研究面塑的书籍,种类繁多,其中有对面塑大师和面塑作品的介绍,也有面塑相关技艺和民俗内涵的介绍,为我们了解面塑提供了丰富的直观材料。

应传统和适应现代变迁的，这其中又蕴含着怎样的机制与结构层面的意义。

二 菏泽面塑工艺的生态空间

坐落于山东省菏泽市马岭岗镇解元集乡的穆李村，是一个面塑工艺相当繁盛的村子，被认为是民间面塑的发源地，也是周围十里八村出了名的"面塑村"。进入村子新修的牌坊门，正对面的右手边有块大石，上书"中国面塑第一村"字样，先暂不论这个称谓是否符实，但在穆李村中确有做面人的传统，而且穆李村周围的其他村落乃至邻近的县市都有很多在农闲的时候挑担而出到全国各地去卖面人的村民。这些村民以面塑为副业，形成了一个围绕穆李村的菏泽面塑活跃带。每年临近年关从这里走出许多担着面塑箱子的民间艺人，他们到全国各地卖艺，为各地的年节增添了多彩的民俗气息。

图1 菏泽地区面塑活跃区分布

注：图中圈内的地方为菏泽面塑兴盛的区域，民间面塑手艺分布于以穆李村为中心的方圆几里的村落中，尤以穆李、杜庄、贾坊、吕陵、解元集一带为盛。

穆李村①位于山东省西南部，属于旧时的黄泛区，自古就经常受水患的侵扰。农业作物以玉米、小麦为主，经济作物主要种植苹果（1983年始）。现村中人均耕地不到一亩②，自然条件不利加上人多地少限制了该地区的经济发展。其所属鲁西南地区是山东省输出农民工较多的地区，大量青年外出打工寻求农业收入外的补贴。然而穆李村却有其独特的副业方式——面塑工艺，该村在历史上有着悠久的面塑传统。其早期的"花供"形态面塑是民间祭祀活动中的贡品，如今的"面人"就是在其基础上发展而来的具有观赏价值作为商品出售的民间工艺品。村中"捏面人的"③主要分布在东穆李与西穆李两个自然村中，几乎家家都有人会捏面人，其中大部分村民们将"捏面人"当作一种农闲时的副业，挣钱来贴补家用甚至用挣来的钱积攒下来盖上了新房。村子中也有专门从事面塑制作的手艺人，他们是面塑手艺的传承人，以家传的方式专业从事面塑的制作和研究。在穆李村无论是作为"个人的工艺"的面塑大师的作品，还是作为"民众的工艺"的普通村民的作品，都在这个看似普通的华北村落中展现着民间工艺的绚丽色彩。

笔者选择这个村落为面塑工艺研究的田野调查点，从2006年7月到2009年10月，共四次去田野点考察。在观察村民们从事面塑活动的日常生活中，发现了民间工艺传承中各种不同的动力因素的影响作用。下文笔者将通过田野调查的资料来展开对民间面塑工艺传承中多元因素的分析研究。

---

① 穆李村是一个行政村，下设东穆李、西穆李、南穆李、北穆李四个自然村。原来的穆李寨居于现四个穆李自然村的中部，旧有黄土寨墙抵御水患，后寨墙失修，寨内地势低洼经常积水，1956年村子向四周搬迁，原穆李寨位置成为农田，当时的四个生产大队形成了现在的四个方位的穆李自然村。

② 穆李村寨内启动乡村旅游项目，重修古寨墙、开设农家饭店、垂钓池塘等，占去寨内原本的耕地，使村民的人均耕地由一亩一降至八分。

③ 在当地对于做面人的民间艺人的称呼较常见的称谓有："捏面人的""扒街头的"等。"扒街头"是人们对于行走于外的流动面塑艺人的戏谑称呼。

三 面塑传承中的多元因素分析

（一）家族传承——内动力

1. 以姓氏为单位的家族手艺传承

家庭是一个社会组成细胞，是人类最基本的生活单位。费孝通先生在其以家庭调查为基础写成的著作《生育制度》中，通过对家庭的观察从家的生物属性与社会属性方面展开了理论讨论，分析了社会如何产生、发展和其自身新陈代谢的过程。① 其对江苏太湖旁边的一个村落进行调查成就了著名的《江村经济——中国农民的生活》一书，被著名人类学家马林诺夫斯基称赞为"是人类学实地调查和理论工作发展中的一个里程碑"②。书中紧紧围绕"家"展开研究的脉络，费先生始终关注于"家"这个经济活动的基本单位。一条线索从"家"到"财产继承"，再到"亲属的推广"；另一条线索从家庭生活中的简单分工到社区的职业分化，再到农业、手工业、流通、财政金融，然后将两条主线结合在土地关系上，由此推出了中国农村中"被土地束缚住"的社会特点。③ 在人类学对于中国乡村问题的研究中，"家"是一个方法上的基点，通过以"家"为单位的调查研究来展开生计经济、社会结构等层面的研究。"家"是乡村社会研究中一个不可逾越的分析单位，在民间工艺的传承机制中，"家"也是一个十分重要的概念，诸如"家传""父传子""传男不传女""民间工艺世家"等概念，说明了在民间工艺的传承过程中来自内部的动力——家传，在民间工艺的延续发展过程中发挥着重要的作用。

在对菏泽穆李面塑的调查研究中，笔者发现以姓氏家族为单位的手艺传承关系在村落面塑发展历史中呈现了一种"马鞍形"的关系曲线。在面塑工艺发展的初期传承中，血缘家族的影响力并不明显，然而随着民间面塑工艺在村落中发展渐盛，血缘关系的家族传承渐渐占据了民间

---

① 参见费孝通《生育制度》，商务印书馆2008年版。
② 费孝通：《江村经济——中国农民的生活》，商务印书馆2005年版，第13页。
③ 以上论述参见费孝通先生为麻国庆教授的著作《家与中国社会结构》所做"序言"部分。麻国庆：《家与中国社会结构》，文物出版社1999年版，"代序"部分，第2—3页。

面塑传承的主导，后来经历时代的变迁，民间工艺传承机制也渐趋开放，血缘家族式的工艺传承方式又渐渐式微，形成了更加多元的传承因素并存的局面。

以山东省菏泽市的穆李村（包括东穆李、西穆李、南穆李、北穆李四个自然村）为分析个案。穆李村当地人口及姓氏结构见表1[①]。

表1　　　　穆李村姓氏、人口统计（表中数字为四舍五入约数）　　单位：人

	西穆李	东穆李	南穆李	北穆李	总计
穆姓	400		310		710
李姓		420			420
常姓	200				200
郝姓				200	200
杨姓、安姓				80	80
武、马、窦等姓		90			90
合计	600	510	310	280	1700

表1中可见，人口最多的两个大姓氏穆姓和李姓都是大家族。穆姓主要分布在西穆李和南穆李，李姓主要分布在东穆李。穆姓和李姓中都有世代传承的面塑艺人，面塑手艺在这两个大姓中以家族传承的方式延续着。在穆李村中的家族面塑手艺传承中，"家族"传承不仅仅局限于单个"核心家庭"中，而是在"家族"的范围内传承。即指面塑工艺的传承不仅仅在"父子"单线的个体家庭中传承，并不是像其他手工艺一样有一套秘方和技艺严格保密遵守不外传的规则，而是可以传给下一代中的任何男性，我们经常见到男性面塑艺人将手艺传给其侄子们的现象，面塑手艺的家族传承是在父系家族的概念中传承的。面塑手艺不仅仅在"父传子"的模式中传承，也在姓氏家族亲属内部传承。

---

① 该表数据为2006年统计数字，来源于穆李村委会。表中姓氏主要以家户为单位计算，并将嫁入媳妇的姓氏算为夫姓，截至2009年10月穆李村人口数量有所增加已达到1800多人。

穆李面塑碑文①记载了穆李面塑的发展史：穆李一带的面塑手艺人是最初江西塑匠王、郭二人亲自教授的徒弟以及后来的传人。穆李村中著名面塑大师，李俊兴、李俊福②、李芳清③等都是李氏大家庭的子孙后代。面塑工艺在家族内传承，往往兄弟几个一起学习面塑，在家族式传承体系中，他们从小就开始学习面塑工艺的技巧，从简单的花鸟虫鱼开始练习，到十几岁时就基本掌握了面塑工艺的技巧，可以跟家族中的长者一起出门卖艺了。

在外游艺的生活见闻丰富了民间面塑艺人的阅历，其面塑作品也越来越丰富起来。这些来源于民众生活的面塑形象，经过走南闯北的面塑艺人带到了全国各个不同的地域，同时也在不同的自然和人文的地理条件下，艺人们吸收了来自生活的养分，创造出更加丰富多彩的面塑题材形象。并通过家族传承的方式一代代地传给了面塑手艺活跃区的后人。

"家族"作为面塑工艺传承的内在动因，有几个层次的含义值得研究者关注。首先，"家"作为面塑工艺传承的场所，在家族式的传承中，艺人们通过在家庭内部的面塑制作教授后代传授技艺，"家"对民间艺人而言，是个耳濡目染的面塑工艺传习所。其次，"家"的概念具有"家族"的含义，在村落社会中，"家族"的观念大于小"家庭"。在华北村落传统汉人社会中，民间工艺的传承沿袭了汉族重视家族的观念体系，沿着父系大家庭的脉络传承着手艺。最后，流动性"家"也是其中一个特质。民间面塑艺人们挑担而出卖艺谋生，他们往往以家族为单位结成小团体出行，在外的生活依然延续家庭内部的分工协作关系。这种离开村落社会的"家"具有了流动性，却依然保持着家的功能，维系着外出艺人们之间的关系。由于具有以上几个层面的结构性特征，家族式传承如同一个动力不断的发动机，不断地产生能量促进着民间面塑工艺的传承发展。

---

① 穆李村根据民国时期一块纪念面塑手艺师傅的"沐恩碑"和当地面塑艺人的记忆以及现在的面塑情况，整理出有关穆李面塑的历史和现状的一块"面塑碑"，2004年元旦立在穆李村口。穆李面塑碑共1400字，记载了穆李面塑的历史、现今的发展状况、主要的艺人情况等等。

② 李俊兴、李俊福兄弟二人被人称为"文武二李"，李俊兴擅长捏文官李俊福擅长捏武将。

③ 李芳清是著名的民间工艺美术大师，他的面塑作品远近闻名，接收过国家领导人的接见，到国外进行过表演，是李俊兴、李俊福下一代面塑艺人中的佼佼者。

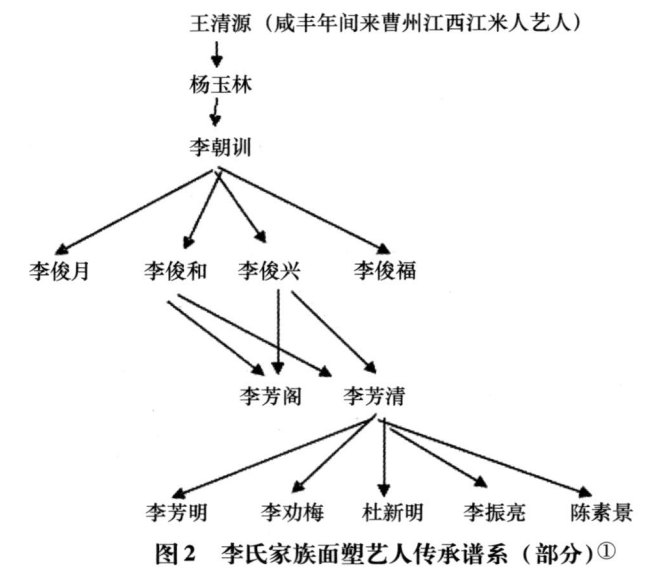

```
王清源（咸丰年间来曹州江西江米人艺人）
        ↓
      杨玉林
        ↓
      李朝训
    ↓    ↓    ↓    ↓
  李俊月 李俊和 李俊兴 李俊福
            ↓    ↓    ↓
          李芳阁 李芳清
        ↓    ↓    ↓    ↓    ↓
      李芳明 李劝梅 杜新明 李振亮 陈素景
```

图 2　李氏家族面塑艺人传承谱系（部分）①

注：王清原为碑文中记载于清咸丰二年（1852）与郭湘云一同来到曹州的江西瑞州府弋阳江艺人之一；杨玉林为碑文中记载王清原在曹州地区所收之面人徒弟；李朝训为李俊兴等兄弟之叔叔，俊月、俊和、俊兴、俊福为亲兄弟，李芳阁是李俊兴的儿子，李芳清为李俊福之子，李芳清所传为其弟芳明、女儿劝梅、女婿杜新明、儿子振亮、儿媳陈素景等。

2. 以"街坊"关系为纽带的手艺传承

以血缘家族为基点的手艺传承是以往民间手艺传承中主要的内动力因素。然而在当代社会中，严格的血缘家族传承的机制不再占据统治地位，手艺在一种类似于亲属关系的"街坊"群体中得以传承和发展，并形成了以地缘位置为划分标准的街坊关系手艺群体，并出现了众多"手艺村"的现象。在华北村落的传统生活中，邻里之间维持着亲密的联系。村民在农事和婚丧嫁娶等活动中相互帮助，仿佛一家人一样。俗话说"远亲不如近邻"，村落社会中的邻里关系由于生产的需要、民俗活动的共同参与，而变得更加紧密。这样的村落邻里间密切交往关系为民间手

---

①　在手艺的家族传承中，并没有十分明晰之谱系，过去同辈的众多男性亲属往往一同学习手艺，对于下辈的传授手艺也是全部教授；另外同辈之间哥弟会的现象也存在着，所以传承的谱系只能简单表示某个艺人在其家族中的手艺传承关系，本图以李芳清为例将其在家族面塑手艺传承链的位置描绘出来。

艺在地域社会中的传播提供了良好的环境。

如大多数华北村落一样，在穆李村中居住位置邻近的邻里间具有传统社会中的亲密关系，邻里间相处得像一家人一样，共享美好的食物、相互间帮忙农活。在村落中居住的人们即使不是亲缘关系也相互之间都以亲戚的辈分相称呼，这种拟制的亲族关系加深了村落的联系性。日本学者中生胜美曾提出"街坊辈"的概念①，分析了街坊辈的社会功能与华北农村社会结构的特点。他分析了在华北村落中人们在日常行为、礼仪行为、社会关系、婚姻体系中都考虑了"街坊辈"的因素，并分析了其形成的习俗上和社会结构上的因素。在穆李村中有这种"邻里""街坊辈"关系的存在。面人手艺在穆李村的邻里间也是可以共享的资源。艺人们往往根据居住地点的邻近，相互学习捏面人的技艺。村落中面塑手

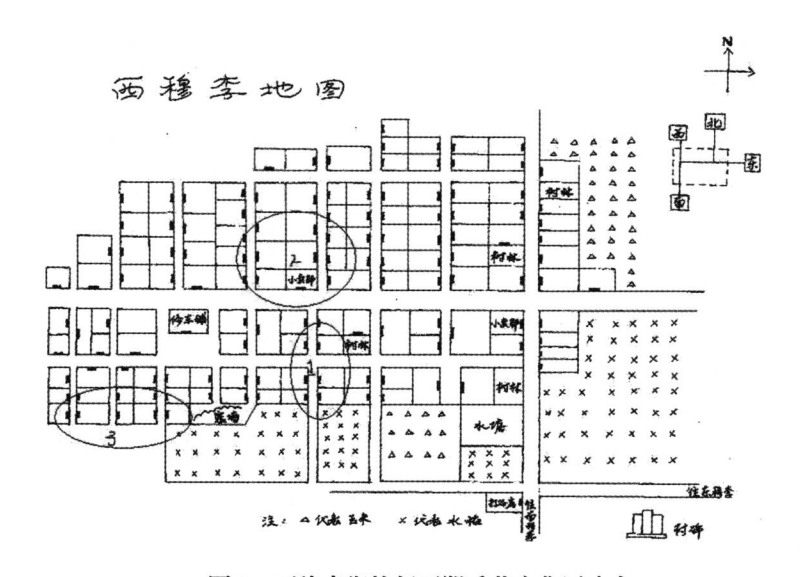

图3　西穆李街坊间面塑手艺密集区分布

注：图为西穆李村落居住布局（2007年绘制），图中圈圈的地区为面塑手艺以居住邻里为基点的密集区，分别以面塑艺人1（穆XJ）、2（穆XZ）、3（常ZH）居住为中心形成邻里间面塑手艺相互学习传承的区域。（面塑艺人的名字笔者用字母代称）

---

① 参见会议论文中生胜美《华北农村的"街坊辈"与村落共同体》，《中外学者论抗日根据地：南开大学第2届中国抗日根据地史国际学术讨论会论文集》，1991年。

艺可以相互切磋，并形成了以家庭居住地点为基点的面塑活动区。以西穆李为例，在几位面塑手艺较好的艺人居住的附近往往有跟这位艺人学习手艺的街坊群体，从而在村落内部形成了几个小的面塑团体。他们通过闲暇时与手艺较好的邻居的交流活动共享面塑技艺。

3. 师傅徒弟拟父子关系的手艺传承

过去手艺人带徒弟有一套严格的讲究，即严格的师承制度。在手艺工匠行业中师徒关系就如同父子关系，师徒间的手艺传承也离不开父系家族传承的影响，类似一种拟制的亲缘关系。麻国庆在研究中国的家庭时曾提出了"拟制的家"这一概念，"'拟制的家'是指在人与人的关系中，在生理上、血缘上没有亲属关系的人们，用以与家和亲属相类似的关系来设定他们之间的关系"①。

面塑手艺来源于民间，旧时遵守着一套严格的拜师学艺规则。在面塑历史的初期，花供和面人的制作是其主要形式。早在清朝，江西江米匠人来到穆李寨（原穆李村称呼）并改写了穆李面塑历史之前，穆李村一带就有做花供的艺人，他们世代延续着与村落风俗相关的花供制作，活跃于村落婚丧嫁娶、年节祭祀活动中，承载着乡民社会生生不息的民俗需求。据老艺人们讲过去正式收徒的时候要举行收徒仪式，要送师傅礼物（点心之类），行磕头拜师礼，这时要有一些做花供面人的艺人们和家族中的长辈在场作为见证。徒弟可以是家族内成员，也可以是外人，行过拜师礼后正式跟师傅学艺视如自己家人，一般跟师父同吃住。

在传统社会时面塑手艺人学艺时候的学徒制分为两种：一种是徒弟在师傅家吃和住，这种学制要求徒弟交一定的伙食钱和学艺的学费（一般以粮食的形式交纳），然后跟着师傅到处做面人练习手艺，得到的收入归师傅所有，这种徒弟叫作"门里徒"。门里徒就如师傅自己家人一样，一同吃住，所得收入归类似家长的师傅所有。师傅扮演一种"师傅如父"的角色，除了传授工艺技术外，还是徒弟行为教育的规范者。另一种情况是：徒弟不在师傅家吃住，只跟师傅出游学面塑手艺，所要交的粮食就可少些，叫作"门外徒"，门外徒受师傅在生活上的管教相对少了些，但是仍然按照父系家长制的规范处理师徒之间的关系。对师父行磕头礼、

---

① 麻国庆：《家与中国社会结构》，文物出版社1999年版，第126页。

年节时候礼物相送表达晚辈的尊敬等，对待父系亲属长辈的礼节在"门外徒"中也适用，并且受到来自外界道德评价层面的监督。这两种学制学徒的时间一般是三年或四年，学期满了，徒弟的手艺一般就可以从事面人的制作并外出谋生了。出师以后徒弟要在每年的中秋和春节两大节日的时候去看望师傅，师徒之间的交往类似于亲属间长辈与小辈的关系。徒弟之间也类似与兄弟关系，同门出身的手艺人之间会相互照应，不允许相互倾轧，面塑的手艺在师徒之间以一种似血缘家族的"师徒"关系传承着。

民间手艺生长在村落体系中，"家族"是其传承发展的主要内动力。无论是血缘家族，还是扩大化的类似家族关系的"街坊"和"师徒"关系，在面塑技艺的传承中构成一个由血缘意义上的"家族"，地缘意义上的"邻里"，再到拟制的亲缘关系"师徒"，三者相结合的民间面塑工艺内部传承体系，并围绕着"家"这一具有伸缩性的特质的概念展开。[1] 在民间艺人的日常生活中，民间技艺不仅仅通过父系家庭传承，也会扩大到家的地理空间在"邻里"间传承，同时也在类似血缘关系的"师徒"间传承。在扩大的"家"的场域中，民间工艺得到了生生不息的传承动力。

（二）市场导向——外动力

民间工艺来自乡土，然而在当代社会生活中并不能固守乡土，而不得不面对市场这一强大外力的影响，从寻常百姓的实用审美物品摇身变为市场体系下的民间工艺商品。"市场"的动力早在学者们对华北乡村的农业及手工业研究中被作为一种分析路径而受到重视，在美国学者马若孟（Raman Myers）[2]、黄宗智（Philip Huang）[3] 的著作中都有所涉及。他们分析了农业和手工业生产与市场之间的关系，就农民能否适应市场变迁做出适应性生产调整提出了讨论。国内学者从翰香主编的《近代冀鲁

---

[1] 麻国庆：《永远的家：传统惯性与社会结合》，北京大学出版社2009年版，第5页。
[2] 参见［美］马若孟《中国农民经济：河北和山东的农民发展，1890—1949》，史建云译，江苏人民出版社1999年版。
[3] 参见黄宗智《华北的小农经济与社会变迁》，中华书局1986年版。

豫乡村》（1995）中，专门讨论了手工业与乡村经济之间的关系，对于农村手工业与人口、耕地、农业之间的关系，以及农村手工业的性质和作用做出了分析①。在经典乡村调查著作《云南三村》中，易村的手工业分析了利用过剩劳力的织篾器代表的家庭手工业，以及利用过剩资本的造土纸代表的作坊手工业两种形式的乡村手工业，并对这两种形式手工业产生的原因进行分析。②

民间面塑是由食品、祭品发展而来的民间艺术品，是百姓日常生活世界中创造的美。当面塑从乡村社会中村民食用需要的面花食品、年节祭祀时的花供祭品，直至发展为卖给大众的面塑工艺品时，意味着面塑成为了一种可以交换的商品，不仅具有审美价值而且具有交换价值，对村民而言，面塑是其农业收入之外的一种增加收入的副业。民间面塑从乡村内部走出并面向受众市场，市场在面塑工艺的生命中具有重要的意义。无论乡间的面塑儿童玩具还是技艺高超的面塑工艺品，他们的题材、类型必须面对市场，才可能生生不息地传承下去。作为商品的面塑工艺品，在传承发展的过程中不可避免地受到来自他者外部审美的要求，从而影响着其题材形式的发展变迁。下文笔者试图就传统与现代不同时期的市场需求为例，来讨论面塑艺术传承过程中的外动力——市场的作用③。

1. 传统题材面塑的市场需求

山东菏泽穆李一带面塑艺术兴旺于清中后期。当时大运河从鲁西南的济宁经过，那时的鲁西南地区曾是商贾云集之地，南来北往的商人带动了这一地区集市贸易的发展。菏泽地区自古就盛行祭祀用的花供④，但

---

① 参见从翰香主编《近代冀鲁豫乡村》，中国社会科学出版社 1995 年版。
② 参见费孝通、张之毅《云南三村》，社会科学文献出版社 2006 年版。
③ 笔者这里所讨论涉及的"传统"与"现代"概念，是指在面塑题材上的简单分类，传统时期主要以戏曲人物为主，现代时期是多元多题材的时代。从传统与现代题材的分析中，笔者试图发现"市场"在这一变迁中所发挥的来自外部的推动力量，从而分析面塑工艺传承中，市场因素的影响。
④ 花供即用彩色的面做的人物、花鸟、动物、建筑等形象，作为祭品祭祀的一种面塑形式。花供广泛流传于鲁西南一带，个头比较大，在二三十公分左右，古代主要用于祭祀火神、祖先等作为代替实物的供品，现今主要用于节日庆典、寿诞、丧葬祭祀等场合。菏泽曹县的桃源花供十分出名，有关花供研究的论文主要有：乔方辉、孙忠民：《曹县桃源花供会调查》，《民俗研究》1998 年第 4 期；张勃、侯仰军：《曹县花供会及其渊源初探》，《民俗研究》2003 年第 4 期；刘天勇、鲁汉：《桃源花供民俗与手工交辉》，《中华手工》2006 年第 4 期。

花供作为"神圣"的祭品只在村落民俗活动中盛行,并不作为交换的商品。据碑文记载,穆李村面塑是在19世纪中期由来自江西的两位江米人艺人王清原和郭湘云传来的。沐恩碑文记载:

> 王君讳清原,字澄波。郭君讳湘云,字荫泉。江西瑞州府弋阳人。幼而同师,学捏面人。曲艺也,事近于戏迹,邻于亵,而各精其道。每构一像,形容毕肖,眉目如生,有栩栩欲活之效。吾曹向无此术。自咸丰二年,二君偕游吾曹,寄居本集西穆李,各自食其艺,获值浮于所用。积年余,购置田产,遂家焉,既而,杨君玉林□□□三人,以学于王君;段君文干数人,以学郭君;嗣而广收门徒,循相传授,继继续续七十年矣!相传五世,蔓延曹属以及附近直隶、河南两省,以是艺者不下千余;遨游亚非欧美,逐处销售,或兴家立业,或衣食无虞,莫不赖其艺而为□□□哉。①

从碑文中可知咸丰二年(1852)作为商品出售的面塑由两位来自南方的艺人带到了曹州,即菏泽地区。从王、郭二位艺人"寄居本集西穆李,各自食其艺,获值浮于所用。积年余,购置田产,遂家焉"②的描述中我们可以了解到当时掌握面塑技艺不但可以养家糊口,还能购地安家,可见这时的面塑已经是作为商品的民间艺术,并且所获不菲。后来两位艺人收徒传艺,至立碑的1930年面塑技艺已蔓延至今天的北京、河北、河南一带,从艺人不下千余,面塑艺人们兴家立业、衣食无虞或远赴国外游历销售面塑,可见当时面塑技艺之兴旺盛况。

据穆李村中的老艺人们回忆,传统面塑多以花鸟虫鱼和戏曲人物为题材。人物面塑通常为某个戏曲故事中的人物形象,或具有故事情节的多个人物组成成套的面塑作品。购买者主要是喜欢戏曲的成人,由于清朝中后期传统戏曲的兴盛,戏曲深入到百姓的日常生活中,因而戏曲人

---

① 该碑发现于穆李村附近的解南村一农户家牛槽中,碑立于民国十九年(1930),是为感谢两位传艺的艺人王清源、郭湘云二君由其弟子集资而立,引部分碑文,"□"为字迹模糊看不清处。碑文的拓印本保存于穆李村的"曹州面人陈列馆"内。

② 参见"沐恩碑"碑文。

物面塑形象也曾经十分兴旺。笔者根据部分田野访谈资料简单整理了现今可见的传统面塑题材，现在很多艺人已经不再做传统戏曲人物面塑了，所收集到的材料必会挂一漏万，在此暂将表格列出，试图从留下的一些蛛丝马迹中管窥当时传统题材面塑繁荣的景象（见表2）。

表2　　　　　　　　　　面塑传统人物及题材①

人物	题材故事	作品类型	作品来源
包公	包公审案	面塑	戏曲故事
李逵	李逵夺鱼	面塑	戏曲故事
麻姑	麻姑献寿	面塑	民间传说
刘、关、张	桃园三结义	花供、面塑	戏曲故事
八仙人物	八仙过海	花供、面塑	民间传说
济公	济公形象	面塑	民间传说
钟馗	钟馗捉鬼、剑指福来	面塑	民间传说
西游记人物	唐僧师徒四人	花供、面塑	戏曲故事
哪吒	哪吒闹海	面塑	戏曲故事
杨贵妃	贵妃醉酒	花供、面塑	戏曲故事
姜子牙	姜太公钓鱼	花供、面塑	戏曲故事
白素贞	白蛇传	面塑	戏曲故事
项羽与虞姬	霸王别姬	面塑	戏曲故事
关公	关公骑马、关公提刀	花供、面塑	戏曲故事
寿禄寿三星	三星送福	花供、面塑	民间传说
渔翁	渔翁钓鱼	花供、面塑	民间传说
娃娃	年年有余、儿童戏狗	花供、面塑	民间传说
穆桂英	穆桂英挂帅	花供、面塑	戏曲故事

---

① 该表是笔者根据见到的面塑实物或照片图片资料整理而成，传统面塑题材丰富，由于近年来戏曲的衰落，民间面塑形式也发生了很大的变化，在此笔者仅就自己所见列出部分题材，未免挂一漏万。表注：三国人物、水浒人物、红楼人物、西游人物等面塑作品中的人物形象，是文学名著人物，在民间是通过戏剧传说故事的形式传播的，因此在来源上，笔者将其归为戏剧故事的类别中；另外很多民间传说通过戏曲演出的形式被民众所接受，如八仙是由民间传说故事发展为戏曲故事的。戏曲与民间传说不能完全割裂分类，在此笔者根据艺人接受面塑题材形象的主要方式来进行分类，旧时的面塑题材主要来源于民间传说故事和戏曲故事的演出，其中最直观的形象来自戏曲舞台人物的表演。

续表

人物	题材故事	作品类型	作品来源
苏三	玉堂春	面塑	戏曲故事
诸葛亮	空城计	面塑	戏曲故事
观音	送子观音	面塑	民间传说
张生与莺莺	西厢记	面塑	戏曲故事
樊梨花	樊江关	面塑	戏曲故事
林黛玉	黛玉葬花	面塑	戏曲故事
薛宝钗	宝钗戏蝶	面塑	戏曲故事
仙女	天女散花	面塑	民间传说
嫦娥	嫦娥奔月	面塑	戏曲故事
王昭君	昭君出塞	面塑	戏曲故事
弥勒佛	多子弥勒佛	面塑	民间传说

从表2中我们看到许多民间传说和传统戏曲故事中的人物，这些故事脍炙人口，不仅为广大乡民所接受喜爱，也适应当时的市场需求，在集市、庙会等场所拥有许多受众，迎合了当时大众文化审美情趣的偏好。无论乡村还是人口密集的集市，大众的文化生活密切相连，大传统与小传统的文化分野并非十分明显，这也就是为何面塑艺术中传统的戏曲人物形象能够十分繁盛背后的文化层面的原因。雷德菲尔德所提出的"大传统""小传统"的概念①，被广泛应用于讨论士绅文化与乡民社会文化中，将乡民的文化体系等同于"小传统"而关注这些来自民间自生的文化体系，是人类学、民俗学所关注的内容。雷德菲尔德的"大传统""小传统"理论在研究乡民社会的民俗文化过程中具有一定的理论价值，但也有值得商榷之处，就20世纪二三十年代传统面塑题材形象而言，"大传统"与"小传统"所分别代表的文化并不是简单的二元对立或者说完全分割的状态，在清末至民国时期，代表大传统的士绅阶层文化与代表小传统的乡民文化，在戏曲欣赏方面有一定的重合，因而传统的面塑作品，那些从戏曲故事中而来的形象生动的戏曲人物，不仅仅能够吸引来

---

① Robert Reddfield, "Peasant Society and Culture: An Anthropological Approach to Civilization", the University of Chicago Press, 1956.

自乡间的村民而且适应士绅阶层的品位,在面对市场方面也迎合了更广泛人群的文化品位,适应了受众市场的需要。

清末至抗战开始这段时期,在传统面塑题材中主要为民间传说和戏曲人物形象,面向于传统庙会、集市等市场需求。适应当时从士绅到普通民众对于戏曲艺术欣赏的文化场景而生,在自我的审美——面塑艺人自身的审美情趣,和他者的眼光——来自市场的需求层面上达到了一定程度的平衡,因而面塑艺术在20世纪前期得到了迅速的发展。

2. 现代面塑题材的市场适应①

民间艺术的发展经历了20世纪战争与运动的洗礼而数次中断,但文化有其自身的延续性,虽历经波折却能够继续发展。自20世纪80年代以来,民间工艺的发展呈现了复兴的局面,一时间各种过去不登大雅之堂来自乡土的民间艺术,风风火火地繁荣发展起来。近年来从联合国教科文组织的非物质文化遗产公约发布到国家行政层面对于非物质文化遗产的保护,各地纷纷挖掘非物质文化遗产资源,申报非遗项目、非遗传承人,保护开发民间艺术。在这波发掘、申报、保护的热潮中,学者们也看到了一些问题,纷纷将非物质文化遗产保护中的一些问题提出来讨论②。

现代社会渐渐趋于多元化,传统艺术生存发展的空间已经发生了变化,所谓的"原生态"③的民间艺术仅仅存在于人们的想象之中。现代社会中作为交换商品的工艺必须面向市场,做出适应性变迁才能够得到传承和发展。同时市场也不再仅仅局限于集市、庙会等传统的市场空间领域,而是越来越具有多元性和广泛性的特征。现代市场作为来自外部的

---

① 对于传统与现代不能简单地二分,无论是从面塑的题材还是面塑发展的时间上都不能完全清晰地划分界限,这里笔者以面塑题材为依据简单地将其二分是为了分析市场在面塑传承发展中所起的作用,根据大众审美以及文化传统的变化分析面塑在传承过程中所受到的外部力量的推动。

② 详见周星、方李莉、巴莫曲布嫫、朝戈金、冯骥才、傅谨、刘魁立、刘晓春等众多研究者的文章中关于非物质文化遗产的讨论。

③ 关于"原生态"的讨论,学者们使用的较多,包括对于"原生态"的音乐、舞蹈、民间艺术的研究与分析,同时也对"原生态"提出了一些质疑和讨论,请参见中山大学非物质文化遗产研究中心刘晓春的论文《谁的原生态?为何本真性——非物质文化遗语境下的原生态分析》,发表于《学术研究》2008年第2期。

他者的推动力，使得民间工艺的传承发生了深刻的变革。

以现代面塑工艺为例，其所面向的市场可以分为几个层次，一是传统的集市、庙会市场；二是各种展览、酒店所需的工艺品市场；三是高端的民间艺术品收藏市场。在市场多样化、多层次的发展情况下，面塑题材也发生了适应性变迁，在传统题材的基础上增加了很多适应市场需求的新题材，如受儿童喜爱的卡通动物形象、花鸟虫鱼形象等等。面塑的样式也不仅仅局限于提线式、签举式面人，而是开发了新式产品，如案头陈设式面塑、面塑的钥匙扣、手机链、饰品等，以及用面塑装饰的相框、杯子、风铃等工艺品，同时面塑肖像写真也成为了一种新兴的商品形式，近年来市场发展潜力很好。

综上所述，我们可以看到面塑工艺作为商品，来自外部市场的力量在其传承发展中起到了推动作用。而这市场的背后即是大众审美眼光，这也推动了作为商品的面塑工艺品的发展。无论是传统面塑中对于戏曲人物的塑造，还是现代面塑对卡通动画形象以及真人像的塑造，都是适应不同时空场域中大众审美眼光的需求而产生的。商品价值在交换中体现，来自市场的外部推动力影响了商品面塑题材形象以及其传承发展的方向。

（三）民俗展演——混合动力

近年来，作为商品的民间工艺走出乡土，并在来自村落社会的内动力和来自市场的外动力推动作用下繁荣发展起来，然而这两方面的因素并不能涵盖民间工艺传承中的全部动力因素。民间艺术具有的审美价值是现有的研究中乐于探讨的问题，然而民间工艺品在民众生活中所承载的民俗内涵往往被忽略。从民俗学的角度来看民间艺术的发展还存在着第三种动力的推动作用，这就是作为民间知识体系传承民俗文化事项所具有的民俗功能。这些民俗娱教功能通过民众日常生活中的民俗活动体现出来，从而推动了民间艺术的传承发展，笔者将其定义为具有民俗展演性质的混合性动力因素。

1. 民俗活动

面塑来源于民众的日常生活，其最初形态是满足人们食用需求的面食制品。小麦是华北地区主产粮食，由小麦磨成面粉做成各种各样的饮食花样在《东京梦华录》中有详细的记载：如清明节前寒食日挂在门前柳条上用面和枣做的"子推燕"用以怀念介子推；七月七日，各种饮食习俗中有用瓜雕成花样，谓之"花瓜"的，有以油面糖蜜造为笑靥儿，谓之"花样果实"，其中有身披甲胄的人物，谓之"果实将军"；重阳前一两日，各以粉面蒸糕相送，上插剪彩小旗，又以粉做狮子蛮王之状，置于糕上，谓之"狮蛮"。① 《东京梦华录》中记载了很多岁时节日时与面食、饮食果子等相关的习俗，面食花样早在宋朝就与民众日常生活中节日习俗、祭祀礼仪密切相关，伴随民间岁时民俗节庆活动产生的民间面塑的早期生活形态，承载着民间千百年来积淀的丰富民俗文化内涵。

民间的习俗延续千年至今，在今天黄河流域面食区域中仍能见到人们在年节时候相互赠送面塑花馍往来交往，并以花糕等面塑礼馍祭祀祖先神灵的民俗现象。在村落社会的民俗活动中，以面塑礼馍为礼物形成的人与人及人与神的交往体系中，人群社会关系以及人神关系在"礼物的流动"中得到了维系。法国人类学家马塞尔·莫斯曾在其著作《礼物》中，通过对于"礼物"的分析，发现了人与人之间通过礼物的流动所建立的关联性，并通过民族志个案分析礼物背后蕴藏的社会结构意义。② 美国学者阎云翔也曾通过"礼物"来分析一个村落社区内的互惠原则和社会网络。③ 在村落社会民俗活动中，面塑礼馍作为流动的礼物，联系了村落群体沟通了人神交流，是不可缺少的"礼物"，它承载着村落社会中丰富的民俗知识和文化内涵，并通过文化的延续力量促进了民间面塑的代代相传，使其在民众日常生活的民俗活动中获得了生生不息的传承动力。

在菏泽地区作为民间供品、祭品的"花供"④ 在菏泽民间火神信仰活动、年节庆典、丧葬礼仪等场合都扮演着重要的角色，在村落生活和民众信仰体系中承载着丰富的民俗内涵。地处中原的菏泽地区与河南商丘

---

① 参见（宋）孟元老撰，邓之诚注《东京梦华录》商务印书馆1959年版，卷八。
② 参见［法］马塞尔·莫斯著《礼物》，汲喆译，上海人民出版社2002年版。
③ 参见阎云翔著《礼物的流动：一个中国村庄中的互惠原则与社会网络》，刘瑜、李放春译，上海人民出版社2000年版。
④ 花供是以面粉为原料捏塑成的各种人物、动物、花鸟、建筑等形象的民间祭品，是祭品面塑中的一种。花供通常比普通的面人大，长度在三十公分左右为多，形象以戏曲人物、吉祥动物为主，用于民间祭祀神灵、祖先等火神信仰活动和去世老人"过三年"丧葬礼仪活动中。

比邻，这一带民间火神信仰较为活跃，在菏泽乡间大大小小的火神庙香火繁盛，民众自发组织的民间祭祀活动历经时代的变迁传延至今。菏泽的曹县在正月初七火神爷生日举行的祭祀活动被称为"花供会"①，这一天举办的花供会以街为单位轮流做东道，做东道的街负责搭彩棚、准备供桌、接供等活动，其他街在初六下午开始制作花供。色彩艳丽、形象生动的花供既是民众献祭给火神的供品，也是承载着当地民俗的内涵象征物，民众通过"花供"表达感情，在民间火神信仰和具有庙会性质的民俗活动形成了人神共娱的高潮。在花供会活动中，参加的街相互之间看谁的花供做得好，"桃源花供，走着瞧"已经成为一句当地的俗语，民间面塑的技艺就在这些普通民众热热闹闹的民俗生活中获得了生生不息的传承动力。

在菏泽的穆李村一带，花供一般是给去世的老人办"过三年"的时候使用的面塑祭品，多为五个一套的面塑戏曲人物形象，与馒头一起作为献祭祖先的祭品。过去穆李村一带老人去世过三周年的活动比较隆重，面塑花供是必不可少的祭品，村里的艺人们也不是专门为了挣钱而做花供，旧时村里哪家办事需要面塑花供只要请来几个艺人参加，以饭食相待就可并不需要付给专门的费用，周围村子慕名而来请其做花供则适当收取费用，在村落社会中村民和艺人并不是割裂的身份，艺人就是普通村民。在以村落为空间背景的场域内，面塑是作为一种民俗活动中具有展演性质的物品而不是通常的商品联系着村民社会的日常生活，从而使得民间面塑在其生存的场景内具有深刻的民俗文化内涵从而代代传承发展下来。

2. 制作展演

民间面塑不仅仅在村落民俗活动中具有展演功能，其制作过程也是一种精彩的展演活动。展演是民间艺术的一项特殊的功能。美国民俗学家理查德·鲍曼等学者关注于"表演"这一概念，并关注于从"作为材

---

① "花供会是山东曹县桃源集一带为供奉火神而兴起的民间传统庙会，正日子在正月初七。因供品用白面、鸡蛋、萝卜等雕刻或捏塑成人物、动物、建筑物及瓜果、花卉等，造型生动、花样繁多，故有花供会之称。"引自张勃、侯仰军《曹县花供会及其渊源初探》，《民俗研究》2003年第4期。

料的民俗"到"作为交流的民俗"转变的全新观点,将"表演"视为"一种交流的现象"来研究民俗学者和人类学者感兴趣的口头艺术是一种新的契机①。在民间艺术的众多形式中,与丰富的口头表演形式类似,民间手艺也是一种具有表演或展演性特质的艺术。因而关注与手艺人与观众的交流、展演活动也是突破以往材料性民俗研究的一种新思路。

在面塑艺术的传承过程中,作为手艺的面塑技艺具有一定的表演性质。观众们喜欢看到一团团彩色的面怎样在民间艺人灵巧的手中变成了生动的人物、动物形象。民间面塑艺人展演,受众观看的过程是面塑艺术的一大特色。区别于其他成型工艺品形式,面塑的制作过程中的展演性往往能吸引很多观众驻足观看,而最终购买面塑的观众,其实也购买了一种可观赏的"面塑展演"服务。正像观众买票去戏院看戏一样,面塑工艺的制作过程具有一种表演性,面塑作品同时也具有工艺品的欣赏价值,所以面塑工艺同时具有时空艺术和造型艺术的特质。而也正是这种展演性质使得民间艺人和受众在展演的过程中沟通交流,从而得到美的愉悦。

在以往面塑艺人卖面人的时候,往往会配合一些吆喝或者顺口溜来招揽顾客。研究民间美术的学者们收集到了民间面塑艺人们边做边唱的情景:

做面人《孙悟空》唱词是:
咳隆哄
几个铜钱买个孙悟空
孙悟空
偷仙桃来吃仙桃
还要嬉皮笑脸闹天宫

做《刘备、关公、张飞》三个面人道:
小小刘关张

---

① [美]理查德·鲍曼:《作为表演的口头艺术》,杨利慧、安德明译,广西师范大学出版社 2008 年版,第 4 页。

说来义气长

快来买三个

放在台中央①

这些配合着面塑人物形象的生动小唱起到了招揽顾客的作用。另外艺人们一边做面塑一边也有一套用于表演的说辞。

如在做关公时的说辞：做人物头部的时候，艺人一边做个红脸的关公头，一边说着"红脸的关公骑宝马"，随后边做人物的眼睛眉毛边说"丹凤眼、卧蚕眉、相貌堂堂、威风凛凛"，然后给关公面人做胡须时便说"身长九尺，髯长二尺"，做关公的身体时则说"绿袍金铠、手拿大刀"，有可能还问一句"你们知道他用的什么刀？"，稍作停顿后自答曰："青龙偃月刀"。

手艺是面塑艺术中的一个非常重要的看点。一团彩色的面经过灵巧的双手的揉搓按压瞬间就变成了人物身体的各个部分，先做头、五官、发式，然后是躯干、四肢，最后穿上衣服，须臾间多彩的小面人便活灵活现在观看者的眼前了。而且不同的艺人在做同样的人物面塑时各有特色，相同中有着细节的千差万别，使得每一次手艺活动都是一场独一无二的创造性表演。在这具有表演性的面塑制作场景中，艺人与观众通过手艺和言语在展演与观看的场域中进行互动交流。看者仿佛在看一场由灵巧双手表演的剧目，一个个角色粉墨登场，从艺人的手中诞生。观看者会惊叹于民间艺人们的灵巧与智慧，各种各样的人物发式、衣着、装饰、兵器等全都储存在艺人的脑海里，经由手的表达上演了一场惟妙惟肖，令人叹为观止的演出。

笔者在与面塑艺人的访谈中得知，绝大部分面塑的购买者都希望买现场制作的面塑作品。作为顾客的观众希望看到生动鲜活的面塑人物是怎么制作的，并从中得到了美的愉悦，他们购买面塑作品时同时也购买了这种手艺的展演过程。非机器制造的纯手工艺术创造过程，其生动的展演形式大大地吸引了面塑的购买者。面塑在手工塑造的过程中所具有的展演性特质是民间工艺之所以引人入胜的一个原因。在机器规范化模

---

① 王伯敏主编：《中国民间美术》，福建美术出版社1994年版，第11页。

式性生产的今天，人们看惯了千篇一律的机器化产品，而手工艺制作过程中所具有的这种表演性和非同质性吸引了人们观看和购买，面塑工艺的制作过程便是具有这种手工艺展演特质的典型。

民间工艺在乡土社会中具有承载民众日常民俗活动的功能，以及作为手艺展演的审美功用。民间工艺产生于民间生活场域中，在民俗活动中起到了维系村落社会人群关系的作用。作为具有展演性质的民间手工艺，在作为商品交换的过程中，通过展演带给顾客的不仅仅是作为物的商品，更多是观看欣赏层面上的审美内涵。

四　小结

民间工艺来自乡土，在民众的日常生活中展现着特殊的魅力。手艺人代代相传的手艺背后具有丰富的社会内涵和文化延续的力量。本文以民间面塑手艺为例，从三个层面分析了面塑工艺传承过程中的动力因素：先从"家"——内部动力的层面入手，分析了家族传承、邻里间传承、师徒间传承等方式，围绕"家"的场域展开民间面塑传承活动；然后从市场——外部动力层面入手，分两个部分分析了传统时期的面塑题材和现代面塑题材所面临的来自外部市场的推动作用，从他者审美的角度分析了面塑传承中题材样式的变迁以及其背后的社会文化内涵和推动作用；最后回到民间场域中讨论在民众日常生活体系下，面塑作为民俗活动中互惠的赠品、作为民间祭品、作为年节岁时民俗的物品等不同视角下"物"的承载者，在其生态空间中与民众日常生活的关系。然后从面塑的展演性质出发，分析其制作中的表演特质，并探讨受众通过观看面塑表演形成的沟通与认同。笔者从以上几个方面分析了面塑传承中所具有的特质，并认为这些来自日常生活中的动力因素，包括来自内部"家"的内动力，来自外部"市场"的外动力，来自"民间"的民俗活动和展演特质的混合动力，影响并推动着面塑手艺的传承发展。同时笔者希望通过面塑个案的研究，管窥民间工艺传承发展的历史中所共同具有的来自"家族""市场"与"展演"这三个层面的动力因素，从社会结构和文化延续性的角度来理解和分析民间工艺绵延不绝的多元动力因素。

手工艺类非物质文化遗产传承困境阐释及发展路径探究

——以江西文港毛笔为例*

刘爱华**

摘　要：随着经济的快速发展，工具理性主义的极度膨胀，科技几乎主宰着人类生活的一切，在这样的时代背景下，手工艺类非物质文化遗产踟蹰于传统与现代之间，现代适应性较差，面临着逐步衰微、边缘化的困境。文港毛笔亦然，其衰微源于文化生态迅速变迁、制笔技艺半市场化属性及笔业市场竞争的失序等原因，因此，一方面需要对毛笔功能价值进行生产性保护；另一方面需要对其符号价值进行创意开发，这可能是毛笔产业及制笔技艺未来发展的重要路径。

关键词：手工艺；非物质文化遗产；文港毛笔；生产性保护；路径

江西文港毛笔近年来在产量、产值、从业人口等方面都远远超过湖笔，已经成为国内新的制笔中心，是著名的"华夏笔都""中国毛笔之乡"。但即便如此，文港毛笔自身也存在不少问题，且毛笔不同于一般商品，不可能走完全市场化的道路，因而，文港毛笔辉煌里也蕴含着落寞，如何保护和传承文港毛笔，笔者期望本文的探索能起到抛砖引玉的作用，

---

* 原文刊于《民间文化论坛》2016 年第 2 期。
** 刘爱华，江西师范大学历史文化与旅游学院副教授，江西师范大学非物质文化遗产研究中心主任。

引起学界和当地政府的深入思考和理性实践。

一　文港毛笔："辉煌"里的落寞

"药不到樟树不名，笔不到文港不齐"，文港作为一个小乡镇，制笔历史悠久，以笔而名，中华人民共和国成立以来尤其是改革开放后，发展迅速，形成了全国第二、江南最大的毛笔皮毛市场，且成为新的制笔中心，甚至令湖笔也相形见"绌"，成为名副其实的笔都。

文港是宋代著名词人晏殊、晏几道的故里，文化底蕴深厚，毛笔制作技艺源自陕西咸阳、山东邹县等北方地区，毛笔制作专业村——周坊，其族人就是河南汝南后裔，从东汉末年迁徙至进贤文港，至今该村尚留存"汝南世家""泽承丰镐"等匾额。与很多毛笔产区一样，文港也尊蒙恬为笔祖，过去也有拜祭祖师仪式，甚至在坊间隐约中仍可找出蒙恬造笔①的"蛛丝马迹"。当然，相对于湖笔文化的厚重与名气，文港毛笔则显得黯淡和寒碜，恍如一夜暴富的乡巴佬，阔绰的穿戴无法"装裱"其内在气度，更无法掩盖其举止和行为的"土"气。

当然，这并不意味着文港毛笔没有辉煌和灿烂，文港毛笔在历史上虽然没有湖笔那么煊赫和炫目，但地处资源贫乏之地的文港制笔人更具危机意识和开放观念，经常出外闯荡，时刻关注市场变化，因而自清朝中叶以来，文港（包括李渡）毛笔在中国毛笔史上举足轻重，写下了光芒璀璨的一页。周虎臣笔墨庄和邹紫光阁就是文港（李渡）人所创立的著名毛笔品牌，与浙江王一品、北京李福寿并称为"天下四大名笔"。

周虎臣笔墨庄由江西省临川②人周虎臣（1672—1739）所创立。历史上临川向来以制笔业名扬于世，素有"临川之笔"的美称，周虎臣自小随父母在家制笔，深得毛笔制作之要领。早年制笔为自产自销，至康熙三十三年（1694）集资设肆于苏州。至乾隆年间被地方官员指派为清宫

---

① 关于蒙恬造笔传说的由来及辨析，参见拙文《神圣的"制造"：造笔传说与历史的观照》，《装饰》2011 年第 2 期。

② 1969 年 3 月，李渡、文港、长山、前途、温圳 5 个人民公社由临川县划入进贤县。周虎臣属于今进贤县文港镇周坊村人。

廷制作贡笔，特别是于乾隆 60 大寿时进贡 60 支寿笔，深得乾隆赞赏，特赐"周虎臣笔墨庄"牌匾。为躲避战乱，同治元年（1862），其后人于上海南市兴圣街开设分号。传至第七代时，因无子嗣，店业传给其甥傅锦云，此后赣笔便与湖笔联姻，对两种制笔技艺兼收并蓄，以至于清末民初著名书画家李瑞清赞道："海上造笔者，无逾周虎臣，圆劲而不失古法"①。

"周虎臣笔墨庄"品牌一直延续至 1956 年公私合营，此后成立了"上海老周虎臣笔厂"，老周虎臣的虎牌毛笔在国内外负有盛名，产品远销于日本、东南亚各国和中国香港地区。1935 年，荣获中华总商会全国展览会的优等奖章，1988 年荣获商业部优质产品奖，"虎"牌商标自 2002 年以来连续被认定为"上海市著名商标"。

邹紫光阁笔店，由江西临川②人邹发荣、邹发惊两兄弟所创办，距今约有 160 多年。邹氏兄弟平时以农耕为业，闲暇时做些毛笔，贩运到河南周口等地去销售，售完再顺道苏浙一带贩卖回羊皮和其他制笔材料，作为来年制笔的原料。

清道光二十年（1840），邹氏兄弟在汉口花布街涂家厂租下一间小店屋，一面经营笔料生意，一面自产自销毛笔。经营数年后，他们的毛笔和笔料杂皮生意都做得很是红火，于是便把毛笔和笔料杂皮生意分开经营，专门开设了一家毛笔店，定名为"邹紫寅阁笔店"，后改名为"邹紫光阁"，杂皮笔料的门市部则取名为"邹隆兴杂皮笔料行"。

为了在激烈的竞争中立足，邹紫光阁注重管理，责任到人，同时还充分发挥家乡的毛笔制作技艺优势，以家乡前塘为毛笔生产基地，以汉口为销售中心，从 1930 年到 1946 年，邹紫光阁又先后在成都、南京、重庆、福州等地开设了分店，形成了产、供、销一条龙的庞大体系，辐射全国，面向世界。其产品畅销全国，远销日本、新加坡、马来西亚、中国台湾、中国香港等十多个国家和地区。"抗战期间，毛笔尤为走俏日本，特别是 1955 年至 1959 年，日本人因为买不到邹紫光阁毛笔而多次来

---

① 转引自周虎文《上海老周虎臣笔墨庄》，《20 世纪上海文史资料文库（4）》，上海书店出版社 1999 年版，第 268 页。

② 邹氏兄弟为今进贤县文港镇前塘村。

到汉口索取,并强烈要求恢复生产邹紫光阁毛笔。"①

据统计,文港现有毛笔作坊 2100 多家,从事毛笔制作销售及相关行业的人员有 1.5 万人,占劳力总数的 60%。2011 年,文港产销毛笔 6 亿支,实现产值 12.85 亿元,年出口创汇 3000 万美元。② 到 2014 年,文港全镇大小毛笔生产作坊和经营企业增加到 2200 多家,销售窗口 5100 多个,毛笔产量达到 6.6 亿支,实现产值 13.2 亿元。③ 同时在外销售毛笔、钢笔等人员一万多人,有"万人制笔万人销"之说。即便是声名远播的湖笔,也不得不承认文港毛笔近年来发展所取得的巨大成就,"综观江西文港,我们可以清醒地看到,文港毛笔的发展壮大,是文港人大胆开拓进取,大做毛笔文章的结果。这几年来,他们不断推陈出新,形成了八大类、上千多个品种的毛笔,他们还从毛笔衍生出了钢笔和其他文化用品,形成了全国最大的钢笔毛笔集散地,被誉为'药不到樟树不名,笔不到文港不齐'"④。因而,2004 年,文港镇被中国轻工业联合会、中国制笔协会、中国文房四宝协会联合授予"华夏笔都"的荣誉称号。2008 年文港镇被江西省文化厅命名为首批省级文化产业示范基地。2012 年,文港镇再次被中国轻工业联合会、中国制笔协会、中国文房四宝协会联合授予"中国毛笔之乡"的荣誉称号。

近年来,文港镇也很重视文化建设。为了更好地传承和提升毛笔制作技艺,全面整理和研究毛笔文化,2010 年文港镇又成立了全国首家毛笔文化研究所。"全国首家毛笔研究所近日在华夏笔都江西省进贤县文港镇挂牌成立,这是我国首家毛笔专业研究机构,它的成立填补了中国毛笔研究史的空白,对传承毛笔制作工艺,推动中国传统毛笔产业整体升级及书画艺术创作,都有重要意义。"⑤

文港镇正在建设的还有"天下第一笔庄"项目,该项目包括毛笔博物馆、56 栋精品店、钢笔展示馆、仿古街、文房四宝市场共计 5 个小项

---

① 聂国柱、陈尚根主编:《江南毛笔乡》,《文史专辑》(内部资料),1993 年,第 51 页。
② 熊武:《"一支笔"撑起一座"笔都"——"中国毛笔之乡"进贤文港毛笔产业发展调查》,http://www.ncnews.com.cn/xqzc/jxx/wsjx/t20120705_889668.htm,2014 年 5 月 12 日。
③ 文港镇政府提供数据。
④ 朱翔:《2009 年湖州蓝皮书》,杭州出版社 2009 年版,第 148 页。
⑤ 苏丽萍:《毛笔有了研究机构》,《光明日报》2010 年 8 月 23 日第 1 版。

目。作为这个宏观产业规划重要组成部分的中国毛笔文化博物馆也于 2012 年 10 月底开馆了。该馆占地面积 16 亩,整体构造为传统徽派园林式建筑风格。主馆建筑三层,占地面积 1500 平方米,使用面积约 4500 平方米,副楼建筑三层,占地面积 1200 平方米,使用面积约 3600 平方米。博物馆拟分为文化陈列馆、毛笔实物陈列馆、书画艺术陈列馆、图片艺术陈列馆和毛笔工艺制作作坊五个陈列馆,用来陈列和展示历代全国各地毛笔实物及与毛笔文化相关的文献资料。① 通过天下第一笔庄的宏伟规划,文港镇政府力图努力打造一个融"观笔村、赏笔联、逛笔市、品字画、以笔会友"为一炉的文化旅游品牌,集国内外商贸、观光旅游、度假休闲、工艺美术为一体的综合型文化产业示范区。此外,2008 年已获省级首批文化产业示范基地的文港镇目前又在积极申请"国家文化产业示范基地",以此推动文港笔业的发展。

文港毛笔虽然没有湖笔绚烂,但亦光芒四射,闪烁在毛笔文化史的夜空中。但是,随着文化生态的迅速变迁,毛笔从生活、文化的中心开始淡出,无奈"阶前梧桐已秋声",文港毛笔亦无边落寞,隐忧重重。

随着工具理性主义的膨胀,科学技术的进一步发展,书写工具已经发生根本变革,文化生态急剧变迁,和其他毛笔产区一样,文港毛笔制作技艺传承困境重重。很多年轻人宁愿去外面打工,也不愿在家从事毛笔制作,毛笔制作技艺传承人队伍青黄不接。笔者在文港调查发现,从事毛笔生产制作的笔工大多年龄在 40 岁以上,在整个文港镇很难找到几个"80 后","90 后"更是凤毛麟角。谈起文港毛笔制作技艺传承,文港青年画家、华夏笔都中国毛笔文化研究所所长李秋明很是痛惜。"我们基本上这一生都奉献到毛笔上了,可以这样讲,下一代有没有这种感觉呢,有没有这种情怀呢,如果他们不是被生活所迫,迫于生计的话,可以这样讲,他们对这个笔看都不会看,不要说他们拿起刀来做笔,这点你不要去奢望他们。那么说,这支笔就有可能会退出历史舞台,但是几千年来这支笔都传承下来了,如果能在我们手上发扬光大,这是再好不过的

---

① 叶瑶乾、李展帮:《全国最大毛笔博物馆开馆》,《江西晨报》2012 年 10 月 30 日。

了，如果在我们手上痛失了这种传统工艺，这是非常惋惜的。"①

对文港人来说，其实还有一个隐痛，虽然文港制笔技艺名闻中外，但不无缺憾的是文港人所创立的品牌多半在外地，为外人所标榜。即便是像周虎臣笔墨庄、邹紫光阁这样著名的毛笔品牌，其发迹之地都在上海、武汉，而不是在进贤文港，因而它们成为上海、武汉的著名品牌，而不是文港的品牌。同样，文港人在鄂、川、云、贵等省区都有很多著名的笔庄，但大多是外地的品牌。虽然文港人可以骄傲地向外人宣传它们是文港人所打造的著名品牌，但他们心中仍是隐隐作痛的，因为文港只是一个"引注"，而全篇精彩的内容却找不到文港的影子。

此外，在今天，文港虽然占据国内市场的重要份额，但文港的长远发展优势也渐渐丧失。湖笔制作技艺早在2006年便被批准列入第一批国家级非物质文化遗产名录，而文港毛笔同年才被列入第一批省级非物质文化遗产名录②。同时，近年来湖州对湖笔的支持力度逐年加大，给文港毛笔带了巨大挑战，"湖州市政府出台了一系列政策来补贴年轻笔工，例如，带三个以上徒弟的师傅，他的徒弟们每人每月可以获得1200元的补贴"③。浙江省对湖笔还进行专项资金扶持。从2003年开始湖州市政府根据浙江省下发的扶持资金额度，以1∶1的比例给予专项配套，对湖笔企业创建省级名牌产品、省级著名商标、省级知名商号等专项补助55万元。2009年市政府又专门设立每年不少于200万元的湖笔专项扶持资金。④ 2011年，湖州市又进一步加大财政扶持力度，鼓励湖笔企业在企业转型、人才培养、生产技术革新及品牌建设等方面进行新的探索，补助额度又有所提高。

与湖笔相较，对文港毛笔的保护意识及保护措施却显得乏力，各级

---

① 访谈对象：李秋明，男，1965年生，硕士毕业。访谈时间：2010年4月28日。访谈人：刘爱华。

② 2014年"进贤文港毛笔制作技艺"入选第四批国家级非物质文化遗产代表性项目名录推荐项目名单，但可惜的是，由于文港人内部利益纠纷，在公示期间该项目被举报，文港毛笔又一次错失良机，与"国字号"擦肩而过。

③ 蒋泽：《工艺衰退威胁湖笔　湖州市出台专门扶持政策》，http://news.xinmin.cn/domestic/gnkb/2010/09/16/6878140.html#p＝1，2014年5月12日。

④ 陈荫：《注重保护加快湖笔产业健康发展》，http://www.huzhou.gov.cn/view_0.aspx?cid＝686&id＝17&navindex＝0，2014年5月12日。

政府的保护工作仍多半止于形式，并没见合理的有力度的保护举动。

文港毛笔在毛笔文化的历史中，悄然升起，但在文化变迁迅速的今天，遭遇到前所未有的挑战，毛笔开始脱离人们的日常生活，走向艺术的"祭坛"，传承了一千六百多年的毛笔制作技艺开始备受冷落，而在非物质文化遗产保护工作中，湖笔其厚重的历史，更为人所关注，文港毛笔则悄然被边缘化，不得不默然承受无尽的落寞。

二 文港毛笔产业衰微的成因分析

文港毛笔产业（包括毛笔制作技艺）的衰微是农耕文明向工业文明及知识文明过渡的必然，但其衰微的具体原因又纷扰复杂，笔者认为，文港毛笔产业衰微的最重要原因主要体现在以下三个方面。

第一，在科学技术日新月异的今天，民俗文化不断衍变、重构，传统手工作坊生产存在的文化生态发生急剧变迁，这是文港毛笔产业衰微的重要外在因素。

随着生产力的迅速发展，工具理性的极度膨胀，高科技的广泛采用，民俗文化不断发生衍变、重构，传承难以为继，传统文化生态变迁剧烈。为了更深入了解文化生态的变迁，我们需要理解文化生态系统的内部构成因素。按照其内部诸多构成因素与自然环境的密切程度不同，可以组成一个文化生态系统的结构模式。"如果我们把人类的活动看作是社会的主体，把人类的文化创造划分为科学技术（包括经验、知识等）、经济体制、社会组织和价值观（包括风俗、道德、宗教、哲学等）四个层次（语言作为信息工具暂不包含在内），依据它们与自然环境关系的密切程度，我们就可以看出文化生态系统的结构模式。"[①] 根据其与自然环境的密切程度，从密到疏依次对四个层次的排序是科学技术（包括经验、知识等）、经济体制、社会组织和价值观（包括风俗、道德、宗教、哲学等），其中"与自然环境最近、最直接的是科学技术一类智能文化。大凡工具、机械以及经验、知识、科学、技术一类发明、创造，都与自然环境直接相关，即强相关；其次是经济体制、社会组织一类的规范文化；

---

① 司马云杰：《文化社会学》（第五版），华夏出版社2011年版，第157页。

最远的是价值观念，自然环境虽然对它有影响，但关系比较弱，而且往往是通过科学技术、经济体制、社会组织等中间变量来实现的"①。文化生态是源自文化生态学的一个概念，文化生态学"把文化放到整个环境中去看它的产生、发展、变异过程，即人如何适应环境而创造了某种特征的文化，这些文化现象又是如何适应环境变迁而不断向前发展的"②。也就是说文化生态学虽然不能等同于"环境决定论"，但还是认同和吸收了"环境决定论"的部分重要理论思想，认为人是总生命网的一部分，虽然人是带着文化因素出现的，文化因素会影响总生命网，但文化因素也受总生命网的制约。

文港毛笔产业的变迁，与自然环境最近、最直接的是科学技术的发展，即硬笔工具、电脑技术及网络技术的发展。科学技术的这种变迁，对文港毛笔产业的发展产生了几近毁灭性的冲击，毛笔的销售市场迅速缩小，从人们生活的中心、文化的中心逐渐边缘化。经济体制所带来的影响也不小，现代市场经济追求效率、快节奏，商品生产讲究的是标准化、规模化、模式化，而毛笔制作"慢工出细活"的手工技艺追求使毛笔制作所呈现的是个性化、精品化、手工化，显然很难适应人类的需求。

第二，在社会变迁中，手工作坊生产传统与现代的矛盾逐步凸显，具有半市场化③属性，这种属性是传统手工作坊生产困境的关键影响因素或核心影响因素。

毛笔是一个传统文化符号，文化底蕴深厚，毛笔制作技艺也具有鲜明的传统性，属于手工劳作模式，同时，毛笔作为一个传统文化符号，也是一种外销型文化产品，其生产制作必须紧紧围绕市场需求来进行，现代属性突出。这样一种文化产品，面对科技的迅速发展，其所依存的文化生态发生急剧变迁，生产难免走向衰微。

从毛笔产业发展来看，不难发现，毛笔产业衰微的真正原因源自其自身产业结构特点，也就是它具有半市场化属性。可以说，半市场化属

---

① 司马云杰：《文化社会学》（第五版），华夏出版社2011年版，第157页。
② 司马云杰：《文化社会学》（第五版），华夏出版社2011年版，第156页。
③ 半市场化，在这里指称介于传统与现代之间的一种经济形态或市场结构，或者说传统生产制约下的市场化现象，这里的"半"不是具化概念，而是一种泛指。相关论述参见拙文《半市场化笔业竞争与权力秩序重构——交换理论视角下的文港毛笔业》，《装饰》2012年第2期。

性是毛笔产业衰微的关键因素。毛笔是一种传统手工艺品，半市场化属性鲜明，即既极度依赖于市场又超然于市场。毛笔制作亦然，毛笔制作一方面需要根据市场需求进行制作，并以在市场销售出去为目的；另一方面毛笔制作又需要与市场保持一定的距离，毛笔的款式、性能虽然需要根据市场需求保持一致，但毛笔制作又是传统性极强的民间手工艺，千百年来，其制作工艺整体上变化并不明显，与现代市场的发展具有明显的距离。毛笔也不同于一般商品，毛笔兼具实用性与艺术性，是书画艺术（过去是日常书写）的物质载体，为了提供书法艺术的"利器"，客观上要求毛笔制作者与使用者密切联系、相互交流，制笔者必须按照使用者的个性化要求进行毛笔制作，但毛笔既然要按照个性化的要求制作，在规模上就要求精细化、小规模的家庭作坊，毛笔制作者就必须集中更多精力进行毛笔制作，这样做的代价就是毛笔制作者无法把握广阔的毛笔市场需求走向，缺乏市场敏感性，因此，毛笔制作又体现出超然于市场的特点。也可以说，毛笔制作追求的是个性化、精品化、手工化，其对市场的依赖更多是满足个体的顾客需求，而不是概念性的或整体性的模式化的顾客需求，而现代市场的发展追求的是效率、经济、利润，对商品的要求趋向标准化、规模化、模式化，这样，笔业因其半市场化属性，就和现代市场的发展呈现出不即不离又若即若离的关系。

相对于那些完全融入了现代市场的一般商品来说，毛笔的半市场化属性因其与市场的距离，在市场无法自身调适的情况下，显得与社会发展趋势脱节，或呈现市场胶着的状态。而一般的商品，因为与市场的几乎完全融入，传统特征不鲜明而现代特征凸显，因而与市场的距离很小，或者说因为其缺乏半市场化属性，故而能够完全融入市场，但也不可能进入非物质文化遗产的视域。

第三，传统手工艺品的市场交易不仅仅体现为一种经济交换，也体现为一种社会交换，并通过权力交换的方式影响手工艺品的市场竞争秩序。

手工艺品在市场交易中的状况不仅仅是经济交换的结果，同时也是社会交换的结果。在市场交易中，经济交换往往以等价交换的形式显现，而且交换双方看上去都是平等交易，实际上这只是一种表象，经济交换之后还存在深层次的社会交换，诸如为什么要和某人交易，交易量多少，交易价格如何协商，等等，这些内容都属于社会交换。相对于经济交换的明显性，社会交换比较隐蔽，牵涉到情感、信任、权力、尊重、服从等，更多是无形的。"交换理论建立在假设人类行为或社会交互作用是一种交换活动的基础上，这种交换活动包括有形的和无形的，尤其是报酬和成本。"[1] 社会交换，虽然不同于直接的经济交换，不需要讨价还价，它引起的是未加规定的义务，但在表现形式上是一致的，报酬提供者也期望对方在某个时候做出回报。一个人拥有更多的资源或服务他也就拥有了支配他人的更多权力，"经常性的报酬使接受者依赖于提供者并服从于他的权力，因为这些报酬造成了一种预期，即中断报酬就变成一种惩罚"[2]。在文港笔业竞争中，不同群体之间由于分工、机遇、个人因素等原因，使得社会群体发生了分层现象，少数人拥有大量的稀缺性资源、服务或报酬，在社会交换中，使得更多人对他们提供的资源、服务或报酬产生了极度的依赖，从而形成了一种支配他人的权力，虽然它不能等同于经济权力，但因为大多数人对这种资源的依赖和期望，进而造成社会交换的不平等，权力交换的失衡，从而使得其在经济交换中能够榨取更多的超额利润，使得社会阶层分化加剧，社会流动趋于静态化，笔业竞争更加不平衡，笔业竞争秩序进一步失序，最终直接或间接地影响了文港毛笔产业的发展。

从以上三点分析中，我们可以看出，传统手工作坊生产向现代手工作坊生产的转型，或者说传统手工行业或手工艺在当下社会的衰微，其影响因素很多，其中主要影响因素可以分为三个层次：外层是文化生态的变迁，中层是市场竞争的失序，内层是半市场化属性。其中中层和内层属于手工行业社会内部的影响因素，而半市场化属性又是其最核心的影响因素。制约传统手工行业或手工艺发展的这"三重门"，也是制约文港毛笔产业当下发展的主要影响因素（见图1）。

---

[1] Milan Zafirovski, "Social Exchange Theory under Scrutiny: A Positive Critique of its Economic-Behaviorist Formulations", *Electronic Journal of Sociology*, 2005, pp. 2 – 3.

[2] ［美］彼得·M. 布劳：《社会生活中的交换与权力》，李国武译，商务印书馆2008年版，第178页。

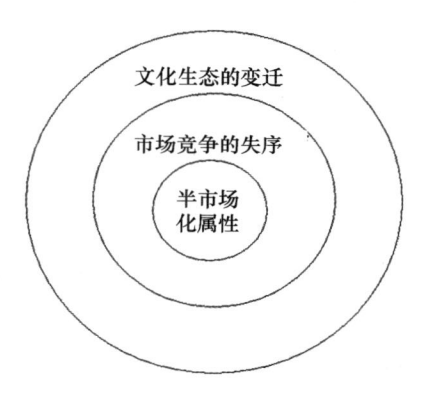

图 1　手工行业衰微因素层次

（同心圆从外到内：文化生态的变迁、市场竞争的失序、半市场化属性）

当然，传统手工行业或手工艺在当下社会衰微的主要因素之间并非是完全独立的，相反，它们是一个综合整体，彼此紧密联系。即文化生态的变迁、市场竞争的失序和半市场化属性三个层次的因素之间是相互影响的、相互作用的，它们共同铸就了传统手工作坊生产当下的既有状态。

三　毛笔产业及制笔技艺的可能发展路径

毛笔产业今天的衰微或困境并非意味着其未来发展没有希望，现代市场经济的发展，科学技术的进步，毛笔及其制作虽然已经退避出人们的日常生活，成为书画艺术的媒介，但毛笔从其诞生时起就具有厚重的生活文化属性，是人们生活的必需之物，兼具实用和欣赏的功能，因而，毛笔及其制作必须回归人们的生活，必须进行"改良"，挖掘其生活属性，发挥其缓解现代人强烈的精神文化追求的功能，注重实用性与艺术性的协调，在保护和提升毛笔制作技艺水平的基础上，应积极挖掘其符号价值，进行创意开发，满足多元化的市场需求，从这个意义上来说，毛笔及其制作的未来发展仍是具有潜在可能的。

（一）毛笔功能价值的生产性保护

在现代技术社会，经济全球化使人类相互依赖加强，物质财富迅速增长，整个世界都可以共享高科技发展的成果，可以享用统一标准的物质生活，但同时，人们也在承受着全球化生活的单调和精神的匮乏，地方性的个性化的文化逐渐湮灭。因而，伴随经济全球化的进程，反文化全球化的愿望也日益强烈。有的学者甚至上升至民族存亡的高度来审视其文化多样性保护的价值与意义，指出民族文化是一个民族赖以生存和发展的动力，而民族文化的保护更是任重道远，"只有当一个民族中的大多数文化持有者已牢固树立了保护与传承本身就是根本目的这样一种文化'本体论'的观念，大都具有'文化自觉'意识，认识到民族文化的消亡便意味着整个民族的消亡，实现现代化绝不能以牺牲民族传统文化为代价，并以保护与传承民族文化为己任，而社会各界也都普遍形成了充分尊重文化持有者的意愿与选择这样一种氛围，才有望真正探索到民族文化保护与传承的有效途径"①。这样作为民族文化基层部分的传统手工艺，即根部文化，是一个民族存在和发展的基础，具有厚重的精神文化价值，是具有情感、饱含温暖的体化实践的产物，也是具有人的品性和体温的一种个性化的文化符号，它适应了现代人的精神文化需求。人们不再视其为现代生活的绊脚石，而看成现代生活的重要补充，开始真正领悟"在人类所有一切能够谋生的职业中，最能使人接近自然状态的职业是手工劳动"②。

就今天的毛笔制作技艺来说，虽然引进了不少现代技术，但手工劳动仍是主体，是一种极具中国文化特色的传统手工艺。相对机械来说，毛笔制作这种手工劳作更具个性、创造性。日本"民艺之父"柳宗悦认为"手与精神相联系，而机械只不过是物质，在决定性的命运中所能起作用的是其作为。手是有生命的，而机械是无生命的。缺乏顺应性又没有创造性，这是由其本质决定的"③。对比机械的笨拙，手更加灵活，能创造具有个性的手工艺品，制笔技师李小平也在实践中领悟了其中的区别，"毛笔行业比较特殊一点，是一个传统劳动密集型行业，这决定了它没办法用机械化操作。每个人的手感不同，做出来的风格也不同，毛笔

---

① 和少英：《民族文化保护与传承的"本体论"问题》，《云南民族大学学报》（哲学社会科学版）2009年第2期。

② [法] 卢梭：《爱弥儿：论教育》（上卷），李平沤译，人民教育出版社2001年版，第263页。

③ [日] 柳宗悦：《工艺文化》，徐艺乙译，广西师范大学出版社2006年版，第72—73页。

的软性更能宣泄每个人的感情，它更具个性，不可能标准化……"①。

对同一化物质生活的叛逆与悖反，促使人们更加重视精神文化追求。柳宗悦认为，"民众工艺的特色：一、是为了一般民众的生活而制作的器物；二、迄今为止，是以实用为第一目的而制作的；三、是为了满足众多的需要而大量准备的；四、生产的宗旨是价廉物美；五、作者都是匠人"②。当然毛笔制作技艺不可能完全与上面五个特征吻合，在表现形式上会有所变化，但实用工艺的性质不会变，同时也萌生了欣赏工艺的成分。毛笔制作实质上是一种以市场为导向的民间工艺，书写用途的转型也就内在地决定了毛笔制作的走向。毛笔诞生之初其用途主要是用于记事，满足人类生产生活的需要，因而毛笔制作是一种实用工艺，随着社会的发展，毛笔与日常书写逐渐分离，由原来的日常书写工具变成了艺术载体，欣赏功能逐步增加，这样毛笔制作也必然需要适应书法艺术的发展而演变。但这并不意味着毛笔的艺术功能会取代其实用功能，无可否认，其实用功能仍是主要的。因而，制笔技艺作为一种民间工艺其大众文化的走向是可能的，只不过在形式上需要"改良"。

"如果工艺的文化不繁荣，所有的文化便失去了基础，因为文化首先必须是生活文化。"③ 因此，毛笔及其制作必然走向大众化、生活化，成为一种民众工艺，当然这种民众工艺不是取代机械生产、电脑技术，而是与之相辅相成，满足人类在物质生活水平相对丰富基础上对精神文化的多元需求。因为毛笔制作技艺被肯定，"主要是工艺本质和存在方式、价值的被肯定。它对人的灵魂的观照，它对自然真切的感受，它对历史的传承，对直觉经验的重视，它的制作过程给人带来的愉快，都无不直指人类的精神深处。因而现代人对手工艺的需要并非是物质的需要和对其有用性的需要，而更主要的是表现为一种精神上的需要"④。同时，社

---

① 访谈对象：李小平，男，1973年生，中学未毕业。访谈时间：2010年4月28日。访谈人：刘爱华。
② ［日］柳宗悦：《工艺文化》，徐艺乙译，广西师范大学出版社2006年版，第59页。
③ ［日］柳宗悦：《工艺文化》，徐艺乙译，广西师范大学出版社2006年版，第6页。
④ 方李莉：《新工艺文化论：人类造物观念大趋势》，清华大学出版社1995年版，第117页。

会的进步必然促进人类社会走向"低熵社会"①，人们会更加追求劳动生活的精神文化意义，注重生活用品的个性化和创造性，从而在心理上倾向更加尊重和喜爱手工艺劳动，"手工艺劳动不仅是作为一种生产手段，或者是一种谋生的技艺，甚至也可以作为一种业余的爱好和消遣。它给人们带来的不仅是一种艰苦的劳动，还是一种欢乐和愉悦，那是因为手工艺劳动本身就是一种富有创造性、富有吸引力的活动，人们可以从中发现自己的才能，发挥自己无尽的想象力和创造力，从而获得一种成功的幸福感"②。基于此，未来毛笔制作技艺的发展，可以说是民众生活的调节剂，满足民众对传统手工劳作亲切体验和感受的需求，填补人们对日益远离的手工劳动的止于想象的精神空缺。当然，这不仅是一种基于怀旧或美丽想象的"海市蜃楼"，而是一种更具适应性，更具魅力的，与现代生活携手并进的民俗文化。毛笔制作将在实用的基础上与时俱进，更加适应市场需求，增强其生活属性，充分发挥其满足现代人向传统文化回归的需求与渴望，注重装饰性、艺术性，既要满足书画家的专业性用笔需求，也要满足书画爱好者的普及性用笔需求，还要满足普通民众欣赏性的多元化毛笔展示需求。甚至制笔技艺本身也可以成为普通民众感受和走近传统手工艺的过程，成为体验生活和享受劳动成果的过程，成为抵制标准化、展示个性的精神宣泄和文化创造过程。从非物质文化遗产保护的角度来说，"生产性保护"是毛笔制作这种传统手工技艺目前唯一可行的保护方式，只有在生产中进行传承、提高其质量，适应现代生活的需求，同时应避免过度商业化、产业化，处理好社会化和个性化的关系，才能使这种传统手工技艺得以继续发展，也是其真正可能发展的路径。

  对文港毛笔进行生产性保护，最关键是要在制笔质量上进行提升，

---

  ① 熵，是一个物理学概念，简单地说，熵就是在利用有效能量在做功的过程中所产生无用功，即无效能量。低熵社会，是一个建立在人们具有高度环境道德信念基础上的社会。其哲学内涵就是在最大限度上减缓和抑制人为熵流的产生和积聚，以延长人类和生存环境系统在宇宙空间中存在的时刻。参见邝福光《低熵社会：低碳社会的环境伦理学解读》，《南京林业大学学报》（人文社会科学版）2010年第4期。
  ② 方李莉：《新工艺文化论：人类造物观念大趋势》，清华大学出版社1995年版，第120页。

保护毛笔制作的主要工艺流程、核心工序和文化内涵。笔者认为，保护工作可从以下几个方面入手。首先，应切实提高手工技艺传承主体的地位，营造尊重手工艺、欣赏手工艺和爱好手工艺的良好社会风气。具体可以采取政府短期资金扶持的方式，帮助从事毛笔制作的人，尤其是毛笔制作技艺优异者做各种推介活动，遏制社会上"只知卖笔者不知制笔者"的不良现象。其次，可推行毛笔制作擂台赛活动，建立合理的技艺认证和奖励体制。再次，整顿毛笔行业市场，打击滥用"制笔世家"等假冒伪劣现象。最后，建立书画家和制笔艺人相互交流的平台，提高毛笔制作的技艺水平，等等。①

此外，从文港毛笔销售来看，"互联网+毛笔"的电子商务平台正在逐步形式。2015年1月中国文房四宝电商基地在文港正式启动，电商集群正式进入文港毛笔文化产业。对文港毛笔营销来说，今后应进一步整合电商，逐步推广"互联网+毛笔"理念，积极利用互联网技术，发挥毛笔作坊、企业的集群效应。

当然，要真正实现生产性保护是离不开市场的，因而还可通过扩展传播媒介、搭建交流平台、规范竞争秩序、转换经营机制、培育人才队伍、打造核心品牌等方面来提升文港毛笔的文化品牌，增强其文化影响力和辐射力。同时充分发挥政府主导、艺人主体、专家指导、社会参与的共同作用，探索产、学、研良性互动的运作模式，使文港毛笔在产业实践中得到保护，实现社会效益和经济效益相统一，促进其保护与经济社会协调发展的良性互动。

（二）毛笔符号价值的创意开发

中共十八大站在新的历史高度，勾勒了未来中国的发展图景，强调要推动文化产业成为国民经济支柱性产业，使中华文化走出去迈出更大步伐，社会主义文化强国建设基础更加坚实。中共十八届三中全会更是强调文化体制改革的重要性和文化产业的纵深发展，指出要推动文化企业跨地区、跨行业、跨所有制兼并重组，提高文化产业规模化、集约化、专业化水平。

---

① 刘爱华：《现代毛笔老大的隐忧》，《中国文化报》2010年6月22日第5版。

伴随文化产业的迅速发展，传统和现代的冲突和融合、张力和互动进一步复杂化。在全球化语境下，文化"同质"与"异质"的困惑进一步滋长，本土性、乡村社会、宗族重新回归人们的生活，在民族国家构建和民族复兴的旗帜下，传统的现代性及实践获得了更多正当性、合法地位和话语空间。"地方性的、民间的、村俗的作为结构性怀旧中被永恒保留的传统不但争取到了合法的地位，并且还取得了正当性，地方性知识从自身的视角出发来熟练地运用分类的权力。"① 毛笔产业亦然，随着经济全球化的进一步发展，文化趋同、单一化的趋势也十分明显，因而保护人类文化多样性的普遍认同推动了非物质文化遗产保护运动的兴起和迅速发展，毛笔制作技艺的保护与传承也开始受到国人的重视。人们对毛笔价值的认识也更加深入，认识到毛笔对中国书画艺术、中国文化的深远影响，它"成为中国人观照自然、阐释世界和承载其观念意义与情感的重要工具与方式，塑造了中国文化的精神形态"②。2009年9月30日，联合国教科文组织审议并批准了列入"人类非物质文化遗产代表作名录"的76个项目，"中国书法"名列其中。2011年8月2日，教育部制定了《教育部关于中小学开展书法教育的意见》，明确规定中小学要开设毛笔书法教育课程。随后各省教育厅纷纷出台中小学书法教育的执行政策和实施办法，毛笔书法教育得以在中国逐步恢复和发展。

适应当前我国文化创意产业的发展，毛笔产业的发展不应仅仅满足于被动的保护，在提升其功能价值（即毛笔实用价值和交换价值，更多体现为毛笔书写功能）的同时，也应该适应多元化的市场需求，进行创意开发，也就是充分挖掘其符号价值。换句话说，毛笔的价值不仅仅体现在功能价值上，即通过物化劳动形成的凝结了使用价值和交换价值的毛笔产品，同时也体现在符号价值上，即毛笔的文化性、历史性、审美性、独特性、稀缺性等作为虚拟符号的价值。这种价值是"由商品的品牌、设计、包装、广告以及企业形象等所塑造出来的价值，这些形成了商品的意象，并成为消费者感性的选择对象，可以说形成了附

---

① 刘珩：《文化转型：传统的再造与人类学的阐释》，《民族论坛》2011年第11期。
② 马青云：《湖笔与中国文化》，北京大学出版社2010年版，第1页。

加性的价值"①。因而,笔者认为,所谓毛笔的符号价值,是指在市场经济条件下充分发挥毛笔功能价值即书写工具的基础上,努力增强毛笔的生活属性,积极融入大众文化的元素,从产业化的视角,通过创意的方式,合理开发出的毛笔的工艺价值、文学价值、艺术价值、旅游价值、民俗价值、礼品价值等虚拟符号的价值形态。

今天看来,毛笔符号价值生产十分必要,也十分重要。"符号价值会令作品笼罩上一层仿佛已经被写入艺术史的光晕,也和所有的奢侈产品一样,这些增值又与茂盛的广告营销行为牢牢绑在一起。"② 符号价值具有增值能力,结合其他现代宣传推广策划手段,可以使用手工艺品增加一道神圣的"光晕"符号。法国著名社会学家布迪厄(Pierre Bourdieu)对艺术品价值也进行了深入探讨,"艺术品价值的生产者不是艺术家,而是作为信仰空间的生产场,信仰空间通过生产对艺术家创造力的信仰,来生产作为偶像的艺术作品的价值"③。侧重对艺术作品信仰价值的生产,便赋予艺术作品独特性。从符号价值的角度来看,即便是采用相同毛料和相同工序制作的毛笔且其质量也相同,售价也会不一样,甚至相差悬殊。缘由就在于这种差异隐含了权力、名声、地位、家庭背景等符号价值因素。因而,文港毛笔产业的发展不但要注重其功能价值的提高,也要注重其符号价值的再生产,提升、扩大其影响力、辐射力和品牌力。

对文港毛笔符号价值进行创意开发,需要把握一个维度,就是如何增强毛笔产品的市场适应性,融入大众文化元素。笔者认为,可以尝试建设一个毛笔文化主题公园,积极挖掘其符号价值,拓展毛笔衍生品的产业链条,融入现代文化元素,进行科学的创意设计,把主题公园分为不同特色区域,划分成毛笔博览区、研究创意区、名人雕塑区、工艺体验区、文房交易区、休闲旅游区、民俗古迹区等园区,建立一个集休闲、旅游、娱乐、研究为一体的毛笔文化旅游基地和融经济交易、文化感受、

---

① 鞠惠冰:《商品的符号化:从使用价值到符号价值》,《北京商学院学报》(社会科学版) 2001年第1期。
② 尤洋:《艺术品功能价值与符号价值》,《中国文化报》2013年1月7日第5版。
③ [法] 皮埃尔·布迪厄:《艺术的法则——文学场的生成与结构》,刘晖译,中央编译出版社 2011 年版,第 205 页。

作品交流、生活体验为一炉的毛笔文化创意产业区，通过利用多种媒介形式，立体式的宣传推介，拓展多元融资渠道，加强品牌营销，全面提升文港毛笔的整体价值和知名度。

"非遗"后的传统手工技艺传承

——以水族马尾绣为例[*]

王 彦[**]

摘 要：非物质文化遗产保护的推进深刻影响了我国众多手工技艺的传承和发展。在参与其中的各利益相关方中，地方政府的角色和作用尤为显著。本文以水族马尾绣为例，调研了三都水族马尾绣在成为国家级非物质文化遗产项目后传承发展的状况，呈现了地方政府在其中的作为，指出"非遗"为传统手工技艺的传承创造出新的情境，技艺传承渠道、制品内容、形式功能等都发生着变化。这拓展了技艺的生存空间，同时也使得马尾绣所蕴含的历史价值和文化价值被削弱。但我们不应该夸大这种削弱的消极意义，更应该将其作为一种积极的传承状态。

关键词：非物质文化遗产；传承；马尾绣；水族

进入 21 世纪以来，人类对文化遗产表现出了更多的反思与自觉，2003 年 11 月，联合国教科文组织通过了《保护非物质文化遗产公约》，"人们的目光由物质性的、有形的、静态的遗产，延伸到非物质性的、无形的、动态的、记忆的遗产，显示出当代人对历史文明整体的认识向前迈了巨大的一步"[①]。作为文化遗产的大国，2004 年 8 月，我国正式加入

---

[*] 原文刊于《民族学刊》2012 年 2 期。
[**] 王彦，文化和旅游部民族民间文艺发展中心二级调研员。
[①] 《张道一选集》，东南大学出版社 2009 年版，第 393 页。

了这一公约，并于 2005 年 3 月颁布了《关于加强我国非物质文化遗产保护工作的意见》，从国家的高度确立了对民族文化遗产的保护政策。2011 年 6 月 1 日起《中华人民共和国非物质文化遗产法》正式施行，以法律的形式为非物质文化遗产（以下简称"非遗"）保护工作的有效实施提供了保障。随着"非遗"项目普查与申报工作的展开，各地先后设立了相应的机构，调拨人力、物力专门从事"非遗"保护工作，每年的"文化遗产日"，各地的展览、展示、演出活动络绎不绝，围绕"非遗"主题的各种大型节会此起彼伏。[①] 在文化遗产领域形成了"全民非遗"的态势，这一态势的最大推动力就是各级政府。

我国政府在"非遗"保护中的主导地位是由最初确立的"政府主导、社会参与，明确职责、形成合力"[②] 工作原则所赋予的。在这一工作原则下，政府全面参与了"非遗"保护的各个环节，直接构建了我国的"非遗"保护体系。各类"非遗"被纳入这一体系之中，其传承发展的情境也发生了巨大的变化。作为"非遗"的一个重要部分，手工技艺也自然进入这一进程之中，开始了"非遗化"的传承发展道路。本文以水族马尾绣技艺进入国家级"非遗"名录为时间节点，考察了这一技艺在政府主导的保护工作体系下的发展现状，试图探讨在"非遗"保护的大环境下，传统手工技艺的生存发展之路。

一　马尾绣与水族的传统生活

水族马尾绣因历史悠久、针法古朴而被喻为"刺绣中的活化石"，其主要流传地为贵州省黔南州三都水族自治县三洞、中和、水龙、廷牌、恒丰、塘州、阳安等地[③]。马尾绣的独特材质和工艺使其作品饱满清晰，呈现出特有的浮雕质感，华贵稳重的配色、大气流畅的线条、饱满神秘的纹样冲击着人们的视觉感官，显示出与众不同的魅力。在其流传地区，

[①] 影响较大的有：中国非物质文化遗产博览会（山东）、中国（浙江）非物质文化遗产博览会、中国成都国际非物质文化遗产节等。

[②] 《国务院办公厅关于加强我国非物质文化遗产保护工作的意见》（国办发〔2005〕18 号），2005 年 3 月 26 日。

[③] 潘瑶：《非物质文化遗产与水族马尾绣》，内部培训讲义，2010 年。

马尾绣是人们服饰及各类生活用品中的主体装饰，包括女性围腰的胸前绣片（也称为胸牌）、绣花鞋、绣花背包、童帽、背带、枕头、被面等。人们认为在衣服上装饰马尾绣的各种吉祥图案可以"保佑外出赶场、走亲戚、做活时一切顺利，天黑也不怕，哪怕是带着这些图案的衣服放在一边，只要能看见就能护佑自己"，背带上饰马尾绣"把孩子放在一边或背上外出时就可以保佑孩子，不怕虫、安全、聪明、不生病、不胆小"，孩子长大后，"把背带留在家里也可以继续保佑孩子，还可以传给孙子"，马尾绣的花鞋会"保佑穿着的人走路快、脚不痛、身体好，穿着去干活，保佑顺利，有好收获"。①

水族的聚居区江河溪流交错，夹杂着若干起伏的丘陵、平坝、河谷和山脊，人们多依山傍水而居，长期生活在相对封闭的环境中，生产生活资料自给为主，缝衣绣花曾是女性们在操劳家务时的必修课，而马尾绣更是女性在出嫁前必须掌握的一项基本技能，其工艺的好坏是当地评价女性的一个重要价值尺度。在这种环境和认知下，一代代的水族女性自小看着长辈们刺绣、缝制，自然习得了工艺中的各个环节，记取了历代传承的纹样配色。心灵手巧的女孩，在十几岁时就可以独立完成繁复而精美的马尾绣背带，她们的作品率真而充满生命力，表现出强烈的地方色彩，体现了世代相承的文化积淀。

然而，自20世纪80年代末以来，随着外来文化思想和价值观念的输入，人们的价值取向逐渐发生变化，大量青年外出务工，"在传统社会向现代社会转型的过程中，不仅商品极大地丰富改变了人们的生活方式，人们的思想观念也在发生变化，传统工艺所赖以存在的物质基础和文化基础受到了极大的动摇"②，自制的民族服饰渐渐为方便购买且价廉的成衣替代，女性不再把学习马尾绣技艺当作必然，和许多古老的工艺一样，马尾绣的传统需求减少，原本有限的本地市场进一步缩小，随着老艺人的辞世，制作技艺曾一度出现了断层，马尾绣的自然传承严重衰落。

---

① 根据对当地村民访谈整理。
② 张建世、杨正文：《西南少数民族传统工艺文化资源的保护》，《西南民族大学学报》2004年第3期。

二 "非遗"后的政府介入

2006年5月,国务院公布了第一批国家级"非遗"名录,三都申报的水族马尾绣名列其中,自此,"非遗"的概念逐渐为当地各界了解和接纳,保护和利用好"非遗"也成为政府的一项重要工作。同年,贵州省委、省政府做出了建设贵阳至广州高速公路和快速铁路的重要决策,三都县作为"两高"进入黔南州的南大门,交通得到改善的同时面临重大发展机遇。要想抓住这一契机实现兴县的目标,必须充分利用本土资源。作为全国唯一的水族自治县,三都拥有独特而丰富的民族文化资源,将这些资源转化为文化资本的前提是对文化遗产的保护,而以马尾绣为代表的非物质文化遗产,保护的关键环节便在于传承。为此,当地政府采取了一系列相关措施。

(一) 机构和政策的保障

《中华人民共和国非物质文化遗产法》中明确了地方政府的作用,提出"县级以上人民政府应当结合实际情况,采取有效措施,组织文化主管部门和其他有关部门宣传、展示非物质文化遗产代表性项目"。[1] 作为某一地域的权力部门,地方政府的认知与决策对当地传统手工技艺的兴亡起着关键作用。

2008年,三都县成立马尾绣开发工作领导小组,制定了《三都水族自治县水族马尾绣民间艺人培训五年发展规划》,由县人事劳动和社会保障局牵头,县扶贫办、民宗局、经贸局、旅游局、文广局、文联等多家单位共同参与,明确了"进一步保护、开发和弘扬水族马尾绣工艺,全面提高马尾绣制作水平和营销能力,培养造就一批优秀的马尾绣制作民间艺人"[2] 的指导思想,体现了当地政府对本地传统手工技艺的重视和保护决心。

---

[1] 《中华人民共和国非物质文化遗产法》第三十二条。
[2] 参考《三都水族自治县水族马尾绣民间艺人培训五年发展规划(征求意见稿)》。

(二) 培训班成为技艺传承的重要方式

据不完全统计，2007年至2011年，三都县每年都会举办马尾绣培训班，其中既有普及型的"农村水族妇女马尾绣技术培训班""马尾绣乡土人才培训班"，也有针对技艺能手的提高型"能工巧匠马尾绣高级培训班"。

普及型培训，自由报名，基础不限，以此提高马尾绣技艺传承的广度，从近几年的培训情况来看，当地妇女参与学习的积极性很高。以"2010年水族马尾绣乡土人才培训"为例，该培训共在中和镇妙良村、三洞乡乔村、板龙村、水根村、水龙乡政府、廷牌镇政府、塘州乡安塘村等地设立了7个培训点，学员总数达529人，开设有水族发展史、水书文化，马尾绣与非物质文化遗产的关系，马尾绣市场需求分析和价格因素，马尾绣制作工艺，马尾绣图案设计，马尾绣原料的挑选和色彩搭配，旅游商品的特点和发展方向，马尾绣创业店面的设计和销售8门课程，考虑了民族文化与传统手工技艺的关联，全部课程由本族教师双语教学，并为每位学员免费提供记录本、绣花丝线和家织绣花底布等学习资料①。

提高型培训重点选拔基础较好的水族女性，加强马尾绣技艺传承的深度，如2008年7月的"能工巧匠马尾绣高级培训班"，学员主要为省州级非物质文化遗产传承人以及从事马尾绣五年以上的技艺能手；2009年，县里组织10名马尾绣民间艺人赴云南楚雄、大理、丽江等地进行为期6天的实地考察学习。深度的培训为技艺能手们开阔了视野和思路。

(三) 提升优秀艺人的地位和影响

针对历届受训学员的优秀作品，主办方统一装裱，并举办专题展览以示鼓励。除县级评比外，三都县选拔、推荐能工巧匠参加全省赛事，在2006年首届"多彩贵州旅游商品两赛一会"总决赛中，三都水族选手

---

① 参加培训的学员不仅全部免费，而且还统一配发了资料袋，资料袋内除一般学习所用的记录本、笔之外，还有五彩丝线和绣花用的底布，这两样东西的准备组织单位确是花了一番心思，丝线以草绿、黄、金、橙、灰、紫、棕等颜色为主，沿袭了传统马尾绣背带绣线的色调，对学员的刺绣配色起着引导作用，而底布则特别选用蓝靛染成的家织布，并加粘底衬保持硬挺，裁成A4大小方便携带和装裱。

韦桃花的马尾绣作品夺得"贵州名匠"特等奖,位列百名之首,不仅为全县赢得了荣誉,也为马尾绣技艺的传承带来了积极影响。

马尾绣列入国家级"非遗"项目后,各级传承人的推荐与评审也逐步展开,目前马尾绣共有3位省级传承人、10位州级传承人、56位县级传承人。此外,三都县还启动了民间艺人专业技术等级资格评审工作,根据2008年12月贵州省民间艺人专业技术等级高级评审委员会评审结果,全县已有27人获得了高级专业技术等级资格、7人获得中级专业技术等级资格、183人获得初级专业等级资格,马尾绣艺人是其中的一个重要部分。

(四)扩大马尾绣的社会认知度和需求

除举办相关培训和比赛外,三都县近年来的大型节庆活动为水族马尾绣搭建了推荐和展示的平台,如在中国—水族—文化端节、50年县庆、黔南州第三届旅发大会暨中国水族文化旅游节等活动中,身着马尾绣盛装的水族男女组成表演方阵,以其规模和特色吸引了各方的关注,"除马尾绣方阵外,所有的县领导和机关干部都穿马尾绣服装",并将马尾绣"作为对外交往和大型活动的礼品"。[①] 这不仅宣传扩大了马尾绣的对外影响,同时也提高了当地水族群众对马尾绣的重视和自豪感,并在客观上扩大了马尾绣制品的社会需求。

三 新情境下的马尾绣传承

政府引导和各项保护措施培育和扩展了马尾绣的新兴市场,促进了人们对本民族文化遗产的价值认知和文化自觉,为马尾绣的传承带来了新的社会情境。

(一)传承主体学习热情增长

在政府宣传和经济效益的双重作用下,当地妇女对马尾绣这一传统手工技艺的重要性有了新的认知,越来越多的人重新开始刺绣,对相关

---

① 潘瑶:《非物质文化遗产与水族马尾绣》,内部培训讲义,2010年。

的培训和学习持有较高的热情。例如，在三都中和镇妙良村，共有60余人参加了"2010年水族马尾绣乡土人才培训"，村内女孩子从十三四岁开始学习马尾绣，不算50岁以上的（因眼花而不再适宜刺绣）女性，现有80多人能做马尾绣，并有一位州级传承人。这种氛围也带动了原本没有接触过马尾绣的外来人员，一些嫁到水族地区的其他民族妇女也主动参加培训，自愿学习这一技艺。

（二）传承人积极发挥带动作用

马尾绣列入"非遗"项目后，得到了多方的关注，各级传承人除了提高自身的作品水平外，还在政府的鼓励和扶持下大胆尝试，由马尾绣的制造者、传授者转变成为经营者和宣传者，在更大范围内带动了当地妇女对马尾绣传承的积极性和信心。

省级传承人韦桃花、宋水仙是其中具有代表性的人物。两位心灵手巧的艺人从小跟随长辈学到了一手好技艺，尽管成年后的经历各异，但对马尾绣的执着相同。韦桃花曾在省内外赛事中多次获奖，精湛的技艺与各项荣誉为她赢得了更多的关注与支持，于2009年和2010年两次获得贵州省中小企业发展专项资金的扶持（3万元），在多方的帮助下，她的事业越做越大，2010年8月投入20万元成立了三都县桃花马尾绣艺术品制作有限公司。宋水仙曾作为传承人的代表，先后参加北京中国博物馆博览会、上海世博会、台湾文化民俗观光博览会等，向各地观众宣传和展示马尾绣的魅力，并陆续收集数千件马尾绣作品，在经营马尾绣品的同时，开办家庭博物馆供人们参观。

对马尾绣的热爱与坚持，不仅改变了传承人自身的生活，在扩大经营的过程中还吸纳了一批水族姐妹跟随她们学习、制作马尾绣，促进了马尾绣在当地的群体传承。

（三）商品化经营带来的改变

传统的马尾绣是水族人服饰及生活用品的一个组成部分，主要以自家生产制作，亲友间互相赠送为主，少量的作品在集市上销售由本地人购买，而今，大量马尾绣制品进入市场，进行商品化经营。三都的马尾绣销售主要形式有"马尾绣协会为大家找销路（三都现有两个马尾绣协会,即中和镇、三洞乡板龙村);专门从事马尾绣收购加工的经纪人和马尾绣专卖店;城镇人、外来旅游者零散购买纪念品、礼品;本地人的购买需求"① 等几个方面。

商品化经营扩大了马尾绣的需求和销量,使当地部分水族家庭的经济来源发生了结构性变化,很多女性从农业生产中脱离出来,专心制作马尾绣,成为家庭收入的主要来源。在生活中男性的态度也逐渐发生转变,比如在三洞乡板龙村,以前男性很少做活,妇女既要下地种田,又要喂猪、带孩子等,随着村内马尾绣事业的不断发展,男性能够积极配合女性分担家务,使她们有更多的时间去学习和制作,马尾绣让水族妇女获得了更多尊重,家庭和社会地位也明显提高。此外,一些原本打工的妇女也不再外出,而是重新拾起了针线,她们认为"在家里做刺绣就能有收入,又可以看护孩子和老人"②,这也在客观上促进了当地农村家庭和社会的稳定。

四 马尾绣制品自身的变化

近年来,马尾绣的功能已逐渐由传统的实用生活物品,拓展到工艺装饰品、旅游纪念品、特色礼品等多个方面,成为三都县标志性的民族工艺产品。在这个发展过程中,马尾绣制品的内容、形制也在发生着变化。

(一) 纹样在继承中创新

在长期的生产生活中,马尾绣形成了独特的艺术风格与各种吉祥纹样,映射着水族人的审美心理。马尾绣的传统纹样以动植物和自然力量为主,如凤鸟、蝴蝶、蝙蝠、螺蛳、马、花草、雷闪、日月等,它们或者与水族人的生活密切相关,或者蕴含了古老的神话传说,记录并传递着人们求吉祈福的心愿。随着信息源的增加,水族女性在不同程度上受到外来观念和文化的影响,在继承传统内容的同时,一些刺绣者积极尝

---

① 根据当地访谈整理。
② 马子雷、宋水仙:《守护水族马尾绣的传承人》,《中国文化报》2011年7月10日。

试，把生活中见到的场景，对事物的美好想象，甚至是电视中的景物引入自己的马尾绣中。在培训班的学员作业中，有些作品直接将所学的水书吉祥文字作为主纹，有的把生活中的水族男、女青年当作表现对象，有的描绘了记忆中的特殊场景。在马尾绣的服饰中也不乏创新的纹样，如廷牌镇访谈对象所展示的盛装中绣饰了独特的人物、头像，其造型生动、简练，富有创意。和许多古老的传统手工技艺作品一样，马尾绣是一个具有鲜明特色的整体，但同时它的每件作品又是独一无二的，体现了每位创作个体的艺术积累和所见所感，因此不同时期的作品会呈现出各自的风貌。

（二）形制在生活中流变

随着生活方式和观念的改变，水族马尾绣作品的形制也在悄然发生着变化，按照存在状态，大概可归纳为四种情况。

一是逐渐消亡类，如枕头、被面的装饰。在九阡镇水各村的水族文化展厅内展示着枕面和被面镶饰马尾绣的实物，但在水族的生活中已很少见到。

二是演变并存类，如绣花鞋。马尾绣翘尖花鞋是水族服饰中的重要组成部分，而今，传统的纳底绣花布鞋依然存在，但喜爱新样式的中青年女性将马尾绣与高跟鞋相结合，利用成品高跟鞋底辅以手工绣花鞋面，加工成为水族地区特有的马尾绣高跟布鞋①，其中的红地绣鞋更成为县城女性结婚时的首选。

三是保留继承类，如背带。马尾绣背带，水语称为"歹结"，工艺精美、繁复，堪称水族马尾绣的代表作，仅背带盖部分就由20个马尾绣片组成。水族地区至今还保持着送背带的习俗，当姑娘出嫁后生第一个小孩时，娘家人一定要送上一床马尾绣背带，祝福女儿婚姻幸福，祝福孩子吉祥安康，自家不会做的也要买来送。因而在乡间集市上至今仍有马尾绣背带的交易，这一形制的作品得到了较好的继承。

四是延伸拓展类，如盛装衣饰。马尾绣流传地区的传统女性盛装只

---

① 当地人认为，这种高跟绣鞋，简化了制作程序并保留了传统的吉祥纹样，更耐磨、防水，既实用又美观。

在围腰上装饰马尾绣胸牌,而近几年随着人们对马尾绣价值认知的提升,马尾绣装饰拓展到了领襟、袖口、裤腿等部位,人们在节庆和重要场合时以穿戴自己绣制的马尾绣盛装为荣。与此同时,部分商品化的马尾绣作品形式发生了转化和延伸,加装镜框的绣片、大型壁挂等纯装饰类制品应运而生,甚至出现了为企业定制的产品商标,马尾绣被带入了更为广泛的应用领域。

五　保护与传承的思考

马尾绣不仅是一项传统手工技艺,更是水族的文化血脉,在一代代的作品中传递着祖辈的历史和情感,与一些民族地区所传承的刺绣作品趋于简化和雷同的状况相比,水族马尾绣在"非遗"后形成了新的传承情境,在变化中获得了自己的生存和发展空间。从积极的角度讲,各方的关注与当地政府主导的资源开发带来了新兴市场,推动了马尾绣技艺的保护与传承,并且在一定程度上提高了技艺持有者的地位,为人们开阔了视野、增强了自信心和创造力。

但与此同时我们也应看到,在开发利用的过程中,马尾绣不再是单一的、自给自足的传统手工艺品,一部分制品已成为特色民族商品,在这种转化中,马尾绣的历史价值和文化价值被削弱。传统的马尾绣是水族人的生活必需品,是制作者情感的寄托,承载着民族记忆与文化,绣品的优劣是衡量制作者心灵手巧甚至是品格的重要标志。而当其成为商品之后,人们更加追求制作速度和外在形式,工艺得到了保留,但内在却往往被忽视。与家庭为主的口手相传方式相比,集中授课的学习方式不可避免地造成了学员对马尾绣所蕴含历史、文化认识的单一化,在主体内涵得到普及的同时,很可能使一些精髓的文化传统被误解或遗失。

针对这种状况,笔者认为马尾绣的保护与传承可以分为两个发展方向。一方面是延续和保护传统。由地方政府投入力量做公益性文化事业,"提供必要的传承场所,提供必要的经费资助传承人开展授徒、传艺、交流等活动"①,分级建立专题的传承展示中心,由当地的传承人担当起承

---

① 《中华人民共和国非物质文化遗产法》第三十条。

上起下的作用，制作步骤、用料不简化，守护好传统手工技艺的特色，不追求产量和经济利益，在教授技艺的同时，强调马尾绣的文化内涵，保护精神财富。这是保护之本，也是发展的根基。另一方面是创新与市场拓展。"国家鼓励和支持发挥非物质文化遗产资源的特殊优势，在有效保护的基础上，合理利用非物质文化遗产代表性项目开发具有地方、民族特色和市场潜力的文化产品和文化服务。"① 借助学者和媒体进一步提升马尾绣的社会认知度，鼓励有实力的企业与有创新意识的传承人合作，充分发挥传承人的艺术才能，地方政府予以减免税收等适度扶持政策，依托企业的运营优势，研究和把握现代商业环境的特点，开发符合现代消费者需求的新产品，打造出马尾绣相关产品的品牌，实现对文化遗产的多层次开发。

结　论

变迁是传统手工技艺传承中的一种必然。正因为每一个时代都有不同的社会文化情境，有不同的时代性格和追求，我们的"手上技艺"才会呈现出不同的特点。就水族马尾绣的传承发展而言，"非遗"保护体系无疑为其焕发生机创造了契机。地方政府主导下进行的"非遗化"的努力与随之举办的培训和推介，也许有政治和经济的动机，但不能否认其客观上较好地处理了传统手工技艺如何与现代社会接轨并生存的问题。在这种文化自觉层次上发生的改变，应归属于一种良性的变迁或者说是积极的传承。

---

① 《中华人民共和国非物质文化遗产法》第三十七条。

第 六 编

生产性保护:政府与市场

非物质文化遗产保护的田野思考

——中国北方民间布老虎现状反思[*]

马知遥[**]

摘　要：当前的非物质文化遗产保护开始成为一场全民的文化运动，在看似热闹的保护背后却隐藏着对文化的无视甚至无知。布老虎文化还广泛地存在于中国北方，作为原始图腾文化的一部分，其蕴含的文化寓意正随着市场化和产业化的诱惑而遭到破坏，其本源的民俗文化内容和手工制作技艺也在不断遭到削弱。抢救"布老虎"行动不仅仅是一场文化寻根，更重要的是试图通过文化源头记录，为当前非遗抢救和保护工作找到一个正确的思路。抢救和保护不能忽视文化本源，面对濒危，精神文化的源头记录已成为当务之急。

关键词：非物质文化遗产；布老虎；源头记录；抢救

布老虎作为中国古老"虎图腾"崇拜的一部分流传到现在，尤其是中国北方的农村至今仍旧广泛地存在着布老虎风俗。民间从对老虎的崇拜进而生发到日常生活中对虎的各种文化表达。从老虎鞋、虎头帽到玩具布老虎的制作，虎成了百姓生活中不能缺少的伙伴，当龙成为帝王家中不可缺少的象征后，虎成为寻常百姓家的守护神。古老的图腾文化延

---

[*] 原文刊于《民俗研究》2012年第4期。
[**] 马知遥，天津大学国际教育学院教授。

续几千年，布老虎文化被称作虎文化的"活化石"当不为过。[①] 作为和龙文化一样历史悠久的虎文化重要表现形式的布老虎文化，对其进行追根溯源的探究，对布老虎文化的古老寓意和现代传承进行细致挖掘和分析，应和当前的非物质文化遗产保护工作有着密切的联系，而针对布老虎的田野考察对当前"濒危优先"的非遗保护又将提供第一线的参考。保护布老虎就是在抢救和保护失落在民间上万年的虎文化传统，就是在试图从传统的挖掘中找到中国文化的根。

一　布老虎文化的现状

（一）濒危的布老虎

在对山东地区布老虎田野考察中发现，山东地区的布老虎因为地区不同，生存现状不尽相同。以临沂地区为例，莒南县的布老虎文化有遗存，当地县文化馆也做过文化普查，但所获甚微。当地文化馆目前准备帮助申报"非遗"保护的布老虎工艺虽然传统，但因为他们所推荐的传承人只是近几年才开始和婆婆学习手艺，可以说学艺不精，并不能真正代表当地的布老虎传统手艺。相反在莒南县乡村，布老虎调查小组却发现了一位七旬老者，虽然多年已经不做布老虎，但仍旧保留着最传统的当地布老虎制作技术和工艺。一个很明显的问题凸现出来：真正的"非遗"传承人常常并没有得到重视，而一些被作为传承人的人是否真能传承"非遗"令人生疑。一个明显的事实是，当地政府推荐的这个年轻传承人其岳父是前文化站站长。是否存在这样的可能：在传承人推荐中，由于权力作用，我们的"非遗"也开始成为权力操控下的利益分配对象。如果是这样，眼见濒危的布老虎文化更是雪上加霜。

在山东临沂的另一个县城沂水，我们发现从乡村移居到城里的艺人谢祥芳。她的作品精工细作，完全手工，而且刺绣技术高超，布老虎造型独特。根据对她的口述史访谈，得知她的手艺完全来自家传，而且是地道的当地布老虎工艺。据对周边著名的刺绣之乡高桥镇的调查，当地

[①] 叶舒宪先生认为：所谓虎文化，指特定文化传统所形成的对虎的认识、信仰、观念、习俗等的总称。近溯其根源，大约一万年前的黑龙江和内蒙古等地岩画中，已经出现了虎的形象。

的虎纹布老虎充斥在周边地区和乡村,而且市场需求量很大,其造型和谢祥芳的大致相仿。最大的不同就是,谢祥芳的布老虎保持了原始的手工制作,而高桥及周围市场上的布老虎已经是半手工制作,而且只针对市场进行制作。结果很明显:谢祥芳的布老虎半个月制作一个,价格不菲,来买者稀少;市场化的布老虎一个小的手工作坊一年也可以卖几万个,市场价格一个十元,批发价可以达到4元。而最直接的后果是:谢祥芳对自己的手艺产生怀疑,对传承的信心不足。所以尽管知道自己掌握了祖传的技术,但面对市场上那些简易的半手工布老虎走俏市场,谢祥芳对自己的布老虎命运十分担忧。目前她之所以还在坚持布老虎制作,其中很大一个原因是她和丈夫本身是镇里退休职工,有比较稳定的收入来源,做布老虎只是退休后的一种业余爱好。另外,她看到了国家对非物质文化遗产的重视,她希望通过自己的手艺得到国家的认可。但2万元的"非遗"申请费用需要艺人自掏腰包,这也难为了本来并不富裕的艺人们。谢祥芳至今还不是市级非遗传人。目前作为临沂具有特色而且制作精良的手工布老虎艺人谢祥芳算是一个传奇。如果非物质文化遗产保护工作连这样的艺人都忽视或者说不进行保护,那么可以想见还有多少珍贵的"非遗"会被我们当地的保护工作者忽略掉。和谢祥芳境遇相仿的还有胶州农村的李进花老人,79岁的她做布老虎纯属爱好。本来只是闲着没事做好以后送给生了孩子的人家,后来发现这东西受国家重视而且能卖钱就接着做。在这个村庄里从事布老虎制作的就她一个,当地外企比较多,进企业打工的村民也多。45岁以下的人几乎都出外工作,闲散人口少。缺少对布老虎的兴趣。也少有妇女加入手工布老虎的制作中。就这样的发展态势,几年之后,这个村里就不会再有人制作布老虎了。

  分析临沂和胶州两地布老虎艺人的生存境况,我们能得到一种印象。临沂属于山区,受外界影响较晚,所以这里传统的工艺保持得还比较地道,半手工的布老虎还可以大行其道,价格便宜是一个原因,另一个主要原因在于虎图腾崇拜的信仰仍旧存在,在这里小孩满月当地都要绞头,而且需要姥姥家送布老虎,舍得钱买个好的送,不舍得钱就买个便宜的。而且绞头的一定是家里的舅舅,否则小孩妨舅舅。而且男女有别,生男孩12天,生女孩9天进行绞头仪式。姥姥家人去了后,讲究的人家除了送布老虎还做虎头鞋、虎头帽。此外，临近的莒县当地人给结婚新人送对虎的习俗至今保留。

胶州布老虎历史悠久，当地自古也有给小孩送布老虎的习俗。布老虎分金、绿、红、黄四种颜色。新生孩子满月时由姥姥家送，有祝福的寓意，期盼孩子健康健壮。但如果探究为什么当地制作布老虎的人稀少其中的一个重要原因是，随着城市化进程的加快，作为沿海城市的胶州早就快速进入了城市文明，因此农耕时代许多习俗退出了日常生活，布老虎文化也就衰微。费孝通先生曾说："以农为生的人，世代定居是常态，迁移是变态"①。作为还生活在祖辈乡村里的李进花老人，可能还残留着祖辈的记忆，她缝制布老虎是一种传统文化的延续，而作为城市文化不断侵入的现在，年轻人渐渐开始迁移到城里生活，常态的生活变化后，习俗也随之发生变化，制作布老虎几乎成为对农耕文明的最后挽留。而居住在城市里的谢祥芳凭着从小从母亲那里学到的手艺挣扎在城市边缘，其生存的前景并不被看好。失去了生存的环境，失去了手工布老虎消费的对象，谁来保护谢祥芳的布老虎？！

（二）看似繁荣的市场

并不是所有的布老虎艺人生存境遇都不乐观。以潍坊王永训和孙爱美、孙秀兰母女为例。

王永训38岁，颇有经营头脑的民间文化守望者。精于风筝制作，勤于布老虎的改良制作和营销。布老虎年销售总额在四五十万只，利润在10万元以上。他的宗旨是走量为主，量大利小，积少成多。孙爱美和孙秀兰母女的布老虎工作坊于2010年9月刚刚开业，迎来了第一笔订单。一天需要生产4000只布老虎，六十台缝纫机同时工作才能保证按时按量完成。而且对方要求生产多少购买多少。总数竟然不明。我们看到的是凌晨4点母女俩把裁剪好的布样发送滨州各地农村找农户制作。可以看出，虽然潍坊当地的布老虎文化遗存不是很多，但因为经营者找准了市场，并且借助会展经济获得了买家的信赖，所以生存前景看好。但经过改良和市场改造后的布老虎也许有一定市场前景，长此以往，当地布老

---

① 费孝通：《乡土中国》，北京出版社2005年版，第134页。

虎文化的特点和依附其上的民俗文化内容可能会丢失。比起潍坊以走量促销到大都市及包干加工进农户的模式，远离都市文化的偏远地区山东沂水的布老虎文化相对保存的比较完整。当地民间工艺销售商王兴美，54岁。她基本上以销售做工简易的虎纹布老虎为主，充填物为锯末。价格低、销量大，基本上销往邻近的县乡，农村市场比较大。高桥镇玩具厂厂长、布老虎艺人赵常娟，今年50岁出头，她这里的布老虎主要是批发，销售方向是当地旅游景点和淄博莒县等市场，批发价只有5元，每年至少销售2万只布老虎，带动了周围妇女致富。在她看来，一个熟练人手一天能装20只布老虎。虽然沂水地区走市场的布老虎做工相对简单，而且用虎纹布代替了过去的老粗布，用缝纫机代替了手工，但家庭作坊式的半手工基本上保持了当地过去布老虎的模样。

山西长治地区布老虎艺人张健旺是让布老虎市场化、大机器化生产的典型。他承认很早就有从事布老虎生产的意识，从大江南北搜集了大量布老虎造型，然后进行改造加工。他基本上走了两条道路：一条是手工制作、价位高，走收藏品路线；另一条是市场化、机器批量复制、价位低。生产采用公司加农户的经营模式。他目前已经尝到了甜头。他认为必须两条腿走路，而且市场化、产业化生产能更好地反过头来为文化遗产的保护服务。他认为传统的造型加上现代的工艺，恰如其分地借用现代材料表现传统文化的元素是他现在的生产和经营理念。

山西省大同市的孙敬是一位对民间艺术情有独钟的"80后"。她在去年9月开设了大同第一家布艺工作坊，以制作布老虎为特色。她的布老虎集中了全国各地布老虎的图样，然后根据客户需要进行生产。她对布老虎市场信息和布老虎技艺了然于心，有自己的布老虎QQ群，并和群友们互称为"虎友"。她使用电脑构图、设计，甚至剪裁布老虎，现代工艺感强。

和许多经济效益较好、规模化生产的布老虎厂家一样，她两条腿走路：一是保护传统工艺，走高端收藏的产品路线；二是积极生产投合市场需要的大众产品。张健旺的思路与她不谋而合，同样走"手工+机器化"生产之路。但是，目前她的公司生存不容乐观，尽管有一些小的订单，但毕竟靠艺人个人无法达到迅速打开市场的目标，所以年轻人的热情能否持续，还是未知数。

总的来说，"公司 + 农户"这种方式，目前也依然处于小规模状态中，也反映了当前布老虎制造初级、分散的市场环境。作为在非遗保护工作中成长起来的艺人们已经有了一定文化自觉，知道手艺的重要性和价值所在，也在努力坚持传统工艺的维护，但却因为市场原因艰难生存。以上几位的身份复杂，他们是民间艺人同时还是商人。他们的布老虎生产和销售有一个明显的特征：市场需求大，销售看好。临沂地区布老虎做工简单、粗糙、半手工制作，销售针对广大的周边农村，借助的是当地完好保存的虎文化生育民俗的存在。潍坊地区虎文化崇拜的痕迹已经不明显，但销量大而且价格高，主要销售外地一些经济发达地区，原因在于借助了当地文明的"风筝节"，挂靠会展经济，发展了市场，从而扩大了销量。当地布老虎半手工制作，其中机器规模化生产的痕迹还不是非常明显。

山西张健旺的布老虎，因为市场意识强，市场占有率大，机器化批量生产程度很高。手工制作的部分已经非常微小。可以肯定地说，市场的冲击已经让他的布老虎失去了当地独特的风格，其市场目标针对海内外高端市场，小量供应国内和附近有虎文化崇拜的地区，因而从保护的角度看，他的规模化生产已经破坏了传统。

然而，一些重要的也是紧迫性问题也凸显而出。艺人为了卖出产品必然要让作品适应市场，而市场对艺人创作的引导导致艺人对本具有独特地方色彩的布老虎进行改造，使得大众喜爱的布老虎代替了独具地方特色的布老虎，同时因为要走市场，完成订单，大批量的手工制作在赶工赶时的情况下，势必粗制滥造，质量下滑。为了追求效益，艺人们大多在机器化生产上打主意，机器化生产的产品的确精美，但千虎一面，却最终丧失了传统布艺的韵味和技术含量。

（三）艰难度日的老艺人

同处山西的张娅婷，今年60周岁，是山西芮城人。她的老虎还是延续了当地传统的手工制作方法，造型古朴自然，憨态可掬。她把材料样式分派到各村各户，分开制作，按件付酬。经营比较艰难。一个妇女跟她做手工布老虎，一天只能挣到20元。

芮城另一位布老虎艺人杨雅琴住在东垆乡西南村。她家高大的门房在村里尤其显眼。但仔细观察，除了客厅和两间主卧室是简单装修外，其他几个房间都是土坯房，甚至连门都没有安。基本上是盖房子中途费用不够停工后的痕迹。她从小受娘家妈的影响学习手艺，而且吸收了婆婆和母亲手艺的精华，制作的摇头虎、娃虎、鱼尾虎等特点鲜明。她目前的布老虎还保留着传统工艺的特点，为了完成订单，实行小作坊的分工合作，但因为手工制作，量小且价高，市场并不看好。

在河南灵宝布老虎艺人生存艰难。大多数艺人年龄都在 70 岁以上，在她们看来，如果没有专家学者引一些人来购买，她们手中那些精美的布老虎基本上没人来买。而恰恰是这些没有被外界打搅的布老虎保持了当地最为传统的渲染工艺，而且虎形从眼睛、鼻子、身体、造型等方面看都和其他地区的布老虎有很大区别。从三省布老虎文化的角度看，当地做布老虎大多用来驱鬼避邪，希望借助老虎保护婴幼儿的成长。"驱鬼实际上却是驱除了心理上的恐惧。鬼有没有是不紧要的，恐惧却得驱除。"① 此话不假，中国虎文化源远流长，一种文化之所以能够穿越千年而牢牢扎根于这片土地，这与这个文化为民众接受达成共识，久而久之成为民俗极有关系。因为民俗的生命力是非常强大的，它几乎可以抗拒政治经济文化的变革，根据自己的生长规律和轨迹在民间扎根。布老虎文化扎根的基础在于人们从远古时代对虎的崇尚，通过最早的虎图腾崇拜获得内心的安全。"在初民心目中，图腾动物是与他们性命攸关的。在原始思维中人们相信人与图腾动物之间存在着神秘的互渗关系，你中有我我中有你，你就是我，我就是你。"② 所以我们看到的各种民间造型中，老虎成为孩子的玩具。山东地区的布老虎威风八面，充满了王者之气；山西布老虎憨态可掬，如同一个娃娃；河南灵宝的布老虎五彩斑斓，像个花姑娘。但它们都是人们心中的老虎，是山中之王，可以辟邪的瑞兽，是可以保家护院，照顾小孩。所以，我们在艺人手中看到的布老虎已经有了日常生活的气息，有了人味。

对灵宝地区布老虎民间艺人的访谈可以得出一个不差的印象：灵宝地区有很多富有当地特色的民间工艺品，艺人们大多处于原始的自娱自

---

① 陈建宪：《神话解读——母题分析方法探索》，湖北教育出版社 1997 年版，第 196 页。
② 叶舒宪：《中国虎文化图说》，《寻根》2010 年第 3 期。

乐的创作中，很少和市场接触，所以作品还保持着当地传统的风格。这极为可贵。但因为没有多少经济效益，所以现在从事布艺制作的艺人们大多60—70岁，加之没有人组织和引导，几乎没有年轻人进行自觉传承。一系列的忧虑就会产生：传习的机会太少，学习的人几乎没有，灵宝地区的布老虎工艺面临人亡艺绝。

在对河南灵宝大王乡焦忠婷及众多艺人的联合调查中，我们发现这里有特色的布老虎制品继承了当地的传统风格，加上村委书记焦忠婷本人就是艺人，所以当地的产品开始寻找市场，并试图在大都市找到销路。但苦于政府对这方面的重视不够，单靠村民自发的努力还远远不行。

河南民俗学家倪宝诚先生说：河南过去许多地方有布老虎，只是现在已经没有了。原因是这些手工制品费时费料，价格卖不上去。再加上工业化生产的挤压，手工制品更没市场，所以过去依靠手艺生存的艺人们现在的生活比较艰难。

在以上三省区的布老虎艺人中，河南省的布老虎艺人生活比较苦难。但她们的最大优势是保持了传统手工艺，没有受到任何机器化大生产和市场化的引导。无声地存活在民间，但因为无声，找不到买主，手艺面临生死存亡的考验。

二 针对布老虎文化现状的反思

（一）事件反思

通过对山东、山西、河南三省布老虎田野调查的结果，我们发现在非遗保护工作中，基层工作者对非遗保护的态度和认识非常重要。一些地方的文化馆平时并不重视对一些濒危文化的考察和保护，尽管政府已经投资了田野考察的必备设施和人员，但真正到乡村中进行实地调查摸底的较少。许多民间艺人恰恰是学者在深入民间后被发现才为当地政府所认可。一些基层文化干部没有基本的文化保护训练，缺少对文化遗产的自觉意识，而且大多数基层工作者重申报，不重视保护，实际上是对文化的漠视和损伤。政府官员文化遗产意识淡薄。据村民反映，上级领导经常视察，在参观时，白拿或者廉价购买民间艺术作品的行为很多。作为非遗保护第一责任人的文化保护部门，对非物质文化遗产价值的轻视态度如何能让艺人们感受到来自政府对文化遗产的支持？

此外田野发现是需要积极、主动地到乡村中去，只靠当地文化部门的推荐是无法真正了解真实情况的。比如在山东莒南县发现的74岁布老虎艺人张怀香就是在和村民聊天中发现的。潍坊寒亭区59岁的布老虎艺人王爱琴也是在和村民聊天中发现的。而此前当地文化部门并不知晓两位艺人的情况更谈不上积极推荐。

地方经济水平决定了布老虎遗存的好与坏。经济水平高的地方，布老虎遗存市场化程度高，破坏程度大；经济欠发达地区，布老虎遗存好，破坏程度低。尤其是产业化发展后，布老虎的加工和制作主要来自欠发达地区，比如临沂一带，而组织销售和市场化运作则在发达地区，比如潍坊和胶州。潍坊当地的庆生送布老虎的习俗几乎很少。一般送虎头帽，虎头鞋的较多。布老虎的存在因为缺少民俗文化的附丽，其来源就成为谜团。为何在当地风俗不在的情况下，布老虎发展成为当地的一种特色文化产业？主要原因在于会展经济带动了农村文化产业的发展。以潍坊为例，风筝专业村、布老虎专业村等特色村是针对强大的旅游市场的。旅游越发达，客户的购买力就强，布老虎的销量就大，而且主要销售发达地区，如香港、上海、北京等地。用来作为礼品赠送客户，或用来奖励员工，其中银行、公安部门以及酒店成为消费的主要群体单位。在多元文化和信息交流的今天，文化的融合和交流是否已经开始使民俗文化"同一化""复制化"。杂交后的布老虎凭其市场影响力是否会影响到公众对布老虎传统文化的认识，进而影响到对传统布老虎产地特色的认识。是不是我们还没有赶到现场，我们所希望得到保护的布老虎文化已经遭到了破坏？！胶州地区布老虎制作和销售欠火候，主要原因在于当地没有可以带动整个地区文化产业发展的品牌会展业，旅游资源不如潍坊等地。此外，该地农民就业渠道多，大多进入当地附近企业，收入可观。而且农民经济作物也给农户带来巨大收益。平均五亩地年收入可达20万元以上。因此，手工制作成不了气候，缺少吸引力。

目前在调查的地区都有一些文化的自觉者，他们从很早就以收藏或者学艺的方式进行文化保护和挖掘，但单靠几个民间人士的力量是无法全面推动当地民间艺术的保护和传承，如何让个人行为形成群体共识应该是在非遗保护中必行的一条道路。

（二）濒危信号

据山西省右玉县政协原主席、66岁的王德功介绍，右玉布老虎和当地满族民间的爬娃娃造型有一定的关系，精良的做工是受旗人讲究绣活的影响。据了解，当地过去缝布老虎主要是送给孩子，或放在柜顶上和炕上辟邪。现在的右玉也基本没有人做布老虎。"当年使用的人没有了，绣花的人也就没有了，遗留下的器物也消失了。"在王德功看来，民族大融合使得当地布老虎的生存土壤消失。山西省长治市潞城市史志办主任常宏武介绍，此前，布老虎是当地人们用来欣赏的。通常，"巧手"们做好了自己用，不送人。现在，当地的庙会还能看到有人卖布老虎。潞城市文化馆馆长曹光涛则介绍，布老虎在当地很常见，上点年纪的老人都会做。过去在孩子满月时送纯手工的布老虎、虎头鞋、虎头帽，现在也是。由于市场化的原因，手工制作布老虎的经济效益严重低于机器制作布老虎。许多布老虎的原产地已经没人会这手艺。年轻人也不再学习这一技艺，只剩下一群老人在苦苦坚持。山东莒南县虎园村的村民们都说，布老虎在本村已经有100多年的历史，但现在这里已经无人能做。他们说，现在，莒南的布老虎大多是从沂水传过来的。谢祥芳的手艺是从母亲那儿学来，但在她小时候生活的后坡村里，七八十岁的老人都不了解布老虎风俗了，村里1000多口人没人做布老虎。当地文化站负责人坦言，当年的非遗调查表明，当地已经没有传统布老虎艺人。

调查小组在河南省三门峡市找到的老艺人，一个是灵宝沟东村的张秀云，另一个是西章村的杨秋霞，他们是姑嫂俩，手艺都是家传，过去村里巧手多，妇女们很多都工于女红，现在两个村只剩下三两个老年妇女还在做布老虎，而且年龄都在70岁左右。年轻的山东省胶州市里岔镇文化站站长刘晓英认为，布老虎不是很难的手艺，年轻人也可以学会。问起为什么开门收徒难，她回答："如果每天做一个，一个月才1500元。这对老年人来说是可以的，对年轻人来说不合算。"

1998年虎年邮票"黎侯虎"的原创者高秋英在2006年成为黎侯虎的省级传承人。她懂得自己手艺的重要性，也知道需要人来继承，于是走了培训和生产的路子。她现在开的店里大多卖从徒弟那里收来的布老虎。近年来生意很难做，一年才卖2000多元。在她看来，原因在于模仿她的布老虎太多了，都打着黎侯虎的旗号，而且她的手艺已经让徒弟们学去了。

她现在参加了当地妇联举办的阳光工程，培训布老虎制作技艺。培训一个学员300元，她觉得，这比自己做布老虎划算。

而山东、山西的布老虎尽管有些地方政府已经开始了保护措施，但受到市场经济的冲击，传统布老虎工艺正受到严重冲击，机器化生产正在逐渐代替手工生产，当地传统的布老虎造型也在受到扭曲和改造，看似生意火爆和兴旺的背后是布老虎文化的消亡。

布老虎文化消亡的危险主要原因还在于当前城市化进程的加快，乡村城市化让蕴含着丰富民间文化的村落正一座座消失，而村落消失的同时就是村庄传统文化消亡的时刻。村民被分散到楼房公寓中居住以后，传统的村落格局和生活空间的改变对村落文化是致命的打击。少了传统文化的背景，少了民俗生活的浸润，布老虎文化自然也面临着消亡的命运。"文化的衰败已经导致了社会的分崩离析，失去了强有力的民间传统，个人之间的道德联系也就削弱了。"① 针对布老虎文化的衰败和濒危，我以为，这首先表明了在传统的生育民俗中，虎作为民间小孩守护神的信仰在淡化。一方面表明了中国民众接受现代文明的程度在提高；另一方面也表明作为传统习俗存在的虎文化崇拜生命力的顽强。在现代文明发展的今天，古老的习俗还在北方大地久远地流传，尽管正走向衰微。

从文化解释学角度，我们如果对布老虎文化的兴衰做一个比较概括的阐释，那就是人类童年时代人们对命运的无可把握中，对自然尤其是对动物的畏惧让他们心生恐惧，为了消除恐惧，先民用自己的智慧做出"化险为夷"的思考②，布老虎文化因此成为乡民的集体潜意识，在他们看来现实生活中凶猛吃人的猛虎就是孩子和家园的保护神。而在转化过

---

① 格尔茨：《文化的解释》，译文出版社1999年版，第197页。
② 先民对自然万物无知后的想象杂糅，是主体精神的焦虑产物，导致生理性恐惧，因为对自然认识的缺失，使得还在人类童年的思维方式将未知事物幻化为无所不能的神，并借助趋吉避祸的乡民意愿和朴素的灵感，使其具有吉祥的力量，从而完成了一场化险为夷的设计。这从其他丑类吉祥物，比如蝙蝠、蟾蜍等看似丑陋不堪的动物在乡民眼中却成功成为流行吉祥符号有着殊路同归之效。在相似的精神镜像之后，祖露的无疑是民族性的集体潜意识，即对吉祥的整体追求。该观点见拙作《中国乡民艺术的精神镜像及吉祥追求》，《民俗研究》2009年第1期。

程中，他们让猛虎变得可爱，成为孩子的玩具。被踩在脚下做了老虎鞋；被戴在头上成了老虎帽；被抱在怀里或者枕在头下成了布老虎和老虎枕。"民间艺术就是这样，虽然是威力镇邪的神兽，但是被创造得可亲可爱，不必当真张牙舞爪的吓人。"① 作为布老虎文化，更多的是一种母亲文化，它是过去妇女在家进行的手工活动，几乎不参与经济活动。手工的好坏成为女性本人村中地位和口碑的重要证据。因此在外力冲击中，它基本上成不了被攻击或损害的焦点。这给布老虎文化的存留带来了正负两方面的问题。一方面因为它在民间文化中成为不了主流，减少了被主流关注的机会，在非遗保护工作中也成为很多工作忽略的对象；另一方面因为它不是主流焦点，在历次的运动中，它因为流传在家庭妇女之间，因此就少有冲击和破坏，手艺经过血缘家庭的传播，加之有中国传统对女红要求的文化约束，布老虎文化至今还能在乡村中得到比较好的保留。

其实布老虎除了取老虎驱邪避害的吉祥功能外，还有民间对生育崇拜的思想。比如山西芮城的鱼尾虎和山东、河南等地的双头虎都有生殖崇拜的意味。鱼代表生殖能力的强盛，而且在水中代表阴性，鱼和虎合体的设计充分表明了男女交合的民间想象。双头虎更是代表了阴阳相合之意。"对男根女阴、雌雄交媾和借助动植物象征生育的符号崇拜。这成为先民思想观念中重要的组成部分，发展为生殖崇拜的行为。"② 围绕布老虎文化的研究，与虎相关的民间工艺数不胜数。而对那些民间艺术进行文化读解，会发现大量的民间生殖崇拜和吉祥寓意。这表明人类在生存发展中对生命和生殖的重视。"数千年前，先民处于艺术的童年期，在岩画中对生殖的表现采取赤裸裸手法。传递到后来的民间，在处理上逐渐采取隐晦寓意的象征手法。像人鱼合体的鱼变娃、蛙人合体的伏羲女娲交尾、喜花坐笙娃娃、鱼戏莲、鱼咬莲、老鼠偷葡萄、蛾扑金瓜、刘海戏金蟾、莲生贵子、抓鸡娃娃、猴吃桃等，甚至还有箱底画和花钱上赤条条的男女相交图，都是表现阴阳相交万物生的哲理。"先民的集体无

---

① 杨先让、杨阳：《黄河十四走：20世纪80年代黄河流域民间艺术田野考察报告（上下）》，作家出版社2003年版，第372页。

② 杨先让、杨阳：《黄河十四走：20世纪80年代黄河流域民间艺术田野考察报告（上下）》，作家出版社2003年版，第384页。

意识凸现了人类争取生存和在与自然抗衡中对力量的渴望，这似乎无关情色。而当后人在使用和发掘布老虎文化中如果仅仅看到其实用性而忽视其内在的文化含义，当是文化遗产保护的失败。来自民间的文化遗产，不能小看了其中流传的文化和深藏的意义。

目前最大的濒危除了艺人们的老龄化和技艺边缘化的突出特点外，还有就是布老虎文化背后隐藏的虎文化习俗的丧失。可以想见，多年后，还有多少人还能明白地知晓每一个布老虎设计或者图案中的寓意和民间精神。民间习俗和民间精神的丧失是非遗的真正濒危！

三 解决办法：从河南淮阳布老虎的勃勃生机中找思路

"民间美术是技艺性的、传承性的，靠着精湛的手艺手工，靠着不可逆转、不可移植的原始精神，原始艺术和民间美术都具备着高不可及的范本的美学价值和艺术意义。"① 如果作为民间文化的保护者，作为正在投身非遗的研究者和工作人员，没有意识到民间文化的价值，没有意识到民间文化的精神含量，那么很有可能成为粗暴的破坏者甚至民间文化的漠视者。同时在保护中如果我们对非遗的生存空间不加以关注，不了解和感受非遗赖以产生的民俗环境和民俗文化内涵，不懂得传统文化的生命源头，那么我们的保护也会流于肤浅的形式。故此，源头记录和源头探索成为当前非遗保护中最为重要的方法和思路。因为在许多文化中，我们现在看到的其实已经与最初的文化含义有了巨大的差异，而且在变动的时代里，如果任文化遗产在市场传播，必然产生以讹传讹的情况。布老虎文化是这样，其他的民间文化，非物质文化遗产也都面临同样的问题。

"民间美术是人类社会生活的产物，与民俗有互为生存的关系。若民俗消失，民间美术便会衰退，若民俗活动没有民间美术相辅，便会失去感召力。"② 这段话清晰地传达出一个观点：任何民间文化的产生都不能和使用它和创造它的主体分开，同时任何一种民间主体的活动都离不开

---

① 冯骥才：《鉴别草根：中国民间美术分类研究》，中州古籍出版社2006年版，第58页。
② 冯骥才：《鉴别草根：中国民间美术分类研究》，中州古籍出版社2006年版，第71页。

民间文化的潜移默化的影响。所以，在非遗保护中针对传承主体的精神世界、影响主体的民俗事项及历史文化的探究也应成为一种必须。我们不了解传承主体的思想，用他者的眼光去审视或者解释民间都可能带来对文化的误读。误读就可能让非遗保护陷入学者和政府的思维怪圈中，文化遗产的保护也就失去了意义。

在各地布老虎面临濒危的时候，河南淮阳地区的布老虎仍旧延续了上百年的生命力，勃勃有生气。河南淮阳的布老虎和当地的泥泥狗玩具几乎成为淮阳当地旅游文化的标志。这两样东西都是民间图腾崇拜的产物，而且民间自古流传着很多关于淮阳布老虎的传说。这个传说大多与人祖伏羲及女娲有关。不管有多少传说的形式，但集中一点，即当地人深信老虎就是伏羲女娲的化身，深信每年在农历二月二朝祖庙会上买到的淮阳布老虎才是最应验的，在他们看来，伏羲老祖就会保佑小孩和家庭和美太平。这样的习俗流传下来没有中断，其中最重要的原因是依赖于百年历史的伏羲人祖庙会。这个庙会时间长达一个月，从农历二月二日到农历三月三日。庙会期间几乎天天都有来自全国各地的香客。在庙会开张的头一天，买票进入太昊陵伏羲庙会的全国各地香客达 40 万人次，还不算赶来不进太昊陵只为在山门前做生意的人。

和全国其他省份比较，淮阳庙会上的布老虎造型是最为简单的，做工也最为粗糙。价格也便宜，小的卖 5 元，中等的卖 8—10 元，大的卖 20—30 元。造型单一，方头方脸，五官过去是用笔画上去，现在因为销量太大，为了赶数量，艺人们干脆用刻好的木章子，直接蘸了颜料盖到装好的布老虎身上。更有些艺人为了赶在庙会上销售，直接将自己想好的老虎五官交给印刷厂印好后直接贴在虎脸上。和传统工艺相比，工艺更简单了，但造型和样式据说和多年前的没什么变化。艺术造型不变，工艺在逐渐简化的布老虎非但没受到市场冲击，而且生存得非常好。除了当地庙会文化的延续给淮阳布老虎文化找到了活路外，我以为更为重要的是布老虎文化赖以生存的民俗土壤没有改变。

当地人崇信伏羲，因此庙会上的布老虎就同样受到了追捧。此外很重要的一点是当地政府的参与和支持。一个庙会如果单靠民间的力量是很容易受到外界的冲击。现代工业文明对农耕文明最大的冲击就是占用农民土地，夺取农民的村落社区，诱惑农民走离村落。作为乡村文化主要传承人的年轻人离开了家乡,那么对村落文化的继承和保护常常会流于口谈。而当地政府非常重视文化建设,充分意识到伏羲文化作为中华民族优秀文化一部分在当地的价值,因此根据民间习俗和历史沿革,将本来并不起眼的伏羲人祖庙会经过政府的支持和建设办得红红火火,获得了极大声誉,电视直播,领导人致辞和亲临朝拜,通过身体力行的方式,一方面尊重了民间文化,另一方面亲近了民意,在开明的政策下,将民间文化和当地文化保护工作紧密结合在一起。几次大的庙会活动政府亲自招商引资,目的是能够让庙会"经济搭台,文化唱戏",文化的附加值得到了充分彰显。

政府的支持和帮助吸引了大量的商家投入,热闹的庙会又引发了民众对传统的回归。过去靠庙会生存的艺人们都重拾老本行,纷纷加入到布老虎制作的行列中。伏羲庙会附近的白楼镇庞庄村就是个布老虎专业村。

村中有107户人家,500余口。几乎家家从事布老虎的生产、加工及销售。所有的农户几乎都在赶制布老虎,说话的空都没有,为了配合调查,村里还做出决定,凡是接受采访的农户村里一律配发200元误工费。在一户农户家,白发的老艺人在得知自己没有争取到庙会的摊位时,几乎痛哭起来。据调查,这个村的村民一个艺人光靠庙会一月就能从布老虎的制作中获得至少3万元收入。有的家庭人员多,一个月能获得十多万的收入。一年都做布老虎,就指望在庙会这个月卖完。艺人们的布老虎做多少卖多少,没有人在庙会结束后还有积压。

淮阳布老虎这样的勃勃生机应给当前的布老虎抢救工作带来启示。第一,通过政府扶持,让艺人心甘情愿地将绝活传给更多人,走集体传承的道路是可行的。淮阳布老虎专业村就是家庭传授到村落集体继承的道路,通过培植市场,调动农户积极性,在发展当地经济的同时将传统手工艺保护和传承下去,这已经能够弥补过去家族血统传承的不足。第二,培育传统手工艺生存的空间需要从民俗文化入手,从当地的传统中寻找契机。如果生硬地制造"庙会"或者所谓的"传统"估计这样的文化也是长久不了的。当地政府的扶持和帮助,要尊重当地文化的传统,从实际出发,充分发掘和利用当地文化资源,保护和恢复当地优秀传统,让百姓心甘情愿地遵守传统的引领,在自然的文化空间中获得新生的希望。淮阳成功了。第三，政府对优秀艺人应给予政策扶持和导向引领。政府看到布老虎的商机，命名传统布老虎制作的白楼镇庞庄村为"布老虎专业村"，本来就是在树立村落形象。而且政府给他们在庙会中专门设立摊位，帮助销售，给当地艺人创造致富门路和时机，这些做法都值得学习。

目前，艺人们往往遇到同样的问题，即获得一个订单，客户要求的布老虎完全是经过改造的，和传统特色相差甚远。为了更好地发展，艺人可以迎合市场，但因为一个订单丧失当地布老虎特色将加快当地布老虎工艺的灭亡。潞王虎的生产者刘海兰也曾提议要进行机器生产，但当地管理部门不同意，因为他们意识到了纯手工的重要性。

怎样更好地解决艺人的产品销售成为一个必须面对的问题。怎样让他们的努力和劳动获得更高的市场价值，让传统的文化附加值真正得到体现？政府除了资金扶持是不是还可以利用政府采购力量，以政府的力量鼓励农户的生产。精耕细作需要一份平静的心，如何让艺人在生存和市场的双重压力下做到心无旁骛，让自己的传统工艺不因为订单的追逼，市场的诱惑而将宝贵的传统丢失。不过仍有艺人认为，一方面要原汁原味地保护和传承传统技艺；另一方面是对传统技艺进行适当的改造，他们将过去很受欢迎、现在略显粗糙的"威风虎"做成一米高的老虎，达到传统和新创意的结合，很受追捧。传统的造型加上现代的工艺，恰如其分地借用现代材料表现传统文化的元素是他们现在的生产和经营理念。他们认为，只有人民群众广泛接受，甚至影响到群众的审美，才能形成文化共识。非遗不能只让一小部分人孤芳自赏，应该把这些技艺传承出去。

问题是，被创意的传统值得提倡吗？我们保护文化遗产的真正目的会不会在市场化和创意思维引导下走离最初保护的初衷？经过创意或者进行现代手段改造的作品还能被称作文化遗产吗？对当前的一些被修改的市场化的文化遗产是否还应有新一轮的认定和监督机制？山西省朔州市布老虎制作和保护的坚守者李俊英正联合当地有关部门积极筹建当地的民间文艺家协会，想通过正式组织团结更多的同行来保护和传承当地优秀的民间艺术。民间学术团队的文化自觉对非物质文化遗产必将起到推动作用，专家学者的主动加入一定会给艺人们带去帮助，在对传统文化进行适度创意的同时,需要经过专家们更严密的论证。

政府作为非物质文化第一责任人的角色已经通过《非遗法》得到了进一步确认,那么政府在今后的非遗保护工作中作用至关重要。民间文化得到政府重视并登堂入室,是这个时代的骄傲。但另一个问题要引为警惕,作为政府在引导艺人走出传统传承方式,尽可能地对艺人进行鼓励和支持,让濒危的非物质文化遗产进行集体传授的同时,是否还要考虑非遗的知识产权即原创权,否则还会发生作为国家级非遗的川剧"变脸"秘诀流播四海,成为公开技艺的情况;还会发生响应号召开门授徒的"中国第一虎"的制作者高秋英出现的苦恼,徒弟们学了手艺抢了她的饭碗。原创者成了受害者。

所以,在保护中政府应成为保护工作的积极倡导和实行者,让保护工作落到实处,让非物质文化遗产在现代生活中仍旧能延续生命,河南淮阳布老虎就是一个成功的范例!

非物质文化遗产保护下的市场"巴泽尔困境"

——以香云纱染整技艺保护为例[*]

杜洁莉[**]

摘　要：非物质文化遗产保护旨在推进非遗的传承与发展，但是政府授予非遗传承人以保护权，非遗原产地以"原产地标志"的举措未必带来实质性保护效果。相反地，某些非遗保护造成了传承群体整体利益受损，传承后继无人的现状；也造成了获得保护权的单位与区域对市场资源的不公平占有，形成非遗市场的恶性竞争与限制性发展。本文拟以心理学"巴泽尔困境"为理论基础，以香云纱染整技艺保护为案例对非遗保护权界定与实施中的若干现象展开讨论，并尝试为非遗保护权授予规范化提供建议。

关键词：非物质文化遗产；香云纱；保护权；市场公平性

一　非遗保护权的实践难题

随着国家对非物质文化遗产保护的重视，十多年来非遗保护工作逐步开展，并取得了阶段性成果。然而，随着非遗经济带来一系列的效益，社会各界对非遗这块大蛋糕展开激烈争夺，其中包括地方政府、商家、

---

[*] 原文刊于《文化遗产》2013年第3期。
[**] 杜洁莉，深圳职业技术学院副教授。

生产群体、消费群体以及文化媒介等。心理学理论"巴泽尔困境"认为，离开了清楚界定并得到良好执行的产权制度，人们必定争相攫取稀缺的经济资源和机会①。在非遗保护中，政府授予"国家级非物质文化遗产""原产地标志""非物质文化遗产传承人"等称号对非遗的所有权进行界定与保护，其彰显政府对于非遗保护重视的同时，实施效果却引人质疑，其原因在于，政府对于非遗传承人的评选标准难以兼顾历史条件与现实状况，因具备技术能力以及历史贡献而获得非遗保护权的传承人未必具有市场拓展的能力，而且往往获得保护权的传承人利用权力攫取资源之后，便放弃市场合作，抑制市场竞争。保护权的授予使得原本有限的非遗资源陷入了更为激烈、无序的竞争。针对非遗保护权授予，有业界人士说道："全聚德的烤鸭一保护就都瘦成一层皮，这种保护举措属于非遗国有化行为，违背市场经济规律，非遗的传承必须以开放性的市场竞争为前提"。② 同时，随着非遗保护的开展，一些传统工艺规模缩小，后继无人，处境艰难；一些民间艺术成为束之高阁的展出品，退出了市场；一些民间传说、音乐、语言、文字正在逐步消亡；一些民间传统文化披上了商品化的外衣，失去了原本地道的滋味。从这个意义上讲，保护权制度不能清晰界定以及有效执行而引发"巴泽尔困境"，并一定程度上导致非遗保护进展缓慢。

　　高小康认为："'保护'首先是一个限制性概念：有些行为在特定条件下不可以做，或者只能以特定形式或按照特定条件做。在传统的文化遗产和自然遗产保护中，对于这种限制性概念有个清晰的符号，就是'红线'：对于需要保护的遗产划定相应的不可改造破坏的空间范围"③。"红线"对于文化遗产起到了限制性保护作用，但是从某种意义上讲也是画地为牢，作为一种活态的传承载体不可能具有绝对的界限，而在动态的变化中划定一定的空间范围必然导致不可界定部分的存在，非遗保护

---

① ［美］约拉姆·巴泽尔：《国家理论：经济权利、法律权利与国家范围》，钱勇、曾咏梅译，上海财经大学出版社2006年版。

② 报道人：原佛山市南方晒莨厂工人。访谈地点：佛山市禅城区。访谈时间：2012年9月11日。

③ 高小康：《文化生态壁垒：非遗保护的生态"红线"》，《中国文化报》2012年11月23日。

权的授予正是加剧了巴泽尔困境。目前，非遗保护究竟保护什么以及如何保护仍然存在很大争议，但是未曾有人质疑过保护是否应该授予称号这个政府行为事实的正当性与有效性，也未曾对于非遗所认定的保护权进行应用性探析。

在非物质文化遗产保护权的实施中存在两个实践难题。

第一个难题：传承人权利与义务的脱节。根据《国家级非物质文化遗产项目代表性传承人认定与管理暂行办法》的相关规定，符合下列条件的公民可以申请或者被推荐为国家级非物质文化遗产项目代表性传承人：（一）掌握并承续某项国家级非物质文化遗产；（二）在一定区域或领域内被公认为具有代表性和影响力；（三）积极开展传承活动，培养后继人才。[①] 然而，在实际推行过程中，传承人往往不能兼具以上三个条件。某些精通技艺的传承人年事已高，知识更新能力不足，并不具备足够的现实影响力与技艺的创新能力；在一定领域中被公认为具有代表性的传承人有的并不掌握技艺，而是长期处于生产管理层，即便兼具技艺与管理经验，基于中国许多非物质文化遗产植根于乡村，传承人文化层次不高且视野有限的事实，传承人也未能有效推动非遗传承。因此，非遗保护赋予传承人权利，但是传承人未能承担起作为一个新时代非遗传承人的义务。一旦被评为传承人而优先占据市场资源，传承人为了维持其权利所带来的持续性经济效益，通常利用其优势压制市场竞争，抑制其他传承群体的发展，造成了市场的不公平竞争。

第二个难题：原产地认定与文化空间的矛盾。非遗作为一种传统文化、传统技艺，其主要价值在于其本真性、地方特质性，因此原产地的认定有利于提升非遗的价值内涵。然而现实中，一种非遗的传承和传播往往并不局限于某个地区，而是存在相互关联的文化空间[②]，各个区域对于非遗发展是协同作用的。原产地认定赋予某个地区该种非遗的话语权，意味着扶持某个地区的非遗发展，在市场竞争下其他相关文化区域的非

---

① 《国家级非物质文化遗产项目代表性传承人认定与管理暂行办法》，中华人民共和国文化部令第45号。

② "文化空间"（Culture Place）是联合国教科文组织在保护非物质文化遗产时使用的一个专有名词，用来指非物质遗产的存在形态，这里指代香云纱文化在传播中形成的物理空间和社会空间。

遗传承必然受到抑制。原产地往往未能独立地进行文化推广，某些非遗在发展中甚至出现了物质生产区域与文化生产区域的分离，原产地的非遗保护与传承受到其他众多地域的牵制。一旦赋予某个地区原产地标志，但是界定不清晰，评定标准不公正，或者原产地人才缺乏及传承能力有限，必然造成保护的实施困境，即原产地未能脱离其他区域的支持而独立发展传统技艺，其他地区又因为保护权授予问题而产生抵制与不配合，并在界定之外的部分进行市场资源争夺，从而不利于非遗保护的全面开展。

基于以上非遗保护权的两个实践难题，非遗的保护权认定是否必须延续，或者说应该以什么样的方式进行认定，是值得探讨与深思的问题。

二 案例：香云纱染整技艺保护权的实施现状

国家级非物质文化遗产、广东省佛山市顺德区"香云纱染整技艺"的保护权认定与实施效果可以从某种程度上阐释非遗保护的"巴泽尔困境"。香云纱染整技艺，也称"晒莨"，是目前世界中少数几种用纯植物染料对真丝绸面料进行染色的纯天然环保染整技艺之一，近年来随着环保思潮的兴起而备受关注。2005年，深圳香云莎服饰有限公司率先成功获得国家质量监督检验检疫总局颁发的"香云纱原产地地理标志"①。随后，广东省佛山市顺德区反应强烈，认为深圳抢夺了香云纱"原产地标志"，挑起了一场香云纱文化遗产之争。顺德区向国家质检总局提出申诉，并获得了一系列相关称号：2008年6月顺德"香云纱染整技艺"成功申报成为第二批国家非物质文化遗产保护名录项目，顺德伦教晒莨厂成为香云纱的保护传承单位②；2009年6月12日，顺德成艺晒莨厂梁珠成为香云纱国家级文化遗产传承人；2011年，顺德香云纱成为"国家地理标志保护产品"③。此后，广东省佛山市南海区西樵镇也加入战团。西

---

① 《顺德"香云纱"缘何落户深圳？》，《广州日报》2006年2月8日。
② 国务院关于公布第二批国家级非物质文化遗产名录和第一批国家级非物质文化遗产扩展项目名录的通知，国发〔2008〕19号中：890Ⅷ—107香云纱染整技艺（广东省佛山市顺德区）。
③ 《顺德香云纱晋升国家地理标志保护产品》，《南方日报》2011年7月18日。

樵镇专家提出"西樵才是香云纱真正的起源地"①。国家授予非遗保护称号而引发的非遗之争不得不引人深思,争执的原因何在?非遗传承人与原产地等保护权授予的方式是否正确?

"香云纱染整工艺",即"晒莨"是当年流行于南海、番禺、顺德的一种主要手工生产方式。香云纱的生产工地称为"晒莨场"。"晒莨"这个词在今天已经很少有人知道,但在几十年前,却是广为人知的行当。晒莨的技术要求高,从收购薯莨、对薯莨质地判断以及对制作染色莨水的浓度要求的把握,到对可使用河泥品质的判断和晒莨的成色、时间的把握都需要靠生产者的天分、经验、感觉准确判断,晒莨工艺是有经验的操作工人历代师承下来的。这些因素都决定了晒莨工艺须全靠手工操作,现代科技还不能取代人工日晒,而且由于人工染色,晒出来的香云纱不可能每匹都一样,这也是香云纱的魅力所在。所以香云纱染整工艺仍是作坊形式,难以实现大规模和机械化的生产,晒莨工人是技艺传承的主要群体。然而,调研发现,佛山市顺德区维持上百年的香云纱面料生产如今已在逐渐没落,目前勉力支撑的晒莨厂仅剩几家,库存积压,经营艰难。顺德区成艺晒莨厂现有工人 20 多人,各地通晓整套晒莨技术的师傅仅 6 人,并且年事已高,成艺晒莨厂中真正通晓香云纱染整技艺的师傅仅 2 人,工人主要来自广东省新兴乡,亦有部分省外工人,流动性极强。工人不懂整个流程,就是流水线上的一颗螺丝钉,都只懂得其中一两个工序。因为香云纱高昂的生产成本并非靠先进机械设备的投入,而是靠着不断增加的劳动力,这一模式需要稳定的人口投入。因此,稍微有经验的晒莨师傅就成为不同晒莨商家争夺的对象,形成了劳动力市场的恶性争夺。同时,某些晒莨厂无视工人的利益需求,工人每月仅得到 1800 元左右的工资,入不敷出。由于劳动强度大、收入低,年轻人不愿意入行,非遗传承人的后代不愿意从事香云纱生产,香云纱染整技艺正面临后继乏人的窘境。缺乏稳定的劳动力成为严重的问题。重视传承人个体保护而忽视生产群体的保护,致使香云纱染整技艺出现了工人匮乏、生产萎缩的困境。

文化项目成功申遗之后,成为推动原产地非遗发展的一个契机。然

---

① 刘艳玲:《顺德香云纱晋升国家地理标志保护产品》,《南方都市报》2011 年 7 月 21 日。

而，事实上原产地由于市场、人才、技术的限制，并未能充分理解和发挥其优势，文化遗产奄奄一息。香云纱在原产地的生产面临一系列的困难。据成艺晒莨厂工人介绍，香云纱的加工费原来为一米 8 元，现在为一米 5 元，市场竞争激烈。今年开工很少，去年生产香云纱 140 万米，一年销量顶多 40 万米，去年的花色今年又不能使用，造成香云纱大量积压，市场已经饱和。今日，香云纱的加工制造在顺德、番禺、南海，而文化推广与营销则在深圳、广州、上海等地，这已经是行业的发展模式。作为香云妙的生产基地，无论是顺德、番禺还是南海，都只是依靠天然条件和劳动力做好来料加工工作，未能进行市场销售，销售是通过贸易商进行的，目前香云纱的主要贸易商"天意""香云莎"都位于深圳市。在顺德，1 米香云纱布料出厂价为 50 元，一件衣服一般需要 2 米左右的布料，加上人工费成本也就 100 元左右。而在深圳，一件普通香云纱服饰市场售价少则 800 元，知名厂家的产品可以卖到数千元，深圳香云莎服饰有限公司的香云纱成衣价格为 2000—3000 元，原产地的利润微薄与城市商家的暴利形成鲜明对照。自从 2005 年深圳与顺德掀起了香云纱原产地之争，厂家与成衣商之间关系恶化，香云纱的发展遭受冲击。原产地保护权的授予使得原本正在形成的产业布局被打乱，伤害了自由市场。

香云纱染整技艺保护的案例显示，传承人认定、原产地标志与传承单位的所有权保护，使得非遗传承不能形成群体效益，反而走向集体衰落。

三 非遗保护权实施的"巴泽尔困境"

从香云纱染整技艺保护权实施的案例中，我们可以发现非遗保护陷入以下三重困境。

（一）传承人个体保护权授予未能支持传承群体的持续性发展壮大

首先，传承人能够代代延续的根本在于技艺本身的隐秘性、独特性是其安身立命的谋生手段，一旦技艺被授予某个个体，忽略了实际从事技艺传承的广大传承群体对技艺的发展与创造，技艺本身不能为生产工人带来实效性的经济利益，具有"经济人"本性的生产工人便不愿意从事技艺；其次，被授予保护权的传承人个体在确保自身利益的基础上，无视生产工人的利益保障，而且利用其权力盘剥生产工人。作为"传承人"的少数人利益被保护，而整个传承群体利益在丧失。以前晒莨工人工资高，社会地位高，而今晒莨工人却是社会底层，经济收入低下，这是传承无以为继的根本。对广大传承群体保护的缺失使得文化遗产保护成为无源之水、无根之木。

（二）政府在称号授予中的考虑不周

政府授予某个地区以"原产地标志"，甚至授予某个企业以"非物质文化遗产传承单位"，违背了市场自由竞争规律，相当于把个体或者群体的传统技艺收归国有。政府的出发点和理念是好的，但是在操作中变形。原产地、传承单位可以作为宣传载体，但是作为品牌不一定合适。针对"国家非物质文化遗产传承人""原产地标志"这样的称号，事实上是对于个人、企业的一种过度保护，就如同茅台酒定位为国酒，就造成消费者的误解，认为只有茅台这个品牌的白酒产品是正宗的、好的，其他是非正宗的、不好的，以致影响其他相关企业的利益，从而表面上看是遗产保护，事实上是打击整个行业的整体发展。当市场中其他商家的利益受到影响的时候，他们便不合作，甚至通过劣质仿制品争夺市场，整个行业死气沉沉，某个企业一枝独秀必然难以持久。这种政府保护行为不符合市场经济的发展趋势。非遗保护是正确的，但是通过授予某个企业、某个个体一些标志性的称号进行保护的举措是在事实上否定市场经济，使得文化遗产走向整体衰落。

（三）保护权的授予未能实现物质生产与文化生产的协同发展

目前非遗存在两种保护形态：一种是作为原产地的非遗，是按照本真性、原始性进行原生态保护；一种作为消费品、时尚品的非遗，是与文化创意挂钩，面向市场，进行生产性保护[①]。然而，在实际的保护实施中，缺乏利益回报的原生态保护难以为继，而带来丰厚商业利润的生产性保护迅速发展。例如，政府支持香云纱在顺德保持了核心、原始的制

---

① 宋俊华：《文化生产与非物质文化遗产生产性保护》，《文化遗产》2012年第1期。

作工艺,而在深圳依托人才的文化设计创意使得香云纱实现"增值"。事实上,失去了商业利润的原产地生产艰难,而实现了文化创意的城市商家虽然创造了利润,其非遗的文化内涵却发生变味。文化的东西要经过沉淀,要靠岁月去打造,人们才能感受到其中文化的沉淀;只有放置于一定的文化环境中,遗产才是遗产,脱离了文化环境,遗产就是无源之水,政府、商家以及文化传媒对于非遗的一些过度宣传与包装也使得非遗失去本真性。因此,原产地与营销地不能发生分离,政府授予原产地标志与文化遗产传承单位的同时未能将两者很好地联系起来,也未能在实质扶持中使其协同发展,而是由于保护权授予而造成原产地与营销地利益的冲突与联系的断裂,从而造成传统工艺的生产衰落与文化变味。

四 非遗保护权授予规范化的若干建议

为了最大程度避免出现巴泽尔困境,非遗保护可以从以下三点进行改善。

(一) 政府放权

政府应该放权,给予非遗相关行业公正的发展平台,而非树立一些品牌企业单向发展,非遗的传承资格应该由市场决定而非由政府引导。因此,非遗保护权的授予应该是传统技艺的传承群体而非个人,是传统技艺的文化空间而非特定区域。非遗传承人的认定标准无论如何完善,一定还是存在"巴泽尔困境",传承人只能作为一个荣誉称号,不能作为一个扶持对象,不能给予相应的优先政策,政策应该扶持真正需要发展的整个产业。因此应该是对于技艺传承群体的认定,即真正的生产工人,其保护与支持的对象也应当是生产群体,否则必然出现利益矛盾。

(二) 产销结合

非遗原产地的认定也不能没有区分地对不同企业都发放原产地标志、传承单位认证,而应该给予真正的原产地以贸易保护权,实现产销结合。虽然政府在非遗保护时候提倡多元主体参与、共同开发,但是主体的角色未能明确界定与保护,导致生产企业利润流失,能动性低下。我国多数非遗是基于乡村传统力量而发展的，其延续性是世所罕见的，传统工艺多数植根于民间乡土，保持传统的物质形态与传承模式。近年来非遗作为一种文化品牌带来系列连锁的社会经济效益，其贸易权却掌握在城市商家中。非遗的生产者利润微薄，导致后继无人，生产没落，只是进行原材料加工这种单一生产，与市场销售脱节。生产环节是影响香云纱非遗保护的重点。非遗的销售权应该回归厂家，给予生产者工艺认证，这才是真正的支持。日本一件优质和服的价格约人民币20万元，许多日本名流都排队抢购，其原因在于日本和服全部是直营店，没有分销商，和服产销一条线，工艺发展与利润直接挂钩才能真正调动生产者的积极性。因此，政府应该授予生产企业贸易保护权，而非将非遗保护权授予城市商家。支持原产地生产企业的销售，才能真正保护生产主体。

（三）市场导向

非遗传承的生命力在于其广泛的民间大众载体。市场由供需决定，现在满大街的洗脚城无论怎么打压，依然是"春风吹又生"，并不需要刻意保护，其根本原因在于其具有强大的大众消费载体。如今学界非常重视非遗的生产性保护[①]，但是忽视了消费性保护。消费性保护即是一种以大众为导向的文化遗产保护方式，主要包括准确的市场定位与恰当的营销方式。

消费者在非遗传承中起着风向标般的引导作用，尤其在现代商品经济活跃的时代，显示出了极大的推动力。日本的和服之所以成为国服，在于日本人对和服的推崇。即便在21世纪的今天，走在繁华的都市，依然发现有穿着和服自如行走的人，日本人在人生重要的仪式上也必须身穿和服，正是这种对于服饰的尊重和迷恋使得和服经久不衰。如今中国的许多非遗颓靡不振，其根本在于市场的日益消失。生活节奏逐日加快的人们没有时间、精力消费昆曲、京剧这样慢节奏的传统文化，服装求新求异的年代人们不愿意消费颜色单一、越旧越靓的香云纱。因此，目前某些非遗衰落的原因是市场定位不准确，市场推广力不够，以及营销体制的没落。非遗保护权的授予应该注重消费环境、消费文化以及消费潮流的保护与引导，保护大众消费市场，进行消费性保护。

---

① 宋俊华：《文化生产与非物质文化遗产生产性保护》，《文化遗产》2012年第1期。

非遗生产性保护的短板和解决的可能：壮锦的实践[*]

徐赣丽[**]

摘　要：论文通过广西壮锦的发展历史和当代的生产性保护实践的个案，反思非遗在生产性保护中从消费、传承人、产品本身存在的不可逾越的难题，认为生产性保护也仅仅只能保护非遗的部分元素。尽管如此，仍然需要充分发挥政府的调控功能，以提升专业水平和民众文化自觉以及市场对于高端艺术品的尊重来实现对壮锦等工艺类非遗核心技艺的传承和保护。

关键词：非遗；壮锦；生产性保护

非遗保护在我国开展已经有十年了，在开始阶段注重以抢救性记录的方式来保存对祖先的记忆，后期针对传统手工艺等类非遗，提出了"生产性保护"的策略，此说一出，引起了众多学人的响应，大家纷纷对其概念内涵、适用范围以及应注意的问题提出了各自的理解，并结合各地的保护实践，进行了多学科多角度的论述，总体来看其理论和实践都还处于探索阶段。2012 年文化部出台《关于加强非物质文化遗产生产性保护的指导意见》，标志着这种"借助生产、流通、销售等手段，将非物

---

[*]　原文刊于《西南民族大学学报》2014 年第 9 期。
[**]　徐赣丽，华东师范大学社会发展学院民俗学研究所教授。

质文化遗产及其资源转化为文化产品的保护方式"① 已形成共识。那么，在实际中这种保护能否克服文化遗产商品化带来的真实性困境和传承人断代的问题？其保护效果如何呢？在此围绕广西壮族织锦技艺的生产性保护实践做相关讨论。

一 壮锦的发展历史

作为壮族宝贵民族文化遗产的"壮锦"，是与"云锦""蜀锦""宋锦"齐名的全国四大名锦之一，有三大种类，20 多个品种，50 多种花纹图案。郑超雄等人指出，壮锦最早起源于汉代，但真正能够称为"锦"的纺织品则出现于宋代。明代，壮锦逐渐流行并且工艺日益精湛，从纯白色发展到五彩斑斓，图案花纹从简单到繁复；万历年间，织有龙、凤等花纹图案的壮锦已成为名贵的朝廷贡品，后来在民间也开始流行②。清代沈日霖的《粤西琐记》曰："壮妇手艺颇工，染丝织锦，五彩斑斓，与缂丝无异，可为裀褥，凡贵官富商，莫不购之"。这大概是壮锦最兴盛的时期。清末民初，鸦片战争以后，西方工业文明的入侵，"洋纱""洋布"充斥，壮锦产量锐减。

中华人民共和国成立后，国家实行民族政策，提倡发掘保护民族民间工艺，大力支持壮锦的生产。1954 年起，广西多地在政府领导下，成立织锦生产小组，后又发展手工合作社、壮锦厂，壮锦生产由此从家庭手工编织进入现代工厂生产，织锦不再是妇女闲暇时的手工活计，而成为一种职业。1987 年，政府投资购进半机械化设备的提花机代替大部分老式"竹笼机"，生产规模和产量都大大提高。随着产品质量的不断提高，壮锦的销路越来越广，部分进入国际市场。但 20 世纪 90 年代以后，随着商品经济改革的逐步深化，大量机器生产的纺织品涌入，市场竞争越来越激烈，老一代的壮锦产品，如被面、床单、背带心、挂包等，已

---

① 《文化部关于加强非物质文化遗产生产性保护的指导意见》，《中国文化报》2012 年 2 月 27 日第 1 版。

② 郑超雄、朱圣林等：《壮族织染文化综述》，唐正柱主编《红水河文化研究》，广西人民出版社 2001 年版，第 410 页。

经不能适应市场的需求；新开发的壮锦产品，如桌布、床罩、背包、披肩等由于价格高于同类产品，且样式老旧，市场占用率不高。壮锦生产逐渐衰微①。

二 壮锦是壮民族文化符号的代表

壮锦在人们生活中不仅仅是平常的生活用品，而被视为具有特殊祝祷意义的物品，能够带给亲友美好的未来，被作为贵重而吉祥的礼物。壮族神话《一幅壮锦》讲述了美丽的壮锦画面都变成了现实，壮锦被视为吉祥、美满的象征，织造者将自己最美好的愿望和祝福编成一幅幅瑰丽的壮锦，壮锦的图案题材和内容十分丰富，大多表达吉祥喜庆、美好幸福的含义。壮锦这种有独特意涵的手工产品，曾是壮族人家嫁女儿的重要嫁妆，蕴含娘家对女儿的美好祝福。壮锦也作为情人信物，是壮族女子寄托情感的方式，她们将自己的点滴情愫都织进锦中，送给心爱的人，表达相思和美好祝福。另外，壮锦还作为贺礼，生小孩后外婆家要送上织有吉祥图案的壮锦背带，并举行隆重的馈赠仪式。

壮锦作为民族文化的精髓，体现在壮族的神话、传说、艺术等诸种文化形态之中，它承载着壮族的各种风俗文化，其经典的图案和精湛的编织技术体现了壮族人民的聪明才智及审美爱好，还有壮族特有的情感、表达方式及其世界观、价值观和审美观。壮锦因为有悠久的历史、丰富的文化内涵、浓厚的民族特色及独特的审美价值成为壮族文化特色的代表和民族认同的文化符号。壮锦携带着壮族人民在历史上形成并不断被丰富赋予的价值和意涵，成为当代壮族文化符号被重塑和建构②，被广泛地运用于一些标志性建筑和舞台布景上。2009年的南宁国际民歌节的整个舞台背景以卷轴壮锦来呈现，打造出浓厚的民族特色。2010年的春节联欢晚会上，壮族歌舞以一幅长长的壮锦作为壮族文化的代表出现在舞台上。

---

① 吴伟峰：《略论广西壮族织锦的兴衰》，《学术论坛》1999年第5期。
② 范秀娟、王晶晶：《民族文化符号化与文化生态空间的建构——以壮锦为例》，《梧州学院学报》2011年第4期。

三 壮锦生产性保护的困难

从壮锦的发展历史可知,壮锦的生产和面向市场早已有之,但还不是生产性保护。生产性保护是"在既不改变其按内在规律自然衍变的生长过程,又不影响其未来发展方向的前提下"①,作为"文化遗产"来生产和面向社会。

壮族织锦技艺 2006 年被评为国家级首批非物质文化遗产,2011 年,广西靖西县壮锦厂成为非遗生产性保护示范基地。壮锦技艺获得了国家的正式认定,知名度大大提高,这为其发展提供了新机遇。有了政府的政策支持,原本濒危的传统技艺通过生产实践、市场流通,实现了文化与经济的良性互动,不仅生存空间有了保障,还获得了大展风采的新平台。壮锦不仅在旅游景区、礼品公司、火车站附近等地销售,还经常收到政府特殊订单;近几年来,南宁国际民歌节、东盟博览会、非遗博览会等更是把壮锦推向更广阔的国内和国外市场。可见,生产性保护顺应壮锦技艺内在衍变规律和发展要求,使壮锦技艺得到一定传承和发展;与此同时,壮锦的生产性保护也存在不少问题,难以做到完整且真实的保护。从壮锦的消费、技艺传承和产品本身三个方面来看,壮锦技艺和文化的延续都面临着无法逾越的障碍。

(一) 壮锦消费市场萎缩

传统文化在当代的变迁之迅猛,是前所未有的。商品经济的普及,传统风俗的消失,特别是传统生计方式的改变,乡村伴随着打工潮而成为空巢,许多依托于传统民俗土壤上的种种特色文化,包括价值观念和精神需求不得不更新。

壮锦技艺延续的社会生态环境也发生了这样的变化。过去,织锦工艺得到广泛发展,在很大程度上是缘于它是壮族山乡民众的婚嫁诞育仪式中不可或缺的物品。过去,"嫁奁,土锦被面决不可少"②,随着商品社

---

① 王文章主编:《非物质文化遗产概论》,文化艺术出版社 2006 年版,第 30—31 页。
② (清)何福祥:《归顺直隶州志》,道光二十八年抄本,台北成文出版社影印,1968 年。

会的到来，物美价廉的工业纺织品进入偏远的山乡，壮锦原先生存的文化空间已势不可挡地遭到破坏，当地的民族文化传统逐渐消失，壮锦原有的文化内涵也自然消减，这种既厚重又老土的壮锦被和背带心就被冷落了。无论遗产保护工作者感到多么惋惜也不可能强迫当地老百姓逆时代潮流去盖厚重的壮锦被、背"老土"的壮锦背带。

从物的文化功能看，在当代，壮锦被单纯地还原为一种民间工艺，它从壮族人日常生活中具有特殊价值的物品，变成了第三者欣赏的缺乏文化内涵的装饰品，这种由文化主体传承的文化成为礼品和旅游纪念品为其他民族的人所享用，已经被客体化了，失去了在当地人生活中的意义和作用，这样的文化遗产也脱离了原来的民俗与传统特色。

（二）壮锦技艺的传承后继乏人

传统社会，壮锦生产主要依赖手工制作，织锦者均为不识字的妇女，其技艺的传承依靠一代代的口传身授，有灵性的织锦手或是特别聪明的姑娘会把师傅传给她的一些基本原理，再加上自己对生活的感受，创作糅合在壮锦里面，所以壮锦文化是在不断地发展、补充和升华的。在历史上，壮锦织锦高手大多终身不嫁和吃长斋，她们把一生的心血和青春都奉献给了壮锦。靖西壮锦厂织锦技艺第三代传承人黄月萍就是其中一位，她说："嫁人太啰唆了，就想专心织壮锦"。但像她这一辈织锦人大部分已经结婚了。

过去织锦工艺得到广泛发展，很大的一个因素是缘于它是不少壮族妇女赖以为生的基本技能；但是随着市场经济的快速发展，人们的物质文化生活日益丰富，曾经是壮锦织造高手的民间艺人由于织锦难以维持生计而改行，如广西忻城的织锦高手蒙如君当年为学织锦花了整整 8 年时间，掌握了织锦核心技术和一整套织锦技术，并形成了自己的风格；但到 1997 年，她靠织锦已经难以维持生计，只得停了手中的那门绝活，转行做别的①。而更为堪忧的是壮锦技艺的未来延续。在原先壮锦流行的地方，那里的年轻人在城市化大潮中，更多地选择进城打工，她们对织

---

① 黄必成：《生计难维持——广西忻城壮锦传承人停机 14 载》，《南国早报》2011 年 10 月 27 日第 12 版。

锦的兴趣已经非常淡漠，加上壮锦工艺复杂难学，一个新手掌握整套的织锦技艺要三到四个月，熟练操作至少要一年以上；而且，织锦耗时长，效率低，获利小，即使是熟练的织锦人一天也仅能织出一两尺长的锦，其报酬只合三四十元，靠织锦难以养家糊口。于是，随着老一辈织锦艺人渐渐老去，织锦人才青黄不接，出现传承危机。

那么当代作为非遗示范基地的靖西壮锦厂里的工人是否将此项文化遗产传承下来了呢？调查发现，目前靖西壮锦厂里的织锦工人多为附近居住的三四十岁的妇女，她们从事织锦只是为挣钱补贴家用，别的不懂也不关心，不具备作为手工技艺的非遗传承人应符合的几个条件：精通其手工制作，并懂得其文化内涵以及其相关风俗，有对于制作物的情感和技艺上的创新能力。织锦厂的工人不再是传统的对织锦技艺怀有深厚感情的艺人，技艺传承也只是传授了织锦技法，因此，不能算作真正意义上的传承人，不能期望她们有多强的保护意识。

（三）当代壮锦产品质量堪忧

当代壮锦生产与传统的壮锦生产存在着不容忽视的区别。首先，由于生产对象发生了改变，不是为了本土的婚诞礼俗用品而生产，而是为了面向外地的礼品和旅游商品，如前所述，壮锦成为第三者消费的工艺品，绝大部分消费者都只看重其造型、图案、色彩以及价格，对其内在的文化内涵工艺质量不太关注。为了适应市场需要，企业也更注重这些方面，而忽视了内在的质量。有人指出，这种市场导向的结果，使传统壮锦工艺中能满足利润目标的种类或部分被采用、保存下来，剩下的则被摒弃和取代，呈现大众化的生产趋势，精品减少；作为礼品和旅游品生产的壮锦主要是壁挂，它仅仅是壮族传统织锦中的一部分，而其他的诸如被面、背带心等则很少生产或基本停止生产，无法起到全面保护和发展传统壮锦文化的作用①。这样的结果，从长期看，仍然只是传承了粗浅的技艺，而其附着的文化内涵，包括人们对物的感情是流失了的。

在技艺上，当代面向市场的生产常常追求数量和效益，而忽略了需要

---

① 王晶晶：《民族文化的再生与认同——作为文化符号的壮锦》，硕士学位论文，广西民族大学，2011年。

费时费工学习的高超技艺，使质量得不到保证。当代壮锦厂采用的是现代企业的运营方式，企业生产的目的跟文化保护的逻辑不同。经营者比较注重的是企业的经济效益，生产以市场为导向，经营以获利为主要目的，而对文化遗产主动保护的意识不强。而工厂的机器生产不能完全取代手工技艺的创造性和多样性，许多手工的民间家庭作坊也由于工时和成本的原因，不再使用三梭法织造壮锦，而使用二梭法织造的壮锦，整个锦面显得稀疏、简单。以前为民间个人手工编织的产品单纯，仅有被面、背带心两种，图案式样简单；而现代织锦是现代化条件下的产物，主要是满足美化人们生活的需要，用于欣赏、装饰。从材料来说，民间工艺在生产性保护过程中，极容易利用现代机械并替换原材料、减少工序，成为粗制滥造的廉价而低俗的大众产品，原有的文化内涵和繁复工艺所具有的艺术价值丧失殆尽，特别是其核心的部分已经看不到，最终使此项民间工艺非遗走向灭亡。传统壮锦产品多用棉线、柳绒（蚕丝线）织成，材料难得且价格昂贵，所以生产成本很高，且产量不高。而如今，壮锦的生产为了缩小成本、提高效率，直接从市场上购买人造丝线，尤其是在欣赏性的壁挂等产品制作中已出现偷工减料现象，制作工序简化，织法上留白空隙很多，成本大大降低，织出来的壮锦已没有了传统壮锦的结实厚重感，显得单薄简陋。

另外，现代工厂的生产是流水线上的分工合作，设计者和织造者是分离的，这种分离导致民间工艺源泉的枯竭，引起民间工艺的变异，最终使民族传统工艺步现代工业的后尘，使生产出来的产品标准化、刻板化、部件化，最终完全失去民间工艺品所具有的清新、自然、生动、活泼。并且，因为商业订单要求批量化生产符合统一规格的产品，也导致生产者的创造性和产品个性的丧失。

上述三个方面其实是互相关联、互为一体的。由于整体的社会环境改变，带来传承人危机，又由于无法依靠传统的功能传承下去，只能以市场价值来延续其传承，而市场追求利润，为降低成本，提高效率就会生产粗劣的产品和仅仅满足局外人审美欣赏功能的工艺品。

四　壮锦生产性保护的路径

由于前述原因，即使实行生产性保护也难以做到真正的保护，但时代在发展，任何保护都是相对的；但应该清楚的是，不管采取怎样的措施，非遗保护"必须以非遗项目的核心技艺和核心价值得到完整性的保护为前提，而不是以牺牲其技艺的本真性、完整性和固有的文化蕴含为代价"①。以牺牲传统技艺的核心部分及其文化蕴含为代价而实现的传统手工艺现代转型，是生产性保护的短板，换言之，如果丢掉了该项文化遗产的灵魂，只延续了其皮毛，其保护就是没有意义的。故此，我认为像壮锦这类技艺难、成本高，对于地方和民族有非同寻常的意义的非遗，不应该走产业化发展的道路，而应在政府的导引下，保持其高超的技艺和文化内涵，使整个社会认识其价值，从而实现小范围内的精髓内容的保护。

（一）政府出面发挥组织调控作用

在市场经济强势和非遗生产性保护政策的背景下，为何要重视政府的作用？原因有二。

1. 壮锦发展历史上政府的支持

从 20 世纪 50 年代开始，壮锦生产经历了一个政府主导的过程，并且得到了一定的发展，从而使壮锦成为民族文化符号的象征。集体所有制下的壮锦生产企业多是政府有关部门指定性生产，产品成为政府举办的各种大型活动的指定礼品。1958 年，广西壮族自治区成立庆典上，以"龙凤台布"壮锦和锦旗为民族文化元素；1985 年，清朝贡品壮锦被面仿制品被送往日本展出，"八凤朝阳壁挂"被选为北京亚运会开幕式专用产品；1991 年和 1995 年两届全国民族运动会都采用了壮锦背包、文件袋、礼品；2007 年香港回归，广西赠送特大壮锦作厚礼；2010 年，壮锦在上海世博会上亮相；最近这些年，随着东盟博览会在南宁举行，壮锦也作为地方和民族文化产品被政府选为活动的主要礼品。这些都说明，政府一直以壮锦作为民族文化的符号，显示出其独特的意涵。

2. 市场失灵，需要政府调控

大部分需要保护的手工艺类非遗项目的生产都"周期长，投入精力

---

① 刘锡诚：《"非遗"产业化：一个备受争议的问题》，《河南教育学院学报》2010 年第 4 期。

很大，成本高，有很高的艺术审美价值和收藏价值"①，正因如此，依靠市场自我发展有困难。壮锦曾经在壮族人生活中有重要功能和意义，当代作为建构地方和民族文化的象征符号，是壮族人认同的标志。对于这样的传统手工艺需要政府高度重视，并出面加以保护。如果绕开市场自由竞争，那就要依靠政府的调控或指导以及资助。否则，生产者或传承人没有任何经济利益，何以为生？而又如何吸引更多的人来关注？

靖西壮锦生产在商品化经济社会，未能有很好的应对能力，生产的产品较为单一，整个壮锦销售市场基本上处于被动状态，产品知名度不大，竞争力不足。其生产能力与市场的需求形成恶性循环，也影响了壮锦的产品开发和市场开拓以及效益的提升。相比之下，同在靖西的绣球产业却有较好的发展，无论在生产规模，还是在经济效益、社会影响上都比壮锦产业要大得多②。在文化产业化案例中，作为旅游工艺品的靖西绣球是一个成功的范本。绣球交给了市场，走产业化开发的道路是可行的；像绣球这类传统手工艺品，其文化价值要低于壮锦，不能与国家级非遗同等看待，保护也就不必完全依赖政府，可以尝试走市场的道路。但是壮锦作为壮族的文化符号和传统技艺，不能任其自然的发展或消亡，也不能完全交给市场；壮锦一旦交给市场和商人，就会劣质化、雷同化，最终丧失其价值和独特性。生产性保护并不等于产业化发展，产业化发展是指利用现代工业化生产方式，追求大规模、低成本，统一的标准；文化遗产如果像产业化开发那样追求经济效益，其后果是以牺牲其质量和真实性换取市场销售额。"生产性保护"一定要保证质量，王文章曾就此解说："生产性保护的核心是质量。生产性保护中，质量是生命，我们的作品、产品，如果在质量方面不能达到精致性，那么它的生命就不会长远"。③ 壮锦的市场更多的是作为礼品，作为代表地方的和民族的具有纪念意义的文化而销售的，这样的机会更多由政府所掌控。在当代重新建构民族文化符号和形象的时代，应该好好利用非遗保护这一机会，和

---

① 马盛德：《生产性方式保护非物质文化遗产》，http://finance.sina.com.cn/hy/20120108/104711151219.shtml。
② 郭悦《分离还是统一：非物质文化遗产与手工艺品》，《广西民族研究》2009年第4期。
③ 王文章：《简谈传统手工技艺的生产性保护》，《中华文化画报》2010年第9期。

社会对非遗对民族传统文化价值的重新重视这一背景，借助政府力量促其革新改造更新。

政府除了对壮锦的生产性保护给予指导和支持，在宣传、资金投入、生产税收以及培育市场等方面也应该有所作为。无论是宣传还是文化技术指导，以及产品的销售等，都需要纳入政府的工作中，同时，保护工作本身也可成为政府的文化工作的一部分，动员社会各种力量开展民族文化知识讲座；争取 NGO 等社会组织的帮助，唤起大家对壮族文化遗产的重视和支持。此外，还应该在企业家、社会名人中广做宣传，让他们参与介入到此项工作中来，购买使用壮锦产品，造成社会影响，带来社会效应，引导市场的消费潮流，带动生产性保护的销售环节，从而促发生产的积极性。政府还可以为企业拓展市场，把壮锦作为具有地方特色的民族民间工艺品推出，给予市场的疏通和产品推介。

（二）以审美艺术价值取代实用功能

壮锦本来是壮族地区人们的日常生活用品，而随着高度工业化带来的廉价美观的家用机织品大量进入当地市场，壮锦由于成本高昂而失去了在地方市场的占有率。壮锦工艺比较复杂，原材料比较考究，费工费时，因而成本较高，不易护理，加之产品式样花色陈旧，于是逐渐退出了当地人们家庭生活必需品行列，也就失去了市场。

同时，壮锦作为装饰性的工艺品也存在产品与市场不衔接的问题。一些多年不变的图案对客户已经没有太大的吸引力。即使有人喜欢壮锦的工艺，却对其陈旧老套的图案和花色不感兴趣，一些商人就曾抱怨壮锦厂的花色品种单调，干脆请人设计好图案送去给织锦艺人加工，令身怀绝技的老艺师们感叹：今日竟落到依他人图案织锦的田地。

目前，壮锦生产缺乏专业美术设计人才，因此，产品的设计不能及时更新满足社会的需求，生产和销售对接不畅，自然无法转移产品的经济价值。当然，正是壮锦生产的效益低下，才不能吸引人才，而人才的缺乏又使产品不能推陈出新，从而影响销路和效益。二者恶性循环，造成困境。因此，需要以专业和科技手段实现现代转化，增加美学设计含量，提升其产品附加值，同时保持其原有的工艺流程和原材料的真实性，借助现代社会的各种需要，以更新换代的产品满足当代社会的需求，从而推动其传承和保护。

面对工业化浪潮造成生活用品审美水准下降的危机,19世纪中叶开始,英国掀起了"工艺美术运动",运动的先驱是莫里斯(William Morris),他试图把艺术的美与手工艺技术结合起来,使手工艺品具有艺术的审美品质①。民族传统手工艺品以精巧的手艺和昂贵的材料以及手工艺品独特的品性体现出艺术魅力。如果既失去了往日所有的日常实用性,又失去了今日可能拥有的艺术性,那么生产性保护就不可能走远。针对这一点,许多保护措施可能也需要修正,比如培训方式。传统的师承方式可以传递的不仅是经验,还有许多相关的知识、情感和技艺,每一个织锦师的传承有自己的感悟和特色。现代工厂式的大规模培训往往传递的是一般的经验和技术,个体的独创性不能体现,有违工艺美术品的生产规律;因此,像壮锦这类民间工艺的传承,开设培训班是不能完全解决问题的。换言之,保持家庭作坊式的师徒相传,并且政府给予适当的鼓励和扶持,也许能让这种既有文化又有艺术价值的民族民间手工技艺得到有效的传承。

(三) 保持产品质优价高之定位

随着传统手工艺的现代转型,以现代化工制品等更为易得的材料替代原生态的材料源已经不是什么新鲜事,比如象牙雕刻因为天然原材料的匮绝,生产无以为继,已经考虑使用替代品。传统壮锦织造的原材料是土丝,现如今也不稀缺,只是价格更为昂贵;为迎合大众市场的需求而改换廉价粗糙的棉线或人造丝线来织造的壮锦,品质大打折扣。另外,现代壮锦虽然在图案及色彩搭配上继承了传统壮锦的特点,但是在织造组织结构上没有达到传统壮锦的精致和严谨;在色彩上没有传统壮锦丰富和华丽;在图案设计上虽有创新,但不及传统壮锦别致、繁复。既然传统壮锦有成本高、时效长、图案和产品品种陈旧的问题,现代织锦又存在劣质、缺乏真实性、文化内涵不足等缺点,那么在生产环节就要广泛吸引懂专业、又懂文化的设计人才,设计出更多更好的产品。将传统技艺与现代科技和审美时尚有机融合,使用高档、精致的原材料,采用

---

① 梁梅:《世界现代设计史》,上海人民美术出版社2012年版,第7页。

三梭织锦机、现代数码设计技术，生产出现代风格的壮锦产品，改革古老壮锦厚、粗、重及色彩单调陈旧等弊端，开发生产多样态多用途的壮锦产品，以拓展市场，创造应有的效益。当然，这里有一个矛盾，就是如果沿用传统的繁复的图案和工艺以及原材料，其成本无疑是要高很多，产品的市场取向则只能定位在精英消费者群体。在西方文化中，人们往往将真正的艺术视为普通民众不敢问津的珍品，而在小型社会中，艺术品却存在于家庭生活的范围内，因此，这种社会中的艺术家首先就是手艺人[1]，反过来说，这种手艺人就应该被视为艺术家。在当代传统急遽消失的形势下，一些国家已经把这些为数不多的遗产传承人命名为"人间国宝"，如在日本，人们强调手工的价值，认为手与机器的根本区别在于，手总是与心相连，而机器则是无心的。因为手工劳动的背后有心的控制，使手制造物品，给予劳动的快乐，使人遵守道德，赋予物品美之性质[2]。这些手艺人所制作的传统工艺品自然身价倍增，其手工陶瓷按寸计价。换言之，不要把生产性保护看作是工业产品，而要以艺术品的价值评估标准来看待，这样就能促进生产者的积极性和成就感。传统手工制作的壮锦也要走高端之路，壮锦花费巨大，就必须是珍品，是具有丰富文化内涵又有高品质的产品，价格绝对不能与普通纺织品同日而语。不仅如此，还要使壮锦成为地方社会一种被大家认可、具有高附加值、高回报的收藏品和独具特色的高档礼品。壮锦作为具有较高审美价值的艺术品，就必须是高端的有高超技艺的产品，不能自我贬值。这种高端的技术和材料等方面延续传统的产品，如果做到限量版的生产和销售，也是可以以市场物以稀为贵的规则保证生产不至亏损的。在清代，壮锦就曾"配成五色，厚而耐久，价值五两，未笄之女即学织"[3]。今日作为文化遗产更不应贬值，这样才能保证传承人继续以织锦为生，才能唤醒民众对壮锦的珍爱之情。

此外，当地人使用与第三方使用也有区别，因此，仍然需要有文化

---

[1] ［英］罗伯特·莱顿：《艺术人类学》，勒大成等译，文化艺术出版社1992年版，第50页。

[2] ［日］柳宗悦：《日本手工艺》，张鲁译，徐艺乙校，广西师范大学出版社2011年版，第3页。

[3] （清）何福祥：《归顺直隶州志》，道光二十八年抄本，台北成文出版社影印，1968年。

自我传承、自我享用的链条才能循环和发展。采取一些措施是必要的，比如在社区定期举办各种文化节，把壮锦作为壮族文化符号进行积极宣传，并且进行图案设计和制作作品的比赛和评奖，唤起大家的兴趣和社区参与。利用第三者使用提高其社会经济价值，刺激当地人的自豪感、自信心。

结　语

上述所说不仅是壮锦，也是其他许多手工艺类非遗所面临的问题，这些问题比如文化生态的变迁、传承人的危机、为保护而生产导致的非遗客体化，等等，可以说是无法逆转的形势。目前所实行的生产性保护只能在一定程度上保护，不能完整地延续民间工艺的生命。但作为民间工艺类非遗，如果能借助记录保存其文化的历史记忆，那么需要保护的其实是核心工艺。实行生产性保护相比于产业化开发更能保护其原真性，壮锦作为标志性的民族文化，不能为了追求利润而降低成本，走大众市场的道路，而需要针对高端的精英消费者进行生产，在政府的协调下，吸引专业人士从事相关的产品设计和改良，最大限度地保持产品的非物质文化遗产特性和附属意涵，从而提升其市场身价，进入现代民族艺术品市场行列，并以此导引当地民众的生产和传承积极性。

走出瓶颈:浙江青田石雕的生产性保护经验*

陈映婕**

摘　要：浙江青田石雕项目的生产性保护历程，提供了一个国家级非遗项目如何突破生存难题和传承人瓶颈的可参考案例。石雕业作为青田山区重要的生计方式之一，有其自身持续市场化的民间需求，经济的因素首当其冲。地方政府适时与适地的有效扶持成为石雕初级产业化的重要推力，并使其继续保持以手工技艺为主体的传统特性。地方职业教育在此基础上逐渐发展为一类具有创新性与可行性的技艺传承模式，较好地解决了年轻职业艺人的传承问题。可以认为，目前青田石雕工艺品的初级产业化与手工为主体的传统技艺及其传承，二者基本能够做到并行不悖、相辅相成。

关键词：青田石雕；生产性保护；初级产业化；手工技艺；传承

人所持有的记忆和手工，在特定的文化空间中实现历时性传递，是非物质文化遗产保护特别强调的核心特质。但对于当下大量的非遗项目而言，一方面，如何平衡项目在保护与开发之间的"度"的问题，去真正实践"保护第一，开发第二"的原则，成为当下置身于市场经济语境下的非遗项目不得不面临的挑战与难题；另一方面，传承人问题是一个

---

* 原文刊于《文化遗产》2015年第1期。
** 陈映婕，浙江师范大学文化创意与传播学院副教授。

普遍存在的症结，也成为保护过程中最容易陷入的瓶颈。而"后继无人"的境况，常常使诸多项目刚刚登上名录后便出现保护停滞的尴尬情形。

2008年前，浙江省丽水市的国家级非物质文化遗产代表名录"青田石雕"，同样处于一个共通的发展困境中。2006年，在当地"非遗办"提交的"国遗"申报名录的材料中，也明确提出"原材荒"和"传承人断档"是使其濒危的两个关键问题。但是在最近几年的发展中，该项目实现了一个"由抑到扬"的发展趋势，一定意义上提供了一个国家级非遗项目如何突破生存难题和传承人瓶颈、逐步走向良性保护的可参考个案。

在当下对于生产性保护的诸多探讨中，有一类典型的思路值得商榷，即将文化发展与市场经济对立起来，只关注文化规律，回避市场规律，将项目的经济发展问题视作洪水猛兽。但是在当下，市场经济已经成为非遗项目生存和发展的普遍客观环境，并不以人的主观意志为转移。浙江省位于市场经济发育较早的东南沿海地区，其中的许多非遗案例表明，适度的产业化与遗产保持核心技艺以及传承问题并非绝对矛盾的两个方面，有时二者存在着密切的内在关联，在一定条件下还能够实现共同的良性运行。

就青田石雕的个案而言，初级产业化作为其遗产保护的前提条件，使手工为主体的石雕技艺有了市场语境下的生存之路，继而有效地解决了传承人的基本生计问题。首先，青田石雕业自身便有着民间社会经营（如华侨群体）的经济传统和持续市场化的生存要求；其次，地方政府出于发展地方支柱性产业的压力，给予青田石雕项目以特殊的机构设置、产业政策、对外宣传和硬件建设，对石雕业的可持续发展起到了推波助澜的重要作用；最后，当地的职业高中在石雕初级产业化与政府优惠办学的双重平台上，吸引并留住了年轻传承人，推动他们在未来成为"有前途"的职业石雕艺人。由此看来，一旦产业经济、政府扶持和地方教育事业形成一股力量，彼此环环相扣，互相推动，非遗项目在这种"合力"下就会产生可观的传承效果。

归结起来，青田石雕的生产性保护结合着其自身条件下的初级产业发展，目前表现为以下三个特征：一是华侨经济传统与政府合力推动的初级产业化；二是保持手工技艺的传统底色；三是职业教育的新传承模式。

一 华侨与石雕:交织的经济传统

在浙江省的地域版图中,青田县位于西南部,离沿海地区相对较远,素有"九山半水半分田"之称。典型的山区地貌极大地限制了青田人发展传统农业。自清代至今,人口过剩与资源贫乏就是一组尖锐矛盾。为了谋生,青田人或者向外迁移,或者向内开发,由此形成了华侨经济和石雕业两个发展路径。这"一外一内"的两个地方传统,即基于经济传统的华侨文化与基于民间传统艺术的石雕经济,在历史和现实的特定条件下发生着密切关联。这两个文化符号成为青田人高度自我认同并区别于其他山区文化的重要标志。当地政府在宣传与定位本县发展的过程中,也极力突出"石雕之乡、华侨之乡"的地方特色。

一方面,"倒逼机制"促使青田人不得不早早地努力向外寻找发展空间。出国成了青田人脱贫致富的重要方式。尤其是在19世纪中叶,中国的沿海地区首当其冲卷入了资本主义市场,青田人成为闯荡其中的佼佼者。出售石雕成为华侨在外谋生的经济手段之一。民国二十四年英文版《中国年鉴》记载:"在17、18世纪之交,就有少数国人循陆路经西伯利亚前往欧洲经商,初期前往者以浙江青田籍人为多,贩买青田石制品"[①]。光绪十四年(1888),青田山口乡的石雕艺人林茂祥携青田石雕赴美国旧金山销售,后为诸位乡人追随仿效。"当光绪戊子(1888)年远适关洲,……不数年,长次令嗣先后遍历五洲,所谋皆逐,自是闻风继起者踵相接。"[②] 1991年的青田侨情普查统计表明,在1910—1949年,青田有两三万人涉足海外,其中居于欧洲的高达80%以上。原方山、油竹、山口、港头、仁庄、小令、垟心、汤垟、吴岸、双垟、阜山等侨乡均有数百乃至上千人到国外谋生,而这些出国者大多以青田石雕作为出国盘

---

① 陈慕榕主编:《青田县志》,浙江人民出版社1990年,第641页。
② 周望森:《一件珍贵的侨史资料:青田老归侨林茂祥墓志铭析述》,《浙江师范大学学报》(哲学社会科学版)1987年第2期。

缠。① 邹韬奋先生在 20 世纪 30 年代初游历欧洲时考察过青田籍华侨，也曾惊叹于青田石商"在巴黎一地就近二千人"，"不到十年，（青田华侨）竟布满了全球，最多的时候，有三、四万人"②。

　　临时贩卖小型石雕作品成为初至异国他乡的青田华侨得以暂时保障生存的重要途径，也是早期青田石雕发展的基本特征。"早期青田华侨的多以小本经营方式携带数量不多的石雕出国，之后在侨居地批购一些小商品如领带、人造丝袜等，过街穿巷、提箱叫卖成为他们最普遍最主要的职业和经济活动。这些青田小商贩们没有经济能力在固定的店铺销售商品，只能沿途边走边卖，物色到可能的对象，就缠住对方不放，或反复按人家的门铃哀声乞求购买，委实是小贩加乞丐的形象。"③ 由于当时青田石雕在规模上尚未形成一类产业，而欧洲人能否完全理解石雕作品的文化特质和艺术价值也未可置，因此华侨在国外专业经营青田石雕并不多，也无法使之成为一类主流经营。第二次世界大战后，海外的青田人实现了从贩夫走卒到经营业主的转型，开始形成一支"中国制造"的独立经济力量。

　　另一方面，为了能够在资源有限的青田本地环境中生存和发展，驻守当地的青田人不得不努力将自身的优势产业——传统的青田石雕技艺，发挥得更为专业与纯熟，使之在不断产业化的国内石雕业内形成一枝独秀。

　　中华人民共和国成立后，青田石雕的生产规模长期被局限在国家计划经济的范畴内，手工技艺和行业圈子也由此保留与传承下来。此时的青田石雕较之早前，已经有了较大改善与提高，工艺更趋精细化，领先于当时全国的石雕行业，成为被多个地方学习和效仿的典范。改革开放后，青田石雕慢慢进入真正意义上的市场经济，而地方政府的重点规划、硬件建设，以及教育优惠政策与经费投入，都加快了其产业化的发展速度与程度。2006 年，该项目之所以能够登上第一批"国遗"名录，后来

---

　　① 陈墨等编著：《青田石雕》，浙江摄影出版社 2009 年版，第 26 页。
　　② 邹韬奋：《萍踪寄语》，上海三联书店 1987 年版，第 81—82 页。
　　③ 徐文永：《青田华侨华人与侨乡经济社会变迁研究》，博士学位论文，暨南大学，第 66 页。

致力于发展"生产性保护",都无不建立在此基础之上。此后"国遗"的荣誉称号也为青田石雕的持续经营文化品牌增加了一个重要砝码,为其持续的产业化发展推波助澜。有的学者也得出相似结论,"特别是部分非物质文化遗产（如青田石雕）的产生与传承本身就是产业化经营的结果,也只有通过产业化才能得到更好的保护和利用"①。

随着近年来欧洲经济的衰落,大量青田华侨返乡,开始热衷于收藏与投资石雕,也极大地推动了石雕作为中高档艺术收藏品的不断产业化,使其成为地方的重要支柱性产业。五年来,石雕艺术品的市场价格走势惊人。在当地的房地产交易中,青田人甚至可以用估价后的石雕代替资金作抵押。青田华侨经济意义上的回流成为石雕产业快速发展的重要催化剂。而返乡华侨们的优势则在于具备财力去购买石雕作品中的高端精品,并在交易过程中不断抬升石雕收藏品的市场价位。人们大多喜欢流传华侨投资石雕较为成功的故事。省级工艺大师徐岳军先生告诉笔者,"我们青田的一个华侨五年前买了差不多3000万块钱的石雕,前年还是去年的时候,他的资金比较紧张,拿了一部分出去卖掉。他没卖几件货品,就卖了差不多4000万块,家里还剩下一些,要是全都卖掉的话差不多能卖8000多万。这几年石雕价格涨得非常非常快"②。但这期间也不乏失败的投资个案,因为投资石雕不仅需要财力,还需要承担风险和具备专业眼光。

二 地方政府：初级产业化的重要推手

在我们看来,青田县委之所以下决心力图改变石雕的传承现状,发展职业教育或保护文化遗产也许都只是外因,不是最根本的内因。其最大的压力来自位于山区的青田县本身极为狭窄的产业道路。经济原因首当其冲。由于本地山区并没有太多可选择的产业发展路径,石雕作为当

---

① 王培才：《以青田石雕为例——探讨非物质文化遗产的产业化问题》,《商业文化》2008年第8期。
② 采访对象：徐岳军,青田石雕省级工艺大师、徐岳军石雕艺术馆馆长,采访时间：2013年3月12日,地点：徐岳军石雕艺术馆。

地的支柱性产业之一，一旦在传承方面出现了问题，便会威胁整个县的经济发展前景。由此，地方政府不得不联合社会力量去努力解决当下难题，直至扶持其走出困境。在近年的不断努力下，石雕工艺品的年产值从2001年的4.2亿多元上升到2010年的7.8亿多元，翻了一番，占该县工业总产值的15%。① 这不能不说是很明显的经济成果和官员政绩。

地方政府在促进石雕市场规模的扩大、生产、加工和销售的集中，以及树立、宣传和展示石雕品牌等方面，做出了诸多努力。如投资建设石雕专业市场、青田石雕博物馆、石雕产业园区、石雕产业创意园区、石文化主题公园等；出台《关于加快青田石文化产业发展的决定》；专门成立石雕行业保护局，提供有针对性的优惠政策，对整个行业实施重点扶持等等，都起到了直接的推动作用。

"产业化"本是一个经济学的概念，带有鲜明的市场属性，由"产业"的概念发展而来。所谓产业，现在泛指各种制造提供物质产品、流通手段、服务劳动等的企业或组织，而"化"则表示转变成某种性质的过程与结果，是一个未完成的状态。"产业化"强调的是某种产业在市场经济条件下，以行业需求为导向，以实现效益为目标，依靠专业服务和质量管理，形成的系列化和品牌化的经营方式和组织形式。如果从这个定义出发，那么青田石雕正处于基于地方优势的初级产业化阶段。

所谓的"初级"，由其自身所处发展阶段所决定，主要表现为产品的货币价值正在快速递增，市场需求量逐渐递增，由开采原石、加工生产、经营销售、消费人群和品牌意识等要素组成的产业模式初步形成；但由于石雕自身的生产加工特性，尚无法形成大规模企业或龙头企业及其现代企业管理，还是以较为集中的小型手工作坊为主要生产模式，集约程度较低。

（一）工艺品的商品特性

青田石雕在市场上已经完全实现了商品化，货币价值正在快速递增，有较大的市场空间和较稳定的消费市场。几乎所有的青田石雕作品在市

---

① 该数据来自2006年浙江省青田县文化广播新闻局负责撰写的《国家级非物质文化遗产代表作申报书（青田石雕）》。

场上都能够以商品的形式出现，以价格体现其商品价值。各类石雕商品的市场价格从千元到上百万元不等。

（二）从生产到消费的整体产业链初步形成

1. 开采原石

青田石的主要组成矿物为叶蜡石，带有油脂，质地坚实细密，温润凝腻，色彩丰富，适合篆刻。青田石的主要矿点包括山口区的山口、方山、塘古、山炮，北山区的白岩、岭头、季山、周村、石门头，石山区的下堡等。山口镇的封门山一带是青田石的起源地，出产的石头品质最高，也最具有代表性。1954 年，当地政府成立国营"青田蜡石公司"，1998 年 6 月改制为股份合作制企业，名为"青田丰门腊石有限公司"，年矿石开采量近 3 万吨。

2. 加工生产

现有石雕工厂及创作工作室 400 余家，直接从事石雕雕刻的技术人员达 3000 多人。① 由于青田石雕的加工主要以手工为主、机器为辅，一块石头只能雕一件作品，而且石质的差异较大，几乎不存在两块一模一样的石头。即使同一个人在类似的两块石头上雕刻，也无法做到一模一样。可以说，每件石雕作品都是独一无二的。因此青田石雕塑的加工速度和效率极为有限，以目前的生产水平根本无法实现大规模和集约化经营。

3. 市场营销

当地政府主持建设的中国石雕城是青田石雕最大的专业集散市场。当地石料、外地石料、石雕成品大部分汇集于此。青田石雕的品牌意识初步形成。2002 年，经国家工商总局商标局核定，青田石雕成功注册了原产地"证明商标"。2010 年，青田县成功被命名为"中国石文化之都"。但石雕业还未产生与其他相关行业之间的紧密互动。

4. 消费市场

目前，除了青田本地可观的销售市场以外，青田石雕的消费群体还集中在沿海的重要商贸城市，如宁波、上海、杭州、广州等。由于石雕

---

① 数据来自"中国青田政府门户"，http：//www.qingtian.gov.cn/qtdt/bddt/201307/t20130722_127248.htm。

作品背后存在着地区性的艺术审美和收藏标准,北方省份及至海外市场的青田石雕消费者并不多见。在山口镇的石雕城里,店主林小峰先生告诉笔者:"青田石雕在华东地区卖得是最多的,因为我们文化比较接近。有很多人说你这东西是不是卖到欧洲去了,这种想法就过时了。欧洲也不同以前了,现在的欧洲跟我们这里的经济比,差距有点远了。他们那里尽管也有富人,但一件东西要几十万欧元,他就接受不了,会觉得太贵"①。笔者在多位石雕艺人兼经营人那里得到的都是类似的答案。

(三) 产业化下的原料危机及其本土应对

产业化势必要求生产和消费都具备一定规模和运行速度,随着市场规模的扩大化,石雕的原材料危机随之而来,而青田人的营销手段也发生了策略性的变化。

随着青田石雕原材料中心地带——山口镇在近年来持续不断的开采,人们挖掘到高品质石雕原材料的机率越来越低,使得石雕行业普遍面临原材料危机。一方面,业内人士手上收藏的好石材价格飞涨,纷纷抬高了石雕艺术品的市场价位;另一方面,无力承担高昂原料的青年雕刻师则另辟蹊径,通过在普通甚至较劣质的石材上努力下功夫,在主题运用的巧妙性、写实或写意的创作境界等方面,竭力提高作品的整体艺术水准,以获得市场竞争力。

青田石雕行业保护协会与工艺大师们为了应对"石材荒"的现状,还搜罗世界各地的石材,将青田独特的技艺运用其上,也获得了一定程度的市场认可。当地政府同时尝试着在产业化的语境下去丰富人们对"青田石雕"的传统观念,即"青田石雕"不仅可以是用青田本地的石头和工艺雕刻出来的艺术品,还可以是用青田独特的石刻技艺在非本地石材上雕刻出来的作品,重在强调"以艺人为本""以技艺为本"。

尽管如此,目前青田石雕的主要原料来源依然是昂贵的本地石材。在调查中,一些艺人也承认石材是否来自本地,以及石材的品质好坏,依然是衡量青田石雕艺术价值与市场价值的重要因素。他们也尝试着用

---

① 采访对象:林小峰,"印石轩"老板,青田本地人,幼年时学习石雕,中年后改行出售石雕成品,采访时间:2013年3月12日,地点:"印石轩"店内。

产自国外的或国内其他地区的石材进行雕刻，即使它们的硬度、色泽、透光度等指标与青田石材十分接近，但在市场上的售价依然会低于同类的本地石材雕刻品。人们对于"青田石雕"的传统概念可能在较短的时间内难以有所突破，但是日益严峻的原材料危机必然促使人们努力应对和进行调适。在未来，无论用或不用本地石材，用品质高的还是较劣质的本地石材，作为青田石雕的核心要素——艺人的技艺，最终都应当被坚定地保持下来，而且可能向一个更高的艺术水准发展。

三 产业化的底线：手工技艺为主体

就青田石雕的个案而言，虽然已经步入持续产业化之路，但依然能够基本保持以手工为主体的加工特色，注重"人"的核心作用，体现"手工"的艺术价值和商业价值，而不是机器的价值（但其中并不完全排斥现代工业和机械化手段的辅助性使用），因此能较好地遵循生产性保护"以手工为本"的关键原则。由于用来雕刻的石材无法均质化，每一块石头都有尺寸、颜色、纹理、硬度等方面的差异，而作品也会因为不同艺人的创作手法与技艺水准而各各相异。此外，在具体的石雕加工过程中，由于石雕艺人的身份地位、年龄、个人偏好，以及对石雕成品的具体要求均会存在不同程度的差异，因此制作中体现出来的手工程度也会有所区别。

第一类是以倪东方为代表的少数高龄艺人，采用90%以上的手工技艺。倪东方，民间石雕艺术家，87岁，从艺时间长达70年，是石雕业屈指可数的老一辈专家。倪东方大半生都在从事石雕，其幼年时向母亲学习石雕技艺，成年后在国营石雕厂里拜师学艺。当时的石雕艺人们都是以纯手工雕刻为主，机器并不普及。倪东方也很自然地将手工技艺模式延续了下去。虽然当下使用机器雕刻的情况日益普遍，倪东方在局部雕刻中也会使用极其少量的机器替代手工，但也不会改变以手工雕刻为基调的职业习惯。在对他的访谈中，他也会承认在特定的工艺程序中使用一定程度的机器加工，如放洞，即用小型机器在较硬的石块上钻洞，既方便省力、提高效率，同时也完全不会影响作品外观和艺术品质。此外，倪东方享有各种高级别的荣誉，如国家级工艺美术大师、高级工艺美术大师、国家级非物质文化遗产传承人、亚太工艺美术大师等。其中一些荣誉，如国家级非物质文化遗产代表性传承人、亚太工艺美术大师，对于石雕艺人的技艺是否最大程度出自纯手工，或能否最大程度降低机器的使用，有着较严格的要求。倪东方能够意识到自身作为代表青田石雕传统技艺最高成就的身份符号，在享有这些荣誉的同时，会刻意延续纯手工的工艺过程。对倪东方这样的大师级雕刻艺人而言，他拥有富足的物质生活，也有悠闲的退休时光，可以从容不迫地继续其高品质的艺术追求，完全没有必要因为过分使用机器去毁坏自己的好名声。

第二类为中青年石雕艺人从事制作市场上最为流行和常见的中、高端石雕艺术品，市场份额较大。我们在调查中发现，其保留手工制作的比率为55%左右。这个比率是目前占主流的手工雕刻程度。这些石雕作品大多展示于艺人们自己开设的商店里，云集在青田县的石雕博物馆一带以及山口镇的石雕城。

浙江省工艺美术大师徐岳军先生，年轻时师从倪东方的徒弟陈经平，所以按照传承谱系来讲，是倪东方的徒孙。目前他正在经营一家中等规模的石雕店，属于典型的"前店后厂"结构。他制作的石雕作品都以高端艺术商品出售，原材料不仅以青田当地的石头为主，也有其他知名的石材，像寿山石、巴林石、昌化鸡血石、印度石等。他表示希望能够将东西卖给懂石头的内行人，买家最好既有经济头脑，能意识到石雕的市场升值空间，并且拥有艺术鉴赏能力，懂得欣赏和珍惜作品的艺术价值。对于这一代石雕艺人，较之其前辈艺人，出于市场价值的理性考虑，会偏好更高程度的机器化。机器化程度的增加不仅提高了效率，使单位时间内的石雕产量提高，而且扩大了石材可利用的范畴，使原本手工无法处理的较硬石材也能得到很好的利用。但是在雕刻的核心工艺上，如细雕，需要细巧精致的手工制作，是机器所无法代替的。

笔者还以网上聊天的形式咨询了青田职业技校石雕专业二年级的叶晓玲同学，了解到她所学习的石雕工序中关于手工与机器的比例问题，证实并精确化了徐岳军描述的石雕手工程度。① 最后形成下表（表1）。

---

① 采访对象：叶晓玲，16岁，青田职业技术学校石雕1班班长，采访时间：2013年4月20日，地点：网络。

表1　　　　　　　青田石雕的主要工序及其手工/机器程度

青田石雕工序	1. 起手	2. 打坯	3. 修细	4. 配垫	5. 打蜡
工艺重要程度（%）	☆☆☆ 15	☆☆☆☆☆ 25	☆☆☆☆ 20	☆☆☆☆ 20	☆☆☆☆ 20
手工程度（%）	100 （纯手工）	40	100 （纯手工）	30	20
机器程度（%）	0	60	0	70	80
手工指数（重要程度×手工程度）	0.15	0.1	0.2	0.06	0.04
机器指数（重要程度×手工程度）	0	0.15	0	0.14	0.16

根据每一道工序的重要性及其手工/机器的比例，可以形成如下指数：

手工指数合计：0.15 + 0.1 + 0.2 + 0.06 + 0.04 = 0.55

机器指数合计：0 + 0.15 + 0 + 0.14 + 0.16 = 0.45

手工/机器：0.55 : 0.45 = 11 : 9

结论：手工的总体比例约占55%，机器约占45%

笔者还调查了位于青田县城的朝阳小区。该处集中了规模最大的个体石雕作坊和经营部，既满足高端石雕市场的需求，也制作精细度要求不很高的中档产品。这些石雕的各道工序也基本以手工为主。在林建新师傅的作坊里，共有四位石雕工人，林师傅负责比较关键的设计图纸与打坯环节，工人们按照他的意思去完成剩下的工序。他说现在石雕市场供不应求，订单很多，而石雕作品一次只能做一件，无法进行规模性的流水线操作，尽管现在通过使用机器提高了效率，但也常常是来不及完成过多的订单。他的作坊会迎合市场的各类需求，如根据客户对材质、大小、粗细、主题的不同要求，加工制作各类石雕作品。对于林师傅而言，有些作品的难度要求并不高，只需要按部就班，努力满足消费者的个性化需求即可，有时不需要以专业水准去追究其中的艺术性和创新性。

四　职业教育：新的遗产传承模式

产业式的发展要求一定的规模效应，需要更多的石雕产品和职业艺人。当石雕工艺品的市场价值不断攀升时，石雕艺人们便完全可以保证自身的基本生计，潜心钻研专业，走职业化之路。经济保障是吸引和发展新一代传承人的最根本保障。

我们重点调查了坐落在青田镇中心的青田职业技术学校。该校于1993年便设立了青田石雕专业。但在2008年之前，该专业一直存在生源不足、专业乏人问津的现象。校长夏国军告诉笔者，以前每到中考前，学校就让老师们出去动员学生报考石雕专业。只要应届生填报这一专业，不管成绩高低，学校就一定录取。但即便是这样，当时也只能完成招生指标的一半。2008年，青田县委县政府出于持续发展石雕产业的经济考量，开始重视石雕人才的培养，积极资助职业学校和石雕专业，提供优惠的办学条件。该专业的在校学生不仅三年学费全免，还可额外享受每月200元的生活补助。自此石雕专业便成为青田职校招生最热门的专业之一。在2011年的中职自主招生中，石雕专业预招收50个学生，但参加面试就多达300余人，形成较激烈的竞争。

影响学生们进入石雕专业的首要因素当数来自家庭的态度。在就业普遍不景气的社会环境下，学生和家长们最看重的便是就业优势和未来的经济收入。父母们往往会首先考虑经济问题，如学费压力、就业、收入、职业前景等，希望在降低家庭教育成本同时，子女也能得到物质生存上的保证。而正在上升期的石雕产业使家长和学生能够看到自身的职业前景和"钱途"。叶铃伟同学的情况代表了这种普遍心理，"我爸听说读这个学校的石雕专业不收钱，还有生活补助什么的，就让我来学，所以我就来学了。现在觉得都挺好的"①。有的学生既出于父母的意愿，自身对石雕也比较感兴趣，最终选择进入石雕专业学习。专业组组长白雪梅老师举了一对双胞胎姐妹的例子，"她们两人中考的分数线都超过重点线，本来能够顺利进入当地高中，但是她们都不愿意去读。一个是家庭经济原因，一个是自己感兴趣，便来学石雕了。现在她们已经在大师那

---

① 采访对象：叶铃伟，青田职业技术学校石雕专业二年级学生，采访时间：2013年3月13日，地点：石雕班教室。

里实习了"①。

职高的石雕专业设置了"现代学徒制",即 2/3 的时间在校学习理论和文化知识,1/3 的时间安排社会实践锻炼。石雕专业的学生在高一学习语文、数学、英语等基础科目,高二开始加设白描、素描、泥塑、篆刻、石雕工艺等专业课程。学校既注重提高学生的艺术欣赏水平,也注重提高文化课水平。学校还组织技能比赛、"我爱记唐诗"、实践周等活动,丰富学生的专业知识和兴趣。学校还不时会邀请美术艺术界的名人前来讲座,帮助学生开阔视野和提高文化素养。到了高三,石雕班的学生就被安排到石雕工厂或大师的工作室进行实习,提高实际操作能力。学校还鼓励高一、高二的在校学生周六、周日和寒暑假去石雕厂观摩学习。

职业教育改变了仅仅口耳相传的传统教学方式,在课堂上普及了文字教材,使学生能够系统高效地学习到雕刻技法,不需要从零开始独自缓慢摸索。石雕专业使用的专业教材都是由地方艺人与职校老师合作编制的,其中以图文并茂的形式全面总结了青田石雕的基本技法,让学生更直观感性地了解到石雕技艺的整个流程和注意事项。学校也结合了传统的授业方式,积极邀请当地的国家级、省级工艺美术师,安排他们每周轮流到学校讲课,在课堂现场手把手地辅导学生。这些授课活动都是义务性质的,但依然得到当地石雕艺人们的积极响应。中老年石雕艺人生活大多富裕,也愿意主动参与到扶植年轻传承人的地方事业中去。有的表示,在培养新人的过程中,自身也得到了精神上的满足和价值认同。这种来源于文化主体的内部力量,可以视为是文化自觉的一种可能性,会成为地方非遗保护事业逐渐走向成熟稳健的重要力量。

和传统的口耳相传模式相比较,现代学校职业教育的优势比较明显。一是传承数量,每年从职高毕业的年轻艺人能保证在 60 名左右,传承规模上远远超过个体对个体式的、师徒间的传统传承模式。二是传承质量,经过职高的三年专业系统训练,学生到毕业时已经基本懂得操作流程,能够制作简单的石雕毕业作品。再经过两三年的锻炼,大多数年轻人能够出师,独立操作石雕手工技艺。即使是资质平平的毕业

---

① 采访对象:白雪梅,青田职业技术学校石雕专业组组长,采访时间:2013 年 3 月 13 日,地点:青田职校专业主任办公室。

生，正式工作后的月薪也可保证达到3000—5000元。随着技艺的提高和经验的丰富，月薪可一路涨至上万元，完全能够做到衣食无忧，从事职业艺人之路。

可以说，职高帮助学生们大大缩短了成才之路，其设置的专业教育能够提供给学生较完整的知识技能系统，较之传统更加全面和综合，同时提高了传承的效率。基于传统又富有创新的地方职校传承模式，正在成为一类具有优越性的、新的文化遗产传承方式，值得持续关注。

结语　生产性保护与产业化的同行之路

从理论上来讲，由非物质文化遗产保护实践衍生出的"生产性保护"，其根本目的是通过一定程度的市场经济和生产实践，促使传统文化遗产找到在当代社会中的合理定位，实现非物质文化遗产的传承与延续。生产性保护的特征主要体现在：（1）一定程度的市场化，具有相当的生产规模、工艺创新、销售渠道、消费市场；（2）体现"人"和"手工"的价值，而不是机器的价值，产品具有形态差异和艺术个性，其中不完全排斥现代机械手段的使用；（3）核心是保护与传承，留住老艺人，吸引新艺人。

青田石雕项目的生存与发展是一个不可复制的地方个案，有其自身的实际需求与应对策略。它不仅能够符合生产性保护的基本宗旨，还表现出自身的项目特性，提供了一定启示：（1）当地局促的生态资源导致了相对狭窄的产业道路，迫使青田人出于生存与发展的目的，需要重点经营地方特色资源。这种原动力不仅使石雕业拥有长达至少一个世纪的市场化历史，而且在当下具有市场竞争力。（2）虽然现代机器的使用已经进入石雕的诸多工序，整体提高了青田石雕的生产效率，但其核心技艺仍以手工为主，机器无法代替细部加工，总体需要耗费大量人工，而这也是体现其较高商品价值的关键所在。这既是由高端艺术消费品的市场规则所致，也是艺人们体现其自身的文化价值和社会地位的重要方式。（3）地方社会各类力量的有效整合使非遗得以走出传承困境与发展瓶颈。这也是最值得致力于生产性保护的其他非遗项目借鉴的一点。青田石雕的职校传承模式之所以能够"柳暗花明又一村"，年轻职业石雕艺人的未来尤其令人期待，就在于石雕业自身的市场生存需求、华侨资金的注入、政府的有效扶持、学校的教育创新，以及艺人群体的文化自觉在其中都发挥了不可忽略的作用，最终使生产性保护工作保持良性运行。

传统技艺的生产保护与生活传承

朱以青

摘　要：传统技艺是在漫长的生产过程中形成的传统生产技术。在急剧变化的社会环境下，面对传统技艺日渐减少的状况，在近年来的非物质文化遗产保护实践中提出了生产性保护方式。这主要是针对手工技艺类非物质文化遗产。这类非物质文化遗产的最大特点是拥有具体的生产内容，贴近民众生活，是在长期的生产生活实践中形成的。因此，对其保护的最好方式就是在生产中保持其核心技艺和核心价值，并与民众生活紧密相连，使之在生活中持久传承。

关键词：传统技艺；生产性保护；生活传承；非物质文化遗产保护

传统技艺是由我们的祖先一辈辈积淀流传至今、在漫长的生产实践中形成的生产技术，它富含民众的审美观念和思想情感，代表着技艺的精华，是当前非物质文化遗产生产性保护的核心。"生产性保护"是中国在非物质文化遗产保护实践中提出的一种保护方式，这是一种使非遗融入现代社会生活实践的最直接方式，目的在于通过生产性保护使非遗融入民众的日常生活并在生活中持久传承。自2006年"生产性保护"的概念出现后，这一保护方式成为学界理论探讨和非遗保护实践中备受争议的话题。有些企业和地方政府以生产性保护为由进行过度开发，将非遗项目产业化，追求最大的经济效益，完全不顾非遗项目文化和技艺传承

---

* 原文刊于《民俗研究》2015年第1期。
** 朱以青，山东大学民俗学研究所《民俗研究》编辑部编审。

的社会效益，与非遗生产性保护的目的背道而驰。相反，有些学者以保持非遗的"原真性"为由，强调原汁原味地继承传统技艺的精髓，不能创新和变通，如此必然导致这种传统技艺与社会发展的脱节，与民众生活渐行渐远，迟早会成为博物馆里的陈列品，违背了非遗保护的初衷。而更多的学者认为，在传统技艺的生产性保护中，无论采用何种方式，核心技艺和核心价值的保护是前提，不能单纯为了经济利益而牺牲其文化内涵。笔者认为，并非所有传统技艺类的非物质文化遗产都适合采取"生产性保护"方式，应从其历史发展和存续状况出发进行分类保护。对历史上出现的满足人文志趣和文化审美的艺术含量高、技艺精湛的如竹雕臂搁、鲁庵印泥、顾绣等以欣赏为主，原本就不靠走市场而存在的小众化非遗，应通过政府扶持、社会资金赞助等形式使之传承下去。更多传统技艺类的非物质文化遗产是在民众生活中产生的，属实用性的生产技术，则必须在生产中进行保护。只有在生产中不断创新和发展，才能使之具有持久的生命力。本文所讨论的"生产性保护"正是针对此类非遗。

一 生产性保护的核心与实践中的问题

何谓生产性保护？最权威的说法当属 2012 年 2 月文化部正式制定印发的《文化部关于加强非物质文化遗产生产性保护的指导意见》中对非物质文化遗产生产性保护的定义："非物质文化遗产生产性保护是指在具有生产性质的实践过程中，以保持非物质文化遗产的真实性、整体性和传承性为核心，以有效传承非物质文化遗产技艺为前提，借助生产、流通、销售等手段，将非物质文化遗产及其资源转化为文化产品的保护方式。目前，这一保护方式主要是在传统技艺、传统美术和传统医药药物炮制类非物质文化遗产领域实施"[①]。

该《意见》重点强调，通过开发非遗产品使之产生经济价值，进而促进文化价值的接续，实现在保护中传承，在传承中发展。"生产性保

---

① 《文化部关于加强非物质文化遗产生产性保护的指导意见》，《中国文化报》2012 年 2 月 27 日。

护"的概念是 2006 年王文章在《非物质文化遗产概论》一书中首次提出；2008 年，中国艺术研究院举办"国际唐卡艺术及非物质文化遗产保护青海论坛"，重点探讨非遗"生产性方式保护"问题；2009 年 9 月"第三届苏州论坛"作为非遗保护的一次专题座谈会成功举行；2010 年，在"留住手工技艺——现代化进程中传统工艺美术保护论坛"开幕式上，王文章特别提出生产性保护是与抢救性保护、整体性保护并列的非物质文化遗产三种保护方式之一。2012 年"第三届中美非物质文化遗产论坛：生产性保护"国际学术研讨会在华中师范大学顺利举行。2013 年 9 月，"上海市社会科学界第十一届学术年会——非遗生产性保护研究"专场在华东师范大学举行。在各种会议举办的同时，生产性保护的理念得到越来越多专家学者的关注，成为学界讨论的热点。张志勇总结了非物质文化遗产保护专家们的观点，认为非物质文化遗产最大的特点是"活态性"，它与人们的生产和生活息息相关，所以必须将之引入生产领域，进行活态的保护。[①] 实质上，非遗生产性保护即是立足于非遗"活态流变性"，为实现非遗的活态传承而开展的一种有益探索，其主要任务是建立起一套非遗保护和经济社会发展良性互动的有效机制，最终目的是通过生产实践实现非遗的传承与振兴。因此，陈勤建指出，传统技艺性的非物质文化遗产具有活态性和生产性，最好的保护方式就是让它在民众生活中重新获得需求土壤，从而取得新的活力。[②] 胡惠林、王媛更是提出了从"生产性保护"到"生活性保护"的理念。[③]

传统技艺与民众生活息息相关，离不开当代社会民众生产生活的现实需要。事实上，生产性在非遗保护类别中，特别是传统技艺类遗产保护中大都存在，但市场的需求是起决定作用的。没有需求、没有消费，就没有市场，生产就是徒劳的。生产与消费是紧密相连的，消费是生产的内因。"无论是大众消费的'非遗'项目，如年画、剪纸、风筝、玩

[①] 张志勇：《众多专家学者呼吁——非物质文化遗产应注重生产性方式保护》，《中国艺术报》2009 年 2 月 13 日。
[②] 陈勤建：《定位分层、核心传承、创意重构——非物质文化遗产生产性保护的若干思考》，《辽宁大学学报》（哲学社会科学版）2013 年第 6 期。
[③] 胡惠林、王媛：《非物质文化遗产保护：从"生产性保护"到"生活性保护"》，《艺术百家》2013 年第 4 期。

具、编织、绢花等，还是富豪、收藏家或贵族消费的高端产品，如雕漆、云锦、玉雕、木雕、木作、花丝镶嵌等，无不通过市场而实现其价值。"①因此，非遗的生产性保护应根据民众的消费需求来决定，并根据市场的需求来作适当的调整。

　　但是，非遗生产性保护在现实中也遇到一些问题，这就是当下一些企业借生产性保护之名进行过度产业化、市场化运作，违背了非遗生产性保护的初衷，对传统技艺造成了严重破坏。如作为中国古老"虎图腾"崇拜的布老虎，至今在山东地区广泛存在，胶州地区自古就有送小孩布老虎的习俗，姥姥在小孩满月时送孩子布老虎，意在驱鬼辟邪，有期盼孩子健壮的寓意。莒县有结婚时送"对虎"希望新人百年好合的意义。过去，布老虎都靠手工制作，有特定的对象和特定的寓意，但现在除临沂地区个别老年妇女仍在坚持手工制作外，其他地区基本上是通过开办工作坊进行布老虎的批量生产。在潍坊，布老虎的文化遗存不是很多，但经营者瞄准旅游市场，立足营销，进行统一裁制，用缝纫机进行批量生产。一个熟练人手一天能生产20多只布老虎。在市场运作下，经过机器批量复制，销售量大增。但此时的"布老虎"已不是民间流传的信仰物——"小孩守护神"了②，只是一种现代工艺品，它所具有的文化符号意义已经荡然无存。鲁南云肩也存在同样的问题。鲁南云肩是我国云肩技艺的重要代表之一。作为婚俗活动的重要文化载体，云肩体现了百姓对美好生活的期冀。如"四方云肩"代表事事顺心、事事如意；"八方云肩"则含有八方吉祥美好的祝愿等。至今临沂沂南县仍有年龄较大的女性从母亲那里学来手艺在农闲时从事云肩制作。但是，在现代市场经济的冲击之下，原本蕴含民俗情感和艺术表达的技艺现在转化成为商业工具，过去耗时两三年才能完成的云肩制作现在从最初的制作阙子到最后的串珠、绱领都是由不同的人进行流水线生产，为商业订单进行加工，以旅游商品的形式批发至全国各地销售，从中牟取经济利益，使传统技术丧

---

① 刘锡诚：《"非遗"产业化：一个备受争议的问题》，《河南教育学院学报》（社会科学版）2010年第4期。

② 马知遥：《非物质文化遗产保护的田野思考——中国北方民间布老虎现状反思》，《民俗研究》2012年第4期。

失了情感追求和文化意蕴。藏族的唐卡也是如此，手工生产技艺被机器生产所替代，它们所承载的文化意义也随之消失。目前市场上有很多印刷品唐卡，打着非遗的旗号批量生产挤占了市场。与手工制作相比，机器生产更容易提高效益，但是，商家显然挣的不是印刷画片的钱，而是把"唐卡"作为文化产品销售。如果不加区分地一概冠以"唐卡"之名，这种掠夺性的价值转化方式会迷惑消费者，唐卡艺术品市场就会被动摇。

目前还存在的另一种问题是在非遗保护工作中，政府和开发商充当了主角，而传统技艺传承的主体传承人及民众则被忽视。作为民间文化，非遗的存在"必须依靠传承主体（社区民众）的实际参与，体现为特定时空下一种立体复合的能动活动；如果离开这种活动，其生命便无法实现"[1]。"如果非物质文化遗产不能得到群体认同，不能引起群体成员情感上的共鸣和文化价值上的认同，也就不具有传承的价值。"[2] 任何一种非物质文化遗产，其产生与发展都植根于一个地方的传统文化中，体现一个地区的文化特质与价值。特别是手工技艺类的非物质文化遗产地域特色最为明显，如山东的东阿阿胶、临清贡砖、杨家埠木版年画、高密剪纸等，均体现出浓郁的地域特色，是地方文化的体现，因此，它只能在一定的自然和人文环境中传承发展，过分的庸俗化、商品化、市场化，剥离了其生存的土壤，破坏了它的原生性、质朴性，长此以往，人们便会渐渐淡忘其所蕴含的文化意义，致使手工产品失去市场，造成非遗中富有文化内涵的传统技艺的消失。因此，非物质文化遗产生产性保护的核心是传统技艺和文化价值。

二 传统技艺的生活属性与传承价值

传统技艺类的非物质文化遗产是民众在长期的生产生活实践中发明、积累和传承下来的，具有丰富的历史、科技、人文内涵和独特的价值。它一般以天然原材料为主，有完整的工艺流程，采用传统的手工艺，有鲜明的地域特色和传统审美意趣。这类非物质文化遗产之所以能够流传

---

[1] 贺学君：《关于非物质文化遗产保护的理论思考》，《江西社会科学》2005年第2期。
[2] 陈华文：《原生态文化与非物质文化遗产保护》，《山东社会科学》2010年第9期。

至今，是因为它们与历史上先民们的生活密切相连，是先民们在生产生活实践中创造并延续下来的。

在农耕社会，手工艺始于对自然物质的利用和各种工具的制造和使用。农业耕作所需要的犁、耙、锄、耱，饮食起居所需要的陶罐、辘轳、箩筐、簸箕，交通运输所需要的担、车、船、轿以及织锦、染布、造纸等日常生活所需的种种物资，都留下手工艺的印记。而且，随着生产力水平的提高和人类社会的发展，手工艺门类越来越齐全，遍布各地的家庭手工业满足了民间生活所需。至明清时期，一方面承宋代"巧夺天工"的价值取向；另一方面受西方传教士带来的科技知识的影响，不仅手工艺门类齐全、技艺精湛，而且各种物品造型精致，装饰繁缛，极具艺术效果，体现了中国人的智慧及审美理想。由此可知，传统技艺是顺应生活的各个环节由低到高、由简至繁，由最初满足人们简单的生活需要到后来满足人们的审美追求，在与自然、社会的互动过程中不断调整、完善、创新和发展的。源于生活，满足人们不断变化的物质和精神生活追求是传统技艺不竭的动力。

鲁锦是鲁西南地区传统的民间纯棉手工提花纺织品的总称，它独特的手工提花织造技术和色彩鲜艳的图案体现了浓郁的地方特色，因而成为中国民间传统手工纺织品的重要组成部分。鲁锦的主要产区在菏泽、济宁一带。这一带盛产棉花，为满足人们的穿衣及生活需要，在距今五千年的原始社会父系氏族时期，古代先民们就掌握了葛、麻的纺织技术，到了商周时期出现了原始的织造机具——腰机。到汉代，又出现了斜梁机，斜梁机上有卷经轴、分经木、缯、蹑等部件，使用时可以手脚并用，加快了纺织速度，标志着纺织技术的逐渐成熟。经过唐代的发展，宋时，山东已经成为全国三大纺织中心之一，产品品种有凌、绢、罗、绸、帛等十几种。经过明清两代对纺织机具的改进，鲁西南织锦技术已是炉火纯青。在经过大大小小 72 道工序后，心灵手巧的农家妇女织出了富有绚丽多姿图案的 1000 多种产品，满足了人们日常生活的各种需要。

在相当长的一段时间内，尤其是在现代化和机器大工业的冲击下，中国对传统手工艺的认识存在误区，把手工艺视为陈旧落后、无足轻重、可有可无的，致使许多珍贵技艺濒临失传或已经失传，对传统文明的延续造成极大影响。世界历史发展进程中，19 世纪英国的手工艺复兴运动给中国以启示。工业革命引发了英国社会结构的变化，19世纪初，以农业文明为基础的传统社会结构解体，以机器大工业为特征的工业文明异军突起，使传统文明如信仰、艺术遇到前所未有的挑战和冲击。于是，以复兴传统文化为目标的手工艺运动在19世纪早期兴起并贯穿于整个19世纪。他们追求人工而不是科技，追求神性而不是理性，尊重自然，维护社会生态环境。尽管手工艺复兴运动不可能改变以科技为主流的人类社会的发展方向，但手工艺运动在国际范围内的扩张使更多的国家认识到，每个民族都有其文明特征，传统的重建有益于整个人类文明的稳定与发展。

所有传统技艺均是人类的发明创造，它不只为人们简单的生活所需，更蕴含了人类的聪明才智和情感追求。木雕、石雕、玉雕、泥塑、面塑给人以美的愉悦；剪纸、刻纸、皮影、年画有丰富的文化内涵和艺术价值；造纸术和印刷术对文明的传承和传播起了极大的作用……手工艺和手工艺品能给人以美的享受，是人在与自然的互动中产生的，是人类情感的表达，与艺术、信仰紧密相连，具有民族和地域特色，是人类历史文化延续的见证。它所具有的民生价值、艺术价值、历史文化价值均是其传承价值所在。

之所以强调传统技艺的传承价值还在于其作为"文化基因"的衍生价值。文化生态（cultural ecology）学认为，像生物界一样，每种文化都类同于生物的基因，都具有鲜活的生命，不同文化之间构成不同的文化圈、文化链，相互影响、相互渗透，相互联系、相互依赖，从而构成民族文化体系，显示本民族的文化特质和民族品格。与自然界一样，在文化生态系统内，每种文化都有自己的位置，有自身的价值，是适应自然环境和社会文化环境的结果。手工技艺类的非物质文化遗产是农耕社会里人们生活的重要组成部分，是在生产中产生的，与人们的生产生活融为一体，是相伴共生关系，它们共处一个文化生态系统内，系统内每个文化因子的改变都可能影响整个系统的稳定，导致文化链的断裂。在文化发展的进程中，某种文化现象的衰落和消亡是客观规律，但是具有较高价值的多种非物质文化遗产的消失对人类来说就意味着文化多样性的减少，会给人类带来重大损失。因此，融入百姓生活，适应社会变迁需要，尽可能多地保留传统技艺存在的土壤，才能使非物质文化遗产具有更持久的生命力。

三 在生产与生活互动中延续传统技艺

如何才能使传统技艺持久传承呢？让它回归民众日常生活，在生产实践中创新和发展。从哲学意义上理解，"生产"是一种生长，是一种制造和创造，不一定与市场直接挂钩。但经济学中的"生产"是与市场、与消费联系在一起的。非物质文化遗产生产性保护中的传统技艺的"生产"更多的是经济学意义上的生产，强调的是投入、产出，生产、消费，无论是传统手工艺还是传统医药行业尽管产出的是物质形态的产品，但其中既蕴含了人们巧夺天工的精湛技艺，又富有特殊的文化情感。生产性保护的目的就是通过将非物质文化遗产及其资源转化为产品并为人们所享用从而有效传承非物质文化遗产的生产技艺。"如果将传统技艺仅仅放在表演台上进行比划，不去面对社会生活的实际目标进行生产，这种技艺是保存不了的。……手工技艺这样一种以人为中心的非物质文化遗产，必须在生产实践中进行保护。"[①] 现存的很多手工技艺，都是历史上符合当时人们生活需要而产生的。现在有些手工技艺因时代变迁失去存在的土壤而消失；有些手工技艺却能够适应社会变迁而变异和发展，因此，必须在生产与生活的互动中传承传统技艺。

在传统技艺的传承问题上，始终存在不同的声音。一种观点认为，对传统技艺必须原汁原味的保留，似乎谈到创新和发展，一切就会面目全非。这种认识具有片面性。有些非物质文化遗产已经历经几百年甚至几千年，之所以今天仍具活力，其原因就在于人们在长期的生产生活实践中历经种种磨砺不断对其进行完善和发展。因此，另一种观点认为，传统技艺也必须随时代的变化而变化，其中最为关键的问题在于"无论如何创新、发展，不能丢掉非物质文化遗产的内核——核心技艺、核心价值及其文化内涵"[②]。非物质文化遗产具有艺术价值、历史价值、文化

[①] 徐涟、吕品田：《非物质文化遗产"生产性方式保护"的意义与前景》，《中国文化报》2009 年 4 月 13 日。

[②] 朱以青：《基于民众日常生活需求的非物质文化遗产生产性保护——以手工技艺类非物质文化遗产保护为中心》，《民俗研究》2013 年第 1 期。

价值，如果在传承过程中丢失了其内核，也就失去了传承的价值。

传统技艺类非物质文化遗产生产性保护的根本是保持其核心技艺和核心价值，在此前提下，采取何种方式生产，应根据手工艺的类别，随着时代的发展而不断变化。有的可以一直用手工生产，有的可以从手工生产发展成机器生产，有的可以手工与机器同时运用，不能强求采取一种模式。

手工与机械是相辅相成的，可以共存、互补，两者相结合是非物质文化遗产生产性保护比较可行的方式。在一些技术要求比较高的关键环节，必须使用手工；但在一些劳动强度比较大，机器又可以替代人力的环节，则可以使用机械。如此，既不会失去手工技艺，还可以提高生产效率，创造更多的社会财富。如泾县宣纸厂为适应市场的需求批量生产宣纸，用机械代替人工捣纸浆，用蒸汽代替火墙烘干纸张，这都是无可非议的。对于像陶瓷、织布、酿酒等行业，传统技艺和机械相结合，既保留了传统技艺的精髓，又提高了生产效率，不失为一种有效的保护方式。

淄博陶瓷烧制技艺早在公元前5100年就已经产生。到公元前4000年大汶口文化时期，山东的制陶技艺已达较高水平，器形以釜为主，占80%以上，此外，还能塑造鬶、鼎、觚、豆、钵、罐、盘、背壶等多种器形，并能用土红、赭石、白垩土、碳黑等颜色在陶器上勾绘出各种规矩整齐的几何形纹、花瓣纹、八角星纹等图案。而随后的龙山文化时期，在器物形制和制陶技术上有了很大提高，已广泛应用轮制技术，器形以三足、圈足为主，但器身上已带有盖、流、耳等附件。这时期淄博制陶业已可以生产出黑色磨光、薄如蛋壳的黑陶，表明淄博的制陶技艺已达到相当高的水平。宋代是淄博制陶业的鼎盛时期，淄博被誉称"瓷都"，不仅因其遍地瓷炉，陶瓷产品丰富，更重要的是研制生产出了雨点釉、兔毫釉、茶叶末釉等历来被视为陶瓷艺术中的珍品的结晶釉瓷。元末，淄博地区兵荒马乱，民不聊生，制瓷业遭受重创，雨点釉和茶叶末釉及许多前代优秀技艺失传，明清时期虽有所恢复，但在品种及技艺上均未超过前代。中华人民共和国成立之后，淄博人在保存、继承传统工艺，不断挖掘恢复失传特色产品的基础上，大胆地采用现代科学技术，研制新材质，开发新产品，使淄博陶瓷进入了新的发展时期。1963年，全国

第一条日用陶瓷隧道窑研制成功，之后，全国第一条链式烘干机、大缸成型机问世，使中国陶瓷生产方式发生了根本变革。20 世纪五六十年代还恢复研制出雨点釉、茶叶末釉、兔毫釉、金星釉等几种历史失传的名贵色釉，成功地仿制了龙山文化的蛋壳陶，还创造了红金晶釉、鸡血红釉、金星釉和几十种黑釉变化釉。七八十年代，重点在陶瓷新材质方面创新，滑石质鲁青瓷、乳白瓷、象牙黄瓷、鲁玉瓷相继研制成功并投入机械化生产。90 年代，终于研制出合成骨瓷。并在陶瓷彩绘、陶瓷造型、陶瓷装饰等方面博采众长，研发出许多新技法，其中刻瓷艺术是其代表。2008 年，中国陶瓷工业协会批准淄博陶瓷为"当代国窑"；2011 年淄博陶瓷烧制技艺被公布为国家级非物质文化遗产。

德州古贝春酒厂成立于 1978 年，30 多年来，酿酒工艺不断改进，原料粉碎及原料搬运用机械，蒸酒也由烧灶改成了锅炉，用鼓风机凉茬醅，减少了工人的劳动强度，提高了效率。但浓香型古贝春酿造工艺仍属于传统手工技艺，该工艺以其"多粮跑窖包包曲、三高一长和一低、特制人工老窖泥"为特点，在关键的上甑、装甑、摘酒等环节仍需要人工进行。装甑是个技术活，装甑讲究"轻装薄撒"，要慢慢撒，要撒匀，跟着汽走，如果只撒到一个地方，汽都从别的地方跑了，这里就堵死了，因此装甑只能使用人力，即便是在现代化科技如此发达的今天，装甑仍然需要老工人多年所形成的经验。摘酒也是个技术活，要看酒花。一般是副班长专门负责看酒花，这完全凭经验。酒花大了就是一级，酒花一旦变小就摘二级，再小就是三级。其实看酒花也就是看酒精度，一级酒一般在 70 度以上，二级酒在 60 度以上，三级酒在 45 度以上。浓香型古贝春酿造工艺已经成为长江以北比较完善的五粮白酒酿造工艺。①

上述制瓷、酿酒类的非物质文化遗产原本就是与百姓日常生活密切相关，属于市场中大宗销售的商品，适合规模化、产业化生产。由于时代变迁，很多非物质文化遗产在当代逐渐失去生存的土壤，有的已经消失，有的濒危消失。对这类非物质文化遗产，可以通过舆论宣传、政府政策扶持、企业创意重构、产品创新等形式实现可持续发展。

---

① 资料来自朱以青、马丽林等于 2014 年 4 月 11—15 日对德州武城古贝春酒厂的调查。

南京云锦是一种提花丝织工艺品，集历代织锦工艺艺术之大成，在明、清时为宫廷织品，因其绚丽多姿，美如天上云霞而得名，古人称其"寸锦寸金"，它与成都蜀锦、苏州宋锦并称中国三大名锦。2009年9月30日，南京云锦织造技艺入选联合国人类非物质文化遗产代表作名录。南京云锦织造鼎盛时拥有3万多台织机，近30万人以此和相关产业为生，是当时南京最大的手工业。但是，因云锦主要供宫廷御用及贵族妇女使用，后来虽也生产一些舞台使用的戏曲服装，但是毕竟范围有限，生产陷入困境。对云锦这样的人类非物质文化遗产必须进行保护。2009年6月6日，"中国非物质文化遗产保护中心南京云锦传习基地"正式揭牌，各种新产品开发、新技术应用陆续展开。现代云锦继承了明、清时期的传统风格而有所发展，传统品种有妆花、库锦、库缎等几大类，目前库锦、库缎已可用现代机器生产，唯木机妆花织造工艺独特，必须用老式的提花木机织造，由提花工和织造工两人配合完成，两个人一天只能生产5—6厘米，这种工艺至今仍无法用机器替代。

21世纪初云锦除出口做高档服装面料及供少数民族服饰、演出服饰外，又发展了新的花色品种，如云锦被面、提包、台毯、靠垫、马夹、领带等日用品。如今南京云锦已经切实地走进了人们的生活当中，逢年过节人们都会用云锦作为礼品相互赠送，南京云锦已逐渐成为一种社会的流行元素而广受欢迎。

南通蓝印花布之所以存续状况良好，最大的原因就是根据现代生活的需要，吸取了蓝印花布中的传统因素进行了再设计，纹样和图案均被赋予新的时代色彩，产品种类不断增加。从窗帘到桌布，从拉杆箱到儿童玩具，从门帘到壁挂，还是人们熟悉的蓝印花布的颜色和花纹，但更加实用的产品增加了他们的消费欲望。

生产性保护的目的是使传统技艺更长久地存在。基于传统技艺的生活属性及人文价值，保护传统技艺存在的土壤，保护传统技艺存在的文化空间，加深手工艺遗产在人们生活中的影响，才能在人们认知、参与的基础上，重建非物质文化遗产的文化意义，保证传统文化的延续。手工艺非物质文化空间的构成要素包括：手工产品、使用手工产品的人以及人利用手工产品进行生产、生活、娱乐、民俗、祭祀等活动，形成具有时间性、空间性的文化场所。① 生产是基础，没有产品也就不存在手工艺的文化空间；民众的参与是条件，通过学校教育、社区宣传等途径，恢复民众的传统审美情趣，营造适宜非遗存在的土壤，提高民众文化自觉，才能使非遗与民众生活密切联系并产生互动，从而形成非遗存续的基础。

四 结语

相较于处于濒危状态的非物质文化遗产抢救性保护和文化积淀深厚、非遗项目较为集中的整体性保护，生产性保护是贴近百姓生活、在生产中能产生经济效益和社会效益的保护方式，这种活态保护方式的目的是使非遗尤其是其中的传统技艺持久传承下去。这需要三个条件。

一是作为生产性保护核心的传统技艺不能中断。传统技艺是在长期的生产生活实践中经祖祖辈辈积淀而成的，作为一项技术它可以带来经济效益，但它不仅仅是一种生产技术，还包含了丰富的文化内涵，是地域文化的象征和文脉延续的保证。

二是传承人要有主动性、能动性。传承人是将生产技术代代传承下去的活的载体，优秀的传承人不但从先辈那里继承技艺，还能根据生活的变化予以创新，如此才能使传统技艺代代相传。这里不可忽略的一个因素是，要让传承人拥有高于最起码是等同于同龄人的收入，使他们能以某项技艺谋生，以拥有某项技艺为荣，能取得经济效益，能保证他们有比较充裕的生活，如此他们才能有将某项技艺传承下去的动力。一项再好的传统技艺，如果生产的产品没有市场，传承人没有收入来源，只让他们在贫困中死死守候，那这项技艺也不会长久。

三是传统技艺不是孤立存在的，它源于生活，有适宜它存在的土壤，有较显著的地域特色。因此，那种仅在博物馆或旅游景区展示的传统技艺只能是作为人们对传统文化的一种记忆。尽可能多地保留传统技艺存在的文化空间，营造适宜传统技艺生存的文化环境，在生产和生活的互动中保护传统技艺，是使传统技艺延续下去的良策。

---

① 诸葛铠：《关于手工艺非物质文化空间的思考》，《南京艺术学院学报》2008 年第 6 期。

思考手工（代后记）

传统手工艺（traditional craftsmanship）是 2003 年联合国教科文组织《保护非物质文化遗产公约》明确列出的非遗类别中的单独一类。自 2004 年我国加入公约以来，学者和民众对手工艺在当代的传承和发展展开了积极的理论思考和保护实践，本文集即是对过去十几年成果的总结与反思。

如果说所有的民俗传统在现代化过程中受到了各种各样的挑战，那么传统手工艺则直接面对着现代化大机器生产的强烈冲击。手工劳作的差异性、低效率是被标准化、机械化的高效机器生产取代的直接原因。但是手工艺并不是一无是处。从英国 19 世纪末开始的工艺美术运动（The Arts and Crafts Movement）到今天标记"纯手工"的产品在市场中的特殊价值，我们看到了传统手工艺在现代生活中顽强的生命力。什么是传统手工艺？与机器生产相比，其生产、创造与传承的特质是什么？其在当代的意义是什么？在非遗的背景之下，政府、市场、民众共同进行怎样的保护实践才能使其具有生命力，实现可持续发展？这些根本性的问题是贯穿本文集所有作者的深层思考。

在民俗传统中，传统手工艺无疑具有特殊性。部分工艺品在历史上就具有一定的商品性，不仅是传统生活中赖以维持生计的技艺与物品，也进入一定层次的市场流通与商品交换。学者们很快注意到了手工艺保护实践的特殊性。因此在具体切入的层面，本文集最为核心的是对生产性保护这一概念的理论思辨和实践反思。

我国 2004 年加入了非遗公约。2006 年，王文章在其撰写的《非物质文化遗产概论·导论》中讨论非遗的基本保护方式时，针对手工艺非遗传统，专门提出可以"转化为经济效益和经济资源，以生产性方式保护。

比如剪纸、年画以及其他的很多手工艺制作项目，都可以作为艺人生产、生活方式延续传承。甚至可以通过资源重组，以产业运作扩大生产规模，扩展销售市场，从而使这些项目得到弘扬和传播。"① 生产性保护由此成为理论和实践的焦点，引发多方面的思考：传统手工艺生产与当代面向市场的商品生产差别何在？手工艺产品与普通商品差别何在？当下的手工艺生产是否可以达到延续传承的目的？产业化是否是可行的发展方向？产业化是否必须使用机器？现代机器和手工艺关系如何？生产性保护中保护的核心是什么？等等。本文集的作者们基于不同地区与行业的现实个案，从不同角度回应了上述问题。很自然，与手工生产的多样性相一致，学者的结论和经验各不相同，有些甚至完全相反，原因往往与具体手工艺传统的历史、区域社会文化和技艺本身密切相关。

联合国教科文组织的《保护非物质文化遗产公约》面对的是人类文化多样性与可持续发展的危机，其基本理念是通过特殊的保护措施，促进非遗传统在当代现实生活中的活态存续。生产性保护的提法于此无疑是深切契合的，也让关注手工的学者们看到了传统手工艺在当代发展的新契机。基于对手工艺多年的深入思考与实践，吕品田很快依据生产性保护的概念，提出"重振手工，激活民俗"的观点。② 他反对将手工艺抽离语境而在舞台上进行表演展示，强调要创造条件维持生产，让它们回到生产劳作的过程中，通过生产进行保护。在当下机器已经从各个层面深入手工劳作的情况下，生产性保护要保护什么？他说："手工技艺并不排斥工具，也不需要强调百分之百'纯手工'。自古以来，手工技艺也都要借助工具，比如像制作玉器。所以，我们强调守住手工技艺核心技艺。所谓核心技艺，是最能够体现劳动者的创造力、智慧、能力，以及它的文化历史积淀的。它在很大程度上表现在产品的'赋形'阶段。"③ 保护核心技艺这一理念在随后的实践中逐渐成为大家的共识。在2012年2月出台的《文化部关于加强非物质文化遗产生产性保护的指导意见》中，

---

① 王文章主编：《非物质文化遗产概论》，文化艺术出版社2006年版，第30页。
② 《非物质文化遗产"生产性方式保护"的意义与前景》，《中国文化报》2009年2月27日第3版，徐涟对吕品田的访谈。
③ 《非物质文化遗产"生产性方式保护"的意义与前景》，《中国文化报》2009年2月27日第3版，徐涟对吕品田的访谈。

明确指出,"这一保护方式主要是在传统技艺、传统美术和传统医药药物炮制类非物质文化遗产领域实施……在非物质文化遗产生产性保护工作中,坚持以人为本、活态传承原则,坚持保护传统工艺流程的整体性和核心技艺的真实性原则……"①

那么核心技艺到底意味着什么?正如吕品田在本文集中的文章所指出的,手工技艺的关键在于它不是一种抽象的技术而无法与其拥有者彻底分开,也就必然具有人的各种属性:自然性、社会性、地域性、历史性。②本文集中不同作者通过艺、道、光韵、宇宙观、宗教传统、地域性民俗生活等不同词语表述所力图表明的,正是手工技艺背后,由生产者具体的人/人群所具有的社会文化属性而附着于手工生产和产品之上、超越技术层面的深厚而复杂的社会文化因素与意味。这些因素和意味,和具体的工艺技术融为一体,无法完全剥离。正如手工艺的名称中的"手"所凸显的,手工产品是身体的创造物。人的身体、人的技术是产品不可缺少的一部分。如果仅仅是抽离、复制这些技术本身,无论是利用机器还是利用人,都将失去手工生产的本质特性。现代化机器生产的引入,使技术和机器相连,把技术和身体剥离而成为机器的功能,因而割裂了人与产品,割裂了人对于产品的创造。

换言之,核心技艺的关键并不是具体的技艺本身,而是劳动者,是人,是人身体上内化的技术及其蕴含的创造性和无限的可能性。这些技术无法和劳动者的身体分开,它们是经久的手工劳作在人身体上的烙印,也是人经历的劳动实践对身体进行改造的结果。也正是在这里,吕品田明确提出生产性保护不等于商品化、产业化与旅游化,点明了生产性概念在深层蕴含的理论潜力:生产具有超越简单商品生产而更为本质的意涵,生产是人类存在的根本基础,即恩格斯所说的"劳动创造了人本身"。③以此而言,生产性保护最终指向的是保护手工劳作对于人类实践

---

① 中国非物质文化遗产网,http://www.ihchina.cn/zhengce_details/11577,引用时间 2020 年 11 月 20 日。

② 参见《非物质文化遗产"生产性方式保护"的意义与前景》,《中国文化报》2009 年 2 月 27 日第 3 版,徐涟对吕品田的访谈。

③ 参见《非物质文化遗产"生产性方式保护"的意义与前景》,《中国文化报》2009 年 2 月 27 日第 3 版,徐涟对吕品田的访谈。

与创造的根基性意义。

那么在实践中,生产性保护是否可能?在本文集多元化的个案研究中,我们看到了不同地域民众的实践过程。我们看到了民众与市场、政府、国家的复杂协商和博弈,看到了在现代化过程的不同时刻,不同的手工技艺所经历的变化、调适与坚守,看到了成功也看到了失败。很显然,没有统一的答案与成功的捷径。相对而言,具体的技术容易保护,而技艺背后的文化和生态更难延续与保持,因为这是地方文化传统长久积淀的结果,是历史中不断的传承、变迁与创造的结果。但是现代化与全球化所带来的整体生产与生活的变迁,已经不可避免地改变了地方文化原有的生产语境与土壤。传统手工生产的商品面对的是地方性、区域性的市场或者说半市场,① 也就是说大部分手工产品的使用对象来自相同或相似区域,产品在相同或相似的文化语境中流传。而在当下的产业化市场中,手工产品往往会处于旅游市场中面向第三方销售,从而远离原有的地域性文化,导致产品原有的文化意义和价值变化或消失。手工艺产品的意义发生变化,原有的生活意义、宗教意义消失,而被放入完全不同的语境中,以不同的标准检视其审美意义和艺术价值。比如作为宗教器物的唐卡,其宗教意涵减弱,大家只关注其艺术形式。②

目前的生产性保护实践,成功的个案往往也只能做到对某种手工艺产品的产业链的保护与生产的持续,对完整的地方性文化语境与生态往往很难整体保护,更难以涉及跨地域的国内乃至国际市场。也正是因为这样,当下的保护如果仅以个体的传承人为中心其实是难以持久的。文集中多位作者都指出很多手工技艺涉及多个生产工艺、程序,需要保护的不仅是单独的个体传承人而是整个生产者群体。其实更进一步,手工产品的欣赏者、使用者群体也是急需培养和孕育的。只有培育了手工产品生产和消费的整个生态系统,手工技艺的生产和创造才真正有了源头活水,才有了存续的动力与活力。对于具体手工生产进行区域性、全方位生态保护的实践还有待探索。

---

① 参见本文集刘爱华文章。
② 参见本文集牛乐文章。

方李莉说，"手工技艺是农业文明时期的最重要的动力模式及生产方式。"① 中华文明作为历史上最悠久的农业文明，有着灿烂的手工创造传统。在以人工智能为指向的机器日益渗入人类生产生活的当今时代，手工劳作所蕴含的那份身体的温度与情感也就显得愈发值得珍惜。

最后感谢各位作者慷慨允诺将文章纳入，虽然因为篇幅有限，本文集的编选难免有所遗漏。本书在精选文章、编辑、校对文稿和联系各位作者的过程中，我的硕士研究生李自牧、陈岑和孟子凡承担了大量琐碎而细致的工作，没有他们的劳动就没有面前的文集。虽然书籍的制作在当今的时代早已远离了手工的书写与刻印，但人的劳动依然是最终的推动力。

彭　牧
2021 年 3 月 16 日

---

① 参见本文集方李莉文章。